문답식 의료사고, 의료분쟁의 모든 것

의료사고, 의료분쟁 속시원하게 해결해드립니다

편저 : 이 종 구

수록내용

- 일반사항
- 내과, 소아청소년과
- 외과, 흉부외과, 신경외과, 정형외과, 성형외과
- 산부인과
- 피부과, 비뇨기과, 이비인후과
- 안과, 치과
- 정신건강의학과, 마취통증의학과, 응급의학과, 영상의학과, 약제과
- 한방과
- 부록(의료법, 의료사고 피해구제 및 의료분쟁 조정 등에 관한 법률)

법문 북스

머 리 말

인간은 태어나서 죽음에 이르기까지 일생을 살아가는 동안 여러 가지 질병에 시달리고 또 이를 극복해 가면서 생활하고 있습니다. 원시시대부터 인류가 진화함과 동시에 각종 질병도 여러 가지 형태로 발전하여 이를 이겨내기 위한 의료기술 및 의료기기도 다양하게 개발되었습니다.

의료기술의 무한한 발전에도 불구하고 질병을 치료하다가 일어나는 의료사고는 날이 갈수록 다양하게 발생하여 이로 인한 분쟁이 수없이 쏟아지고 있어 이를 해결치 못하고, 법원에 소송을 제기하여 소송 기간 장기화 및 소송비용 과다로 인한 환자의 부담도 날로 증가하고 있고, 의료진의 방어진료 등에 따른 의료비 상승 및 의료자원 낭비를 초래하고 있는 것이 현실정입니다.

이 책은 이러한 다양한 의료사고에 대하여 제1편에는 일반사항을, 그리고 각 전문 진료과별로 분류하여 제2편에는 내과, 소아청소년과, 제3편에는 외과, 흉부외과, 신경외과, 정형외과, 성형외과, 제4편에는 산부인과, 제5편에는 피부과, 비뇨기과, 이비인후과, 제6편에는 안과, 치과, 제7편에는 정신건강의학과, 마취통증의학과, 응급의학과, 영상의학과, 약제과, 제8편에는 한방과에서 자주 발생한 의료사고와 의료분쟁 사례들을 대법원, 법제처, 보건복지부, 한국의료분쟁조정 중재원에 나타난 상담사례 및 판례를 취합하여 문답식으로 엮어 누구나 이해하기 쉽게 정리하였습니다.

이 책이 여러 가지 의료사고로 고통을 받고 있는 모든 분들에게 조그마한 도움이 되리라 믿으며, 열악한 출판시장임에도 불구하고 흔쾌히 출간에 응해주신 법문북스 김현호 대표에게 감사를 드립니다.

편저자

목 차

제1편 일반사항

일반사항 문답

제2편 내과, 소아청소년과

[내과, 소아청소년과 문답]

■ 정확한 진단 없이 개복 수술을 하여 사망한 경우 의료인 의

제3편 외과, 흉부외과, 신경외과, 정형외과, 성형외과

[외과, 흉부외과, 신경외과, 정형외과, 성형외과 문답]

제4편 산부인과

[산부인과 문답]

제5편 피부과, 비뇨기과, 이비인후과

[피부과, 비뇨기과, 이비인후과 문답]

제6편 안과, 치과

[안과, 치과 문답]

제7편 정신건강의학과, 마취통증의학과, 응급의학과, 영상의학과, 약제과

[정신건강의학과, 마취통증의학과, 응급의학과, 영상의학과, 약제과 문답]

제8편 한방과

[한방과 문답]

부 록

[의료법]

제1편

일반사항

▋ 의료인의 범위 및 의료행위란 무엇을 말하는지요?

【질문】 의료인이란 누구이며, 의료인의 의료행위란 무엇을 말합니까?

【답변】 의료인이란 보건복지부장관의 면허를 받은 의사, 치과의사, 한의사, 조산사, 간호사를 말합니다. 간호조무사와 의료기사는 의료법상에 해당하는 의료인이 아닙니다. 하지만 간호조무사, 의료기사 등에 관한 법률에 따른 임상병리사, 방사선사, 물리치료사, 작업치료사, 치과기공사, 치과위생사가 의사 또는 치과의사의 지도하에 진료 또는 의학적 검사를 하는 것은 허용됩니다. 간호조무사나 의료기사가 의료인의 지시를 받고 한 의료행위로 인해 의료사고가 발생하면 이를 지시한 의료인과 함께 잘못된 결과에 대한 책임을 질 수 있습니다.

의료행위란 의료인이 진료, 검안, 처방, 투약 등의 외과적 시술을 통해 질병을 예방하거나 치료하는 행위를 말하는 것입니다. 의료행위는 환자의 신체를 대상으로 이루어지기 때문에 위험이 따르게 되고, 의료인의 재량과 전문지식을 바탕으로 이루어지기 때문에 환자가 그 내용을 쉽게 파악할 수 없는 특성을 가집니다. 의료행위에는 질병 예방과 치료 행위뿐만 아니라 의료인이 시행하지 않으면 사람의 생명·신체나 공중위생에 위해를 발생시킬 우려가 있는 행위(부항, 뜸, 침술 및 허리통증 등

을 치료하기 위한 주사, 미용을 위한 주사 등)가 포함됩
니다(대법원 2007.7.26. 선고 2005도5579 판결).

【해설】 의료행위는 ① 환자의 신체 내·외부를 절개, 봉합, 투약, 주사 하는
등의 행위와 함께 이루어지기 때문에 위험이 따르게 됩니다(위험 내
재성). 또한 ② 현대의 의학기술로도 의료행위에 따른 부작용이나
합병증의 위험을 예측하기 어려울 수 있고(예측 곤란성), 환자 개개
인마다 체질이나 특성이 다르기 때문에 ③ 의료인은 환자를 개별적
으로 검사·진단하여 그에 적절한 치료방법을 선택할 수 있도록 하고
있습니다(의료인의 재량성). ④ 의료행위는 주로 공개되지 않은 곳
에서 진행되고(비공개성) ⑤ 의료인의 전문지식을 바탕으로 이루어
지기 때문에 환자가 그 내용을 쉽게 파악할 수 없는 특성(전문성)을
가집니다.

【관련판례】

　　의료행위는 의료인만이 할 수 있음을 원칙으로 하되, 의료기사등에관
한법률에 의하여 임상병리사, 방사선사, 물리치료사, 작업치료사, 치과기
공사, 치과위생사의 면허를 가진 자가 의사, 치과의사의 지도하에 진료
또는 의학적 검사에 종사하는 행위는 허용된다 할 것이나, 의료기사등에
관한법률이 의료기사 제도를 두고 그들에게 한정된 범위 내에서 의료행
위 중의 일부를 할 수 있도록 허용한 것은, 의료인만이 할 수 있도록 제
한한 의료행위 중에서, 그 행위로 인하여 사람의 생명이나 신체 또는 공
중위생에 위해를 발생시킬 우려가 적은 특정 부분에 관하여, 인체에 가해
지는 그 특정 분야의 의료행위가 가져올 수 있는 위험성 등에 대하여 지
식과 경험을 획득하여 그 분야의 의료행위로 인한 인체의 반응을 확인하
고 이상 유무를 판단하며 상황에 대처할 수 있는 능력을 가졌다고 인정
되는 자에게 면허를 부여하고, 그들로 하여금 그 특정 분야의 의료행위를
의사의 지도하에서 제한적으로 행할 수 있도록 허용한 것이라고 보아야
한다(대법원 2002.08.23. 선고 2002도2014 판결).

■ 의료인이 시행해야 할 공중위생 행위란?

【질문】 의료인이 시행하지 않으면 공중위생에 위해를 가할 수 있는 행위란 무엇인가요?

【답변】 의료인이 시행하지 않으면 공중위생에 위해를 가할 수 있는 행위에는 찜질방에서 유행하고 있는 부항과 뜸, 침술 및 허리통증을 치료하기 위해 약물을 주사한 것 등이 이에 해당합니다. 그러나 손가락과 팔꿈치를 이용하여 근육을 풀어주는 근육서비스 등은 일반인이 시행해도 특별히 신체에 해를 가하는 것이 아니기 때문에 의료인이 시행하지 않으면 공중에 위해를 가할 수 있는 행위에 해당하지 않습니다(대법원2000.2. 22. 선고 99도4541 판결).

【관련판례】

부항 시술행위가 광범위하고 보편화된 민간요법이고, 그 시술로 인한 위험성이 적다는 사정만으로 그것이 바로 사회상규에 위배되지 아니하는 행위에 해당한다고 보기는 어렵고, 다만 개별적인 경우에 그 부항 시술행위의 위험성의 정도, 일반인들의 시각, 시술자의 시술의 동기, 목적, 방법, 횟수, 시술에 대한 지식수준, 시술경력, 피시술자의 나이, 체질, 건강상태, 시술행위로 인한 부작용 내지 위험발생 가능성 등을 종합적으로 고려하여 법질서 전체의 정신이나 그 배후에 놓여 있는 사회윤리 내지 사회통념에 비추어 용인될 수 있는 행위에 해당한다고 인정되는 경우에만 사회상규에 위배되지 아니하는 행위로서 위법성이 조각된다(대법원 2004.10.28. 선고 2004도3405 판결).

▌ 의료기사는 무슨 일을 하는지요?

【질문】 의료기사 등에 관한 법률에 정한 의료기사 제도의 취지는 무엇입니까?

【답변】 의료행위는 의료인만이 할 수 있음을 원칙으로 합니다. '의료기사 등에 관한 법률'에 의하여 임상병리사, 방사선사, 물리치료사, 작업치료사, 치과기공사, 치과위생사의 면허를 가진 자가 의사 또는 치과의사의 지도하에 진료 또는 의학적 검사에 종사하는 행위는 허용됩니다. 그러나 '의료기사 등에 관한 법률'이 의료기사 제도를 두고 그들에게 한정된 범위 내에서 의료행위 중의 일부를 할 수 있도록 한 취지는, 의료인만이 할 수 있도록 제한한 의료행위 중에서 그 행위로 인하여 사람의 생명이나 신체 또는 공중위생에 위해를 발생시킬 우려가 적은 특정 부분에 관하여, 인체에 가해지는 그 특정 분야의 의료행위가 가져올 수 있는 위험성 등에 대한 지식과 경험을 획득하여 그 분야의 의료행위로 인한 인체의 반응을 확인하고 이상 유무를 판단하며 상황에 대처할 수 있는 능력을 가졌다고 인정되는 자에게 면허를 부여하고, 그들로 하여금 그 특정 분야의 의료행위를 의사의 지도하에서 제한적으로 행할 수 있도록 허용한 것이라고 보아야 합니다.

▌ 의료계약에 따른 진료의무의 내용은 무엇인지요?

【질문】 의료계약에 따른 진료의무의 내용에는 구체적으로 무엇이 포함되는지요?

【답변】 환자가 의사 또는 의료기관(이하 '의료인'이라 한다)에게 진료를 의뢰하고 의료인이 그 요청에 응하여 치료행위를 개시하는 경우에 의료인과 환자 사이에는 의료계약이 성립됩니다. 의료계약에 따라 의료인은 질병의 치료 등을 위하여 모든 의료지식과 의료기술을 동원하여 환자를 진찰하고 치료할 의무를 부담하며 이에 대하여 환자 측은 보수를 지급할 의무를 부담합니다.
질병의 진행과 환자 상태의 변화에 대응하여 이루어지는 가변적인 의료의 성질로 인하여, 계약 당시에는 진료의 내용 및 범위가 개괄적이고 추상적이지만, 이후 질병의 확인, 환자의 상태와 자연적 변화, 진료행위에 의한 생체반응 등에 따라 제공되는 진료의 내용이 구체화되므로, 의료인은 환자의 건강상태 등과 당시의 의료수준 그리고 자기의 지식경험에 따라 적절하다고 판단되는 진료방법을 선택할 수 있는 상당한 범위의 재량을 가집니다.
그렇지만 환자의 수술과 같이 신체를 침해하는 진료행위를 하는 경우에는 질병의 증상, 치료방법의 내용 및 필요성, 발생이 예상되는 위험 등에 관하여 당시의 의료수준에 비추어 상당하다고 생각되는 사항을 설명하여, 당해 환자가 그 필요성이나 위험성을 충분히 비교해 보고 그 진료행위를 받을 것인지의 여부를 선택하도록 함으로써 그 진료행위에 대한 동의를 받아야 합니다.

환자의 동의는 헌법 제10조에서 규정한 개인의 인격권과 행복추구권에 의하여 보호되는 자기결정권을 보장하기 위한 것으로서, 환자가 생명과 신체의 기능을 어떻게 유지할 것인지에 대하여 스스로 결정하고 진료행위를 선택하게 되므로, 의료계약에 의하여 제공되는 진료의 내용은 의료인의 설명과 환자의 동의에 의하여 구체화됩니다.

▌ 조산사가 부담하는 주의의무는 무엇인지요?

【질문】 분만과정에서 의료인인 조산사가 부담하는 주의의무의 내용은 어떤 것들이 있는지요?

【답변】 의료에 관한 지식과 능력 등에 따라 의사와 조산사 등 의료인의 자격과 권한을 구분하고 조산사로 하여금 의사의 지도를 받도록 하고 있는 구 의료법(2007. 4. 11. 법률 제8366호로 전부 개정되기 전의 것) 및 구 의료법 시행규칙(2008. 4. 11. 보건복지가족부령 제11호로 전부 개정되기 전의 것) 등 관계 법령의 취지 및 인간의 생명과 건강을 담당하는 의료인은 해당 진료 환경 및 조건에서 최선의 진료를 제공할 의무가 있다는 점 등에 비추어 볼 때, 조산사는 분만과정에서 산모와 태아의 상태가 정상적인지 여부를 계속적으로 관찰하고 산부인과 전문의 등으로 하여금 발생 가능한 응급상황에 적절히 대처할 수 있도록 산모와 태아의 상태를 적시에 보고하여야 하며, 응급상황에서 자신이 취할 수 있는 범위 내의 필요한 조치를 취할 의무가 있습니다.

▌ 조산사가 분만을 관장하다가 난 의료사고 책임은?

【질문】 병원에서 조산사가 분만을 관장하여 출생한 신생아가 뇌성마비 상태가 되었습니다. 이 경우 심폐소생술도 제대로 하지 않은 조산사에게 의료과실이 있는지요?

【답변】 병원에서 조산사가 분만을 관장하여 출생한 신생아가 뇌성마비 상태가 된 사안에서, 분만과정에 태변착색 등 이상 징후를 발견하였음에도 산부인과 전문의 등에게 보고를 지연함으로써 신생아가 의사로부터 적시에 기관 내 삽관을 통한 태변제거 및 인공호흡 등 응급조치를 받을 기회를 상실시켰을 뿐만 아니라 분만실에서 호흡을 하지 않는 신생아의 코에 산소가 나오는 고무관을 대주었을 뿐 마스크와 백을 이용한 인공호흡을 시키지 않는 등 조산사 스스로 가능한 범위 내의 심폐소생술도 제대로 하지 않은 조산사에게 의료과실이 있다고 봅니다.

▌ 침술행위도 의료행위에 포함되는지요?

【질문】 침술원을 개설하고 사업자 등록을 한 후 시술하는 침술행위도 의료행위에 포함되나요?

【답변】 민간 자격 관리자로부터 대체 의학 자격증을 받은 사람이 침술원을 개설하여 사업자 등록을 한 후 침술행위를 하고 있는 경우가 있습니다. 이는 법적으로 허가되지 않은 '무면허 의료행위'에 해당되어 의료법에 의한 처벌 대상입니다.

【관련판례】

의료행위라 함은 의학적 전문지식을 기초로 하는 경험과 기능으로 진찰, 검안, 처방, 투약 또는 외과적 시술을 시행하여 하는 질병의 예방 또는 치료행위 및 그 밖에 의료인이 행하지 아니하면 보건위생상 위해가 생길 우려가 있는 행위를 의미하는 것인데, 침술행위는 경우에 따라서 생리상 또는 보건위생상 위험이 있을 수 있는 행위임이 분명하므로 현행 의료법상 한의사의 의료행위(한방 의료행위)에 포함된다(대법원 1999.03.26. 선고 98도2481 판결).

▋ 진료기록부에는 어떤 내용이 기록되어 있으며, 누구나 신청할 수 있는지요?

【질문】 병원에서 작성하는 진료기록부에는 어떤 내용이 기록되어 있으며, 누구나 신청할 수 있는지요?

【답변】 의료법은 진료기록부 등을 거짓으로 작성하거나 고의로 사실과 다르게 추가기재, 수정해서는 안 된다고 하는 것 외에 진료기록부의 작성방법에 관하여 구체적인 규정을 두고 있지 않습니다. 따라서 의료인은 재량에 따라 문제중심의무기록 작성법, 단기의무기록 작성법 등 의료행위의 내용과 치료의 경과를 효과적이라고 판단하는 방법에 의해 작성할 수 있습니다. 의료법 시행규칙 제14조에 따르면 진료기록부·조산기록부·간호기록부는 해당사항을 한글과 한자로 적되, 질환명·검사명·약제명 등 의학용어는 외국어로 적을 수 있다고 규정하고 있습니다. 환자가 진료기록부에 기재된 내용을 알고 싶을 경우 해당 의료인에게 문의할 수 있습니다.
진료기록부를 작성하는 취지는 진료를 담당하는 의료인이 환자의 상태와 치료의 경과에 관한 정보를 빠뜨리지 않고 정확하게 기록하여 이를 그 이후 계속되는 환자치료에 이용하도록 하고, 다른 의료관련 종사자들에게도 그 정보를 제공하여 환자가 적정한 의료 제공을 받을 수 있도록 함에 있습니다. 또한 의료행위가 종료된 이후에는 의료행위의 적정성을 판단하는 자료로 이용할 수 있도록 해야 합니다. 따라서 진료기록부에는 환자의 상태와 치료의 경과 등 의료행위에 관한 사항과 그 소견을 적어야 하고, 의료행위의 적정성 여부를 판단하기에 충분할 정도로 상세하게 기록하여야 합니다.

아울러 의료인이나 의료기관의 종사자는 환자가 의무기록을 열람 또는 사본 교부를 요구하는 경우에 이에 응해야 합니다.

의무기록의 열람이나 복사를 신청할 수 있는 사람은 환자·환자의 배우자·환자의 직계존비속 또는 배우자의 직계존속 또는 환자가 지정한 대리인에 한정 됩니다.

환자가 요구할 수 있는 환자에 관한 기록에는 진료기록 뿐만 아니라, 검사결과·방사선 필름 등의 검사기록도 포함됩니다.

▌ 진료기록부에 기재되는 내용은 어떤 것들 인가요?

【질문】 저는 부친이 병원에 입원하여 치료받던 중 의료사고가 발생해 의무기록의 사본을 요구했습니다. 그런데 의무기록이 그다지 자세하게 기재되어 있지 않은 것 같습니다. 진료기록부의 작성방법이 별도로 있나요? 또한 얼마나 자세하게 기재되나요?

【답변】 진료기록부의 특별한 작성방법은 없으나, 의료행위의 적정성 여부를 판단하기에 충분할 정도로 상세하게 기록되어 있어야 합니다.
의료법에서 진료기록부의 작성방법에 관하여 구체적인 규정을 두고 있지 아니하므로, 의사는 의료행위의 내용과 치료의 경과 등에 비추어 효과적이라고 판단하는 방법에 의하여 진료기록부를 작성할 수 있습니다. 따라서, 의사는 이른바 문제중심의무기록 작성방법(Problem Oriented Medical Record), 단기의무기록 작성방법 또는 기타의 다른 방법 중에서 재량에 따른 선택에 의하여 진료기록부를 작성할 수 있을 것이지만, 어떠한 방법에 의하여 진료기록부를 작성하든지 의료행위에 관한 사항과 소견은 반드시 상세히 기록하여야 합니다.
그래서 의사는 진료기록부에 환자의 상태와 치료의 경과 등 의료행위에 관한 사항과 그 소견을 환자의 계속적인 치료에 이용할 수 있고 다른 의료인들에게 적절

한 정보를 제공할 수 있으며, 의료행위가 종료된 이후
에는 그 의료행위의 적정성 여부를 판단하기에 충분할
정도로 상세하게 기록하여야 합니다. 진료기록부는 의
료행위가 종료된 이후 의료행위의 적정성을 판단하는
자료로 이용할 수 있도록 해야 합니다. 따라서 진료기
록부에는 환자의 상태와 치료의 경과 등 의료행위에
관한 사항과 그 소견을 적어야 하고, 의료행위의 적정
성 여부를 판단하기에 충분할 정도로 상세하게 기록해
야 합니다(대법원 1998.1.23. 선고 97도2124 판결).
진료기록부·조산기록부·간호기록부는 해당 사항을 한글
과 한자로 적되, 질환명·검사명·약제명 등 의학용어는
외국어로 적을 수 있습니다. 환자가 진료기록부에 기재
된 내용을 알고 싶을 경우 해당 의료인에게 문의할 수
있습니다.

【해설】 의사가 환자를 진료하는 경우에는 의료법 제21조 제1항에 의하여
그 의료행위에 관한 사항과 소견을 상세히 기록하고 서명한 진료기
록부를 작성하여야 하며, 진료기록부를 작성하지 않은 자는 같은 법
제69조에 의하여 처벌하도록 되어 있는바, 이와 같이 의사에게 진
료기록부를 작성하도록 한 취지는 진료를 담당하는 의사 자신으로
하여금 환자의 상태와 치료의 경과에 관한 정보를 빠뜨리지 않고
정확하게 기록하여 이를 그 이후 계속되는 환자치료에 이용하도록
함과 아울러 다른 의료관련 종사자들에게도 그 정보를 제공하여 환
자로 하여금 적정한 의료를 제공받을 수 있도록 하고, 의료행위가
종료된 이후에는 그 의료행위의 적정성을 판단하는 자료로 사용할
수 있도록 하고자 함에 있습니다.

▌ 의무기록부를 신청할 때 주의사항은 무엇인가요?

【질문】 저의 부친이 병원에 입원하여 진료를 받았습니다. 보험회사에 제출하려고 의무기록을 발급하고자 하는데 주의해야 할 사항은 무엇들이 있는지요?

【답변】 환자본인이 의무기록 사본을 요청할 경우 미리 진료기록 사본 발급신청서를 작성하여 제출합니다. 신청서에는 사용목적이 명시되어야 하며, 의료인 또는 의료기관의 종사자가 신분증을 요구할 수 있으므로 이를 미리 준비합니다. 환자의 가족 또는 그 대리인이 의무기록 사본 발급을 요청할 경우 환자 본인이 직접 작성하고 날인한 위임장이 있어야 합니다. 다만, 환자가 사망하는 등 직접 작성·날인할 여건이 안되는 경우 환자의 가족이 이를 대신할 수 있습니다.

위임장에는 위임자와 피위임자의 인적사항 및 위임의 내용 등이 구체적으로 기재되어야 하고, 이를 객관적으로 입증할 수 있는 인감증명서가 필요합니다.

의사의 의학적 판단이 필요한 의무기록 사본 발급은 해당 진료과에 접수하고, 사본이 필요한 부분에 대한 결정을 받은 후에 발급받을 수 있습니다. 의무기록 사본 발급에 드는 비용은 환자가 부담합니다. 의무기록의 열람·복사 신청에 응하지 않은 의료인에 대한 처벌을 원할 경우 피해자의 고소가 필요합니다.

■ 병원에서 진료기록부와 시술 전후의 사진 요구를 거절할 수 있나요?

【질문】 성형외과에서 코 수술 후 부작용이 발생되어 진료기록부의 사본과 수술 전후 비교를 위해 촬영한 사진의 반환을 요청하였습니다. 그러나 분실했다는 이유로 거절을 당했습니다. 이런 경우 어떻게 해야 하는지요?

【답변】 진료기록부는 의료법에 따라 10년간 보관을 해야 하는 반면, 수술 전후 사진은 진료기록으로 보지 않을 수 있습니다.
진료기록부는 의료법 제22조 및 동법 시행규칙 제18조 제1항에 따라 해당의료기관에서 10년간 보관을 해야 하며, 만일 의료기관 휴·폐업 등으로 보관할 수 없는 경우에는 관할 보건소에 보관토록 규정하고 있습니다. 이를 위반 시 의료법 제90조에 의거 300만원 이하의 벌금을 받을 수도 있습니다. 또한, 진료기록부는 의료법 제21조에 의거 환자 본인 또는 적법한 대리인이 요청하는 경우 복사 또는 열람하도록 규정하고 있습니다. 이 사례의 경우 법의 취지를 설명하여 관련 기록의 복사를 요청하시고 그래도 의료기관에서 비협조적인 경우 관할 보건소에 문의하시어 협조를 받으시기 바랍니다. 다만, 병원에서 수술 전후 비교 등을 위해 촬영한

일반사진은 검사기록 영상물(CT, MRI 등)과 달리 보존
의무를 지는 진료기록으로 보기는 어렵다는 유권해석
이 있습니다.

【관련법조문】

「**의료법**」 제21조(기록 열람 등)

① 의료인이나 의료기관 종사자는 환자가 아닌 다른 사람에게 환자에 관
한 기록을 열람하게 하거나 그 사본을 내주는 등 내용을 확인할 수
있게 하여서는 아니된다.

② 제1항에도 불구하고 의료인이나 의료기관 종사자는 다음 각호의 어느
하나에 해당하면 그 기록을 열람하게 하거나 그 사본을 교부하는 등
그 내용을 확인할 수 있게 하여야 한다. 다만, 의사.치과의사 또는 한
의사가 환자의 진료를 위하여 불가피하다고 인정한 경우에는 그러하
지 아니하다.

「**의료법**」제22조(진료기록부 등)

② 의료인이나 의료기관 개설자는 진료기록부등을 보건복지부령으로 정
하는 바에 따라 보존하여야 한다.

【관련판례】

의료법 제22조 및 의료법시행규칙 제14조 내지 제15조에 따르면, 의
무기록이라 함은 환자치료에 관련한 의료인 및 의료기관 종사자가 치료
의 경과 및 과정에 대하여 기술한 수술기록, 경과기록, 응급기록, 입퇴원
기록, 신체검사기록, 마취기록, 중환자실기록, 간호기록, 기타 의사의 지
시에 의하여 행하여진 치료관련 기록(방사선 사진 및 그 소견서 등)이라
할 수 있습니다. 수술 전후 비교를 위하여 촬영한 사진을 진료기록으로
보기는 어렵습니다(복지부 의정-486, 2008. 2. 18.).

■ 의료인이 설명의무를 이행치 않은 경우 과실은?

【질문】 저는 동네 의원에서 수술을 받았는데 문제가 생겼습니다. 수술 전, 의사는 진료만 마친 후 나가고 컨설턴트라는 사람이 들어와 수술과 비용에 대해 설명을 했습니다. 이런 경우도 의사에게 과실이 인정되나요?

【답변】 환자가 받을 의료행위에 대한 설명은 의료인이 해야 하는데 이를 어긴 경우에는 의료인의 과실이 인정됩니다.

환자는 의료인으로부터 자신의 질병에 대한 치료방법, 의학적 연구 대상 여부, 장기이식 여부 등에 관해 충분한 설명을 들을 수 있는 권리를 가지며, 환자는 설명을 들은 후 설명을 들은 의료행위를 받을 것인지를 선택할 수 있습니다.

환자가 받을 의료행위에 대한 설명을 해야 하는 자는 원칙적으로 담당 의사이나, 특별한 사정이 없는 한 담당 의사 아닌 주치의나 다른 의사를 통한 설명도 가능합니다. 다만, 의사가 아닌 의료보조자(간호조무사나 병원 사무직원 등)가 이를 대신하는 것은 허용되지 않습니다.

의료인은 ① 진단을 통해 알게 된 결과인 질병의 유무와 그 종류에 대하여 환자에게 설명해야 하고, ② 의료인이 시행할 치료행위의 종류와 내용, ③ 해당 치료행위에 따르는 부작용이나 후유증 등 치료행위에 수반해서 나타날 수 있는 위험에 대해서 설명해야 합니다.

【관련판례1】

[1] 의료행위를 한 자에게 손해배상책임을 지우기 위하여서는 의료행위상의 주의의무 위반, 손해의 발생 및 주의의무 위반과 손해의 발생과 사이에 인과관계의 존재가 전제되어야 하는 것은 당연하나, 의료행위가 고도의 전문적 지식을 필요로 하는 분야이고, 그 의료의 과정은 대개의 경우 환자나 그 가족이 일부를 알 수 있는 점 외에 의사만 알 수 있을 뿐이며, 치료의 결과를 달성하기 위한 의료기법은 의사의 재량에 달려 있는 것이기 때문에 손해발생의 직접적인 원인이 의료상의 과실로 말미암은 것인지 여부는 전문가인 의사가 아닌 보통인으로서는 도저히 밝혀 낼 수 없는 특수성이 있어서 환자측이 의사의 의료행위상의 주의의무 위반과 손해의 발생과 사이의 인과관계를 의학적으로 완벽하게 입증한다는 것은 극히 어려우므로, 의료사고의 경우에 있어서는 피해자측에서 일련의 의료행위 과정에 있어서 저질러진 일반인의 상식에 바탕을 둔 의료상의 과실 있는 행위를 입증하고 그 결과와 사이에 일련의 의료행위 외에 다른 원인이 개재될 수 없다는 점, 이를테면 환자에게 의료행위 이전에 그러한 결과의 원인이 될 만한 건강상의 결함이 없었다는 사정을 증명한 경우에 있어서는 의료행위를 한 측이 그 결과가 의료상의 과실로 말미암은 것이 아니라 전혀 다른 원인으로 말미암은 것이라는 입증을 하지 아니하는 이상, 의료상 과실과 그 결과 사이의 인과관계를 추정하여 손해배상책임을 지울 수 있도록 입증책임을 완화하는 것이 손해의 공평·타당한 부담을 그 지도원리로 하는 손해배상제도의 이상에 맞는다.

[2] 일반적으로 의사는 환자에게 수술 등 침습을 가하는 과정 및 그 후에 나쁜 결과 발생의 개연성이 있는 의료행위를 하는 경우 또는 사망 등의 중대한 결과 발생이 예측되는 의료행위를 하는 경우에 있어서 진료계약상의 의무 내지 침습 등에 대한 승낙을 얻기 위한 전제로서 당해 환자나 그 법정대리인에게 질병의 증상, 치료 방법의 내용 및 필

요성, 발생이 예상되는 위험 등에 관하여 당시의 의료수준에 비추어 상당하다고 생각되는 사항을 설명하여 당해 환자가 그 필요성이나 위험성을 충분히 비교해 보고 그 의료행위를 받을 것인가의 여부를 선택할 수 있도록 할 의무가 있는 것이지만, 의사에게 당해 의료행위로 인하여 예상되는 위험이 아니거나 당시의 의료수준에 비추어 예견할 수 없는 위험에 대한 설명의무까지 부담하게 할 수는 없으며, 설명의무의 주체는 원칙적으로 당해 처치의사라 할 것이나 특별한 사정이 없는 한 처치의사가 아닌 주치의 또는 다른 의사를 통한 설명으로도 충분하다.

[3] 안과수술 후 갑자기 나타난 예측불가능한 시신경염으로 환자의 시력이 상실된 경우, 수술 전에 그 수술의 필요성, 방법, 합병증에 대하여 자세히 설명하였고 수술 전후에 걸쳐 환자의 기왕병력인 신경섬유종의 변화 유무를 관찰하였으나 아무런 변화가 없었으며, 수술 부위가 시신경과는 무관한 안검 부위로서 시신경염으로 인한 시력상실은 통상적으로 예견되는 후유증이 아니라는 점에 비추어 그에 대한 의사의 설명의무 및 의료과실을 부정한 사례(대법원 1999.09.03. 선고 99다10479 판결).

【관련판례2】

　의사는 응급환자의 경우나 그 밖의 특별한 사정이 없는 한, 환자에게 수술 등 인체에 위험을 가하는 의료행위를 함에 있어 그에 대한 승낙을 얻기 위한 전제로서, 당해 환자에 대하여 사전에 질병의 증상, 치료 방법의 내용 및 필요성, 예후 및 예상되는 생명, 신체에 대한 위험과 부작용 등에 관하여 당시의 의료수준에 비추어 상당하다고 생각되는 사항을 설명함으로써 환자로 하여금 수술이나 투약에 응할 것인가의 여부를 스스로 결정할 기회를 가지도록 할 의무가 있고, 이와 같은 의사의 설명의무는 그 예상되는 생명, 신체에 대한 위험과 부작용 등의 발생가능성이 희소하다는 사정만으로는 면제될 수 없으며, 위험과 부작용 등이 당해 치료행위에 전형적으로 발생하는 위험이거나 회복할 수 없는 중대한 경우에는 그 발생가능성의 희소성에도 불구하고 설명의 대상이 된다고 보아야 하고, 이러한 설명을 하지 아니한 채 환자의 승낙 없이 의료행위를 한 경우에는, 설령 의사에게 치료상의 과실이 없는 경우에도 그 의료행위는 환자의 승낙권을 침해하는 위법한 행위가 된다(대법원 1998.02.13. 선고 96다7854 판결).

■ 합의란 무엇이며, 조정이나 소송과 어떻게 다른가요?

【질문】 의료분쟁에서 합의란 무엇이며, 조정이나 소송과 어떻게 다른가요?

【답변】 일반적으로 합의라고 불리는 것은 법률적인 용어로 화해에 해당합니다. 화해란 분쟁을 하던 양 당사자가 서로 양보하여 분쟁을 끝낼 것을 약정하는 것(「민법」 제731조)입니다.

의사와 환자가 서로 수용할 수 있는 범위에서 자유롭게 합의할 수 있습니다. 합의 후에는 소송을 제기하지 못하기 때문에 합의에 임하는 당사자는 신중해야 합니다. 합의의 방식이나 내용에 관한 형식은 정해져 있지 않습니다. 다만, 합의 당시 의료사고의 진상을 잘못 파악하고 있었다는 등의 이유로 착오로 취소가 불가능(「민법」 제733조)하기 때문에 신중해야 합니다.

의료분쟁으로 인한 다툼은 의료과실 여부를 명백히 알기 어렵고, 사람 신체에 대해 손해가 발생하는 것이기 때문에 조정이나 소송으로 제3자가 결정을 내려줄 경우 사적인 앙금이 남게 되는 단점이 있습니다. 합의의 경우 양 당사자 서로가 수용할 수 있는 범위에서 의사 합치가 이루어진다는 장점이 있습니다.

【해설】 의료분쟁을 예방하기 위해서는 신뢰할 수 있는 의사를 선택하고,

진료과정에서 궁금한 사항에 대해 철저히 묻는 것이 좋습니다. 또한 수술 전후 환자의 상태를 면밀히 살펴 의료사고를 방지하는 것이 향후 발생할 수 있는 의료분쟁을 막는 길입니다.

■ 합의가 무효 또는 취소가 되는 경우는?

【질문】 의료분쟁에서 합의가 무효 또는 취소가 되는 경우는 어떤 경우이며, 합의 후에도 소송을 제기할 수 있나요?

【답변】 합의과정에서 의료분쟁의 한쪽 당사자가 경제적으로 매우 어려운 사정에 있거나 혹은 경솔하여 지나치게 불공평한 합의를 하였다면 불공정한 법률행위로 무효가 될 수 있습니다. 이미 합의가 된 내용은 합의 이후에 취소할 수 없습니다. 다만, 합의 내용에 포함되지 않았던 내용(예를 들어, 수술 후 관리비용 등)에 대해서는 추가로 합의할 수 있습니다. 또한, 의료분쟁의 한쪽 당사자가 과실이 있던 내용을 감추고 합의에 임했던 사실이 인정되면 사기로 인한 취소가 가능합니다.

합의 후 민사소송을 제기하면 특별한 사정이 없는 한 소송이 각하됩니다. 따라서 합의에 임할 때는 신중해야 합니다.

그러나 합의 후 형사고소나 고발을 하는 것은 가능합니다. 다만, 합의한 사실은 검사가 공소를 제기할 지정하는 과정 또는 판사가 형을 선고하는 과정에서 의사 측에 유리한 정상참작 사유가 될 수 있습니다.

▮ 의료사고로 합의한 후 후유증이 발생한 경우는?

【질문】 저는 어머니가 대형병원에서 수술 받던 중 의료사고가 발생하였었는데 담당의사와 합의를 했습니다. 그러나 이후에 후유증이 발생하였기 때문에 추가로 손해배상을 청구하려고 합니다. 가능성이 있을까요?

【답변】 일반적으로 의료분쟁으로 인한 합의를 할 때, 합의 이후 일체의 청구를 포기한다는 권리포기조항이 들어 있습니다. 그래서 원칙적으로 합의 후 배상금 이상으로 손해가 발생해도 이를 청구할 수 없습니다. 그러나 법원은 화해 당시 전혀 예상하지 못했던 후유증 등이 발생한 경우 이로 인한 손해배상 청구를 예외적으로 허용하고 있습니다.

합의 시 주의사항은 후유증으로 인한 손해배상 청구가 법원에서 인정되기는 하나, 예외적인 것으로 그 예가 많지 않습니다. 의료분쟁으로 인한 합의를 하는 경우 환자는 예상되는 후유증에 대한 고려를 해야 하고, 의사는 향후 예측되는 증상에 대해 자세히 설명을 하는 것이 필요합니다. 그 후 양측은 이러한 내용을 포함해 합의를 한다는 내용을 합의서에 기록하는 절차를 거쳐야 할 것입니다.

【관련판례】

　[1] 피해자가 사고로 입은 상해로 인하여 휴직하다가 퇴직하게 되었음을 전제로 잔부청구를 유보한다는 취지를 명시함이 없이 그 사고로 인한 소극적 손해로서 휴업 및 퇴직에 따른 일실수입금의 지급을 청구하여 그 판결에서 전부 승소한 바, 위 청구는 이 사건 소송에서 소극적 손해로서 청구한 휴업손실청구와는 산출방법만을 달리할 뿐 그 발생원인과 청구의 목적은 같으며, 피해자가 취업불능하게 되어 퇴직하였음은 피해자 스스로 전소송의 변론 종결 전에 이미 발생하였다고 주장한 사실이어서 위 사실이 전 소송 변론종결 당시 및 포기약정당시 원고인 피해자로서는 예견할 수 없었던 것이라거나 위 후유증으로 인하여 비로소 발생한 것이라고도 볼 수 없으므로, 위 휴업손실청구는 전소송판결의 기판력에 저촉될 뿐만 아니라 위 포기약정에도 위배되어 부적법하다.

　[2] 일반적으로 불법행위로 인한 손해배상청구권의 소멸시효기산일인 손해를 안 날에 관하여 손해를 안다는 의미는 가해행위가 위법하다는 것과 그로 인하여 손해가 발생한 것을 알면 되는 것이고 그 손해의 정도나 액수를 구체적으로 알 필요는 없는 것이므로 통상의 경우에는 상해피해자는 상해를 입었을 때 그 손해를 알았다고 보아야 할 것이지만 그 후 후유증 등으로 인하여 불법행위당시에는 전혀 예견할 수 없었던 새로운 손해가 발생하였다거나 예상외로 손해가 확대된 경우에 있어서는 그러한 사유가 판명된 때에 비로소 새로이 발생 또는 확대된 손해를 알았다고 보아야 한다(서울지방법원남부지원 1987.06.24. 선고 85가합2289).

▌ 의료사고로 분쟁 시 조정은 어떻게 신청하는지요?

【질문】 저는 의료사고로 병원과 갈등을 겪고 있습니다. 조정을 받을 방법이 있다고 하던데 어디에 신청해야 하나요?

【답변】 의료분쟁이 생긴 경우 당사자는 관할법원에 민사조정 신청을 할 수 있습니다. 민사조정절차는 조정담당판사 또는 법원에 설치된 조정위원회가 분쟁당사자로부터 주장을 듣고 여러 사정을 참작해 조정안을 제시하고 서로 양보와 타협을 통해 합의에 이르게 함으로써 분쟁을 평화적이고, 간이·신속하게 해결하는 제도입니다. 신청인은 조정신청서를 작성해 입증서류·조정수수료·송달료와 함께 법원에 제출합니다. 민사조정은 당사자 사이에 합의된 사항을 조서에 기재함으로써 성립하게 됩니다. 합의가 성립되지 않았거나 당사자 사이에 성립된 합의의 내용이 적당하지 않다고 인정되는 경우 법원은 직권으로 당사자의 이익이나 그 밖의 모든 사정을 고려해 신청인의 신청 취지에 반하지 않는 한도에서 사건의 공평한 해결을 위해 조정에 갈음하는 결정을 하게 됩니다. 당사자는 조정에 갈음하는 결정에 대한 결정서를 송달받은 날부터 14일 내에 이의신청을 해야 하며, 이 기간 동안 이의신청을 하지 않으면 조정을 수락한 것으로 봅니다. 당사자의 합의가 완료된 조정과 조정에 갈음하는 결정에 이의신청을 하지 않는 경우의 그 결정은 재판상 화해와 같은 효력이 있습니다.

▌ 의료사고로 민사소송을 할 때 환자의 입증책임범위는?

【질문】 저는 부친이 병원에서 수술을 받았는데 의료사고가 발생하여 민사소송을 제기하려고 합니다. 그런데 의료인의 과실을 환자가 입증해야 한다고 들었습니다. 환자가 어느 정도까지 입증해야 하나요?

【답변】 전문적인 지식을 가지고 있지 않은 환자가 의료행위의 불완전성이나 불법행위를 입증하고, 이에 따른 인과관계까지 입증하는 것은 한계가 있으므로, 법원은 입증책임을 완화해 적용하고 있습니다. 민법상 손해배상 청구의 입증책임의 원칙은 채무불이행 또는 불법행위를 이유로 손해배상을 청구하기 위해서는 환자가 의료인의 과실, 위법성, 손해의 발생, 그리고 의료인의 과실로 인해 의료사고가 발생한 사실(인과관계)을 입증해야 합니다.

입증책임의 완화조건으로 전문적인 지식을 가지고 있지 않은 환자가 의료행위의 불완전성이나 불법행위를 입증하고, 이에 따른 인과관계까지 입증하는 것은 한계가 있습니다. 따라서 법원은 입증책임을 완화해 ① 의료인에게 일반인의 상식에 바탕을 둔 의료상의 과실이 있었다는 점, ② 환자가 병원에 가기 전에는 의료행위 이후에 발생한 증세가 몸에 나타나지 않았고, 이러한 결과에 영향을 끼칠 다른 원인이 없다는 점 같이 두 가지를 입증하면 족한 것으로 판단하고 있습니다.

▋ 수술할 때 환자의 동의가 반드시 필요한가요?

【질문】 며칠 전 응급실에서 환자의 가족들이 수술에 동의해 주지 않는 것을 보았습니다. 이런 경우 환자의 동의가 없으면 응급환자도 치료를 받지 못하나요?

【답변】 의사는 응급환자의 경우 가족들이 진료를 거부하더라도 환자를 계속 돌볼 의무가 있습니다. 환자의 동의 여부는 환자 개인의 자유이지만 응급환자의 경우 본인이 의사표현을 하기 어려운 경우가 있습니다. 응급한 경우 치료의 중단 혹은 지연이 환자의 생명 침해로 이어질 수 있기 때문에 가족들이 진료를 거부하는 경우에도 의료인은 환자를 계속 돌볼 의무가 있습니다.
판례에서는 응급환자의 보호자가 의료인의 의학적 권고에도 불구하고 환자의 퇴원을 요청해 퇴원시키고, 환자가 퇴원 이후 사망한 경우 보호자는 부작위에 의한 살인죄, 전담의 및 주치의는 작위에 의한 살인방조죄를 인정했습니다.

■ 산업재해 치료 중 낙상으로 사망하였을 경우의 책임은?

【질문】 근로 중 산재사고로 장해1급 진단을 받고, 입원치료 과정에서 재활치료사의 관리 하에 보행 재활치료 중에 넘어져 두부 손상이 발생하였으며, 얼마 지나지 않아 사망에 이르게 되었습니다. 이런 경우 의료기관의 책임은 어떻게 되나요?

【답변】 의료사고로 증가한 피해는 배상청구를 할 수 있으나, 산재에서의 처리내용을 확인할 필요가 있습니다.
산재처리 중 의료기관의 진료로 인하여 기존에 확정되거나 예상했던 결과보다 피해가 증가한 경우에 확대된 손해에 대하여 배상을 청구할 수 있습니다. 다만, 그 손해의 원인과 정도를 규명하기 위해서는 전문적인 감정과 심리를 필요로 하는 사항입니다. 또한, 이 사례와 같이 산재와 의료배상책임을 같이 다루어야 하는 경우 산재에서의 처리가 어떻게 되느냐에 따라 배상청구의 방법, 효과 등에 있어서 달라질 수 있습니다. 따라서 먼저 해당 산재처리 기관에 관련 처리내용을 문의하여 확인해보시기 바랍니다. 만일 사망에 이른 피해까지도 산재에서 보상된 경우에는 이에 대해서는 산재에서 해당 의료기관을 상대로 구상권 청구소송을 할 수도 있습니다.

【관련법조문】

「산업재해보상보험법」 제87조(제3자에 대한 구상권)

① 공단은 제3자의 행위에 따른 재해로 보험급여를 지급한 경우에는 그 급여액의 한도 안에서 급여를 받은 자의 제3자에 대한 손해배상청구권을 대위(代位)한다. 다만, 보험가입자인 2 이상의 사업주가 같은 장소에서 하나의 사업을 분할하여 각각 행하다가 그 중 사업주를 달리하는 근로자의 행위로 재해가 발생하면 그러하지 아니하다.

② 제1항의 경우에 수급권자가 제3자로부터 동일한 사유로 이 법의 보험급여에 상당하는 손해배상을 받으면 공단은 그 배상액을 대통령령으로 정하는 방법에 따라 환산한 금액의 한도 안에서 이 법에 따른 보험급여를 지급하지 아니한다.

③ 수급권자 및 보험가입자는 제3자의 행위로 재해가 발생하면 지체 없이 공단에 신고하여야 한다.

【관련판례】

　산재사고로 인하여 상해를 입은 피해자가 치료를 받던 중 치료를 하던 의사의 과실 등으로 인한 의료사고로 증상이 악화되거나 새로운 증상이 생겨 손해가 확대된 경우에는, 다른 특별한 사정이 없는 한 그와 같은 손해와 산재사고 사이에도 상당인과관계가 있다고 보아야 하므로, 산재사고와 의료사고가 각기 독립하여 불법행위의 요건을 갖추고 있으면서 객관적으로 관련되고 공동하여 위법하게 피해자에게 손해를 가한 것으로 인정된다면, 공동불법행위가 성립되어 공동불법행위자들이 연대하여 손해를 배상할 책임이 있다(대법원 2005. 9. 30. 선고, 2004다52576 판결).

■ 입원 시 의료분쟁 예방을 위해 사전에 습지할 내용은?

【질문】 저의 아버지가 수술을 받기 위해 입원을 하게 되었습니다. 혹시 의료사고라도 날까봐 걱정입니다. 의료분쟁을 막기 위해 알아두어야 하는 내용이 있나요?

【답변】 진료과정에서 궁금한 사항에 대해 철저히 묻는 등 몇 가지 알아두시면 좋은 내용들이 있습니다.
① 신뢰할 수 있는 의사를 선택합니다.
② 소신 진료를 할 수 있도록 최대한 배려하되 궁금한 것은 철저히 묻습니다. 검사를 받는 경우 무엇을 알기 위한 검사인지, 부작용은 없는지 꼭 물어보아야 합니다. 수술을 받는 경우에는 수술 경과나 합병증에 대해 물어보고 대처방법을 확인한 후에 수술을 받습니다. 수술에 대한 판단이 분명히 서지 않으면 양해를 얻어 다른 전문의의 견해를 정중하게 확인해야 합니다. 간혹 의료인들이 수술의 좋은 점만을 설명하고 부작용을 설명안하는 경우도 있기 때문입니다.
③ 각종검사 CT. MRI.내시경 검사 시 보호자가 반드시 동행합니다.
④ 수술 전후 환자의 상태를 면밀히 살펴야 합니다.
⑤ 환자관리에 미흡한 부분이 있으면 진료 의사에게 시정을 요구합니다.

▌수술 시 서약서에 서명한 경우 그 효력은?

【질문】 저는 어머니가 병원에서 수술하게 되어 수술하기 전 안 좋은 결과가 나오더라도 이의를 제기하지 않겠다는 서약서에 서명했습니다. 수술 후 의사의 잘못이 의심되는 의료사고가 발생하여 소송을 제기하려고 하는데 서약서 때문에 망설이고 있습니다. 이런 경우 정말 소송제기를 하지 못하나요?

【답변】 판례는 의료계약에 있어서는 이의를 제기하지 않겠다는 서약서의 효력을 인정하지 않고 있습니다.
환자가 수술 전에 수술로 인해 예상치 못한 사태가 발생해도 어떠한 이의제기를 하지 않겠다는 면책특약을 하는 경우가 있습니다. 일반적인 계약의 경우에는 면책특약의 효력이 인정됩니다. 하지만 의료계약에서 의료인의 과실에 대비한 면책특약의 경우 신의칙 또는 형평의 원칙에 맞지 않는다고 보아 이러한 면책특약의 효력을 인정하지 않습니다. 수술에 앞서 이 수술로 인하여 발생하는 어떠한 결과에 대하여도 하등의 이의를 제기치 아니한다고 서약하였다 하여도 이 서약은 신의칙이나 형평의 원칙상 집도의사의 위법행위를 유서하고 그로 인한 청구권을 미리 포기한 취지라고 해석되지 않습니다. 따라서 면책특약은 무효가 되고 의료인의 과실이 있다고 생각되는 경우 소송을 제기할 수 있습니다.

■ 의료인의 의료사고가 과실로 인정되는 경우는?

【질문】 저는 수술을 받았는데 의료사고인 것 같아 고소를 하려고 합니다. 의료사고에서 의료인의 과실이 인정되는 경우는 어떤 경우인가요?

【답변】 의료인의 과실은 의료인이 마땅히 지켰어야 할 주의의무를 위반한 경우 인정됩니다.

의료인의 과실은 의료인이 마땅히 지켰어야 할 주의의무를 위반한 것을 의미하고, 주의의무위반은 ① 의료인이 진단·검사·치료방법의 선택·치료행위·수술 후 관리 및 지도 등 각각의 행위가 환자의 생명·신체에 위험 또는 나쁜 결과를 초래할 수 있다는 것을 예견할 수 있었음에도 부주의해 그러지 못한 경우(결과예견의무), ② 여러 수단을 통한 의료행위 중 가장 적절한 방법을 택해 환자에게 나쁜 결과가 발생하는 것을 피해야 하는데 그러지 못한 경우(결과회피의무) 등에 인정됩니다.

【해설】 의료과오사건에 있어서 의사의 과실을 인정하려면 결과 발생을 예견 할 수 있고 또 회피할 수 있었음에도 이를 하지 못한 점을 인정 할 수 있어야 하고, 위 과실의 유무를 판단함에는 같은 업무와 직무에 종사하는 일반적 보통인의 주의 정도를 표준으로 하여야 하며, 이때 사고 당시의 일반적인 의학의 수준과 의료 환경 및 조건, 의료행위의 특수성 등을 고려하여야 합니다.

▍ 민원을 제기하자 진료를 거부하면서 퇴원을 종용하는데 대처방법은?

【질문】 병원에서 입원 치료 중에 의료사고가 발생하여 현재 해당 병원에서 치료를 받고 있으나 아직까지도 완전히 회복되지는 않았습니다. 이에 담당의사와 병원 측을 상대로 관련 진료에 대한 해명과 피해배상에 대한 처리를 요청하였고, 관할 기관에 민원을 제기하였습니다. 이후부터 병원 측에서는 더 이상 본원에서의 진료는 어렵다며 다른 병원에서 치료받을 것을 강요하며 퇴원을 종용하고 있습니다. 이런 경우 환자는 퇴원을 해야 하는지요? 또한 그동안의 피해에 대해서 어떻게 해야 하는지요?

【답변】 병원 측은 정당한 이유 없이 진료거부 또는 환자를 퇴원시킬 수 없습니다.
　　　　의료기관 또는 의료인은 환자를 진료하는데 필요한 시설과 인력 등을 갖추고 있는 경우에는 정당한 이유 없이 환자에 대한 진료를 거부할 수 없습니다. 다만 환자의 상태가 의학적 판단에 따라 회복이 가능한 상태이거나 또는 적절한 치료를 위해 불가피하게 타 의료기관으로의 전원이 필요한 경우라면 예외가 될 수도 있습니다. 따라서 이 사례의 경우 경과사항에 대한 구체적인 확인이 필요할 것으로 보입니다. 이러한 의료사고 판단 및 관련 피해구제를 위해서는 전문적인 감정과 심리를 필요로 합니다. 이를 위해서는 저희 의료중재원을 통한 조정절차나 민사소송 제도를 이용하시는 방법이 있습니다.

【관련법조문】

「**의료법**」 제15조(진료거부 금지 등)

① 의료인은 진료나 조산 요청을 받으면 정당한 사유 없이 거부하지 못한다.

② 의료인은 응급환자에게 「응급의료에 관한 법률」에서 정하는 바에 따라 최선의 처치를 하여야 한다.

【관련판례1】

의사가 부재중이거나 신병으로 인하여 진료가 불가능한 경우에는 정당한 사유가 있었다고 보나, 단순히 피곤하다거나 환자에 대한 개인적 감정을 이유로 진료를 거부하는 경우에는 정당한 사유가 있다고 보지 않음(서울고법 1993. 6. 4. 선고, 93노410 판결).

【관련판례2】

진료거부란 의료기관 또는 의료인이 환자를 진료할 수 있는 필요한 시설과 인력 등을 갖추고 있는데도 불구하고 정당한 이유 없이 진료를 거부하거나 진료하지 않는 행위를 뜻하므로 일단 진료한 환자의 상태를 보아 의사가 의학적인 판단에 따라 퇴원 또는 타 의료기관 진료를 권유하는 행위를 진료거부로 보기는 어려울 것임(2000. 6. 2. 보건복지부 의정 66507-704).

【관련판례3】

진료비 지불능력이 없고 의사의 지시를 무시했다는 이유로 진료를 거부하는 것은 정당하지 않음(1994. 6. 3. 보건복지부 의정 65507-1395).

▌ 의료기관 회전문에서 사고가 발생하였을 때 그 책임은?

【질문】 환자가 통원 치료 중에 병원 입구 회전문에 부딪쳐 넘어지면서 인대파열이 발생하였습니다. 이후 종합병원으로 전원하여 수술을 받았으며, 현재까지 입원 중에 있습니다. 이런 경우 의료기관의 과실은 어느 정도로 보아야 하는지요?

【답변】 의료행위냐 시설물의 하자냐 여부에 따라서 책임이 달라질 수 있습니다.

의료행위에 있어서 환자에 대한 관리상 주의의무 정도는 관리의 형태, 진료경과, 발생시점, 환자의 연령 및 기왕증 등 전반적 사항에 따라 달라질 수 있습니다. 이 사례의 경우 의료기관 내에서 발생한 낙상 사고이지만 환자를 관리해야 할 통상 범위(시간.장소)와의 차이, 해당 장소에서의 동일 사고이력, 관련 인력배치 여부 등도 살펴볼 필요가 있으며, 사고발생 후 처치도 적절했는지 또한 검토되어야 할 것입니다. 만일 의료행위상으로 문제가 없는 경우라면 「시설물 안전관리에 관한 특별법」에 의거 시설물의 하자 등을 살펴볼 필요가 있겠습니다.

【관련법조문】

「민법」 제758조(공작물 등의 점유자, 소유자의 책임)

① 공작물의 설치 또는 보존의 하자로 인하여 타인에게 손해를 가한 때
  에는 공작물점유자가 손해를 배상할 책임이 있다. 그러나 점유자가
  손해의 방지에 필요한 주의를 해태하지 아니한 때에는 그 소유자가
  손해를 배상할 책임이 있다.
② 전항의 규정은 수목의 재식 또는 보존에 하자있는 경우에 준용한다.
③ 전2항의 경우에 점유자 또는 소유자는 그 손해의 원인에 대한 책임있
  는 자에 대하여 구상권을 행사할 수 있다.

「**시설물 안전관리에 관한 특별법**」 제6조(안전점검의 실시)
① 관리주체는 시설물의 기능과 안전을 유지하기 위하여 제13조에 따른
  안전점검 및 정밀안전진단지침에 따라 소관 시설물에 대한 안전점검
  을 실시하여야 한다.

【관련판례】

　　공중목욕탕의 온탕 바닥을 미끄러운 재질로 설치하고도 마찰력이 높은
미끄럼 방지시설을 별도로 부착하거나 요철이 있는 종류로 바닥면의 재질
을 바꾸어 미끄럼 사고를 방지하려는 조치를 취하지 않고, 온탕 주위에 '미
끄럼 주의'라고 표시된 안내판을 설치한 것 등만으로는 사고방지 노력을 다
하였다고 볼 수 없으므로 목욕탕업자는 고객의 낙상사고로 인한 손해를 배
상할 책임이 있다(서울중앙지법 2009. 11. 17. 선고, 09나22265 판결).

▌ 가해자의 보험자가 의료기관에 치료비를 직접 지급한 경우 소멸시효중단은?

【질문】 저는 4년 전 교통사고를 당하여 요추부추간판탈출증 진단을 받고 계속 치료를 받았는데, 가해차량이 가입한 종합보험의 보험회사는 사고 때부터 3년이 다될 무렵까지 치료비를 병원에 직접 지급하였습니다. 그런데 저는 치료종결 후 장해가 인정되어 그에 따른 제반 손해배상을 청구하려고 합니다. 이 경우 불법행위로 인한 손해배상청구권의 소멸시효가 문제되는지요?

【답변】 민사상 불법행위로 인한 손해배상청구권은 '손해 및 가해자를 안 날로부터 3년'과 '불법행위를 한 날로부터 10년'의 기간 중 먼저 만료되는 것에 의하여 권리가 시효소멸 되는데(민법 제766조), 「상법」 제724조 제2항에서 제3자는 피보험자가 책임을 질 사고로 입은 손해에 대하여 보험금액의 한도 내에서 보험자에게 직접 보상을 청구할 수 있다고 규정하고, 이러한 직접청구권은 보험자가 피보험자의 피해자에 대한 손해배상채무를 병존적으로 인수한 것이므로, 직접청구권의 소멸시효도 피해자가 피보험자(가해자)에 대하여 가지는 불법행위로 인한 손해배상청구권의 소멸시효에 관한 민법 제766조가 적용됩니다(대법원 2005. 10. 7. 선고, 2003다6774 판결). 그리고 「민법」 제168조에서 소멸시

효의 중단사유로 ①청구, ②압류 또는 가압류, 가처분, ③승인을 규정하고, 「민법」 제178조 제1항에서 중단 후의 시효진행에 관하여 시효가 중단된 때에는 중단까지에 경과한 시효기간은 이를 산입하지 아니하고 중단사유가 종료한 때로부터 새로이 진행한다고 규정하고 있으므로, 위 질문에서는 보험회사의 치료비직접지급이 위 시효중단사유인 승인에 해당되는지 문제됩니다.

그런데 판례를 보면, 소멸시효중단사유로서의 승인은 시효이익을 받을 당사자인 채무자가 소멸시효완성으로 권리를 상실하게 될 자 또는 그 대리인에 대하여 그 권리가 존재함을 인식하고 있다는 뜻을 표시함으로써 성립하는데, 그 표시방법은 아무런 형식을 요구하지 아니하고 또한 명시적이건 묵시적이건 불문하며, 묵시적인 승인의 표시는 채무자가 그 채무의 존재 및 액수에 대하여 인식하고 있음을 전제로 하여 그 표시를 대하는 상대방으로 하여금 채무자가 그 채무를 인식하고 있음을 그 표시를 통해 추단하게 할 수 있는 방법으로 행해지면 된다고 하였으며, 불법행위에 따른 손해배상청구권의 소멸시효완성 전에 가해자의 보험자가 피해자의 치료비를 구 자동차손해배상 보장법(2006. 12. 28. 법률 제8127호로 개정되기 전의 것) 제9조 제1항 단서(현행 제10조 제1항 단서), 제11조(현행 제12조) 등의 규정에 따라 의료기관에 직접 지급한 경우, 특별한 사정이 없는 한 보험자가 피해자에 대한 손해배상 책임이 있음을 전제로 그 손해배상채무 전체를 승인한 것으로 봄이 상당하고, 치료비와 같은 적극적인 손해에 한정하여 채무를 승인한 것으로 볼 수는 없다고 한 사례가 있습니다(대법원 2010. 4. 29. 선고, 2009다99105 판결).

그렇다면 귀하는 요추부추간판탈출증 진단을 받은 때에 장해에 관한 손해도 알았거나 알 수 있었다고 하여도 보험회사의 치료비직접지급이 소멸시효중단사유인 승인에 해당되어 최종 치료비를 지급한 때로부터 3년 이내에 위 손해배상을 청구해볼 수 있을 것으로 보입니다.

■ 배상합의 후 사망이 의사의 치료행위와 무관한 것으로 판명된 경우 합의를 취소할 수 있는지?

【질문】 저는 의사입니다. 얼마 전에 환자를 진찰한지 2시간 만에 환자가 사망하였습니다. 그 유족들은 의료사고임을 강력히 주장하여, 이에 저는 주사쇼크, 기도폐쇄 등의 부작용이 생길 수 있는 점을 감안하여 그 유족들과 5천만 원의 손해배상을 해주기로 합의하였습니다. 그런데 부검결과 환자는 치료행위와 전혀 무관한 심장성 돌연사로 사망하였음이 밝혀졌습니다. 이 경우 저는 위 합의를 취소할 수는 없는지요?

【답변】 화해는 당사자가 상호 양보하여 당사자 사이의 분쟁을 종지(終止)할 것을 약정함으로써 그 효력이 생기는 계약이며, 화해계약은 당사자일방이 양보한 권리가 소멸되고 상대방이 화해로 인하여 그 권리를 취득하는 효력이 있습니다.

그리고 「민법」 제733조에서는 화해계약은 착오를 이유로 하여 취소하지 못하고, 다만 화해당사자의 자격 또는 는 화해의 목적인 분쟁 이외의 사항에 착오가 있는 때에는 그러하지 아니하다고 규정하고 있습니다. 이처럼 민법상의 화해계약을 체결한 경우 당사자는 착오를 이유로 취소하지 못하고, 다만 화해당사자의 자격 또는 화해의 목적인 분쟁 이외의 사항에 착오가 있는 때에 한하여 이를 취소할 수 있으며, 여기서 '화해의 목적인 분쟁 이외의 사항'이란 분쟁의 대상이 아니라 분쟁의 전제 또는 기초가 된 사항으로서, 쌍방당사자가 예정한 것이어서 상호 양보의 내용으로 되지 않고 다툼이 없는 사실로 양해된 사항을 말합니다(대법원 2007. 12. 27. 선고, 2007다70285 판결).

그런데 위 사안과 관련하여 판례를 보면, 의사의 치료행위 직후 환자가 사망하여 의사가 환자의 유족에게 거액의 손해배상금을 지급하기로 합의하였으나, 그 후 환자의 사망이 의사의 치료행위와는 전혀 무관한 것으로 밝혀진 사안에서, 의사에게 치료행위상의 과실이 있다는 점은 위 합의의 전제이었지 분쟁의 대상은 아니었다고 보아 착오를 이유로 화해계약의 취소를 인정한 경우가 있습니다(대법원 2001. 10. 12. 선고, 2001다49326 판결). 따라서 위 사안의 경우 귀하도 착오를 이유로 유족들과의 합의를 취소해 볼 수 있을 듯합니다.

▌ 치료 중 사고가 발생하면 건강보험공단에서 구상권을 행사 하는지?

【질문】병원 관계자입니다. 물리치료 하는 과정에서 환자가 핫팩에 의한 화상이 발생하였습니다. 현재 화상치료를 전문으로 하는 병원에서 치료 중에 있는데, 이런 경우 건강보험공단으로부터 이송치료비에 대해 구상을 당할 수 있다고 하던데 사실인가요? 만일 이 사건의 경우 의료중재원을 통해 조정이 성립되면 건강보험공단에 관련 자료가 자동적으로 이첩되어 이송치료비 구상청구를 받는 등 병원 이 불이익을 당하지는 않는지요?

【답변】의료중재원에 접수된 자료는 대외비로 취급되어 타 기관으로 이첩되는 경우는 없습니다.
의료행위로 인해 사고가 발생되어 요양급여가 지급된 경우 보험자인 건강보험공단의 진료비 심의과정에서 의료기관의 가해행위라고 판단되는 경우, 「국민건강보험법」 제58조에 따라 해당 의료기관을 상대로 구상권을 청구하는 경우가 있습니다. 의료중재원을 통해 합의가 이루어지거나 조정이 성립되는 경우 관련 자료가 건강보험공단에 자동 이첩되어 구상 여부를 판단하는 자료로 쓰이지 않을까 우려하는 일부 의료인들의 문의가 있었습니다. 이는 관계법령에 따라 개인정보, 개인

질환 문제를 대외비로 다루는 저희 의료중재원의 업무 처리상 있을 수 없는 일이므로, 전혀 걱정을 하지 않아도 됩니다.

【관련법조문】

「국민건강보험법」 제58조(구상권)

① 공단은 제3자의 행위로 보험급여사유가 생겨 가입자 또는 피부양자에게 보험 급여를 한 경우에는 그 급여에 들어간 비용 한도에서 그 제3자에게 손해배상을 청구할 권리를 얻는다.

② 제1항에 따라 보험급여를 받은 사람이 제3자로부터 이미 손해배상을 받은 경우에는 공단은 그 배상액 한도에서 보험급여를 하지 아니한다.

【관련판례1】

국민건강보험법상의 요양급여는 원칙적으로 요양기관에 의하여 질병 또는 부상이 치유되기까지 요양케 하는 현물급여의 형태로 이루어진다고 할 것이므로, 피보험자가 요양기관에서 치료를 받았을 때 현실적으로 보험급여가 이루어지고 국민건강보험공단은 그 보험급여의 한도 내에서 제3자에 대한 구상권을 취득한다(대법원 2005. 1. 14. 선고, 04다59249 판결).

【관련판례2】

국민건강보험법에 따라 보험급여를 받은 피해자가 제3자에 대하여 손해배상청구를 할 경우 그 손해발생에 피해자의 과실이 경합된 때에는 먼저 산정된 손해액에서 과실상계를 한 다음 거기에서 보험급여를 공제하여야 하고, 그 공제되는 보험급여에 대하여는 다시 과실상계를 할 수 없으며, 보험자가 불법행위로 인한 피해자에게 보험급여를 한 후 피해자의 가해자에 대한 손해배상채권을 대위하는 경우 그 대위의 범위는 손해배상채권의 범위 내에서 보험급여를 한 전액이다(대법원 2002. 12. 26. 선고, 2002다50149판결).

▌ 증상발생에 간접사실이 증명될 경우 의료상 과실로 추정 할 수 있는지?

【질문】 수술 도중이나 수술 후 환자에게 중한 결과의 원인이 된 증상이 발생한 경우, 증상 발생에 관하여 의료상 과실 이외의 다른 원인이 있다고 보기 어려운 간접사실들이 증명되면 그 증상이 의료상 과실에 기한 것으로 추정할 수 있는지요?

【답변】 의사의 의료행위가 그 과정에 주의의무 위반이 있어 불법행위가 된다고 하여 손해배상을 청구하는 경우에도 일반의 불법행위와 마찬가지로 의료행위상의 과실과 손해발생 사이에 인과관계가 있어야 하고, 이에 대한 증명책임은 환자 측에서 부담하지만, 의료행위는 고도의 전문적 지식을 필요로 하는 분야로서 전문가가 아닌 일반인으로서는 의사의 의료행위 과정에 주의의무 위반이 있었는지 여부나 그 주의의무 위반과 손해발생 사이에 인과관계가 있는지 여부를 밝혀내기가 극히 어려운 특수성이 있으므로, 수술 도중이나 수술 후 환자에게 중한 결과의 원인이 된 증상이 발생한 경우 그 증상의 발생에 관하여 의료상의 과실 이외의 다른 원인이 있다고 보기 어려운 간접사실들이 증명되면 그와 같은 증상이 의료상의 과실에 기한 것이라고 추정할 수 있습니다.

▌ 위급한 상황에 처한 환자를 다른 병원에 이송치 못한 경우의 과실은?

【질문】 저는 교통사고 후 A가 운영하는 병원에 입원하여 치료를 받던 중 의식을 잃고 쓰러져 다른 병원으로 후송되어 급성 심근염을 진단받았습니다. 그 후 저는 뇌경색에 이르게 되었습니다. A가 운영하는 병원에게 급성 심근염 초기증세를 보인 저를 면밀히 관찰하여야 함에도 이를 게을리하고 실신할 때까지 의사가 없는 상태로 방치함으로써 위급한 상황에 처한 저를 제때 치료 가능한 병원으로 전원하지 못한 과실을 물을 수 있는지요?

【답변】 교통사고로 인하여 상해를 입은 피해자가 치료를 받던 중 치료를 하던 의사의 과실로 인한 의료사고로 증상이 악화되거나 새로운 증상이 생겨 손해가 확대된 경우, 의사에게 중대한 과실이 있다는 등의 특별한 사정이 없는 한 확대된 손해와 교통사고 사이에도 상당인과관계가 있습니다. 이 경우 교통사고와 의료사고가 각기 독립하여 불법행위의 요건을 갖추고 있으면서 객관적으로 관련되고 공동하여 위법하게 피해자에게 손해를 가한 것으로 인정되면 공동불법행위가 성립합니다(대법원 1997. 8. 29. 선고, 96다46903 판결, 대법원 1998. 11. 24. 선고, 98다32045 판결 등 참조).

▌ 사고병원과 이를 확대시킨 이송병원 양측에 손해배상 청구가 가능한가요?

【질문】 어머니(80세)가 A병원의 위 내시경 과정에서 우측 둔부에 진정제를 맞았는데 주사부위에 염증이 발생 하였습니다. 그래서 A병원 보다 규모가 큰 B병원으로 옮겨 치료를 받았으나 상태가 더 안 좋아져 대학병원인 C병원으로 응급 이송, 괴사성근막염 진단 하에 집중치료를 받았지만 패혈증 등으로 사망에 이르게 되었습니다. 이런 경우 A병원과 B병원을 상대로 보상을 받을 수 있을까요?

【답변】 A병원과 B병원을 상대로 피해배상에 대한 조정신청 또는 소송을 제기하실 수 있습니다.

환자에게 손해를 입혔다고 생각되는 의료기관 및 의료인을 상대로 의료중재원 또는 법원에 그 손해에 대한 배상청구를 할 수 있습니다. 이 사례의 경우에서 환자측은 A병원과 B병원 모두를 피신청인으로 지정하거나, A나 B병원 중 어느 한 병원만을 대상으로 조정을 신청할 수 있습니다.(물론 분쟁을 한꺼번에 해결하기 위해서는 A병원과 B병원을 모두 피신청인으로 하여 조정 신청하는 것이 좋습니다) 또한 의료기관 뿐만 아니라 담당 의료인을 피신청인으로 하여 조정을 신청할 수도 있습니다.

【관련법조문】

「**민법**」 제756조(사용자의 배상책임) ① 타인을 사용하여 어느 사무에 종
　사하게 한 자는 피용자가 그 사무집행에 관하여 제3자에게 가한 손해
　을 배상할 책임이 있다. 그러나 사용자가 피용자의 선임 및 그 사무
　감독에 상당한 주의를 한 때 또는 상당한 주의를 하여도 손해가 있을
　경우에는 그러하지 아니하다.

② 사용자에 가름하여 그 사무를 감독하는 자도 전항의 책임 있다.

③ 전2항의 경우에 사용자 또는 감독자는 피용자에 대하여 구상권을 행
　사랄 수 있다.

「**민법**」 제760조(공동불법행위자의 책임) ① 수인이 공동의 불법행위로 타인
　에게 손해를 가한 때에는 연대하여 그 손해를 배상할 책임이 있다.

② 공동 아닌 수인의 행위 중 어느 자의 행위가 그 손해를 가한 것인지
　알 수 없는 때에도 전항과 같다.

③ 교사자나 방조자는 공동행위자로 본다.

【관련판례1】

　다수의 의사가 의료행위에 관여한 경우 그 중 누구의 과실에 의하여 의료사
고가 발생한 것인지 분명하게 특정할 수 없는 때에는 일련의 의료행위에 관여
한 의사들 모두에 대하여 민법 제760조 제2항에 따라 공동불법행위책임을 물
을 수 있다고 봄이 상당함(대법원 2005. 9. 30. 선고, 2004다52576 판결).

【관련판례2】

　의사 갑이 을을 수술하는 과정에서 을의 호흡이 정지되어 병 병원으로
이송하였으나 을이 저산소성 뇌손상으로 사망한 사안에서, 갑의 마취제
과다 투여 등 과실과 을의 뇌손상 및 사망 사이에 상당인과관계가 있다
고 추정되고, 병 병원 의료진의 과실도 을의 뇌손상 및 사망의 원인이 되
었더라도 갑의 행위와 병 병원 의료진의 행위는 공동불법행위 관계에 있
다는 이유로, 갑에게 손해배상책임을 인정한 원심판단을 수긍함(대법원
12. 1. 27. 선고, 2009다82275,82282 판결).

■ 병원에서 의료사고 보험에 가입하였다며 보험처리를 한다는 데 응해야 하는지?

【질문】 허리 통증에 대하여 통증주사라는 것을 맞았는데 귀가 후부터 통증이 지속되고 보행할 수 없었습니다. 며칠 후 종합병원에 가서 검사한 결과 '경막외 농양'으로 진단되어 농양제거술을 받게 되었으며, 현재까지도 입원치료 중에 있습니다. 병원 측에서는 의료사고를 대비하여 보험에 가입되어 있다며, 보험처리를 하겠다고 합니다. 이에 응해야 하는지요? 보험사는 병원 측의 입장만 대변하는 것은 아닐까요?

【답변】 문제해결의 방법으로는 ①당사자 대화(보험사 의견), ②조정기관(의료중재원), ③민사소송 방법이 있습니다. 의료인 또는 의료기관은 만일에 있을 의료사고를 대비하여 손해보험사에 '의사 및 병원배상책임보험'을 선택적으로 가입하는 경우가 있습니다. 병원이 보험처리를 신청하면 주로 보험사로부터 위탁받은 손해사정사가 업무를 대행하는데, 손해사정사는 병원과 환자 면담을 통하여 의무기록, 소득자료 등 관련 증빙을 징구한 후 의료와 법률적 자문을 거쳐 민사상 법률적 손해를 산정, 안내하는 역할을 합니다. 병원이 보험사에 처리를 의뢰하는 것만으로는 환자 측에 손해가 발생하지는 않

으며, 전문자격의 손해사정사가 병원을 대신하여 환자의 실손해를 산정하여 협상을 하므로 당사자인 병원과는 직접적인 충돌을 피할 수 있고, 그 산정결과에 따라 수용할지 아니면 조정기관(의료중재원), 소송제도를 이용할지를 판단해도 될 것입니다.

【관련법조문】

「보험업법」 제185조(손해사정)

대통령령으로 정하는 보험회사는 손해사정사를 고용하여 보험사고에 따른 손해액 및 보험금의 사정(이하 "손해사정"이라 한다)에 관한 업무를 담당하게 하거나 손해사정사 또는 손해사정을 업으로 하는 자(이하 "손해사정업자"라 한다)를 선임하여 그 업무를 위탁하여야 한다. 다만, 보험사고가 외국에서 발생하거나 보험계약자 등이 금융위원회가 정하는 기준에 따라 손해사정사를 따로 선임한 경우에는 그러하지 아니하다.

【관련판례】

공동불법행위자 중의 1인과 사이에 체결한 보험계약이나 공제계약에 따라 보험자나 공제사업자가 피해자에게 손해배상금을 보험금액으로 모두 지급함으로써 공동불법행위자들이 공동면책이 된 경우 보험계약이나 공제계약을 체결한 공동불법행위자가 변제 기타 자기의 출재로 공동면책이 된 때와 마찬가지로 그 공동불법행위자는 다른 공동불법행위자의 부담부분에 대하여 구상권을 행사할 수 있고, 보험금액을 지급한 보험자나 공제사업자는 상법 제682조 소정의 보험자대위의 제도에 따라 공동불법행위자의 다른 공동불법행위자에 대한 위와 같은 구상권을 취득한다(대법원 1993. 1. 26. 선고, 92다4871 판결).

■ 불성실하게 진료한 경우, 위자료의 배상책임은?

【질문】 의료진이 일반인의 수인한도를 넘어서 현저하게 불성실한 진료를 행한 경우, 위자료의 배상책임을 부담하는지요?

【답변】 의료행위의 속성상 환자의 구체적인 증상이나 상황에 따라 위험을 방지하기 위하여 요구되는 최선의 조치를 취하여야 할 주의의무를 부담하는 의료진이 환자의 기대에 반하여 환자의 치료에 전력을 다하지 아니한 경우에는 그 업무상 주의의무를 위반한 것이라고 보아야 할 것이지만, 그러한 주의의무 위반과 환자에게 발생한 악결과 사이에 상당인과관계가 인정되지 않는 경우에는 그에 관한 손해배상을 구할 수 없습니다. 다만 그 주의의무 위반의 정도가 일반인의 처지에서 보아 수인한도를 넘어설 만큼 현저하게 불성실한 진료를 행한 것이라고 평가될 정도에 이른 경우라면 그 자체로서 불법행위를 구성하여 그로 말미암아 환자나 그 가족이 입은 정신적 고통에 대한 위자료의 배상을 명할 수 있으나, 이때 그 수인한도를 넘어서는 정도로 현저하게 불성실한 진료를 하였다는 점은 불법행위의 성립을 주장하는 피해자들이 이를 증명하여야 합니다(대법원 2006. 9. 28. 선고, 2004다61402 판결, 대법원 2009. 11. 26. 선고, 2008다12545 판결 등 참조).

▌ 회복 불가능한 사망단계에서 치료 중단의 허용기준은?

【질문】 회복 불가능한 사망의 단계에서 치료 중단의 허용 기준은 어떻게 판단하는지요?

【답변】 의학적으로 환자가 의식의 회복가능성이 없고 생명과 관련된 중요한 생체기능의 상실을 회복할 수 없으며 환자의 신체 상태에 비추어 짧은 시간 내에 사망에 이를 수 있음이 명백한 경우(이하 '회복 불가능한 사망의 단계'라 한다)에 이루어지는 진료행위(이하 '연명치료' 라 한다)는, 원인이 되는 질병의 호전을 목적으로 하는 것이 아니라 질병의 호전을 사실상 포기한 상태에서 오로지 현 상태를 유지하기 위하여 이루어지는 치료에 불과하므로, 그에 이르지 아니한 경우와는 다른 기준으로 진료중단 허용 가능성을 판단하여야 합니다.
이미 의식의 회복가능성을 상실하여 더 이상 인격체로 서의 활동을 기대할 수 없고 자연적으로는 이미 죽음 의 과정이 시작되었다고 볼 수 있는 회복 불가능한 사 망의 단계에 이른 후에는, 의학적으로 무의미한 신체 침해 행위에 해당하는 연명치료를 환자에게 강요하는 것이 오히려 인간의 존엄과 가치를 해하게 되므로, 이 와 같은 예외적인 상황에서 죽음을 맞이하려는 환자의 의사결정을 존중하여 환자의 인간으로서의 존엄과 가 치 및 행복추구권을 보호하는 것이 사회상규에 부합되고 헌법정신에도 어긋나지 아니합니다.

그러므로 회복 불가능한 사망의 단계에 이른 후에 환자가 인간으로서의 존엄과 가치 및 행복추구권에 기초하여 자기결정권을 행사하는 것으로 인정되는 경우에는 특별한 사정이 없는 한 연명치료의 중단이 허용될 수 있습니다. 한편, 환자가 회복 불가능한 사망의 단계에 이르렀는지 여부는 주치의의 소견뿐 아니라 사실조회, 진료기록 감정 등에 나타난 다른 전문의사의 의학적 소견을 종합하여 신중하게 판단하여야 합니다.

환자가 회복 불가능한 사망의 단계에 이르렀을 경우에 대비하여 미리 의료인에게 자신의 연명치료 거부 내지 중단에 관한 의사를 밝힌 경우(이하 '사전의료지시'라 한다)에는, 비록 진료 중단 시점에서 자기결정권을 행사한 것은 아니지만 사전의료지시를 한 후 환자의 의사가 바뀌었다고 볼 만한 특별한 사정이 없는 한 사전의료지시에 의하여 자기결정권을 행사한 것으로 인정할 수 있습니다.

다만, 이러한 사전의료지시는 진정한 자기결정권 행사로 볼 수 있을 정도의 요건을 갖추어야 하므로 의사결정능력이 있는 환자가 의료인으로부터 직접 충분한 의학적 정보를 제공받은 후 그 의학적 정보를 바탕으로 자신의 고유한 가치관에 따라 진지하게 구체적인 진료행위에 관한 의사를 결정하여야 하며, 이와 같은 의사결정 과정이 환자 자신이 직접 의료인을 상대방으로 하여 작성한 서면이나 의료인이 환자를 진료하는 과정에서 위와 같은 의사결정 내용을 기재한 진료기록 등에 의하여 진료 중단 시점에서 명확하게 입증될 수 있어야 비로소 사전 의료지시로서의 효력을 인정할 수 있습니다.

한편, 환자의 사전의료지시가 없는 상태에서 회복 불가능한 사망의 단계에 진입한 경우에는 환자에게 의식의 회복가능성이 없으므로 더 이상 환자 자신이 자기결정권을 행사하여 진료행위의 내용 변경이나 중단을 요구하는 의사를 표시할 것을 기대할 수 없습니다.

그러나 환자의 평소 가치관이나 신념 등에 비추어 연명치료를 중단하는 것이 객관적으로 환자의 최선의 이익에 부합한다고 인정되어 환자에게 자기결정권을 행사할 수 있는 기회가 주어지더라도 연명치료의 중단을 선택하였을 것이라고 볼 수 있는 경우에는, 그 연명치료 중단에 관한 환자의 의사를 추정할 수 있다고 인정하는 것이 합리적이고 사회상규에 부합됩니다. 이러한 환자의 의사 추정은 객관적으로 이루어져야 한다. 따라서 환자의 의사를 확인할 수 있는 객관적인 자료가 있는 경우에는 반드시 이를 참고하여야 하고, 환자가 평소 일상생활을 통하여 가족, 친구 등에 대하여 한 의사 표현, 타인에 대한 치료를 보고 환자가 보인 반응, 환자의 종교, 평소의 생활 태도 등을 환자의 나이, 치료의 부작용, 환자가 고통을 겪을 가능성, 회복 불가능한 사망의 단계에 이르기까지의 치료 과정, 질병의 정도, 현재의 환자 상태 등 객관적인 사정과 종합하여, 환자가 현재의 신체 상태에서 의학적으로 충분한 정보를

제공받는 경우 연명치료 중단을 선택하였을 것이라고
인정되는 경우라야 그 의사를 추정할 수 있습니다.
환자 측이 직접 법원에 소를 제기한 경우가 아니라면,
환자가 회복 불가능한 사망의 단계에 이르렀는지 여부
에 관하여는 전문 의사 등으로 구성된 위원회 등의 판
단을 거치는 것이 바람직합니다(대법원 2009.05.21. 선
고, 2009다17417 전원합의체 판결).

▌ 법원의 신체감정을 잘못한 의사에게 손해배상을 청구할 수 있는지?

【질문】 법원의 신체감정촉탁을 받은 의사가 감정을 잘못하여 적은 액수의 손해배상액을 인정받았음을 이유로 그 의사를 상대로 한 손해배상을 청구할 수 있는지요?

【답변】 민사소송절차에서 신체감정에 관한 감정인의 감정결과는 증거방법의 하나에 불과하고, 법관은 당해 사건에서 모든 증거를 종합하여 자유로운 심증에 의하여 특정의 감정결과와 다르게 노동능력상실률을 판단할 수 있고, 또한 당사자도 주장·입증을 통하여 그 감정결과의 당부를 다툴 수 있는 것입니다. 교통사고로 인한 손해배상청구소송에서 법원의 신체감정촉탁을 받은 의사가 피해자에게 향후 후유장해가 남지 않을 것이라고 회보하여 이를 기초로 하는 조정에 갈음하는 결정이 확정된 후, 피해자가 후유장애가 존재한다고 주장하면서 의사를 상대로 손해배상청구소송을 제기하고 그 재판과정에서 실시한 신체감정결과 후유장해가 존재한다는 감정결과가 제출된 경우, 종전 감정 의사의 손해배상 책임을 물을 수 없다고 봅니다.

【관련판례】

노동능력상실률을 정하기 위한 보조자료의 하나인 의학적 신체기능장해율에 대한 감정인의 감정결과는 사실인정에 관하여 특별한 지식과 경험을 요하는 경우에 법관이 그 특별한 지식, 경험을 이용하는 데 불과한 것이고, 궁극적으로는 피해자의 성별, 연령, 교육정도, 노동의 성질과 신체기능장해정도, 기타 사회적, 경제적 조건 등을 모두 참작하여 그러한 여러 조건과 경험법칙에 비추어 규범적으로 결정될 수밖에 없는 것이므로, 신체감정인의 감정서에 훼손된 현재의 신체 장해가 향후 치료에 의하여 다소 개선될 여지가 있는 것처럼 나타나 있다 하여 법원이 반드시 이를 그대로 채택하여야 하는 것은 아니다(대법원 1994.04.26. 선고 93다62348 판결).

■ 환자가 외출허가 없이 무단 외출하여 사설치료를 받고 귀원한 후 상태가 좋지 않은 경우 그 책임의 소재는?

【질문】 재활병원 원무과 직원입니다. 병원에 입원 중이던 환자가 외출허가증 없이 병원에는 산책을 한다고 말하고, 외부의 사설재활센터에서 별도로 진료를 받고 귀원 후 발작을 일으켰습니다. 이런 경우 병원의 책임소재 여부는 어떻게 되는지요?

【답변】 당시의 의료형태와 환자관리 시스템 관련 정황 등 구체적인 사항을 살펴볼 필요가 있습니다.

입원 중 환자가 외출허가를 받지 않고 해당 의료기관의 진료공간을 벗어남으로 인해 발생한 사고는 원칙적으로는 환자에게 1차적인 책임이 있다할 것입니다. 그러나 이 경우에도 당시의 의료형태(진료과, 환자상태, 주치의 외부치료 허가 여부), 환자관리(개방·폐쇄병동 여부 포함), 진료관행(외출사실 인지 여부 포함) 등 구체적인 사항까지도 확인하여 의료기관의 책임 소재 여부를 살펴볼 필요가 있겠습니다. 귀원 후 발생된 발작에 대해서는 본원에서 신속하고 적절한 조치를 취해 손해를 방지하였거나 감소를 시켰는지도 또한 중요한 사항이 될 수 있으므로 관련 사항을 진료기록부 등에 상세히 기재하는 것이 좋을 것입니다. 만일 의료기관의 책임이 없거나 미미한 경우라면 환자 측을 이해시켜 사설재활센터를 대상으로 배상청구를 하게 하거나, 무면허의료행위 여부를 확인할 수 있도록 관할 보건소 등에 문의할 것을 권유하는 방안도 바람직할 것입니다.

【관련법조문】

「**의료법**」 제4조(의료인과 의료기관의 장의 의무)

① 의료인과 의료기관의 장은 의료의 질을 높이고 병원감염을 예방하며 의료기술을 발전시키는 등 환자에게 최선의 의료서비스를 제공하기 위하여 노력하여야 한다.

「**의료법**」 제36조(준수사항)

제33조제2항 및 제8항에 따라 의료기관을 개설하는 자는 보건복지부령으로 정하는 바에 따라 다음 각 호의 사항을 지켜야 한다.

1. 의료기관의 종류에 따른 시설기준 및 규격에 관한 사항
2. 의료기관의 안전관리시설 기준에 관한 사항

【관련판례】

의료사고에 있어서 의료종사원의 과실을 인정하기 위하여서는 의료종사원이 결과 발생을 예견할 수 있음에도 불구하고 그 결과 발생을 예견하지 못하였고, 그 결과발생을 회피할 수 있었음에도 불구하고 그 결과발생을 회피하지 못한 과실이 검토되어야 한다. 의료사고에 있어서 의료종사원의 과실은 일반적 보통인을 표준으로 하여 요구되는 주의의무를 결한 것으로서 여기에서 일반적 보통인이라 함은 추상적인 일반인이 아니라 그와 같은 업무와 직무에 종사하는 사람을 뜻하는 것이므로, 결국 이와 같은 사람이라면 보통 누구나 할 수 있는 주의의 정도를 표준으로 하여 과실 유무를 논하여야 하며 이에는 사고 당시의 일반적인 의학의 수준과 진료환경 및 조건, 의료행위의 특수성 등이 고려되어야 한다(대법원 1987. 1. 20. 선고, 86다카1469 판결).

▌의료기관 재직 중 사고를 이유로 병원에서 구상금을 청구한다는데?

【질문】 종합병원 근무 당시 본인(의사)으로 인한 의료사고가 있었는데 이후 병원과 환자 측간에 서로 합의가 되었습니다. 그러나 이와 관련 병원에서 본인에게 구상권을 행사하겠다고 합니다. 이런 경우 어떻게 해야 하며, 배상금액의 규모는 어느 정도가 되는지요?

【답변】 봉직 당시의 계약내용에 따라 다를 수 있으나, 구상권 행사 가능성을 감안한 법률적 대비가 필요할 수 있습니다.

의료사고가 발생한 경우 환자는 해당 의료기관 및 의료인에 대하여 공동책임 또는 각각을 상대로 손해배상을 청구할 수 있습니다. 이때 만일 의료기관이 사용자로서 관련 손해배상액을 전적으로 부담한 경우, 의료기관은 의료인이 손해를 끼쳤다고 판단되는 부분에 대해서 해당의료인을 상대로 구상권을 행사할 수 있습니다. 다만, 구상권의 범위는 봉직 당시의 근로계약 내용 및 진료상의 관여 정도, 의료기관 내에서의 당시 위치 등 구체적인 상항에 따라 다를 수 있습니다. 향후 구상권 청구의 가능성을 감안하여 법률적인 상담을 통한 대비를 하시는 것이 좋을 것 같습니다.

【관련법조문】

「**민법**」 제756조(사용자의 배상책임)

① 타인을 사용하여 어느 사무에 종사하게 한 자는 피용자가 그 사무집행에 관하여 제삼자에게 가한 손해를 배상할 책임이 있다. 그러나 사용자가 피용자의 선임 및 그 사무감독에 상당한 주의를 한 때 또는 상당한 주의를 하여도 손해가 있을 경우에는 그러하지 아니하다.

② 사용자에 가름하여 그 사무를 감독하는 자도 전항의 책임이 있다.

③ 전2항의 경우에 사용자 또는 감독자는 피용자에 대하여 구상권을 행사할 수 있다.

【관련판례】

제3자의 과실과 피용자의 사무 집행 상 과실이 경합한 사고로 타인에게 피해가 발생하였다면 제3자와 사용자는 그 손해를 연대하여 배상할 책임이 있는 한편, 제3자와 사용자 사이의 내부관계에 있어서는 형평의 원칙상 제3자와 사용자의 과실정도에 따라 손해배상을 분담하여야 할 것이고, 사용자가 그 손해를 전부 배상하여 공동 면책시킨 경우에는 피용자에 대하여 구상권을 취득하지만, 그 행사의 범위는 사용자의 위 손해분담 부분으로 제한된다고 보아야 한다(부산고법 1991. 4. 4. 선고, 90나 11516 판결).

■ 입원 중 화장실에서 넘어져 대퇴부가 골절되었을 경우 병원의 과실여부와 그 보상은?

【질문】 저는 요양병원 원장입니다. 환자는 당뇨로 인하여 요양가료 중이던 74세의 여자환자로, 화장실을 가던 중 넘어져 대퇴부가 골절되는 사고가 발생되었습니다. 현재 환자는 다른 병원에서 수술하였지만 상처가 호전되지 않아 입원 치료 중에 있습니다. 이와 관련, 환자측은 본원의 환자관리 소홀 등을 주장하며 수술비, 간병비, 정신적 위자료 등을 포함한 1천만 원을 요구하면서 이를 수용하지 않을 경우 1인 시위 및 인터넷 유포를 하겠다고 합니다. 환자가 입원할 당시 본원에서는 환자의 활동이 불안하여 개인 간병인 고용을 권유하였으나 혼자 활동이 가능하다며 간병인 고용은 하지 않았던 상황입니다. 이런 경우 저희 병원에 과실이 있는 지요, 있다면 보상은 어떻게 해야 하는 지요?

【답변】 시설물의 하자가 있다면 책임이 인정될 수 있습니다. 의료기관에서의 환자에 대한 관리상 주의의무의 정도는 그 의료기관의 환자관리 형태, 진료경과, 사고발생 시점, 환자의 연령 및 기왕증 등에 따라 차이가 있으며, 당시 병실바닥의 미끄럼 방지를 위한 노력 등 방호조치 의무를 다하지 않았을 경우에는 공작물의 설치 및

하자로 인한 배상책임의 문제도 검토가 필요한 사항입니다. 이 사례의 과실 부분은 의료기관 내에서 발생한 낙상사고이지만 의료기관이 환자를 관리해야 할 통상의 시간대와의 차이, 간호조무사의 예방노력, 환자의 기왕증 기여도를 같이 살펴 볼 필요가 있으며, 사고 이후에 의료기관이 환자에 대한 신속한 응급조치를 취하였는지 등의 처치의 적절성 또한 고려될 필요가 있습니다. 손해배상의 유무 및 범위는 이러한 쟁점사항에 대하여 사실관계를 조사하고 정확한 진료감정이 선행되어야 하는 것으로, 의료중재원에 조정이나 중재를 신청하여 명확한 판단을 받아보시기 바랍니다.

【관련법조문】

「**민법**」 제758조 (공작물 등의 점유자, 소유자의 책임) ①공작물의 설치 또는 보존의 하자로 인하여 타인에게 손해를 가한 때에는 공작물점유자가 손해를 배상할 책임이 있다. 그러나 점유자가 손해의 방지에 필요한 주의를 해태하지 아니한 때에는 그 소유자가 손해를 배상할 책임이 있다.

【관련판례】

화장실 미끄럼 사고는 정상인의 경우에도 흔히 일어나는 사고로서 특히 거동이 불편한 환자들이 생활하는 병원의 경우에는 보다 엄격한 기준을 적용하는 것이 타당하므로 비록 피고 병원이 이 사건 사고가 일어나기 1개월 전 쯤 미끄럼 방지 작업을 1회 실시하였으나 이러한 사실만으로 사회 통념상 요구되는 방호조치를 모두 다하였다고 할 수 없고 따라서 이 사건 화장실 바닥에는 설치, 보존상의 하자가 있어 피고 병원은 이로 인한 원고들의 손해를 배상할 의무가 있다. 다만 원고의 상태가 정상인과 동일하였다고 할 수는 없었던 점, 사고 당시 우연히 기존에 뇌수술을 받은 부위로 넘어지면서 그 손해가 확대된 점, 현재 원고의 상태가 미

끄러져 넘어진 결과로서는 쉽게 예상하기 어려울 정도로 심각한 점, 피고
병원에서도 어느 정도 방호조치를 취하고는 있었던 점 등의 사정들을 고
려하여 피고 병원의 책임을 일부 제한한다(서울중앙지법 2007. 2. 6. 선
고, 2005가합63165 판결).

▌ 치매환자가 요양원 침대에서 낙상하여 다쳤을 때 의료중 재원에 구제를 신청할 수 있는지?

【질문】 저의 아버지가 치매와 뇌경색 등의 뇌질환으로 요양원에 입원하여 요양가료 중, 침대에서 떨어져 대퇴부가 골절되는 사고가 발생하였습니다. 이런 경우에도 의료중재원을 통해 피해구제를 받을 수 있는지요?

【답변】 요양원에서 발생한 사고는 의료중재원을 통해서 피해구제를 받을 수 없습니다.
의료중재원은 「의료사고 피해구제 및 의료분쟁조정 등에 관한 법률」에 따라 의료사고에 대한 피해구제 등을 목적으로 설립되었습니다. 이때의 '의료사고'란 의료법에 의한 의료인 또는 의료기관의 의료행위로 인해 발생한 사고를 말합니다. 요양원은「노인복지법」에 따라 설립·운영되는 노인의료복지시설로서, 여기에서 발생한 사고는 의료사고에 해당되지 않아 의료중재원을 통해서는 피해구제를 받으실 수 없습니다. 이런 경우 피해구제에 대해서는 한국소비자원을, 행정처분과 관련해서는 관한 보건소에 문의하시는 것이 좋을 것 같습니다.

【관련법조문】
「노인복지법」 제34조(노인의료복지시설)

① 노인의료복지시설은 다음 각 호의 시설로 한다.

1. 노인요양시설 : 치매.중풍 등 노인성질환 등으로 심신에 상당한 장애가 발생하여 도움을 필요로 하는 노인을 입소시켜 급식.요양과 그 밖에 일상생활에 필요한 편의를 제공함을 목적으로 하는 시설

「**민법**」 제756조(사용자의 배상책임)

① 타인을 사용하여 어느 사무에 종사하게 한 자는 피용자가 그 사무집행에 관하여 제3자에게 가한 손해를 배상할 책임이 있다. 그러나 사용자가 피용자의 선임 및 그 사무감독에 상당한 주의를 한 때 또는 상당한 주의를 하여도 손해가 있을 경우에는 그러하지 아니하다.

② 사용자에 가름하여 그 사무를 감독하는 자도 전항의 책임 있다.

【관련판례】

피고 요양원의 피용자인 간호사 및 간병인들은 원고에 대한 요양, 관리 및 진료의뢰를 소홀히 한 과실이(피고의 사용자책임 성립), 피고2는 원고의 상처에 대한 진료를 각 소홀히 한 과실이 있고, 이러한 과실로 인하여 원고로 하여금 이 사건 상처를 입게 하였거나 위와 같은 과실이 그 확대의 원인이 되었다. 다만, 원고는 당뇨 및 간경화를 앓고 있어 한번 상처가 생기면 쉽게 덧나게 되는 점, 피고 요양원은 의료를 행하는 노인전문병원이나 요양병원이 아니라 요양시설에 불과한 점, 피고들이 적절한 조치를 취하더라도 원고가 상처를 전혀 입지 않았다거나 이를 쉽게 치료할 수 있었을 것이라고 단정하기 어려운 점을 고려하면, 손해의 공평.타당한 분담이라는 손해배상제도의 이념에 비추어 피고들의 책임범위를 일부 제한함(서울고법 2006.3 2. 선고, 2005나17784 판결).

■ 산후조리원에서 관리를 받던 중 사고가 발생되었을 경우 의료중재원에 신청하여 구제받을 수 있는지?

【질문】 저의 아내는 산부인과에서 정상적인 분만과정을 통해 건강한 아이를 낳았으며 분만 후 산부인과와 같은 건물에 있는 산후조리원에서 3주 예정으로 산후관리를 받았습니다. 이 과정에서 난방기기에 의해 산모의 대퇴부에 화상을 입게 되어 화상 전문병원으로 전원, 치료를 받았지만 피부이식술을 받아야 할 상황입니다. 이런 경우 의료중재원을 통해 피해구제를 받을 수 있는지요?

【답변】 산후조리원에서 일어난 사고는 의료중재원을 통해서 피해구제를 받을 수 없습니다.
의료중재원은 「의료사고 피해구제 및 의료분쟁조정 등에 관한 법률」에 따라 의료사고에 대한 피해 구제 등을 목적으로 설립되었습니다. 이때의 '의료사고'란 의료법에 의한 의료인 또는 의료기관의 의료행위로 인해 발생한 사고를 말합니다. 산후조리원은 「모자보건법」에 따라 설립·운영되며, 이때의 산후조리는 의료행위에 해당하지 않고, 관련사고 또한 의료사고로 보지 않습니다. 따라서 의료중재원을 통해서는 피해구제를 받으실 수 없습니다. 이런 경우 피해구제를 받기 위해 한국소비자원을, 행정처분과 관련해서는 관할 보건소에 문의하시는 것이 좋을 것 같습니다.

【관련법조문】

「**모자보건법**」 제15조(산후조리업의 신고)

① 산후조리업을 하려는 자는 산후조리원 운영에 필요한 간호사 또는 간호조무사 등의 인력과 시설을 갖추고 특별자치도지사 또는 시장·군수·구청장에게 신고하여야 한다. 신고한 사항 중 보건복지부령으로 정하는 중요 사항을 변경 하려는 경우에도 또한 같다.

「**모자보건법**」 제15조의4(산후조리업자의 준수사항)

산후조리업자는 임산부 및 영유아의 건강·위생 관리와 위해방지 등을 위하여 다음 각 호에서 정하는 사항을 지켜야 한다.

1. 보건복지부령으로 정하는 바에 따라 건강기록부를 갖추어 임산부와 영유아의 건강 상태를 기록하고 관리할 것

3. 임산부나 영유아에게 감염 또는 질병이 의심되거나 발생한 경우 또는 화재·누전 등의 안전사고로 인한 인적 피해가 발생한 경우에는 즉시 의료기관으로 이송하는 등 필요한 조치를 할 것

【관련판례】

이 사건 산후조리원의 간호사들로서 산후조리원의 운영뿐 아니라 신생아실의 아기에게 이상이 발견되는 경우 병원에서 진찰받도록 하여야 하는지 여부 및 그 시기를 판단하는 업무를 담당하던 피고인들로서는 이 사건 신생아가 의사나 한의사 등 전문가의 진찰을 받을 수 있도록 조치를 취하여야 할 주의의무가 있음에도 불구하고, 전문가의 진찰을 받지 않은 채 오히려 이 사건 신생아의 질명을 치료하는 효과가 있는지 불분명한 약을 권유하고 그 후 일시적으로 설사증세의 호전을 보이자 그대로 경과관찰만 하였던 것은 신생아의 집단관리 업무를 책임지는 사람으로서의 업무상 주의의무를 위반하였다고 보는 것이 상당하다(대법원 2007. 11. 16 선고, 2005도1796 판결).

■ 병원직원의 실수로 상병코드를 잘못 입력하여 사보험이 해지되었을 때 처리방법은?

【질문】 2009년 병원 치료 후 병원직원의 실수로 병명코드가 잘못 기재되어 사보험이 해지되었습니다. 나중에 고쳐주었지만 공문서위조 문제로 사건이 커졌으며, 이와 관련 병원 측에서는 책임진다고 하였지만 4년이 경과한 지금까지도 해결이 안 되었습니다. 이런 경우 어떻게 해야 하나요?

【답변】 보험관련 문제는 금융감독원, 법률문제는 대한법률구조공단에 문의해 보시기 바랍니다. 의료중재원은「의료사고 피해구제 및 의료분쟁조정 등에 관한 법률」에 따라 의료사고에 대한 피해구제 등을 목적으로 설립되었습니다. 이 사례의 경우 의료인 또는 의료기관으로 인한 의료사고 문제가 아닌 관계로 저희 의료중재원을 통한 도움은 받기가 어렵겠습니다. 이 사례와 같은 경우 사보험처리 문제는 보험사를 관장하는 금융감독원에, 손해배상 및 관련 법률문제는 대한법률구조공단 등에 문의하시는 것이 좋을 것 같습니다. 다만, 2009년 일어난 일이라면 민법상 소멸시효에 영향을 받을 수도 있으니 이 점 유의할 필요가 있겠습니다.

【관련법조문】

「**민법**」제162조(채권, 재산권의 소멸시효)

① 채권은 10년간 행사하지 아니하면 소멸시효가 완성한다.

② 채권 및 소유권이외의 재산권은 20년간 행사하지 아니하면 소멸시효
가 완성한다.

「**민법**」 제163조(3년의 단기소멸시효)

다음 각호의 채권은 3년간 행사하지 아니하면 소멸시효가 완성한다.

2. 의사, 조산사, 간호사 및 약사의 치료, 근로 및 조제에 관한 채권

「**민법**」 제766조(손해배상청구권의 소멸시효)

① 불법행위로 인한 손해배상의 청구권은 피해자나 그 법정대리인이 그
손해 및 가해자를 안 날로부터 3년간 이를 행사하지 아니하면 시효로
인하여 소멸한다.

② 불법행위를 한 날로부터 10년을 경과한 때에도 전항과 같다.

【관련판례】

　　보험약관상 보험가입자가 고의 또는 중대한 과실로 인하여 보험금 지급사유 발생에 영향을 미치는 고지의무를 위반한 때에는 보험금 지급사유 발생 여부와 관계없이 회사는 계약을 해지할 수 있으며, 보험가입자가 고지의무를 위반한 사실이 보험금 지급사유 발생에 영향을 미쳤음을 회사가 증명하지 못한 경우에는 해당보험금을 지급한다는 규정이 있는 경우, 위 각 규정들의 문언상의 표현이나 위 각 규정들의 취지가 보험가입자의 고지의무 위반과 인과관계가 없는 사유로 인하여 보험사고가 발생한 때에는 보험자가 고지의무 위반으로 인하여 아무런 불이익을 입은 사실이 없다는 견지에서 피보험자 등의 이익을 보호하고자 함에 있는 것으로 보이는 점 등에 비추어, 보험가입자가 고지의무를 위반하였다 하더라도 보험회사는 그 고지의무위반 사실과 보험금 지급사유의 발생, 즉 보험사고의 발생 사이에 인과관계가 있음을 입증하여야 비로소 보험계약을 해지할 수 있고 또 해당보험금의 지급책임을 면할 수 있다(창원지법 통영지원 2003.7.3. 선고,02가단4640,5285 판결).

▌ 주치의 특진을 신청하였는데 검사비용에도 특진료를 부과할 수 있는지?

【질문】 대학병원에 특진을 신청해 진료를 받았는데 이후 초음파를 찍어야 한다며 어떤 서류를 제시하기에 읽어보지 않고 서명을 한 후 관련 검사비용을 납부 했습니다. 그런데 비용이 비싼 것 같아 나중에 병원에 알아보니 검사료에 특진비가 붙었다고 합니다. 사전에 병원에서 충분한 설명을 했더라면 초음파검사를 특진으로 하지 않았을 텐데, 이런 경우 비용을 돌려받을 수 있는 방법은 없는지요?

【답변】 해당 의료기관의 민원부서 또는 관련 행정기관 문의를 통해 문제 해결방안을 모색해 보시기 바랍니다.
선택진료는 환자가 병원급 이상 의료기관에서 의사 등을 선택하여 진료를 받는 것으로, 보다 양질의 의료서비스를 받기 위해 진료를 선택하는 만큼 사전에 의료인의 충분한 설명이 수반되어져야 할 것입니다. 그러나 환자의 경우도 본인이 능동적으로 진료를 선택하는 만큼, 관련 사항을 자세히 확인할 의무가 있다고 할 것입니다. 따라서 원만한 해결을 위해 해당 의료기관 민원부서와의 대화 또는 한국소비자원 등에 문의를 하여 도움을 받을 수 있는 방법을 모색하시기 바랍니다.

【관련법조문】

「**의료법**」 제46조(환자의 진료의사 선택 등)

① 환자나 환자의 보호자는 보건복지부령으로 정하는 바에 따라 종합병원·병원·치과병원·한방병원 또는 요양병원의 특정한 의사·치과의사 또는 한의사를 선택하여 진료(이하 ""선택진료""라 한다)를 요청할 수 있다. 이 경우 의료기관의 장은 특별한 사유가 없으면 환자나 환자의 보호자가 요청한 의사·치과의사 또는 한의사가 진료하도록 하여야 한다.

③ 의료기관의 장은 보건복지부령으로 정하는 바에 따라 환자 또는 환자의 보호자에게 선택진료의 내용·절차 및 방법 등에 관한 정보를 제공하여야 한다.

「**선택진료에 관한 규칙**」 제6조(선택진료 의료기관의 의무)

① 선택진료의료기관의 장은 다음 각호의 사항을 기재한 안내문을 선택진료신청서 접수창구 등 환자 또는 그 보호자가 쉽게 볼 수 있는 장소에 게시 또는 비치

2. 추가비용을 징수할 수 있는 선택진료를 담당하는 의사 등의 경력·세부전문분야 등 환자 또는 그 보호자가 특정한 의사 등을 선택할 수 있는 정보

3. 추가비용을 징수하고자 하는 선택진료의 항목과 추가비용의 산정기준에 의하여 산출된 금액

【관련판례】

갑 병원이 의료법 등 관계 법령에 따른 선택진료신청서 양식과 다른 양식을 통하여 환자 등으로 하여금 주진료과 의사에게 진료지원과 의사를 지정할 수 있게 포괄적으로 위임하도록 하는 방식으로 선택진료제도를 운용한 행위가 「독점규제 및 공정거래에 관한 법률」제23조 제1항 제4호 등에 해당한다는 이유로 공정거래위원회가 시정명령과 함께 과징금 납부명령을 한 사안에서, 갑 병원의 행위는 환자 등의 의사선택권을 의료현실에 맞게 보장함과 아울러 더 좋은 의료서비스를 받을 수 있는 법적 지위를 보장하기 위한 것으로 보는 것이 타당하고, 선택진료 포괄위임의 의도와 목적, 효과와 영향, 의료서비스의 특성 및 거래상황, 갑 병원의

우월적 지위의 정도 및 환자 등이 받게 되는 불이익의 내용과 정도 등까
지 더하여 보면, 위 포괄위임 행위가 정상적인 거래 관행을 벗어난 것으
로서 공정한 거래를 저해할 우려가 있다고 보기 어렵다(대법원 2013. 1.
10. 선고, 2011두7854 판결).

▌ 병원에서 사전 설명 없이 비급여 치료 후 비용을 청구하였을 때는?

【질문】 크론병으로 진단되어 비급여 되는 약물치료를 받았는데 약값만 430만원을 지급하라는 통보를 받았습니다. 비급여 약물에 대해서는 사전에 설명이 없었으며, 담당의사도 비급여인 줄은 몰랐다고 합니다. 이런 경우 어떻게 해야 하나요?

【답변】 해당 의료기관의 민원부서 또는 관련 행정기관 문의를 통해 문제 해결방안을 모색해 보시기 바랍니다.
저희 의료중재원은 의료사고로 인해 발생되거나 확산된 손해에 대한 조정·중재 업무를 전문적으로 취급하고 있는 보건복지부 산하의 공공기관입니다. 이 사례와 같은 비급여 진료비 적정성 문제의 경우 저희 의료중재원을 통한 도움을 받기는 어려울 것입니다. 따라서 국민건강보험공단, 건강보험심사평가원, 관할 보건소 등의 해당기관에 문의를 해 보시고, 비용환불 및 관련 손해배상 등과 관련해서는 한국소비자원에 문의하시어 원만히 해결할 수 있는 방안이 있는지 알아보는 것이 좋겠습니다.

【관련법조문】
「의료법」 제45조(비급여 진료비용 등의 고지)

① 의료기관 개설자는「국민건강보험법」제41조제3항에 따라 요양급여의
   대상에서 제외되는 사항 또는「의료급여법」제7조제3항에 따라 의료
   급여의 대상에서 제외되는 사항의 비용(이하 "비급여진료비용"이라
   한다)을 환자 또는 환자의 보호자가 쉽게 알 수 있도록 보건복지부령
   으로 정하는 바에 따라 고지하여야 한다.
「민법」제104조(불공정한 법률행위)
   당사자의 궁박, 경솔 또는 무경험으로 인하여 현저하게 공정을 잃은
법률행위는 무효로 한다.

【관련판례1】

   의료기관 또는 의사가 환자를 치료하고 그 치료비를 청구함에 있어서
그 치료행위와 그에 대한 일반의료수가 사이에 현저한 불균형이 존재하
고 그와 같은 불균형이 피해 당사자의 궁박, 경솔 또는 무경험에 의하여
이루어진 경우에는 민법 제104조의 불공정한 법률행위에 해당하여 무효
이므로 그 지급을 청구할 수 없다(대법원 1995. 12. 8. 선고, 95다3282
판결).

【관련판례2】

   비보험 의료수가가 변경될 때에는 이를 신고하여야 한다. 이에 대한
신고 없이, 변경 된 독감예방 접종비를 받는다면 부당하게 많은 진료비를
요구한 때에 해당된다고 사료됨(복지부 인터넷 민원회신(2006.4.20)

제2편

내과
소아청소년과

■ 정확한 진단 없이 개복 수술을 하여 사망한 경우 의료인의 과실은?

【질문】 저의 아내는 난소에 종양이 발견되어 수술을 하게 되었습니다. 그런데 수술주관의사 또는 마취담당의사가 할로테인을 사용한 전신마취에 의하여 난소 종양절제수술을 함에 앞서 혈청의 생화학적 반응에 의한 간기능검사로 환자의 간 상태를 정확히 파악 하지 아니한 채 개복수술을 시행하여 저의 아내가 급성전격성간염으로 인하여 사망하였습니다. 이 경우 의료인의 과실이 인정되는지요?

【답변】 전신마취에 의한 개복수술은 간부전을 일으키고 간성혼수에 빠지게 하기도 하는데 특히 급만성간염이나 간경변 등 간기능에 이상이 있는 경우에는 90% 이상이 간기능이 중악화하고 심한 경우에는 사망에 이르게 하는 것으로 알려져 있어 개복수술 전에 간의 이상 유무를 검사하는 것은 필수적입니다. 환자의 수술시에 사용된 마취제 할로테인은 드물게는 간에 해독을 끼치고 특히 이미 간장애가 있는 경우에는 간장애를 격화시킬 위험이 있으므로 이러한 환자에 대하여는 그 사용을 주의 또는 회피하여야 한다고 의료계에 주지되어 있습니다. 위와 같은 수술당시 의료계에서는 개복수술 환자의 경우 긴급한 상황이 아닌 때에는 혈청의 생화학적 반응에 의한 간기능검사를 하는 것이 보편적이었습니다.

응급환자가 아닌 난소종양환자의 경우에 있어서 수술주관의사 또는 마취담당의사인 피고인들로서는 난소종양 절제수술에 앞서 혈청의 생화학적 반응에 의한 검사 등으로 종합적인 간기능검사를 철저히 하여 환자가 간 손상 상태에 있는지의 여부를 확인한 후에 마취 및 수술을 시행하였어야 할 터인데 담당 의사들은 시진, 문진 등의 검사결과와 정확성이 떨어지는 소변에 의한 간검사 결과만을 믿고 귀하의 아내의 간상태를 정확히 파악하지 아니한 채 할로테인으로 전신마취를 실시한 다음 이 사건 개복수술을 감행한 결과 수술 후 22일 만에 환자가 급성전격성간염으로 인하여 사망한 경우 에는 피고인들에게 업무상과실이 있다 할 것입니다.

▋ 오진과 잘못된 처방으로 사망한 경우 의사의 책임은?

【질문】 저의 어머니는 처음 의원에 내원하여 진료 받을 당시부터 이미 화농성 폐렴 증상이 있었습니다. 그런데 의사는 이를 위염과 신경증으로 진단하여 이에 대한 약을 처방하였고, 이후 상복부 통증이 나타나 다시 내원하였으나 의사는 정밀한 검진 없이 앞서 진단한 결과에 따라 약물을 투여하여 약물 부작용으로 사망하였습니다. 이 경우 의사에게 과실을 물을 수 있나요?

【답변】 귀하의 모친이 병원에 처음 내원하여 진료를 받을 때 이미 화농성 폐렴 증세를 보이고 있었으나 그 증상이 뚜렷하지 아니하여 이를 위염과 신경증으로 진단하여 그에 대한 처방을 하였고, 그 후 상복부 통증이라는 새로운 증상까지 나타나 다시 병원에 찾아오게 된 경우, 진료의사로서는 처음의 진단과는 다른 질환일 가능성에 대한 의심을 갖고 좀 더 정밀한 진단을 하여야 함은 물론, 과민성이 있는 환자에게는 부작용으로 인한 쇼크나 호흡억제를 일으킬 수 있는 약물을 투여할 경우에도 사후 세심한 주의와 관찰이 필요함에도 불구하고, 만연히 앞서 진단하였던 결과에 따라 별다른 검진도 없이 약물을 투여하였고, 약물을 투여한 후에도 안정하도록 하여 부작용이 없는지를 확인하지도 아니함으로 인하여 과민성 쇼크가 발생하여 사망하였다면, 진

료의사는 이로 말미암아 발생한 모든 손해를 배상할
책임이 있습니다.

▌ 검사 후 발생하는 부작용에 대해 설명 못들은 경우는?

【질문】 저의 부친은 병원에서 담췌관조영술 검사 후에 급성췌장염이 발생하여 사망하였습니다. 이 경우 담당 의료인의 과실에게 과실을 물을 수 있는지요?

【답변】 담췌관조영술 검사 후 환자에게 급성췌장염이 발생하였다는 사실만으로 병원 의료진에게 그 검사과정에서 과실을 인정하기 어려우나, 의사가 설명의무를 위반한 사실은 인정되면 설명의무 위반으로 인한 위자료는 청구할 수 있다고 봅니다.

【관련판례】

병원의 의료진이 망인에 대하여 ERCP 검사가 필요한 상태라 판단하여 이를 시행한 것은 망인의 구체적인 증상이나 당시의 의료수준에 비추어 상당하다는 점, 위 검사의 과정이나 급성췌장염이 생긴 후의 조치 등에 있어 피고 병원 의료진에게 의료상의 과실이 없었다는 점, 급성췌장염은 ERCP 검사에 따르는 전형적인 부작용이기는 하지만 그 발생빈도가 높지 않다는 점, 망인이 황달의 정확한 원인을 찾기 위하여 피고 병원에 2주 예정으로 입원한 점 등에 비추어 피고 병원 의료진이 이 사건 ERCP 검사에 앞서 망인에게 설명의무를 다하였다 하더라도 망인이 반드시 위 검사를 거부하였을 것이라고 단정하기는 어렵다고 판단하여 피고의 손해배상의 범위를 망인의 사망으로 인한 전 손해가 아니라 설명의무 위반으로 인한 위자료로 한정한 조치는 정당한 것으로 수긍이 가고, 원심이 인정한 위자료가 자기결정권 침해에 대한 손해뿐 아니라 망인의 사망으로 인한 정신적 고통까지 위자한 금액이라고 단정할 근거도 없으므로, 거기에 상고이유로 주장하는 바와 같은 채증법칙 위배, 설명의무 위반으로 인한 손해배상에 관한 법리오해 또는 위자료 산정에 관한 법리오해의 위법이 있다고 할 수 없다(대법원2007.05.31. 선고 2005다5867 판결).

■ 의사에게 건강진단상의 과오를 이유로 손해배상청구는?

【질문】 저의 부친은 대형병원 의사가 완치불능인 폐암인데 건강하다고 잘못 진단함으로써 평소대로 생활하다가 갑자기 폐암으로 사망하였습니다. 단독상속인인 저는 오진한 의사에게 손해배상을 청구할 수 있는지요?

【답변】 위 질문의 경우처럼 말기 폐암환자인 자는 건강진단을 제대로 받았다고 하더라도 생존할 가능성이 적어 의사에게 사망과의 인과관계를 인정하여 손해배상책임을 물을 수 있는지에 관하여 하급심 판례는 "의사는 엑스레이검사결과서의 검토를 빠뜨린 채 엑스레이 소견 역시 아무런 이상이 없는 것으로 생각하고 모든 건강상태를 정상으로 판정함으로써 이에 따른 건강진단서를 발급받게 되어 결과적으로 건강진단을 통하여 질병을 미리 발견하고 이를 치료할 수 있는 기회를 잃게 한 건강진단상의 과실책임을 면할 수 없다. 건강진단 당시 의사는 폐암의 여부를 확인하여 치료를 받을 수 있었다고 하더라도 생존기간을 다소 연장시킬 수는 있을지언정 사망의 결과를 피할 수 없었다고 할 것이므로 이 사건 건강진단상의 과실과 망인의 폐암으로 인한 사망과 사이에는 상당 인과관계를 인정할 수는 없다고 할 것이나, 본인이나 혹은 가족들이 완치불능의 질병상태에서 죽음을 앞두고 개인적으로 또는 가족적, 사회적

으로 신변을 정리할 수 있는 기회를 가질 수도 있었다고 할 것인데 의사의 건강진단상의 과실로 인하여 위와 같은 모든 기회를 상실하였다고 할 것이고 이에 대하여 정신적 고통을 받았을 것임은 경험칙상 명백하므로 의사는 이를 위자하여 줄 의무가 있다.”라고 한 사례가 있습니다(서울지방법원 1993. 9. 22. 선고, 92가합49237 판결).

따라서 귀하는 민법 제750조에 의하여 위자료 명목의 손해배상을 의사에 대하여 청구할 수 있을 것입니다.

▌ 혈액형검사를 잘못 판독하여 조기 수술 기회를 놓친 경우 병원의 책임은?

【질문】 저희 남편은 B형간염 보균자로서 대학병원에서 간경화 진단을 받은 후 간이식을 위하여 입원하였습니다. 간이식당일 혈액형 검사결과 Rh-O형이라며, "우리나라에서는 수술을 한 적이 없다", "혈액형이 없다"라며 수술이 어렵다고 하면서 수술날짜를 무기한 연기하였습니다. 저는 환자의 혈액형이 Rh+O형이고, 혈액형 검사 결과가 잘못되었다고 하였지만, 병원에서는 듣지 않았습니다. 그러던 중 환자의 상태는 급격히 나빠져서 중환자실로 옮겨 집중치료를 받게 되었고, 재차 혈액형 검사를 해보니 Rh+O형으로 확인되어 바로 수술날짜를 잡게 되었으나, 환자의 상태가 급격히 악화되어 결국 약 8일 뒤 사망하였습니다. 이런 경우 병원에게 어떤 책임이 있나요?

【답변】 혈액형 진단 지연에 따른 치료 기회 상실 여부에 따라 책임정도가 달라질 수 있습니다. ABO typing, 즉 혈액형검사는 적혈구에 항 A혈청 또는 항 B혈청을 반응시키면 해당하는 항원이 있을 경우 항원·항체반응에 의해 응집을 보입니다. 이것이 혈구 혈액형검사이며, 혈청 내에 존재하는 동종항체를 기지의 혈구(A cell 또는

B cell)로 검사하는 것이 혈청 혈액형 검사입니다. 혈액형의 판독 불량의 원인은 시약이 불량일 경우나 시약을 잘못 떨구는 경우, 응집 여부 판독을 잘못하는 경우, 판독을 2분 안에 하지 않을 경우 등을 들 수 있습니다. 본 사안의 경우 혈액형 검사상의 과오가 개입되었는지 여부, 혈액형 진단을 정확히 하였더라면 간 이식 수술이라는 치료기회를 상실 받지 않았을 것인지 여부, 수술을 하였다면 환자의 예후에 어떠한 영향이 기대되는지 여부가 주요 쟁점사항이 될 것이고, 이러한 판단은 전문적인 진료감정과 법률적 판단이 선행되어야 하는 것이므로 의료중재원의 절차이용을 통해 명확한 판단을 받아보시기 바랍니다.

【관련판례】

원고들은 망인의 혈액형이 O형인데도 혈액형검사를 의뢰받은 임상병리사가 A형으로 잘못 감정하고 그에 따라 A형의 혈액을 수혈함으로써 수혈쇼크로 사망하였다고 주장하였으나, 군입대시 작성된 병적기록표와 군인식표에 망인이 혈액형이 오(O)형으로 기재되어 있으며, 병원 도착한 직후 통상적인 혈액검사 의뢰에 따른 혈액형검사 결과가 검사의뢰상 오(O)형으로 기재되어 있는 사실등을 인정할 수 있으나, 위 인정사실만으로 망인의 혈액형이 오(O)형이라고 단정할 수 없다 할 것이고, 교통사고로 응급실로 후송된 직후 출혈로 인하여 수축기의 혈압이 60정도이고 확장기의 혈압은 잘 잡히지 아니할 정도로 혈압이 떨어져 있었으나, 수혈 후 아무런 부적합 수혈증세를 보이지 아니하고 오히려 혈압이 정상으로 회복되는 등 병세가 일시 호전된 사실과 혈액형 재검사와 부검의 혈액형검사에서도 에이(A)형으로 판정되었으므로 망인의 혈액형이 오(O)형임을 전제로 한 원고들의 위 주장은 더 나아가 살필 필요도 없이 그 이유 없다 하겠다(서울고법 1994. 4. 27. 선고, 93나28593 판결).

■ 맹장 진단 지연으로 복막염이 발생된 경우의 책임은?

【질문】 저는 감기몸살과 복통으로 약국에서 약을 복용하였지만 증상이 호전되지 않았습니다. 집 근처 병원에 가서 복부x-ray 검사 상, 이상이 없다고 하면서 초음파 검사를 권유하였고 복부초음파검사를 한 결과 괜찮다는 답변을 듣고 약 처방을 받은 후 귀가 하였습니다. 귀가 중 통증이 심하여 다른 병원에 내원하여 CT를 촬영한 결과 맹장염 소견이 나왔고, 맹장이 터져 복막염으로 진행되어 결국 1개월 동안 입원치료를 해야만 했습니다. 제가 알고 있기로는 맹장염은 보통 7일 입원 후 퇴원인 것으로 알고 있는데, 한 달간 입원하다니…. 최초 진단만 정확했다면 복막염까지 진행되지 않았을 것이고 이에 따른 비용지출과 고통도 없었을 것입니다. 이런 경우 병원에게 어떤 책임을 물을 수 있나요?

【답변】 내원할 당시 환자의 증상 등을 제대로 파악하고 검사와 판독이 정확했는지가 중요합니다.
충수염 진단은 임상 증상과 이학적 검사가 진단에 있어서 가장 중요하며 더불어 혈액검사와 복부초음파 또는 복부CT 등이 추가적으로 도움이 될 수 있습니다. 환자가 병원에 내원할 당시부터 이미 복통 등의 증상을 보였다면, 병원으로서는 이학적 검사와 혈액검사, 복부초음파검사 등 종합적인 검사를 통하여 확진을 위한 노력을 기울여야 하며, 혹 해당 의료기관의 진료환경 또는 즉시 검사가 이루어질 수 없는 상황일 경우에는 정확한 검사를 위해 다른 의료기관으로 전원조치를 해야 할 의무도 부담하게 됩니다. 다만, 환자의 상태가 충수염을 의심할 만한 증상이 있었는지, 복막염의 발생 시기는 언제인지 등에 따라 병원의 책임 범위는 달라질 수 있습니다.

【관련판례】

통상적으로 급성 충수돌기염이 생긴지 48시간 정도 경과하면 충수돌기가 파열되어 복강내에 농양이 발생하는 등 복막염으로 진행하게 되기는 하나 충수돌기가 파열되어 농양이 발생하는 시간에는 개인차가 크고, 이로 인해 이 사건 환자가 피고병원에 내원할 당시에 이미 복막염을 앓고 있었다고 단정할 수도 없지만, 설령 내원할 당시부터 이미 급성 충수돌기염에서 기인한 복막염을 앓고 있었다고 하더라도 수술 직전까지도 그 원인을 전혀 진단하지 못한 것에 대하여 과실이 인정된다. 또한 피고병원이 원고에 대하여 항생제 약물치료를 한 것은 장내에 있는 혐기성세균, 호기성세균, 진균류를 위하여 사용한 것으로 적절한 처방이었다고 볼 수 있으나, 수술적 처치를 우선적으로 고려하여 이에 필요한 수술 전 준비나 처치를 하여야 할 급성 충수돌기염 또는 이로 인한 복막염을 의심하지 못한 채 급성 골반염으로 진단하여 약 10일 동안 항생제 치료 등 내과적 처치만을 하였으므로 그 내과적 치료가 일부 급성 충수돌기염 또는 복막염의 치료에도 도움이 되었다고 하더라도 앞에서 본 과실에 차이가 있을 수 없다(부산지법 2006. 2. 8. 선고, 2005가단3461 판결).

▌ 암이라고 수술했는데, 암이 아닐 경우의 보상은?

【질문】 저희 어머니가 신장부위에 2cm 혹이 발견되어 큰 병원으로 이송해서 검사를 했습니다. 검사 상에서 신장암으로 진단을 받고 수술을 했습니다. 그런데 수술 후에 조직검사를 했는데 그 결과 암이 아닌 일반적인 종양으로 진단을 받았습니다. 이런 경우에 보상을 받을 수 있는지요?

【답변】 종양의 종류에 따라 암과의 구분이 어려울 수도 있습니다. 신장암의 진단을 위해서는 주로 복부 초음파검사가 널리 이용되며, 초음파에서 신장의 종양 물질이 발견되는 경우 복부 전산화단층촬영(CT)으로 종양 물질에 대한 정확한 평가와 혈관, 신장 주위 임파선 및 주위 장기에 대한 전이 여부를 평가하게 됩니다. 환자의 경우 신장암의 확진을 위해 병원에서 어떠한 검사를 시행하였고, 검사 결과에 대한 판독은 적정하였는지, 발견된 해당 종양을 암으로 판정하는데 의학적 난이도는 어느 정도인지 등에 대한 검토가 필요합니다. 의사는 의료행위를 할 때에 사람의 생명·신체·건강을 관리하는 업무 성질에 비추어 환자의 구체적인 증상이나 상황에 따라 위험을 방지하기 위하여 요구되는 최선의 조치를 취하여야 할 주의의무가 있으므로, 이러한 의무를 다 하였는지 여부에 대한 전반적인 검토를 거쳐 책임 여부를 결정할 수 있습니다.

【관련판례】

① CT, MRI 등 영상촬영에 의한 검사, 판독에 특별한 문제점이 없고, 피고 병원의 진단 내용이 간암을 확진한 것이 아니라 간암을 의심할 수 있다는 것이고, 이에 더하여 간혈관종의 가능성도 배제할 수 없다고 진단하고 있는 점,

② 피고 병원에서 침생검을 통해 얻은 간 조직은 모두 간경변증으로 인한 경화성 결절밖에 없으며 어느 곳에서도 림프구양 증식증 병변은 포함되어 있지 않았고, 침생검 검체는 경화성결절 중 일부에 신생혈관 증식이 매우 증가하여 고등급 이형성 결절을 의심할 수 있는 소견이어서 이에 대하여 고분화 이형성 결절로 진단하였다고 하여, 문제점이 있다고 보기는 어려운 점,

③ 원고를 협진한 호흡기내과에서도 별다른 이견이 없어 원고에 대하여 간 절제술을 하였으며, 재발 가능성 등을 고려하여 간 절제술을 한 것이므로 이것만을 두고 의사의 재량을 벗어난 잘못이 있다 할 수 없는 점 등의 제반 사정을 합쳐 보면, 피고 병원이 원고에 대하여 간암 또는 이형성 결절로 진단하고 간 절제술에 나아간 것에는 앞서 본 바와 같이 침생검을 통한 조직검사에 있어 검체를 잘못 채취한 잘못으로 인하여 생겨난 결과 외에는 책임을 물을 수 없다고 할 것이다(서울서부지법 2013. 2. 13. 선고, 2010가단72529 판결).

▌ 쯔쯔가무시병을 진단하지 못한 경우의 병원의 책임은?

【질문】저희 어머니가 감기몸살로 병원에 내원하여 검사 상 담석 진단을 받았습니다. 이틀 후 복강경으로 담석수술을 받으셨는데 수술 후 정신이 혼미해지고 전신에 부종 등의 증상이 발생되는 등 상태가 악화되었으나 병원 측에서는 적극적인 검사와 이에 대한 처치 없이 환자를 방치하였습니다. 이에, 가족 측에서 자발적으로 큰 병원으로 전원을 시켰고, 검사 결과 쯔쯔가무시로 진단을 받았는데 해당 병원에서는 혈액검사 상 정상이었으므로 잘못이 없다고 주장하고 있습니다. 정말 잘못이 없습니까?

【답변】환자의 상태에 따른 검사의 필요 여부와 적절한 조치 여부의 검토를 통해 책임 범위를 판단할 수 있습니다. 쯔쯔가무시병은 오리엔티아 쯔쯔가무시균에 의해 발생하는 감염성 질환입니다. 잠복기는 보통 10~12일 정도로 발열, 발한 두통, 결막충혈, 림프절종대의 증상이 보이며 피부에 가피(딱지)가 동반된 궤양이 나타나는 것이 특징입니다. 최초 내원당시 환자에게 이러한 증상 등이 있었는지 이러한 증상이 있었는데도 단순하게 판단하고 진단을 내렸다면 주의의무를 소홀한 부분이 있을 수 있지만 혈액검사와 영상의학적 검사 등 종합적인 검사를

통해 확진을 위한 최선의 노력을 다하였다면 의료인의 과오를 묻기가 어려울 수도 있습니다. 쯔쯔가무시병은 초기에는 감기몸살 증상과 비슷하므로 초기진단이 어려울 수 있으며 질환의 특징인 가피형성이 없을 경우 더더욱 그럴 수 있습니다. 다만, 정확한 진단이 어려울 경우 의료인은 이에 대한 확진을 위하여 전원 조치를 취해야 할 의무가 있는데 이러한 충분한 조치가 이루어지지 않았다면 책임이 있을 수 있습니다.

【관련판례1】

진단은 문진·시진·촉진·청진 및 각종 임상검사 등의 결과에 터잡아 질병 여부를 감별하고 그 종류, 성질 및 진행 정도 등을 밝혀내는 임상의학의 출발점으로서 이에 따라 치료법이 선택되는 중요한 의료행위이므로, 진단상의 과실 유무를 판단함에 있어서는 그 과정에 있어서 비록 완전무결한 임상진단의 실시는 불가능하다고 할지라도 적어도 임상의학 분야에서 실천되고 있는 진단 수준의 범위 내에서 그 의사가 전문직업인으로서 요구되는 의료상의 윤리와 의학지식 및 경험에 터 잡아 신중히 환자를 진찰하고 정확히 진단함으로써 위험한 결과 발생을 예견하고 그 결과 발생을 회피하는 데에 필요한 최선의 주의의무를 다하였는지 여부를 따져 보아야 한다(대법원 2010. 7. 8. 선고, 2007다55866 판결).

【관련판례2】

의사에게는 만일 당해 의료기관의 설비 및 지리적 요인 기타 여러 가지 사정으로 인하여 진단에 필요한 검사를 실시할 수 없는 경우에는 특단의 사정이 없는 한 당해 환자로 하여금 그 검사를 받을 수 있도록 해당 의료기관에 전원을 권고할 의무가 있다(울산지법 2005. 9. 7. 선고, 2004가합977 판결).

▎수술 후 혈압약을 처방하지 않아 뇌경색이 발생되었을 때 의료기관의 책임여부는?

【질문】 저희 어머님은 평소 고혈압이 있으셨는데 신장이식 수술을 받게 되셨습니다. 수술 후 회복 중에 혈압이 상승되었는데도 혈압약을 처방해 주지 않고 기다려보자고 하였습니다. 그런데 갑자기 눈이 안보이고 왼쪽 팔다리에 힘이 약해지는 증상이 발생되어 검사를 한 결과 뇌경색으로 진단받았습니다. 당시 의료기관에서 제때 혈압약만 주었다면 이런 사태가 발생되지 않았을 것 같은 생각이 드는데 제 생각이 맞는지 문의 드립니다.

【답변】 의료인의 재량 범위와 수술 후 사후관찰 및 적절한 대처 여부가 중요한 사안입니다.
고혈압 약은 혈관을 확장시켜주는 기능과 함께 혈액을 묽게 만드는 효능이 있습니다. 다시 말하면, 혈액을 묽게 만들기에 혈액 응고를 방해하게 되며, 이는 수술 전 7일간 고혈압 약을 끊으라는 이유와 수술 후 수술부위 응고장애로 인한 지속적 출혈로 인한 혈종 발생가능성을 낮추기 위한 이유이기도 합니다. 따라서 수술 후 환자의 상태에 따라 혈압약을 투입할지 아닐지의 결정은 의료인이 환자의 상태를 파악하고 이에 대한 위험성까지 고려하여 판단하는 것이며, 이 경우 또한 두 가지 위험성(혈액응고장애 가능성 또는 뇌경색 가능성)중 어디에 경중을 두고 그 적절한 시기를 찾는 것은 의료인의 재량 범위에 속한 것이라고 할 수 있습니다. 다만, 이러한 예견과 결과 발생을 최소화하기 위한 노력이 전혀 없었다면, 이에 대하여는 병원의 책임이 인정될 수도 있습니다. 또한, 뇌경색이 발생된 후 3시간 내지 6시간 이내에는 혈전용해제를 통하여 어느 정도의 회복을 기대할 수 있으므로, 이러한 초기 대응을 잘 하였는지 여부 또한 검토가 필요한 사항입니다.

【관련판례1】

고혈압의 병력을 가진 환자이지만 입원일부터 수술 직전까지 마취과 의사와의 협의진료를 통하여 혈압이 잘 조절되는 것을 확인하고 전신마취하에 의사가 척추관협착증 등을 치료하기 위한 수술을 시행하였으나 환자가 수술 후 제대로 의식이 돌아오지 못하며 뇌경색 증세를 보인 경우, 의사의 수술상의 과실로 인하여 환자에게 뇌경색이 발생하였다고 추정하기 어렵다고 한 사례(대법원 2002. 8. 23. 선고, 2000다37265 판결).

【관련판례2】

'인간의 생명과 건강을 담당하는 의사에게는 그 업무의 성질에 비추어 보아 위험방지를 위하여 필요한 최선의 주의의무가 요구되고, 따라서 의사로서는 환자의 상태에 충분히 주의하고 진료 당시의 의학적 지식에 입각하여 그 치료방법의 효과와 부작용 등 모든 사정을 고려하여 최선의 주의를 기울여 그 치료를 실시하여야 하며, 진료를 행함에 있어 환자의 상황과 위와 같은 의료수준 그리고 자기의 지식경험에 따라 적절하다고 판단되는 진료방법을 선택할 상당한 범위의 재량을 가진다고 할 것'이라고 판시한 사례(대법원 2007. 5. 31. 선고, 2005다5867 판결).

▌ 항생제 부작용으로 혈소판감소증이 발생된 경우는?

【질문】 저희 어머님이 신우신염으로 입원치료를 받았습니다. 그런데 입원 3주째쯤 혈소판감소증이 발생되어 병원으로부터 위험하니 큰 병원으로 전원 권유를 받고 현재 전원하여 입원치료 중이십니다. 제가 의학 지식은 없지만 나름대로 알아본 바로는 혈소판감소증은 항생제 부작용의 하나라고 얘기를 들었습니다. 그래서 신우신염을 치료하기 위하여 사용한 항생제에 문제가 있지 않나 생각됩니다. 병원에 병을 치료하기 위하여 왔다가 오히려 병을 얻고 나왔다는 생각에 화가 납니다. 어떻게 하면 좋을까요?

【답변】 한국의료분쟁중재원의 절차이용을 통해 항생제 사용의 적정성과 부작용 발생과의 인과관계, 책임 소재에 대한 판단을 받아보십시오.

혈소판감소증의 원인은 매우 다양하며, 바이러스 및 세균감염에 의해 발생될 수도 있고, 특정 약제의 부작용으로도 발생될 수 있습니다. 이 중 항생제 사용으로 인한 합병증 발생의 책임과 관련하여서는 환자의 신우신염의 치료를 위해 항생제의 치료는 불가피하였을 것으로 보이므로, 항생제의 투여만으로 의료인의 과실을 단정할 수는 없고, 항생제를 사용함에 있어서 환자의 상태(기왕력, 연령, 몸무게 등)에 맞는 적정한 용량 및 용법을 사용했는지 여부와 사용 전 이러한 부작용에 대한 충분한 설명이 있었는지 여부가 검토되어야할 부분입니다. 다만, 설명의 정도는 약제의 부작용이 일반화되어 있지 않아서 의료인조차 예상할 수 없었다거나, 설명을 사전에 하였더라도 이러한 의료행위를 환자가 선택하였을 것이라는 것이 명백한 경우에는 환자의 선택권을 침해한 것이 아니므로, 이에 대한 의료인의 설명의무는 매우 제한적일 수도 있습니다.

【관련판례1】

조영제 투여 후 부작용이 발생된 사례에 대하여 법원은 '임상경과에 비추어 의사가 환자에 대하여 신우조영술의 시행을 결정한 조치가 부적절하다거나 불필요한 검사라고는 볼 수 없고, 이러한 신우조영술을 시행함에 있어서는 조영제의 투여가 필수적인데, 사실상 사전에 그 투여에 따른 과민반응 여부를 정확히 알 수 있는 검사방법이 현재까지 알려진 바 없는 실정이며, 소외인의 경우 특별한 알레르기반응이나 가족력은 없는 것으로 확인되었고 피부반응검사에서도 별다른 이상이 나타나지 않았음에 비추어 사전에 소외인에게 조영제에 대한 과민반응이 있을 것으로 예상하기 곤란하였고, 과민반응이 발현된 이후 응급조치를 받게 될 때까지 비교적 짧은 시간에 소외인의 임상증상이 급격한 악화를 보였던 점에 비추어 소외인에게 과민반응이 발현된 이후 곧바로 응급조치가 취해졌다고 하더라도 반드시 사망의 결과를 회피할 수 있었으리라고는 확단할 수 없다 할 것'이라고 판시하여 사고의 예견과 환자에게 나타난 나쁜 결과의 회피가능성이 어려웠다고 보았음(서울지법 1998. 9. 30. 선고, 97가합 75880 판결).

▌ 대장 내시경검사 중 대장천공이 발생된 경우의 대처방법 및 손해배상은?

【질문】 저희 장모님(62세)이 대장내시경검사 중, 대장에 천공이 발생되었습니다. 그런데 천공부위를 통해 장 내 가스와 대장내시경 검사 시 주입한 가스에 의해 하복부부터 얼굴 밑까지 가스가 차서 기흉이 발생 되었습니다. 저희가 대처할 수 있는 방법과 손해배상을 받을 수 있는지 궁금합니다.

【답변】 환자의 장기 상태를 파악할 수 있는 진료기록을 통하여 사고원인에 대한 전반적인 검토가 필요합니다.

대처방법으로는 여러 가지가 있을 수 있지만 기본적으로 대장천공 발생 후 해당 의사에게 천공발생의 원인에 대한 설명을 들어 볼 필요가 있습니다. 대장천공의 경우 환자가 고령인 경우, 게실염 등의 기왕질환이 있는 경우 등 장벽이 약한 부위에 내시경이 주행함으로 인해 천공이 발생될 수 있으며, 주요 부위로는 대장의 굴곡이 심한'S상 결장'에서 많이 발생되는 것으로 알려져 있습니다. 의료인은 대장내시경검사 중, 장기에 손상을 가하지 않도록 할 주의의무와 천공 가능성에 대한 설명의무를 지게 되며, 이를 소홀히 했을 경우에는 이에 따른 손해배상 책임을 부담하게 됩니다. 천공 발생 후 천공의 발생 원인에 대한 해당의료인의 의학적 설명이 합당하지 않다고 판단될 경우에는 사고원인에 대한 전반적인 검토를 위하여 의무기록 및 영상기록 등을 확보한 후 손해배상 청구를 고려해 보시기 바랍니다.

【관련판례】

직장유암종 수술 후 직장-질 부위에 천공이 발생된 사안과 관련하여, 법원은 '의사의 수술상 과실로 발생한 위와 같은 직장질루로 인하여 인공결장루 시술을 받고, 그 후 병에서 직장질루의 치료를 위해 자궁적출술 및 항문-결장문합술을 받다가 위에서 본 바와 같이 자궁적출 및 변실금 장애에까지 이르게 되었으며 이러한 자궁적출술은 원고의 증상 및 그 수술기법상 불가피한 것으로 보여지고 변실금 장애 등은 위 항문-결장문합술의 후유증인 바, 그렇다면 현재 원고에게 남아있는 모든 후유장애는 피고 의사들이 위 직장유암종수술을 잘못한 불법행위와 상당한 인과관계가 있다 할 것이므로 피고는 이로 인하여 원고가 입게 된 모든 손해를 배상할 책임이 있다'고 판단. 다만, 환자의 기왕병력을 감안하여 병원의 책임을 일부 제한한 사례(서울고법 1998. 4. 7. 선고, 97나43309 판결).

■ 단순 복통 진단 15일 후 다른 병원에서 암 진단을 받았을 경우의 배상청구는?

【질문】제 아들(20대)이 복통증상으로 일반의원에서 진찰을 받았는데, 단순하게 복통약 만을 처방하여 귀가 조치시켰으나 15일 지나도 증상이 호전되지 않아 타 병원 진료를 보게 되었습니다. 타 병원에서 검사를 한 결과 혈액암(임파선)으로 판정을 받고 현재까지 치료 중에 있습니다. 최초 일반의원에 민원을 제기하니 촉진 시 복부가 비정상적으로 딱딱했다고 하면서 좀 이상했던 거 같다고 하는데…. 미리 증상을 의심하고 큰 병원에 보냈다면 지금과 같이 상실감이 크지는 않았을 것 같습니다. 이런 경우 배상청구를 할 수 있겠습니까?

【답변】조기 치료기회 상실에 따른 피해가 발생되었다면 손해배상 책임이 인정될 수 있습니다.

최초 병원에 내원할 당시 환자의 상태, 증상, 기왕력 유무 등을 종합해 볼 때 임파선암을 의심할 수 있는 소견이 있었는지 여부와 해당 의원의 진료환경 수준으로는 정확한 진단을 내리기 어려워 전원을 해야 함에도 이를 게을리 한 것은 아닌지 여부 등이 검토되어야 할 것입니다. 또한, 복통진단 후 15일이 경과한 시점에서 혈액암을 발견하였는데, 15일 동안 환자의 예후에 어떠한 영향을 미쳤는지, 15일 전에 치료를 받았다면 현재와 같은 결과가 달라질 수 있었는지 여부도 검토가 필요한 부분입니다. 이러한 판단은 매우 전문적인 지식이 필요한 부분으로, 종합적이고 객관적인 판단을 받기 위하여 조정 신청, 민사소송 제기 등 법적절차를 밟아 보시기 바랍니다.

【관련판례】

진단은 문진·시진·촉진·청진 및 각종 임상검사 등의 결과에 터잡아 질병 여부를 감별하고 그 종류, 성질 및 진행 정도 등을 밝혀내는 임상의학의 출발점으로서 이에 따라 치료법이 선택되는 중요한 의료행위이므로 진단상의 과실 유무를 판단함에 있어서는 그 과정에 있어서 비록 완전무결한 임상진단의 실시는 불가능하다고 할지라도 적어도 임상의학 분야에서 실천되고 있는 진단 수준의 범위 내에서 그 의사가 전문 직업인으로서 요구되는 의료상의 윤리와 의학지식 및 경험에 터 잡아 신중히 환자를 진찰하고 정확히 진단함으로써 위험한 결과 발생을 예견하고 그 결과 발생을 회피하는 데에 필요한 최선의 주의의무를 다하였는지 여부를 따져 보아야 하고, 아울러 의사에게는 만일 당해 의료기관의 설비 및 지리적 요인 기타 여러 가지 사정으로 인하여 진단에 필요한 검사를 실시할 수 없는 경우에는 특단의 사정이 없는 한 당해 환자로 하여금 그 검사를 받을 수 있도록 해당 의료기관에 전원을 권고할 의무가 있다(울산지법 2005. 9. 7. 선고, 2004가합977 판결).

▌ 폐암을 비염 및 기관지염으로 오진하였을 때 의원의 책임과 보상여부는?

【질문】 저희 어머니는 기침 증상으로 일반의원에서 비염, 천식, 기관지염 진단을 받으시고 치료를 받던 중 증상이 나아지지 않아 재 내원하여 CT검사를 하였는데 동일한 진단이 나와 외래통원 치료를 약 11회에 걸쳐 진행하셨습니다. 하지만, 여전히 증상이 나아지기는커녕 오히려 악화되었습니다. 그래서 대학병원으로 전원하여 일반의원에서 검사한 CT 영상물을 판독해보니 폐암 판정이 나왔습니다. 저희 가족 측에서 해당 의원을 상대로 진단 잘못에 따른 보상을 요구할 수 있는지 궁금합니다.

【답변】 동일한 CT영상물에서 암을 발견할 수 있는 소인이 발견 된다면, 오진으로 인한 배상청구를 고려해 볼 수 있습니다.
의사는 진찰·치료 등의 의료행위를 함에 있어 반드시 병을 진단하고 완치시켜야할 의무를 부담하는 것은 아니라 할지라도, 사람의 생명·신체·건강을 관리하는 업무의 성질에 비추어 환자의 구체적인 증상이나 상황에 따라 위험을 방지하기 위하여 요구되는 최선의 조치를 행하여야 할 주의의무를 지게 됩니다.
일반의원에서는 CT검사 상 암을 진단하지 못하였지만

똑같은 CT영상물을 큰 병원에서는 판독한 결과 폐암을 진단하였다면 오진으로 인한 조기 치료기회 상실로 손해가 발생되었을 수 있으니 좀 더 구체적이고 정확한 감정을 위하여 관련 의무기록 및 영상필름 등을 확보한 후 오진으로 인한 배상청구를 고려해 보시기 바랍니다.

【관련판례1】

완치불능인 폐암환자도 발병사실을 알 경우 진행상태에 따른 적절한 치료를 받고 생존기간을 연장하거나 본인 혹은 가족들이 신변을 정리할 수 있는 기회를 가질 수도 있으므로 의사가 폐암환자를 건강하다고 진단함으로써 그 같은 기회를 상실하게 하였다면 그에 대한 손해를 배상할 책임이 있다고 한 사례(서울지법 1993. 9. 22. 선고, 92가합49237 판결).

【관련판례2】

폐암을 급성염증으로 잘못 진단한 사안에서, 병원의 최초 진단에서 환자에게 폐암 의심 소견이 있었던 점, 진료의 경위와 결과, CT 유도 미세침흡인검사 방법의 의학적 한계 등 제반 사정에 비추어, 폐암발병 가능성을 충분히 의심할 수 있었음에도 단 한 번 실시한 미세침흡인검사 결과만을 신뢰한 채 폐암 여부를 재차 확인하기 위한 조직검사 등 다른 검사를 실시하지 아니한 과실로 폐암을 조기에 치료받을 수 있는 기회를 놓치게 한 잘못이 있고, 또한 검사 방법의 한계 및 오진 가능성 등에 관하여 환자에게 정확히 설명하여야 할 의무를 위반하여 손해배상할 책임이 있다고 한 사례(창원지법 2012. 1. 19. 선고, 2010가합11521 판결).

■ 모세기관지염으로 오진하여 폐렴 증상을 악화시켰습니다. 누구에게 책임이 있는지?

【질문】 이제 갓 6개월 된 남자아이를 둔 엄마입니다. 아이가 기침과 열이 심해서 소아과병원에 입원하였습니다. 엑스레이 진단 결과 모세기관지염으로 1주일 정도 치료를 받았는데, 아이 상태가 좋지 못한 상태에서 퇴원하라고 하여 어쩔 수 없이 퇴원하게 되었습니다. 다음날에도 아이 상태가 너무 좋지 않아서 인근 병원에 내원하게 되었는데, 진단 결과 폐렴이 고착화 되어 가고 있다면서 상태가 매우 안 좋다고 입원하라고 합니다. 질병이 완치되지 않은 상태에서 이렇게 퇴원시켜도 되는 것인가요, 병원에 갔으면 끝까지 치료를 책임져야 하는 것이 아닌지요?

【답변】 환자의 전신상태가 불량함에도 조기 퇴원으로 인해 악화된 것이라면 의료인의 책임을 물을 수 있겠습니다. 소아 급성폐렴은 대개 상기도염(기도 중 후두 이상의 상부호흡기에 발생하는 감염증상)에 속발하여 기침, 발열과 동반하여 나타납니다. 호흡이 빠르고 얕으며, 청색증을 나타내는 경우가 많고, 소아의 경우 성인에 비하여 면역성이 약하므로 조기발견 및 치료가 필요합니다. 폐렴의 원인으로는 세균성, 흡인성(이물질이 잘못

들어가 염증을 일으키는 경우) 등이 있는데 특히 면역이 약한 환아의 경우에는 균의 종류에 따라 하루 만에도 증상이 급속도로 악화되기도 합니다. 환아에게 발생된 발열, 기침 등의 임상증상은 상기도염, 모세기관지염, 폐렴 등에서 공통적으로 나타나는데 특히 2세 미만의 영아에게 주로 나타나는 모세기관지염의 경우 넓게 퍼져있는 깨끗한 수포음이 청진되며 방사선소견상 흩어져있는 폐침윤 증상을 나타내어 폐렴의 초기증상과의 감별진단이 어렵습니다. 따라서, 이 사례에 있어서는 당시 환아의 전신상태(고열, 폐렴에서와 같은 심한 수포음이 청진되었는지 등) 및 방사선소견 등에 대한 검토를 통하여 폐렴을 조기에 발견할 수 있었음에도 불구하고 이에 대한 검사를 소홀히 하여 상태를 악화시킨 것인지에 대한 종합적인 판단이 필요합니다.

【관련판례】

발열, 기침 등의 임상증상은 상기도염, 모세기관지염, 폐렴 등에서 공통적으로 나타나는데 특히 2세 미만의 영아에게 주로 나타나는 모세기관지염의 경우 넓게 퍼져있는 깨끗한 수포음이 청진되며 방사선소견상 흩어져있는 폐침윤 증상을 나타내어 폐렴의 초기증상과의 감별진단이 어렵고 위 망인이 처음 내원한 방사선검사소견에 의하더라도 망인의 증세는 폐렴 또는 모세기관지염 어느 쪽으로도 진단할 수 있는 상태였던 사실, 폐렴의 경우에도 반드시 입원치료를 요하는 것은 아니며 환자의 발열증세, 호흡수, 전신상태, 병의 진행속도 등 여러 증세를 고려하여 그 상태가 중하지 않으면 외래치료도 가능한 사실에 의하면 위 망인이 처음 내원하였을 당시 전신상태 등 임상소견에 비추어 그 증상을 모세기관지염으로 진단하고 일단 통원치료를 받게 하였던 것이 잘못된 조치였다고 보

기는 어렵고, 망인의 최초 내원 당시 즉시 방사선촬영결과를 확인하였더
라도 결과가 달라질 수 있었을 것으로 보이지 아니하므로 원고들의 위
주장은 결국 이유 없다 할 것이다(서울지법 1997. 2. 19. 선고. 94가합
14112 판결).

▌ 미숙아망막증 치료시기를 놓쳐 시각장애인이 된 경우 대처 방법은?

【질문】 작년에 병원에서 남자아이를 출산하였습니다. 출산이 예상보다 빨라서 25주 6일 만에 조산을 하게 되었고 이후 집중치료실에서 지속적인 치료를 받았습니다. 그러던 중 미숙아망막증 검사에서 약간의 출혈이 있다고 하였고, 2주후 두 번째 검사에서는 망막에 이상이 있다고만 한 후 별다른 치료를 하지 않다가 1개월 후 이에 대한 치료를 위하여 타 병원으로 전원 할 것을 권유하여 타 대학병원으로 전원하게 되었습니다. 그 곳에서 검사한 결과 실명 가능성이 매우 높다고 하더니…. 현재는 양쪽 눈 모두 실명상태가 되어 시각장애 1급 판정을 받게 되었습니다. 치료를 처음부터 하지 않아서 결국 실명까지 된 것은 아닌지, 아이에게 미안해 너무 화가 납니다. 저는 어떤 조치를 할 수 있는지요?

【답변】 검사지연의 과실 여부는 당시 환아의 상태에 따라 달리 판단될 수 있습니다.
미숙아망막증은 모태로부터 태어난 미숙아에서 망막혈관형성이 망막 주변부까지 이루어지지 않고 도중에 멈추어 망막혈관형성이 되지 않은 부위와 형성이 된 부위 사이의 섬유화와 이상 혈관형성으로 인하여 섬유질 증식과 망막의 견인이 발생하고 망막박리와 시력상실을 가져오는 질환으로, 근본적인 발병원인은 영아의 미숙함에 있습니다. 또한, 미숙아의 전신상태가 안정되어 견딜 수 있는 상태라면 출생 후 5-7주나 재태기간 34주를 기준으로 미숙아망막증 검사를 권하고 재태기간이 짧을수록 미숙아망막증의 위험이 크므로 주기적으로 안저검사를 실시하여 미숙아망막증의 발병 여부를 검진하여야 합니다. 다만, 안저검사의 시기에 있어서는 미숙아의 신체활력증후가 불안할 경우에는 안저검사 자체가 미숙아의 생명에 위험할 수도 있으므로 의사의 판단에 따라 신체의 활력증후가 안정되는 가능한 빠른 시기로 검사시기가 늦추어질 수도 있습니다. 따라서, 검사 지연의 과실 여부는 당시 환아의 상태에 따라 달리 판단될 수 있습니다.

【관련판례】

미숙아망막증은 재태기간 36주 이전에 출생하고 출생 시 체중이 1.6kg 미만인 미숙아에게서 빈발하는 질환으로서 미숙아에 대하여 주기적으로 안저검사를 실시하여 미숙아망막증 발병 징후를 가능한 조기에 발견하여 치료하는 방법 이외에는 현대 의학상 달리 예방방법이 알려져 있지 아니하므로 재태기간 27주, 출생 시 체중 1.18kg으로 미숙아망막증 위험군에 해당하는 원고 박○○에 대한 치료를 담당한 피고 운영의 적절한 시기에 안저검사를 실시하여 미숙아망막증이 진행되고 있는지 또는 그 진행의 징후가 있는지를 살펴보거나, 그렇지 않다 하더라도 원고 박○○의 보호자인 원고 박○○, 김○○에게 미숙아망막증의 발병가능성, 정기적인 안저검사의 필요성, 조기에 발견하여 적절히 치료할 경우의 회복가능성 및 방치했을 경우의 위험성 등을 설명하여 위 질환에 대비한 적절한 조치를 취하게 하였어야 함에도 불구하고 이를 게을리 함으로써 원고 박OO가 퇴원한 이후인 2000. 6. 1. 무렵에야 비로소 원고 김OO의 요구에 따라 미숙아망막증에 관한 검사를 받게 한 잘못이 있다고 할 것이다 (서울북부지원 2001. 7. 19. 선고. 2000가합5767 판결).

▌ 진료실 내·외에서 발생한 안전사고의 책임은 누구에게?

【질문】 환아가 소아청소년과 진료 대기 중에 환자 대기실에 딸린 놀이방에서 놀다가 문지방에 넘어져 상해가 발생하였습니다. 이렇게 진료실 내 또는 진료실 외에서 발생한 안전사고의 경우 의료기관의 책임은 어떻게 되나요?

【답변】 안전사고에 대한 책임은 각 안전사고의 내용에 따라 달라질 수 있습니다.
환자에게 안전사고가 발생한 경우 그 책임범위를 결정하는데 있어서 중요한 것은 사고가 발생한 장소가 아니라 사고의 내용 즉 그 원인이 무엇인지를 살피는 것입니다. 물론 발생장소가 진료실 안쪽인 경우 의료기관의 책임이 커지는 경우가 많을 수 있는데, 그것은 진료실 안에서 발생하였기 때문이라기보다는 진료실 안에서 발생하는 안전사고의 대부분이 의료인의 지배영역 하에서 발생하는 경우가 많기 때문입니다.
진료실 안에서 발생하더라도 진료와 전혀 관계없이 발생하는 경우 의료기관의 책임은 전혀 발생하지 않을 수도 있습니다. 마찬가지로 진료실 밖에서 발생한 안전사고의 경우에도 의료기관의 책임여부는 구체적인 상황에 따라 다를 수 있습니다. 따라서 이 사례의 경우는 해당 소아청소년과 진료실과 대기실이 어떤 구조이고

대기실 놀이방의 관리는 누구에 의해서 어떻게 이루어
지고 있는지 등 구체적인 사항이 검토되어져야 할 것
입니다.

【관련판례】

정신질환으로 병원에 입원하여 진료를 받던 환자가 병원 옥상에서 떨
어져 사망한 사안에서, 망인의 사망 원인이 투신에 의한 사망일 개연성이
아주 높고 병원이 망인의 자살 자체를 예견하기 어려웠다고 하더라도 위
옥상에 존재한 설치 또는 보존상의 하자가 사고의 공동원인의 하나가 되
었다면, 그 공작물의 설치 또는 관리자는 손해배상책임을 면할 수 없다
(대법원 2010. 4. 29. 선고, 2009다101343 판결).

■ 정맥주사 부위에 화상으로 인한 괴사가 발생된 경우 손해배상청구가 가능한지?

【질문】 18개월 딸아이를 둔 엄마입니다. 고열로 소아과에서 링겔주사를 맞았는데 링겔을 빼는 순간 손등에 100원짜리 동전 2개 정도 크기의 물집과 파란 멍이 들었고, 간호사는 물집을 터트린 후 약만 발라주면 아무렇지도 않을 것이라고 했습니다. 며칠 후 손등 부위의 상태가 악화되어 해당 병원에 갔더니 화상병원을 안내하였고 그 결과 2도의 깊은 화상이어서 피부이식술이 필요하다고 합니다. 병원 측에서는 치료비 정도의 보상만을 생각하고 있는데, 저는 향후치료비에 위자료까지 받아야한다고 생각합니다. 어찌해야 되나요?

【답변】 유아의 경우 성장에 따른 치료범위가 달라질 수 있으므로 좀 더 경과를 지켜보시기 바랍니다.
수술 전 준비되는 정맥주사는, 영양주사나 기타 수액치료와 달리 여타의 응급상황(수혈 등)에 대비하여 굵은 혈관 바늘을 이용한 혈관주사를 맞게 됩니다. 혈관손상이나 신경손상의 원인은 손등 부위에 큰 주사바늘을 이용하여 혈관주사를 주다가 혈관 주위 피부신경을 압박하거나 건드리게 되어 발생될 수 도 있고, 모든 사람이 해부학적으로 동일한 위치에 혈관과 신경분지를 가지고 있지 않으므로, 체질적 특성으로 발생할 수 도 있으며, 특히 소아와 같이 혈관이 약한 경우 혹은 혈관이 작아 잘 잡히지 않는 경우에는 이러한 증상이 발생될 수 있는 가능성이 높으므로 소아에 대한 정맥주사를 놓는 경우에는 특히 세심한 주의가 필요합니다. 현재는 사고발생일부터 얼마 지나지 않은 시점이고 유아의 경우 좀 더 경과를 지켜본 후에야 피부이식술 등의 추가 치료를 요하게 되므로 증상의 호전 여부 및 상처부위의 반흔 정도 등에 대한 진단을 받아본 후 손해배상 청구를 고려해 보시기 바랍니다.

【관련판례】

주사약인 에폰톨을 3, 4분 정도의 단시간형 마취에 흔히 이용되는 마취제로서 점액성이 강한 유액성분이어서 반드시 정맥에 주사하여야 하며, 정맥에 투여하다가 근육에 새면 유액성분으로 인하여 조직괴사, 일시적인 혈관수축 등의 부작용을 일으킬 수 있으므로 위와 같은 마취제를 정맥주사할 경우 의사로서는 스스로 주사를 놓든가 부득이 간호사나 간호조무사에게 주사케 하는 경우에도 주사할 위치와 방법 등에 관한 적절하고 상세한 지시를 함과 함께 스스로 그 장소에 입회하여 주사시행 과정에서의 환자의 징후 등을 계속 주시하면서 주사가 잘못 없이 끝나도록 조치하여야 할 주의의무가 있고, 또는 위와 같은 마취제의 정맥주사 방법으로서는 수액세트에 주사침을 연결하여 정맥내에 위치하게 하고 수액을 공급하면서 주사제를 기존의 수액세트를 통하여 주사하는 이른바 사이드 인젝션(side injection)방법이 직접 주사방법보다 안전하고 일반적인 것이라 할 것인바, 간호조무사로 하여금 피해자의 우측팔에 놓게 하여상해를 입혔다면 의사의 과실이 인정된다(대법원 1990. 5. 22. 선고, 90도 579 판결).

제3편

외과
흉부외과
신경외과
정형외과
성형외과

■ 방사선 사진 오판으로 수술시기를 놓친 경우 의료인의 과실 여부는?

【질문】 일반외과전문의인 갑이 환자 을을 치료함에 있어 방사선 사진상에 나타나 있는 선상골절상이나 이에 따른 뇌실질내출혈 등을 발견내지 예견하지 못하여 을을 제때에 신경외과 전문의가 있는 병원에 전원 시켜 확정적인 진단 및 수술을 받을 수 있는 필요한 조치를 취하지 아니한 경우 그러한 조치를 취했을 경우의 구명율이 50퍼센트라면 특별한 사정이 없는 한 갑의 과실과 을의 사망과의 사이에는 인과관계를 인정할 수 있는지요?

【답변】 뇌를 손상한 환자는 신경외과 전문의에게 의뢰하여 치료하는 것이 바람직합니다. 특히 뇌의 손상이 중할수록 위 전문의의 치료를 받는 것이 타당합니다.
위 질문의 경우 일반외과 전문의인 피고가 방사선사진을 정확히 판독하여 최선의 응급조치를 취한 후 신경외과 전문의가 있는 병원으로 전원하여 적절한 치료를 받게 하였더라면 위 을이 사망하지 않거나 생명을 연장시킬수 있었을 것이며, 그 경우에 구명율은 50퍼센트의 가능성이 있었다고 봅니다.
갑이 을을 진찰함에 있어서 방사선사진상에 나타나 있는 우측두부의 약 15센티미터 가량의 선상골절을 발견하지 못하고 뇌손상을 입은 중상의 환자를 단순히 뇌부종과 이에 따른 뇌좌상, 뇌진탕 등의 증세가 있는 것으로 오진하여 그에 관한 약물치료만을 한 점등의 사실관계를 종합하여 검토하여 보면 다른 특별한 사정이 없는 한 갑이 위 방사선사진상에 나타나 있는 선상골절상이나 이에 따른 뇌실질내출혈 등을 발견 내지 예견하지 못하여 망인인 을을 제때에 신경외과 전문의가 있는 병원에 전원하여 확정적인 진단 및 수술을 받을 수 있는 필요한 조치를 취하지 아니한 사실과 위 을의 사망과의 사이에는 인과관계를 인정함이 상당하다 할 것입니다.

■ 당뇨성 발가락 궤양이 악화되어 족부를 절단하였을 경우 병원의 책임은?

【질문】 저는 당뇨를 오랜 기간 앓고 있었는데, 최근 발가락 사이 상처가 낫질 않아 병원에 입원하였습니다. 입원치료를 통하여 호전되었지만, 퇴원하여 일상생활 중, 과로 및 스트레스로 인하여 염증이 악화되어 다시 입원하였습니다. 염증제거술을 받았으나 경계성부위 등 증상이 악화되어 현재 우측 발목이 절단된 상태이며, 장애 3급 진단을 받았습니다. 입원치료 받은 병원에서 초기에 적절한 감염 치료를 해주거나, 상급기관으로 전원 조치를 하였더라면, 절단 수술까지는 받지 않아도 됐을 거라 생각됩니다. 평생 장애자로 살아가야 하는데, 이대로 결과를 받아들이고 있기에는 너무 억울한 생각이 듭니다. 제때 감염 치료를 안 해준 병원에게 책임을 물을 수 있는 지요?

【답변】 당뇨성 궤양의 악화 원인이 병원의 부적절한 대처로 인한 경우에는 병원의 책임이 인정될 수 있습니다.
당뇨병은 치명적인 합병증이 있으며, 적극적 치료 및 생활습관 교정을 통한 자기관리가 중요한 만성질환입니다. 급성 합병증은 당뇨병성 케톤산증과 고혈당성 고삼투압 증후군 등 이며, 만성 합병증으로는 미세혈관질환 합병증으로 망막병증, 신장병증, 신경병증, 족부 궤양 등이 있고, 대혈관질환 합병증으로는 관상동맥질환, 말초동맥질환, 뇌혈관질환 등이 있습니다. 생활습관 교정을 통한 체중조절과 식이요법은 특히 제2형 당뇨에 필수적인 예방 및 치료법입니다. 1차 입원 치료 후 호전을 보였으나, 염증 및 상태의 악화가 과로 및 스트레스로 인한 것이라면, 궤양 악화에 대한 책임 전부를 병원 측에 물을 수는 없을 것입니다. 다만 족부 궤양에 대한 진단과 치료가 적절하게 이루어졌는지, 상태악화 시 상급기관으로의 전원시기는 적절하였는지 등 전반적인 의료과정의 종합적인 검토가 필요합니다.

【관련판례】

(판시사항) 당뇨병 환자인 교도소 수용자가 당뇨병의 합병증인 당뇨병성 망막병증으로 인한 시력저하를 호소하였으나 교도소 의무관이 적절한 치료와 조치를 취하지 아니하여 수용자의 양안이 실명 상태에 이르게 된 데 대하여 교도소 의무관의 주의의무위반을 인정한 사례.

(판결요지) 피고 산하 ○○교도소와 ◇◇교도소의 의무관들은 교도소 수용자인 위 원고에 대한 진찰·치료 등의 의료행위를 함에 있어서 위 원고가 당뇨망막병증으로 시력이 저하되어 가고 있었고, 당시의 치료 경과에 비추어 보면 내과 영역의 치료만으로는 시력저하에 대한 적절한 조치가 되지 못하고 안과 영역의 치료가 행해져야 함을 알 수 있었으므로, 적절한 치료를 함으로써 위 질병의 진행 속도를 늦추고 유용한 시력이 가능한 한 오래 보존될 수 있도록 하여야 할 주의의무가 있음에도 그 의무를 다하지 아니하였고, 이로 인하여 위 원고가 양안 실명상태에 이르게 되었다고 볼 여지가 많다(대법원 2005. 3. 10. 선고, 2004다65121 판결).

■ 장파열 환자를 응급실에서 귀가 조치하여 재시술을 받았을 때 대처방법은?

【질문】 자동차 운전 중 사고가 나서 병원 응급실에 내원했습니다. 응급실에서는 큰 이상 없다며 귀가하여도 좋다고 하였습니다. 그런데 집에 와서 배가 너무 아파서, 이틀 뒤 해당 병원 응급실에 재 내원한 결과 장파열로 진단되어 수술을 받게 되었습니다. 수술 뒤에도 염증으로 10여 차례 재시술을 받았으나, 현재도 수술 부위가 잘 아물지 않고 있어, 중환자실에서 치료받고 있습니다. 그럼에도 불구하고 병원은 치료비 운운하는데 너무 어이가 없습니다. 제가 병원비를 내야할 의무는 없다고 생각합니다. 도리어 피해보상을 받아야 된다고 생각합니다. 어떻게 해야 될까요?

【답변】 응급실 내원 당시 환자의 상태를 판단할 수 있는 의무기록 및 영상필름의 확보가 중요합니다.
장파열은 외부로부터의 강한 충격 및 압박 등을 받을 때 일어나며, 점막의 궤양, 괴사 등이 원인이 됩니다. 장파열이 되면 파열된 곳으로 음식물과 소화액, 장내세균이 흘러나와 복벽이 단단해지고 심한 통증이 발생합니다. 시간이 지날수록 염증으로 인해, 발열, 오한, 구토 증상이 나타나기도 합니다. 외부 충격으로부터 급성

(48시간 이내) 증상이 나타나며, 이후에 나타나는 경우는 드문 것으로 알려져 있습니다. 교통사고 환자의 경우는 당장의 증상이 없더라도 경과관찰이 요구되는 특수성이 있습니다. 다만, 내원당시 진료기록상 장파열 의심의 증상 및 영상자료 통한 증후가 있었는지, 교통사고 환자의 특성을 고려한 설명이 있었는지 등 의료행위 전반의 검토를 통해 병원의 책임 여부를 알 수 있으며, 이에 따라 치료비 납부 여부와 납부 범위가 달라질 수 있습니다.

【관련판례1】

외상성 장파열로 인한 복막염을 임비성 장폐색증 등으로 오진한 의사의 과실유무와 관련, 외상성 장파열과 장폐색증은 초기감별이 어려울 뿐 아니라 복부통증을 호소하는 피해자에 대한 초기진단에 나타난 모든 자료 특히 엑스선 촬영결과에 특기할 만한 점이 없으며 복벽강직증상과 반사통을 호소하지 아니하므로 피해자를 일단 급성 위확장 및 마비성 장폐색증으로 진단하고 이에 대한 대증요법을 시행하면서 확진을 위하여 계속 외과적 관찰을 하여 온 피고인의 소위는 통상 의사에게 요구되는 진단방법과 그 증상에 대한 통상의 치료방법을 사용하였다 할 것이어서 피고인에게 과실이 있다고 단정하기 어렵다(대법원 1984. 4. 24. 선고, 82도1882 판결).

【관련판례2】

환자가 구타사실을 고지하지 아니한 채 단지 평소의 과다한 음주사실만을 고지하여 의사로 하여금 환자의 병명을 췌장염으로 오진케 하였다고 하더라도 그 후 엑스선 촬영 결과에 의하여 장파열을 의심할 수 있었던 경우, 환자측의 진술만을 믿은 나머지 췌장염에 따른 진료만을 한 채 장파열을 의심하거나 이에 관한 치료행위를 하지 아니한 의사에게 과실이 있다(서울지법 1997. 10. 31. 선고, 95가합21400 판결).

▌ 치질 수술 후 항문 협착이 발생되어 배변이 어렵게 된 경우의 책임은?

【질문】 치칠 수술 후 항문 협착 등 부작용으로 인해 배변시 불편함이 많습니다. 재검사를 받으려 해도, 항문이 벌어지지 않아 검사도구 조차 들어가지 않아 어려움이 많습니다. 검사 결과는 재수술이 필요하다고 하는데, 재수술비용 및 손해배상은 어떻게 받을 수 있는지 궁금합니다. 지금 상황이 이렇게 된 것이 의료진의 잘못은 아닌지 밝히고 싶습니다.

【답변】 치질유형에 따른 치료방법의 선택이 올바른 것인지 수술과정 전반의 과오여부를 살펴보아야 할 것입니다.

치질이 심하여 광범위 절제술을 받은 경우는 수술 후 합병증으로 상처치유 직후 치유조직의 신축성 감소로 인해 항문의 협착(항문이 좁아짐) 증상이 나타날 수 있습니다. 대부분의 경우는 특별한 치료없이 시간이 경과하면 증상이 호전될 수 있지만 증상이 지속되는 경우는 괄약근 절개술이나 항문성형술 등의 치료가 필요하기도 합니다. 수술 후 관리도 중요하므로, 좌욕 및 식이요법이 적절하게 시행되어야 치질 수술 후 배변시 통증을 줄이고 합병증을 감소시킬 수 있습니다. 의료진의 과실 여부는 환자의 치질유형에 따른 적합한 수술이 시행되었는지 여부이며, 수술과정에서 과도한 점막

절제가 있었는지 여부, 수술 후 적절한 치료가 시행되었는지 여부 등에 대한 종합적인 검토가 필요합니다.

【관련판례】

면역체계 저항력이 저하되어 있는 환자의 경우 치질수술은 감염 위험성이 높아 금기시되는 점은 앞서 본 바와 같고, 진료기록감정촉탁결과 및 변론 전체의 취지를 종합하면, 범혈구감소증 환자의 경우 중성구의 감소로 인한 면역력 약화로 감염이 발생할 수 있고, 혈소판 감소로 인한 출혈, 면역력 약화로 인한 감염에 동반된 패혈증 등이 발생할 수 있는데 양○○의 경우 출혈이나 감염의 위험이 큰 경우였던 사실, 치질 수술 전에 하는 일반 혈액검사만으로도 양○○이 혈색소, 백혈구, 혈소판 수치들이 모두 감소한 범혈구감소증 상태임을 확인할 수 있는 사실이 인정되는바, 위 인정사실에 의하면 피고 이○○가 이 사건 각 수술 전에 혈액검사를 하지 아니한 과실로 양○○의 혈액학적 이상을 발견하지 못하여 감염과 출혈의 위험이 큰 상태에 있던 양○○이 수술 후 부작용을 방지할 수 있는 적절한 조치 없이 피고병원에서 이 사건 각 수술을 감행하지 아니하거나 상급병원에서 치질수술을 받을 기회를 상실하게 하였다고 봄이 상당하다(서울동부지법 2010. 2. 4. 선고, 2009가합3188 판결).

▌ 감상선암 수술 후 암이 아니라고 하는데 그 책임은?

【질문】 저는 건강검진 결과 갑상선 이상 소견을 받아서, 갑상선 조직검사를 통해 갑상선 유두암 진단을 받았습니다. 확인 차 대학병원에 재검사를 받았는데, 암이라고 하여 갑상선 반절제술을 받았습니다. 수술 후 조직검사 결과는 암이 아니고 갑상선 염증이라고 합니다. 갑상선암 오진으로 인하여 수술비용, 흉터, 사회생활에 피해를 입게 되었습니다. 그러나 병원에서는 드문 경우이고, 암이 아니라서 다행이 라며 아무런 말도 없습니다. 이런 경우 저는 누구에게 책임을 물어야 하는지요?

【답변】 조직검사의 판독 상 오류가 있는 경우에는 해당 의사의 책임을 물을 수 있겠습니다.

갑상선암 진단 시 미세침 흡인세포 검사는 필수적이며 보편적으로 행해지고 있습니다. 이는 가느다란 주사기 바늘로 갑상선 결절의 세포를 뽑아내어 현미경으로 관찰하는 검사입니다. 갑상선암은 조직학적 모양, 암의 기원세포 및 분화 정도에 따라 유두암, 여포암, 수질암, 역형성암(미분화암)으로 나뉘며, 갑상선 유두암은 대부분 진행이 느리고 예후가 좋은 암이지만 절제술이 고려됩니다.

수술 전 검사 결과가 비진단적, 양성, 비정형, 여포종양 혹은 여포종양의심, 악성의심, 악성과 같은 조직검사 결과에 따라 수술을 해야 옳은 것인지 아니면 한번 더 다른 검사를 통해서 확인을 하는 것이 옳은 것인지에 대한 의견들이 있습니다. 갑상선초음파 및 결절 크기에 따라 미세침 흡인세포 검사(조직검사) 결과 악성이라면 적출술 고려, 양성이라면 경과관찰 통해, 크기 증가 양상 보일 때에는 제거수술 고려합니다. 따라서 환자에게 발견된 조직세포의 종류가 어느 경계에 해당하는 결과였었는지, 그에 따른 치료과정은 적절하였는지에 대한 검토가 의학적으로 규명되어야 할 것입니다.

【관련판례】

당초 단순한 출혈을 동반한 자궁경부염의 증세를 보이던 환자에 대하여 비수술적 요법에 의한 완치 가능성 여부를 가려 보지 않고 바로 자궁적출술의 치료 방법을 택하였고, 그 수술 과정에서 난소와 난관에 부종과 물혹, 자궁 후벽과 직장의 유착 등을 발견하고 이를 직장암으로 판단하여 다시 직장을 절제하는 수술로 치료 방법을 변경하면서, 그 병변이 직장암인지 여부에 대하여 동결절편검사와 이와 병행하여 환자의 병력검사, C.T.촬영 등 각종 정밀검사를 거치지 아니하고, 또한 환자 본인 또는 가족들에게 질병의 증상, 치료 방법의 내용, 예상되는 위험 등 당시의 의료수준에 비추어 상당하다고 생각되는 사항을 설명하지 아니하였다는 등의 이유로, 의사의 손해배상 책임을 인정한 사례(부산고법 1996. 7. 18. 선고, 95나7345 판결).

■ 담낭절제술 후 담도파열로 패혈증이 발생하였을 경우 병원의 과실은?

【질문】 저희 어머니가, 담낭에 담석이 있어 담낭제거술을 받으시면서, 담도에 삽입된 관을 가지고 수술실에서 나오셨습니다. 배액량이 줄어들어 담낭관을 제거하였으나 바로 복통이 발생하고, 복부가 부풀어 올랐습니다. 당시 간호사에게 상황을 이야기 하였으나, 정상적인 반응이라며 다음날 CT 촬영 예정 되어 있으니 기다리라고만 했습니다. 다음날 CT 검사 결과, 담도가 파열되어 복막염이 되었고, 패혈증도 올 수 있는 상황이라며 응급수술이 필요하다고 했습니다. 해당 기관에 대한 신뢰가 떨어져 상급기관으로 이송했고 그 결과, 이미 패혈증이 진행되어 많은 장기가 손상된 상태라고 합니다. 상급기관의 소견에 의하면, 패혈증은 늘어진 담도에 관을 삽입하여 제거 시 그 압력을 견디지 못해 담도가 파열되어 일어난 것이라고 합니다. 어머니는 현재 중환자실에서 치료를 받고 계십니다. 해당 병원에서 과실이 있는 것으로 보이는데, 저는 어떻게 하여야 하나요?

【답변】 담도파열의 원인에 대하여 의학적으로 규명하는 것이 선행되어야 할 것입니다. 담석증의 합병증은 담낭염, 농양, 천공, 누공, 담석성 장폐색, 석회화 담즙 등이 있

습니다. 또한 담관을 막아 담즙 저류가 발생하면, 세균 감염으로 인해 담관염으로 진행되고, 산통과 황달 및 담관염이 악화되면 담도파열 및 패혈증, 저혈압, 의식 변화 등의 증상을 보이게 됩니다. 환자의 경우 상급기 관의 소견처럼 늘어진 담도를 파악하지 못하고 무리하게 관 삽입과 제거가 이루어진 것이 담도파열의 원인인지 아니면, 다른 원인이 개입되었는지, 관 삽입 및 제거과정은 적절하였는지, 담도파열 후 환자의 상태에 따른 조치는 신속하고 적정하였는지 여부에 대한 종합적인 검토가 필요합니다.

【관련판례1】

담관 조영술 후 심폐정지가 발생한 사안에서, 담도 천공이 수술 직후 발생하였다고 인정하기 부족하고, 담도 천공과 심장발작 사이의 연관 관계를 인정할 자료가 없다는 이유로 의료상 과실의 존재를 부정한 사례(대법원 2007. 5. 31. 선고, 2005다41863 판결).

【관련판례2】

치료도중에도 환자의 증세변화를 잘 관찰하여 필요한 조치를 취할 수 있도록 하여야 하며, 치료하여도 증세의 호전이 없거나 악화될 경우에는 자신의 진단이 잘못된 것이 아닌지를 검토하여 그에 따른 진료를 하거나 종전과 다른 치료방법을 사용하는 등으로 환자로 하여금 건강을 회복할 수 있도록 최선을 다하여야 하고, 자신이 치료할 수 없거나 치료에 필요한 시설이 부족한 경우 등에는 다른 병원으로 전원케 할 주의의무가 있다고 할 것인데, 복통이 7일가량이나 지속되고 자신이 치료하여도 증세의 호전이 없는 상황에서는 다른 질환의 가능성을 의심하였어야 할 것임에도 만연히 단순 감기로 잘못 진단하고 대증적 치료만을 계속하여 직장천공으로 인한 복막염에 대한 치료시기를 놓쳐 사망에 이르게 한 과실이 인정된다(대구지법 2006. 4. 25. 선고, 2003가합6358 판결).

▋ 내치핵 치료 중 다른 병원에서 직장암 진단을 받았을 경우의 오진여부는?

【질문】 저는 항문 출혈이 있어, 직장경 검사를 받았는데 내치핵이라고 하여, 큰 걱정 없이 지냈습니다. 그런데 한 달 정도 후 타 병원에서 관련 검사를 받았더니, 직장암 3기라 하여, 황당함이 그지없습니다. 오랜 시간이 지난 것도 아니고, 한 달 전에 직장경 검사까지 했는데, 직장암 말기라니 하늘이 무너지는 거 같고 내치핵이라고 간과한 병원이 원망스럽습니다. 암수술을 앞두고 있어 걱정이 앞서고 처음 병원에서 오진을 한 건 아닌지 의구심이 듭니다. 오진일 경우 병원에 책임이 없는지요?

【답변】 직장경 검사시 촬영한 영상물 등의 판독을 통하여 병원의 과오여부를 판단할 수 있습니다.
직장암 증상은 혈변과 변이 가늘어지는 증상 및 체중감소, 배변 후에도 변의가 지속되는 증상 등이 있습니다. 직장암 진단을 위해서는 증상에 관련된 진찰 외에 정밀검사(직장 수지검사, 대변검사, 대장 조영술, 내시경 등) 및 조직검사를 통해 진단이 가능합니다. 반면 내치핵은 정맥울혈의 발생 정도, 출혈 유무 등에 따라 1도에서 4도까지 구분되며, 통증 및 출혈, 가려움증 등이 동반되는 질환입니다. 환자 증상에 근거하여 정밀검사가 동반되었는지 여부와 검사결과의 해석과 진단에 있어 의료진의 판단이 적절했는지에 대한 의학적 검토를 통하여 의료인의 과실 여부를 판단할 수 있으며, 최초 잘못된 진단일부터 1개월 정도 지난 시점에서 직장암이 발견되었으므로, 과실과 적절한 치료기회 상실 사이의 인과관계, 예후의 변화 여부 또한 검토되어야 할 것입니다.

【관련판례】

① 당시 원고가 호소한 변비, 변이 가늘어지고 변에 홈이 파인 듯한 증상은 치질과 대장암의 공통된 것인 점,

② 국내에서 대장암이 빈발하는 나이는 50~60대이고 일반적으로 대장내시경검사를 권유하는 나이도 40대임에 반해, 당시 원고의 나이가 35세이고 원고에게 별다른 대장암의 가족력이 있다고 보이지 않는 등 담당의사가 원고의 증상을 바로 대장암으로 인한 것이라고 의심하거나 원고에게 대장내시경검사를 권유해야 할 만한 특별한 사정은 엿보이지 않는 점,

③ 원고에게 실제로 치질이 있었던 것으로 보이는 점 등에 비추어, 피고병원 의사가 2008. 4. 3. 원고의 증상을 보고 반드시 대장암을 의심하여 대장내시경검사를 해야 한다고 보기는 어렵고, 따라서 담당 의사가 대장내시경검사를 하지 않고 우선적으로 치질 수술을 하기로 결정한 것에 어떤 과실이 있다고 할 수 없다. 다만, 치질수술 후 4개월이 지난 시점에서 내원했을 때 정확한 검사를 시행하지 않은 것에 대하여는 병원의 책임을 인정한 사례(청주지법 2010. 9. 10. 선고, 2009가단3418 판결).

▌ 외국 환자가 간이식술 후 합병증이 발생되었을 경우는?

【질문】 환자는 몽골인으로 초기 위암수술을 몽골에서 받은 후 추가적으로 간이식술이 필요하여 한국에 내방하였습니다. 간이식 수술 후, 다음날부터 패혈증 및 부정맥 증상이 있었습니다. 이런 상황에서 의사는 드레싱 중에 장갑도 착용하지 않고, 손소독도 하지 않은 채 환자를 진료하였습니다. 환자의 증상이 악화되어, 한 달 동안 중환자실에서 치료받았지만, 허혈로 인하여 현재 손가락 및 발가락이 새카맣게 변해서 절단을 고려해야 한다고 합니다. 환자와 가족들은 외국인으로서 큰 비용 및 심적인 부담을 감수하고, 타국까지 간이식수술을 받으러 왔는데 타국에서 손가락 및 발가락을 잃을 위험에 처하게 되어 처참한 심정입니다. 어떻게 도와줄 방법이 없을까요?

【답변】 외국인도 의료중재원 절차를 이용할 수 있으므로, 조정신청을 통해 괴사의 원인과 책임에 대한 판단을 받아보시기 바랍니다.

간이식술은 일반적인 전신마취 수술의 합병증 외에도, 간 이식과 관련된 합병증(담즙 누출 및 담도 협착, 출혈, 간동맥 혈전증, 거부 반응 등)이 발생될 수 있습니다. 패혈증은 미생물에 감염되어 전신에 심각한 염증

반응이 나타나는 상태를 말하며, 미생물이 혈액 내 침투하여 특정 장기 감염증을 발생시켜 발생하거나, 신체 일부의 염증 반응 및 염증 물질의 생성에 의해서 전신적인 패혈증이 발생할 수도 있습니다. 환자의 경우 말초괴사 상태까지 진행된 원인에 대한 전반적인 치료과정의 검토가 필요하며, 의료중재원의 조정 및 중재절차는 우리나라 국적을 가지지 않은 외국인의 의료사고에 대하여도 적용대상이 되므로 해당 의료기관과 협의가 어려울 경우 의료중재원의 절차이용을 통한 문제해결을 시도해 보시기 바랍니다.

【관련법조문】

「의료사고 피해구제 및 의료분쟁 조정 등에 관한 법률」

제3조(적용 대상) 이 법은 대한민국 국민이 아닌 사람이 보건의료기관에 대하여 의료사고로 인한 손해배상을 구하는 경우에도 적용한다.

■ 프로포폴 마취제 합병증으로 사망하였을 경우 병원의 책임은?

【질문】 저희 아버지는 만성신부전 환자로, 신장이식 수술을 받게 되셨습니다. 신장이식 수술 후 저혈압 및 쇼크가 발생하여 중환자실에 입원하게 되셨고, 응급수술을 준비하던 중 마취제(프로포폴) 투여 후 심정지가 발생되어 결국 뇌사상태에 이르게 되었습니다. 한 달 정도 중환자실 치료를 받았지만, 결국 사망하셨습니다. 최근 문제가 되고 있는 프로포폴 사용으로 인한 문제가 아닌지 의심됩니다. 이런 경우 저는 어떤 조치를 해야 하나요?

【답변】 합병증 발생 전후에 걸친 치료과정 전반의 검토가 필요합니다.

프로포폴은 중독성이 있어 오.남용의 심각성으로 인해, 이슈화 되고 있는 마취제이지만, 마취제로써 순기능도 많으며 단기간 마취 시 유용한 수면마취제입니다. 환자의 경우는 프로포폴 사용 전 신장이식수술 받으신 상태로, 자가 면역기능 저하가 예상되는 상황과 만성신부전 환자이셨던 과거력, 신장이식 수술 후 저혈압 등 신체기능이 저하되었던 상태이므로, 마취제를 투여함에 있어서는 마취제의 선택이 적절하였는지, 환자 상태에 따른 프로포폴의 용량이 적절하였는지, 투여 과정(특히 경로)이 적절하였는지 여부가 검토되어야 할 것이며,

이후 급성 심정지 발생 시 응급조치의 적절성 여부 또한 검토가 필요한 사항입니다. 의료인은 수술 후 저혈압 및 쇼크로 인한 위험성과 마취제 부작용으로 인한 위험성을 고려하여 적절한 치료방법을 선택할 수 있는 재량권을 가지므로 프로포폴을 사용했다는 이유만으로 이를 과실이라고 하기에는 어려움이 있습니다. 다만, 급성심정지의 발생가능성에 대한 예견과 뇌손상이라는 결과발생을 회피하기 위한 노력이 전혀 없었다면, 이에 대하여는 병원의 책임이 인정될 수도 있습니다.

【관련판례1】

전신마취는 환자의 중추신경계, 호흡기계 또는 순환기계 등에 큰 영향을 미치는 것으로서 환자의 건강상태에 따라 마취방법이나 마취제 등에 의한 심각한 부작용이 올 수 있고, 그 시술상의 과오가 환자의 사망 등의 중대한 결과를 가져올 위험성이 있으므로, 이를 담당하는 의사는 마취 시술에 앞서 마취 시술의 전 과정을 통하여 발생할 수 있는 모든 위험에 대비하여 환자의 신체구조나 상태를 면밀히 관찰하여야 할 뿐 아니라, 여러 가지 마취방법에 있어서 그 장단점과 부작용을 충분히 비교·검토하여 환자에게 가장 적절하고 안전한 방법을 선택하여야 할 주의의무가 요구된다(대법원 2001. 3. 23. 선고, 99다48221 판결).

【관련판례2】

간기능에 이상이 있는 환자에게 수술을 위한 전신마취를 할 경우에는 진료일지까지 면밀하게 검토하여 환자에게 조금이라도 간기능 이상이 엿보이면 이에 대해 내과전문의의 자문을 구하여 통상적인 간기능검사 이외에 보다 정밀한 검사를 실시하는 등으로 간기능의 정상 여부를 철저히 확인한 후에 전신마취를 요하는 수술을 할 주의의무가 있다(인천지법 1989. 6. 16. 선고, 88가합2508 판결).

■ 정맥주사를 맞은 후 손목감각이 이상해졌을 경우 병원의 과실정도는?

【질문】 저는 수술 당시 손목 혈관에 수액주사를 맞았습니다. 수액이 혈관으로 들어갈 때부터 찌릿한 증상이 있었는데, 수액바늘을 제거한 후에도 주사 맞았던 좌측 손목과 손등에서 손가락까지 통증과 감각이상 증상이 있습니다. 지금도 증상이 지속되어, 병원을 다니며 치료 받고 있습니다. 신경손상이 된 건 아닌지, 치료방법이 잘못된 건 아닌지, 아니면 단순히 회복이 더딘 건지 걱정됩니다. 병원에서는 물리 치료 받으면서 기다리면 좋아질 거라고 하지만, 마냥 기다릴 수는 없지 않나요? 병원에서 잘못하고 있는 점은 없나요?

【답변】 신경손상에 대한 경과관찰이 필요한 시기입니다.

수술 전 준비되는 정맥주사는, 영양주사나 기타 수액치료와 달리 여타의 응급상황(수혈 등)에 대비하여 굵은 혈관 바늘을 이용한 혈관주사를 맞게 됩니다. 혈관손상이나 신경손상의 원인은 손목 부위에 큰 주사바늘을 이용하여 혈관주사를 주다가 혈관 주위 피부신경을 압박하거나 건드리게 되어 발생될 수 도 있고, 모든 사람이 해부학적으로 동일한 위치에 혈관과 신경분지를 가지고 있지 않으므로, 체질적 특성으로 발생할 수 도 있으며 의료진의 혈관주사 행위의 과실로 인한 것일 수도 있습니다. 현재는 사고 발생일부터 얼마 지나지 않은 시점이고 아직 경과를 좀 더 지켜보아야 하는 단계이므로 신경증상의 호전 여부 등에 대한 진단을 받아 보신 후 손해에 대한 금전적인 보상을 원하실 경우에는 조정 신청, 민사소송 제기 등 법적 절차를 밟아 보시기 바랍니다.

【관련판례】

주사약인 에폰톨은 3, 4분 정도의 단시간형 마취에 흔히 이용되는 마취제로서 점액성이 강한 유액성분이어서 반드시 정맥에 주사하여야 하며, 정맥에 투여하다가 근육에 새면 유액성분으로 인하여 조직괴사, 일시적인 혈관수축 등의 부작용을 일으킬 수 있으므로 위와 같은 마취제를 정맥주사할 경우 의사로서는 스스로 주사를 놓든가 부득이 간호사나 간호조무사에게 주사케 하는 경우에도 주사할 위치와 방법 등에 관한 적절하고 상세한 지시를 함과 함께 스스로 그 장소에 입회하여 주사 시행 과정에서의 환자의 징후 등을 계속 주시하면서 주사가 잘못 없이 끝나도록 조치하여야 할 주의의무가 있고, 또는 위와 같은 마취제의 정맥주사 방법으로서는 수액세트에 주사침을 연결하여 정맥내에 위치하게 하고 수액을 공급하면서 주사제를 기존의 수액세트를 통하여 주사하는 이른바 사이드 인젝션(Side Injection)방법이 직접 주사방법 보다 안전하고 일반적인 것이라 할 것인 바, 간호조무사로 하여금 피해자의 우측팔에 놓게 하여 상해를 입혔다면 의사의 과실이 인정됨(대법원 1990. 5. 22. 선고, 90도 579 판결).

■ 수술 봉합부위 파열로 재수술을 받았는데 진료비를 내야 하는지?

【질문】 담도췌장암으로 개복수술을 받은 후 복통이 심했습니다. 결국 개복수술 부위가 파열되어, 수술부위의 감염이 진행되어 재수술을 받게 되었습니다. 병원에 입원 중인데, 현재 병원에서는 진료비 중간계산을 하라고 합니다. 그러나 재수술비용이 부담이 되며, 1차 수술로 인한 문제로 의심되는데, 모든 진료비용과 수술비용을 환자가 내는 것은 부당하다고 생각합니다. 일단 병원비는 내지 않을 생각인데, 추후 문제는 없을까요?

【답변】 재수술의 원인이 과실에 기인한 것이라면 책임여부에 따라 재수술로 인한 치료비의 지급의무는 면제될 수 있습니다.
개복수술 후 후유증은 염증 및 복막염, 장유착 및 봉합부위 파열 등이 있습니다. 개복수술의 파열이 수술과정이나 의료과정 중에 미흡한 부분으로 일어난 것인지, 아니면 환자의 과거력이나 특수성에 기인하여 발생된 것인지에 대한 전반적인 검토가 필요합니다. 진료계약은 환자와 의사 사이에 환자의 질병치료 기타 의료행위로 목적으로 성립하는 계약관계입니다. 이 계약으로 의사는 최선을 다하여 질병을 진단하고 치료할 의무를 부담하고, 환자는 의사에게 보수를 지급할 의무를 부담하게 됩니다. 다만, 의사가 환자에게 부담하는 진료채무는 질병의 치료와 같은 결과를 반드시 달성해야 할 결과채무가 아니라 환자의 치유를 위하여 선량한 관리자의 주의의무를 가지고 현재의 의학 수준에 비추어 필요하고 적절한 진료조치를 다해야 할 채무 즉 수단채무(배려채무)라고 볼 수 있으므로, 환자에게 발생된 재수술의 원인이 위와 같은 주의의무를 다하였는지, 혹은 그렇지 못하였는지에 따라 치료비의 납부의무는 달라질 수 있습니다.

【관련판례1】

의사가 환자의 치유를 위하여 선량한 관리자의 주의의무를 가지고 현재의 의학수준에 비추어 필요하고 적절한 진료조치를 다한 이상 이는 진료채무의 본지에 따른 것으로 수술 결과 환자의 질병이 치료되지 아니하고 후유증이 남게 되었다 하더라도 수술에 따른 치료비를 청구할 수 있다 할 것이고, 그 후유증이 의사의 치료상의 과실로 인한 것이라고 볼 수 없는 이상 의사에게 그로 인한 손해전보의 책임이 있다고 볼 수 없으므로 후유증이 나타난 이후에 증세의 회복 내지 악화 예방을 위하여 이루어진 진료에 관한 비용도 청구할 수 있다(대법원 2001. 11. 9. 선고, 2001다52568 판결).

【관련판례2】

의사가 위와 같은 선량한 관리자의 주의의무를 다하지 아니한 탓으로 오히려 환자의 신체기능이 회복불가능하게 손상되었고, 또 위 손상 이후에는 그 후유증세의 치유 또는 더 이상의 악화를 방지하는 정도의 치료만이 계속되어 온 것뿐이라면 의사의 치료행위는 진료채무의 본지에 따른 것이 되지 못하거나 손해전보의 일환으로 행하여진 것에 불과하여 병원측으로서는 환자에 대하여 그 수술비 내지 치료비의 지급을 청구할 수 없다(대법원 1993. 7. 27. 선고, 92다15031 판결).

■ 치질수술 후 변실금 증상이 있을 때 병원의 책임은?

【질문】 저는 외과의원에서 치질수술을 받았는데, 3개월이 지난 지금까지 변실금이 있습니다. 의원에서는 현재 수술로 인한 괄약근 손상은 없고, 변실금은 과거에 치질수술 받은 적이 있기 때문에 반복된 수술로 인한 것이라고 합니다. 치료방법은 따로 없고, 수시로 항문 괄약근 운동을 하라고만 하는데, 나아지질 않아 의심스럽습니다. 그냥 이대로 있어야 하는 건지, 재수술을 받아야하는 건지, 무척 답답하고 병원 측 잘못은 없는 건지 궁금합니다.

【답변】 괄약근 손상 원인에 대하여 의학적으로 규명하는 것이 선행되어야 할 것입니다.
치질수술은 괄약근 일부를 절개하게 되므로, 가스 조절 장애 및 변 조절 장애 등의 변실금 증상이 발생될 수 있으며, 수술 중 적합한 부위에 절개가 이루어지더라도 변실금이 발생하는 경우가 있습니다. 치료법으로는 식이요법, 약물요법 및 괄약근 운동, 전기자극 치료 등의 비수술적 치료와 수술을 통한 치료가 있는데, 수술은 비수술적 요법이 효과 없을 경우 또는 괄약근의 손상 시 괄약근 교정술이나 성형술을 시행하게 됩니다. 환자의 경우 괄약근 손상이 없는 상황이라면, 비수술적 치료를 통하여 교정을 받다가 효과가 없을 때 수술적 방법을 고려해야 할 것으로 보이며, 현재 치료중인 의료 기관의 치료방법에 의문이 있으실 경우 타기관의 추가 진료를 통하여 증상에 맞는 치료를 받아 보실 것을 권유 드립니다. 합병증 발생에 대한 병원의 책임 여부는 시술 전 설명의무를 다하였는지, 증상에 맞는 수술을 하였는지 여부에 따라 달라지게 되므로 정확한 증상과 향후치료 여부 등을 확인하시고, 그에 따라 의료기관의 잘못이 있다고 판단되실 경우에는 조정 신청, 민사소송 제기 등 법적 절차를 밟아 보시기 바랍니다.

【관련판례】

수술의 집도의사는 수술환자에게 그 수술 전에 합병증이 생길 수도 있다는 데 대한 충분한 설명을 하여 환자로부터 그 합병증을 무릅쓰고서라도 수술을 받겠다는 확답을 들은 다음 수술을 하였어야 할 것임에도 불구하고 이미 우측 갑상선 절제수술을 받은 환자에게 다시 좌측 갑상선 절제수술을 하면서 그 수술에 따른 전형적인 합병증인 부갑상선 기능저하증과 성대마비증에 대하여 설명하여 주지 아니함으로써 환자는 그 합병증을 전혀 예상하지 못하였을 뿐만 아니라, 수술당시의 환자의 자각증상이나 집도의사의 초진소견 등으로 미루어 그 수술을 그 시점에서 시급히 하지 않으면 안 될 긴박한 사정이 있었다고는 보여지지 않는 경우 그 수술은 그에 따른 설명의무를 다하지 아니함과 동시에 환자의 승낙권을 침해한 위법한 수술이다 (인천지법 1986. 10. 30. 선고, 85가합1100 판결).

■ 진단과정에서 발견치 못한 질환으로 후유장애가 생긴 경우의 과실은?

【질문】 제 아들은 체육시험 중 앞·뒤 구르기를 하다가 흉부에 통증을 느껴 장기간 흉근염좌의 치료를 받다가 수술을 하였습니다. 그런데 수술 후에도 계속 통증을 호소하다가 치료를 종료한 상황에서 진료 당시 의사가 발견하지 못한 흉추골절로 인한 후유장해가 있다는 판정을 받았습니다. 이 때 진료과정에서 이를 발견치 못한 의사의 과실 여부는 어디까지인가요?

【답변】 체육실기시험으로 앞·뒤 구르기를 하고 난 직후부터 흉부 통증을 느끼기 시작하여 상당 기간 흉근염좌의 치료를 받고 난 후에도 계속하여 흉부 통증을 호소하여 왔으며 치료를 종료한 상황에서 훨씬 전에 발생한 외상에 의한 제4흉추 진구성 압박골절이 진단되고 제3·4 흉추가 유합되어 있으며, 그로 인하여 흉부동통 및 척추운동 제한의 장해가 남은 것으로 판명된 경우, 달리 특별한 사정의 주장·입증이 없는 한 귀하의 아들은 앞·뒤구르기 과정에서 제4흉추 압박골절을 당하였던 것으로 추정함이 상당합니다.

귀하의 아들을 진료한 의사로서는 진료 당시 일단 흉추 골절에 대하여도 의심을 가지고 그에 관한 정밀한 진단을 실시함과 아울러 그에 합당한 치료 방법을 시행함으로써 흉추골절로 인한 후유장해의 발생을 회피하여야 할 주의의무가 있었다고 보입니다. 만일 필요한 적절한 조치를 취하였을 경우 위와 같은 후유장해의 발생을 막을 수 있었음에도 그러한 조치를 취하지 아니한 채 치료 가능한 기간이 경과하였거나 취해서는 안 될 조치를 취하는 바람에 위와 같은 결과가 발생한 것이라면, 그 진료에 관여한 의사들이 자신이 처한 의료 환경, 위 환자의 특이체질 기타 구체적 상태 등으로 인하여 그러한 조치를 취하지 아니한 특별한 사정에 관하여 납득할 만한 이유를 제시하고 이를 입증하지 않는 한, 그 의료상의 과실과 결과 사이의 인과관계는 사실상 추정되어 해당 의사들에게 그로 인한 손해배상 책임을 지울 수밖에 없습니다.

■ 식도암 수술 후 식도천공이 발생되었을 경우의 대처방법은?

【질문】 아버지가 식도암 말기로 수술을 받으셨으나, 수술 부위가 천공되어 재수술까지 받으셨습니다. 이로 인해 거동도 할 수 없는 상태였지만, 아버지가 간곡히 집으로 가길 원하여 퇴원하셨고 집에서 사망하셨습니다. 가족들은 아버지 건강상태가 1차 수술도 버티기 힘든 상태로 보였는데, 굳이 수술을 해야 되는 상황이었는지, 식도천공은 의료진의 잘못이 아닌지, 그로 인해 체력소모가 급격히 진행되어, 본인의 삶을 마무리할 시간도 갖지 못하고 힘들게 생을 마감하신 건 아닌지 싶어 마음이 아픕니다. 이러한 의문점을 어떻게 풀 수 있을까요?

【답변】 수술의 적응증 및 식도천공 기전에 대한 검토를 위하여 민사소송 또는 조정절차를 이용해 보시기 바랍니다. 식도암 수술은 식도와 주변의 림프절과 종격동 지방조직을 함께 광범위하게 절제(림프절과 식도 함께 절제)하고 주로 위를 이용한 식도 재건술이 시행됩니다. 수술 후유증은, 수술 중 후두회귀신경이 마비되면 쉰 목소리나 흡인성 폐렴 및 식도천공 등을 일으킬 수 있습니다. 식도천공은 급성종격동염, 폐렴을 병발하고 중증 상태가 되어 예후가 좋지 않으므로, 이에 대한 치료를 시행함에 있어서는 세심한 주의가 필요합니다. 수술 중

식도천공이 발생되었을 경우에는 보통 스텐트 삽입을 통해 누출을 막는 응급시술이 진행됩니다. 수술 전 환자의 전신상태에 따른 수술의 적응증에 해당되는지, 식도암 말기로 인하여 체력이 크게 떨어지고 반복된 수술로 급속한 체력약화 및 사망에 이르게 된 것은 아닌지, 사망의 위험성에도 불구하고 이에 충분한 설명을 들은 후 수술을 선택한 것인지 여부, 수술 과정 전반의 의학적 처치에 문제는 없는지, 식도천공의 원인과 천공 발생후의 조치는 적정하였는지 등에 대한 종합적인 검토가 필요합니다.

【관련판례】

피고 ○○○은 위 망인의 치료 및 개복수술의 집도를 담당한 주치의로서 위 망인의 영양상태가 극히 불량하였고, 당뇨가 심하여 개복수술 후 그 봉합부위가 제대로 아물지 않을 위험이 있는데다가 말기 췌장암 환자인 위 망인의 경우 복수가 찰 위험이 큼에 따라 절개부위가 터져 탈장이 될 위험이 많았음에도 불구하고 퇴원시 위 망인이나 보호자인 원고 ◇◇◇ 등에게 그와 같은 위험의 발생가능성 및 그와 같이 복수가 찰 때 취하여야 할 제반조치, 즉 복수가 찰 때의 증상 및 그러한 증상이 나타날 때 즉시 피고 ○○○이나 인근 병원에 연락하여 복수천자술을 받아야 할 것이라는 등의 설명을 하지 아니하였을 뿐만 아니라 그와 같은 위험성을 전혀 예상하지 못한 나머지 만연히 퇴원시킨 과실이 있다 할 것이다(서울고법 1997.5.27.선고96나4554판결).

▋ 하지정맥류 수술 후 폐색전증으로 일상 활동이 어려울 경우 대처방법은?

【질문】 저는 좌측에 하지정맥류가 있어 흉부외과의원에서 레이저 수술을 받았습니다. 수술 후 도리어 부종과 통증이 더 심해져서 상급병원의 진찰을 받게 되었고, 그 결과 심부정맥혈전과 폐색전증의 진단을 받게 되었습니다. 장골정맥압박증후군의 치료를 위해 스텐트 삽입술까지 받았으나, 현재도 숨이 차는 증상이 지속되어 일상적인 활동과 하던 사업도 폐업하게 되어 큰 피해가 발생했습니다. 하지정맥류 수술은 간단한 것으로 알고 있었는데, 이렇게 치명적인 문제가 생길 줄 알았다면 절대 수술하지 않았을 것입니다. 저는 앞으로 어떻게 해야 하나요?

【답변】 시술 후 발생될 수 있는 부작용에 대한 충분한 설명이 없었다면 의사의 책임을 물을 수 있겠습니다.
하지정맥류 수술요법의 후유증은 복재신경 손상으로, 다리 저림이나 감각 이상, 통증 등의 부작용이 있을 수 있으며, 혈전 발생으로 인해 다양한 후유증을 가져올 수 있습니다. 심부(깊은 부위)의 정맥혈전은 하지의 정맥 내에 생긴 혈전이 폐동맥을 막으면서 폐색전증을 유발하기도 하며, 하지 심부정맥 혈전증으로 진단받은 환자 중 좌측 장골정맥이 우측 장골동맥과 요추부 사이에서 받는 만성적인 박동성 압박으로 정맥 흐름이 차단되어 장골정맥 압박증후군이 발생할 수도 있습니다. 하지 심부정맥 혈전증을 진단하고 치료하는데 있어서는 장골정맥 압박증후군에 의한 급성 혈전 생성의 가능성을 충분히 인식한 후 시행하여야 하며, 이를 위하여 컴퓨터 단층촬영과 초음파를 통한 사전적.사후적인 위험발생 요인을 차단하기 위한 노력 여부가 검토되어야 할 것입니다. 통상 시술을 시행하기 전에는 부작용에 대한 충분한 설명이 선행되어야 하므로 이에 대한 검토 또한 필요한 부분입니다.

【관련판례】

임상학적으로 하지정맥류로 인한 혈관수술 시에 수술부위와 인접한 부위의 신경손상이 드물지 않게 발생하는 것으로 보고되고 있는 점, ○○대학병원에서 실시한 원고 김A1에 대한 근전도검사결과에 의하면, 좌골신경의 주행중 대퇴부에서 분지하는 신경에 의해 지배를 받는 근육은 정상 소견을 보이지만 슬와부 이하에서 분지되는 신경에 의해 지배를 받는 하지의 근육이 뚜렷하게 이상 소견을 보였고, 이는 원고 김A1의 좌골신경 손상부위가 슬와부로 한정된다고 볼 수 있는 점, 원고 김A1이 선천적으로 하지정맥에 기형이 있어 1984년경 정맥 부분절제술을 시술받은 전력이 있기는 하나 16년 이전이고, 이 사건 시술 전에는 원고 김A1에게 보행상의 장애나 감각이상이 일체 없었던 점, 원고 김A1은 이 사건 수술 직후부터 좌하지에 대한 통증을 호소하기 시작한 이후 2002. 2. 7. 피고 병원의 담당의사에게 발끝이 닿으면 아프고, 발바닥에 감각이 없다고 호소하게 되었으며, 이후 다른 종합병원에서의 진료 및 치료에도 불구하고 아무런 호전이 없었던 점 및 이 사건 수술 이후 원고 김A1이 외과적 수술이나 좌골신경에 손상을 받을 만한 사고를 입었다고 볼 사정은 없는 점 등의 사유로 병원의 책임을 인정한 사례(부산지법 2010. 1. 22. 선고, 2006가단154878 판결).

▌ 대동맥판막협착증 시술 후 급성심정지로 사망하였을 경우 병원의 과실유무와 배상범위는?

【질문】 저희 어머니는 심장혈관질환으로 대동맥판막협착증수술을 받으셨지만, 일상생활 할 때 호흡곤란 증상이 여전하다고 하셨습니다. 병원에서 퇴원해도 좋다고 하여 집으로 오신지 하루 만에 호흡곤란이 심해져 다시 응급실로 이송되셨습니다. 응급치료를 받았으나, 급성심부전증으로 사망하셨습니다. 혹시 수술한 병원의 과실은 없는지, 저희가 배상에 대한 책임을 요구할 수 있는지 궁금합니다.

【답변】 퇴원 당시 환자의 상태와 문제 발생 후 조치의 적절성 여부가 검토되어야 하겠습니다.

대동맥판막협착증의 판막 수술은 판막 성형수술과 판막 치환 수술이 있습니다. 판막 수술을 위해서는 개심(개흉)술을 받게 되고, 개심술을 받는 동안에는 심폐 기능을 대신해 혈액을 순환시키는 인공 심폐기를 이용하게 됩니다. 판막치환술은 2~10%의 사망률을 보이며, 수술 후 출혈, 흉골 절개부 감염 등으로 합병증이 발생할 수 있습니다. 이외에도 뇌졸중, 심기능 부전증, 신장기능부전증 등의 합병증의 우려가 있습니다. 판막성형술을 받은 지 평균 10년경과 후(판막기능 악화로 판막교체) 판막에 혈전이 발생하거나 세균 감염이 발생하는 경우에는 재수술이 필요합니다. 또한 혈전 생성을 막기 위해 항응고제를 평생 복용하게 됩니다. 심부전 발생기 전은 심장에서 온몸으로 가는 혈류의 장애가 생겨 심 장이 더욱 세게 수축하면서 심비대가 발생되었다가 이 러한 생리적인 보상 기전이 어느 시점에서 소실되면 심장 근육의 수축력이 저하되어 심부전이 발생됩니다. 수술 후 퇴원지시에 의해 퇴원하였으나, 하루 만에 급 성심부전으로 진행되어 사망하신 사유에 대하여는 환 자의 퇴원 당시 상태에 따른 의학적인 판단이 필요합 니다. 사전 예방이나 사후 조치의 적절성 여부 등 종합 적인 판단을 위해서는 의료중재원의 절차를 이용해 보 시기 바랍니다.

【관련판례】

이 사건 1차 수술과 같은 경우 합병증이 없을 때에는 환자의 상태에 따라 통상 1-2주 사이에 퇴원하고, 환자 상태가 안정되면 4-8주 간격으로 진찰하는 것이 일반적인데, ㉮ 피고는 당시 환자에게 별다른 합병증이 발견되지 아니하여 수술 9일 후인 2002. 9. 19. 퇴원하도록 하였고, 그 후 2-4주 간격으로 외래 진료를 받도록 한 사실, ㉯ 대동맥판 폐쇄부전 등의 가장 흔한 증상은 폐울혈에 의한 호흡곤란증상인데, 2차 내원 시 환자에게 심잡음이 들렸으나 폐에서 울혈시 들릴수 있는 잡음은 돌리지 않은 사실, ㉰ 위 2차 내원시 심잡음이 들리자 이를 추적관찰 하기로 하고 환자와 보호자에게 설명하였으며, 다음 내원 일자를 일주일 후인 2002. 11. 4.로 비교적 근접하게 잡은 사실, ㉱ 수술 후 10. 28.까지는 청진 상 심잡음 외에 악화된 증상이나 소견에 대한 기록이 보이지 않고, 환자가 11. 18.부터 심한 증상을 호소한 것으로 보아 11. 27. 악화된 폐 쇄부전증이 급성으로 악화되었을 가능성이 높은 사실은 당사자 사이에 다툼이 없음을 인정할 수 있는바, 이에 비추어 보면 피고 병◎이 이 사건 1차 수술 후 환자의 상태를 간과, 원인 분석을 게을리하고 2차 수술을 지연하였다고 인정하기에 부족하고, 달리 이를 인정할 증거가 없다(서울동부지법 2005. 3. 17. 선고, 2004가합10976 판결).

■ 심장수술 후 부정맥으로 사망하였을 경우의 대처방법은?

【질문】 저희 어머니는 심장질환으로 심장조영술을 받으셨는데, 다시 흉통이 심해져 흉부외과에서 관상동맥우회술을 받으셨습니다. 수술 후 1주일 정도 중환자실 치료받으시던 중, 어느 날 급하게 병원에서 연락이 와서 도착해보니, 심폐소생술이 진행 중이었습니다. 보호자 도착 시 기관지 삽관 등 각종 튜브를 통해 피가 역류하는 것을 보고, 심폐소생술 중단하는 것에 동의했습니다. 사망진단서를 보니 부정맥으로 인한 심정지라고 합니다. 병원에서는 유가족과 적정선에서 합의하자고 하지만, 남동생들이 병원의 이야기만 듣고 합의할 수 없다며 반대하여 대화가 단절된 상태입니다. 어떻게 해야 좋을지 막막합니다.

【답변】 부정맥 발생 원인을 의학적으로 규명하는 것이 무엇보다도 중요합니다.

관상동맥우회술 시행 환자는 2~5%의 사망률을 보이며, 급성 심근경색증, 심기능 부전증 등이 환자의 주요 사망 원인입니다. 시술 후 합병증은 출혈, 흉골 절개부 감염 등이며, 이로 인해 재수술이 요구되기도 합니다. 이외에도 뇌졸중, 심기능 부전, 신장기능 부전증 등의 합병증이 발생할 수 있습니다. 장기적으로는 우회술을 시행한 동맥 및 정맥도관이 막힐 수 있고, 관상동맥 자체 질병이 악화되는 경우도 종종 있습니다. 심장에서 전기 자극이 잘 만들어지지 못하거나 자극의 전달이 제대로 이루어지지 않으면 규칙적인 수축이 계속되지 못하여 심장 박동이 비정상적으로 빨라지거나 늦어지거나 혹은 불규칙해지는 증상이 나타나는데 이를 부정맥이라고 합니다. 관상동맥우회술로 인한 부정맥 발생이 의료인이 의료행위를 함에 있어 불가항력적으로 발생된 것인지 사후 조치가 미흡하지는 않았는지 등에 대한 종합적인 검토가 필요합니다.

【관련판례】

2회에 걸친 관상동맥성형술을 받고 지속적으로 약물치료를 받았으나 관상동맥 중 좌회선지의 폐쇄병변으로 인한 흉통이 계속되고 있었던 점, 약물치료에도 불구하고 호전됨이 없이 흉통이 계속될 경우에는 심근경색으로 사망할 위험성이 높은 점, 의료진도 상태가 악화될 경우 재차 망인에 대하여 관상동맥중재술을 실시할 예정이었던 점, 망인에 대한 관상동맥조영술 및 확장술의 시술이 의료시술상의 일반 원칙에 비추어 잘못되었다고 할 수 없다고 회신하고 있는 점, 실패하였던 병변에 대하여 재차 시도된 관상동맥성형술이 이전의 시술과 비교하여 시술위험이나 부작용이 증가된다고 단정할 수 없고, 성공적으로 행하여지는 경우도 많으며, 또한 관상동맥 병변에 의한 환자의 주관적 증상이 약물치료에 의하여 적절하게 치료되지 않는 경우 등에는 관상동맥성형술을 재차 시행할 수 있어, 의학적으로 이전의 관상동맥성형시술의 실패 그 자체만으로는 동일부위에 대한 관상동맥성형시술이 금지된다고 보기는 어려운 점, 관상동맥성형술의 시술도중 발생하는 관상동맥의 박리는 예측하기가 사실상 불가능한 점 등에 비추어 보면, 어떠한 과실이 있다고 판단되지는 않으므로, 원고들의 위 주장은 이유 없다(부산지법 2009. 10. 23. 선고, 2007가단9913 판결).

■ 뇌동맥류 수술 중에 출혈이 발생되어 뇌사상태에 빠졌을 경우 병원의 책임은?

【질문】 두통과 좌 안검하수, 어지럼증, 구토증상으로 종합병원에 내원하였습니다. 뇌동맥류 및 뇌경색 의증으로 MRI, MRA, CT검사결과 뇌동맥류만 확인되어 코일색전술을 시행받았으나, 시행과정에서 어떤 문제인지 출혈이 발생되어 뇌사상태에 빠지게 되었습니다. 해당 병원에서는 잘못이 없다고, 불가항력적으로 발생된 것이라고 얘기하고 있는데 수술을 잘못하여 발생된 것은 아닌지 의문점이 남습니다.

【답변】 뇌동맥류 환자의 경우 예후가 불량한 경우가 많으므로 출혈사실만으로는 병원의 책임을 묻기 어렵습니다.
뇌동맥류는 뇌혈관 벽에 미세한 균열이 생기고 비정상적으로 부풀어 오른 혈관질환을 말합니다. 이에 대한 진단은 뇌 컴퓨터 단층촬영과 뇌 자기공명영상, 뇌혈관조영술의 검사를 통하여 진단한 후 치료계획을 세워 치료를 시행하며, 환자에게 시행한 코일색전술의 치료는 다리의 대퇴동맥을 통해 뇌동맥에 접근하여 뇌동맥류에 코일을 넣어 출혈부위를 막는 치료방법입니다. 뇌동맥류의 경우에는 첫 출혈 직후의 신경학적 결손이 심할수록 치료유무와 관계없이 예후가 불량하며, 환자에게 발생된 코일색전술 중 출혈은 충분히 발생할 수

있는 합병증이기 때문에 출혈사실만으로는 병원의 책
임 여부를 묻기 어려운 부분이 있습니다. 이에 대하여
는 환자의 구체적인 증상이나 상황에 따라 위험을 방
지하기 위한 노력여부에 대한 전반적인 검토를 거쳐
책임 여부를 결정할 수 있습니다.

【관련판례】

甲 병원 의료진이 좌측 중대뇌동맥에 있는 거대뇌동맥류 파열로 뇌출혈이 발생하여 응급실로 내원한 환자 乙에게 3차에 걸친 뇌CT 촬영, 뇌혈관조영술, 뇌실외배액술 등을 시행한 다음, 출혈 추정 시점으로부터 약 7시간, 응급실 내원 시점으로부터 약 5시간이 지난 후 개두술로 혈종제거와 중대뇌동맥 폐색술을 시행하였으나 乙이 사망한 사안에서, 제반 사정에 비추어 내원 당시 乙의 상태가 이미 뇌지주막하출혈 환자에 대한 대표적 평가 방법인 헌트 앤 헤스 등급(Hunt & Hess grade) 분류상 IV 등급이었던 것으로 보이고, 이 경우 의료진은 乙의 임상상태, 뇌동맥류 및 뇌출혈 특성, 수술 난이도 등을 고려하여 보존적 치료를 하다가 지연수술을 할 것인지, 조기수술을 할 것인지, 초조기수술을 할 것인지를 선택할 수 있으므로, 甲 병원 의료진의 진료행위가 진료방법 선택에 관한 합리적 범위를 벗어난 것으로 볼 수 없고, 乙의 뇌동맥류 상태에 비추어 높은 사망률을 수반하는 중대뇌동맥 폐색술 대신 뇌혈관우회술이 가능한 상태였다고 단정할 수 없는데도, 甲 병원 의료진에게 가능한 한 빨리 응급 개두술을 통하여 혈종제거와 뇌혈관우회술을 실시하지 않은 과실이 있다고 본 원심판결에 의료과실에 관한 법리오해의 위법이 있다고 한 사례(대법원 2012. 6. 14. 선고, 2010다95635 판결).

■ 모야모야병에 대한 치료 지연으로 환자상태가 좋지 않을 경우 병원의 책임은?

【질문】 회사동료는 모야모야병이라는 지병이 있었는데, 근무 중 갑자기 쓰러져 급히 동네 개인병원으로 옮겼습니다. 의사는 뇌출혈이 의심된다고 하면서 빨리 대학병원으로 가라고 하여 13시쯤 대학병원에 도착하였습니다. 도착 후 16시경에 수술예정이었는데 집도의가 오시지 않아 수술이 18시에 시작되었습니다. 수술은 21시경에 끝났는데 수술 후 상태가 너무 좋지 않습니다. 생명이 위급한 환자를 방치했다는 생각을 떨쳐버릴 수가 없습니다. 해당 병원에게 책임을 물을 수 있을까요?

【답변】 진단지연 때문에 조기 치료기회를 상실하여 상태가 악화되었다면 병원의 책임이 인정될 수 있습니다.

모야모야병은 특별한 이유 없이 뇌 속 특정 혈관(뇌경동맥의 끝부분)이 막히는 만성 진행성 뇌혈관 질환입니다. 원인은 정확하게 밝혀지지 않고 있으며, 증상은 발병시기에 따라 큰 차이가 있는데 성인은 주로 뇌출혈 발생이 흔하며, 두통, 의식장애 증상과 출혈부위에 부분적 신경장애가 생길 수 있습니다. 이에 대한 치료는 환자의 임상적 증상 상태와 병의 진행 정도에 맞추어 치료방법을 결정하게 되며 뇌허혈 증상이 반복되는 경우에는 환자와 같은 수술적 치료를 시행하게 됩니다. 그러나 이러한 수술적 치료가 이루어지지 않고 뇌허혈이 반복되는 시기에 자칫 방치할 경우에는 뇌경색으로 진행되어 영구적인 신경마비 증상이 동반되거나 사망에 까지 이루어질 수 있으므로, 이의 예방을 위해서는 조기 진단과 이에 따른 적절한 치료가 필요합니다. 따라서 이 사례의 쟁점은 환자상태에 따른 초기 대응을 잘 하였는지 여부, 문제발생시 원인을 파악하고 적절한 치료를 시행하였는지가 검토의 중요한 부분이며, 이에 대한 의학적·법률적 검토를 원하실 경우에는 의료중재원의 절차를 이용해 보시기 바랍니다.

【관련판례】

이 당시에도 피고로서는 신속한 수술이 불가능한 자신의 사정과 산모의 현재 상태와 수술지연시의 위험성 및 신속히 다른 병원에 전원하여 수술을 받아야 한다는 점에 관해 원고에게 상세히 설명하고, 충분한 인적·물적 의료설비를 갖춘 다른 병원을 물색하여 그 병원에 산모의 상태 등을 설명하고 그 병원의 승낙을 얻은 다음, 적당한 방법으로 신속하게 후송하여, 산모가 적기에 제왕절개수술을 받을 기회를 잃지 않도록 배려해야 할 업무상의 주의의무가 있었다. 그럼에도 불구하고 피고는, 다른 산모의 수술계획이 잡혀 있다는 이유로, 그 수술이 끝난 다음에서야 위 ○○에 대한 수술을 해줄 수 있다고 하면서 위 ○○을 분만대기실에 그대로 방치해 둠으로써, 정작 다른 산모에 대한 수술을 마치고 위 ○○에 대한 수술을 하려고 했을 때는, 이미 제왕절개수술을 할 시기가 지나버려 수술을 할 수 없게 만든 업무상 과실이 있다(서울고법 1997. 7. 29. 선고, 96나18122 판결).

▌ 척추측만증 수술 직후 양측 발목이 움직이지 않을 경우의 대처방법은?

【질문】 소아마비가 있는데 23년 전부터 척추측만증이 심해져 보행에 불편감이 발생되었습니다. 종합병원을 찾아가서 약물과 신경치료를 받았지만 크게 효과가 없었습니다. 그래서 상급종합병원으로 전원하여 흉추부위에 1차 금속고정술과 약 2주 후 요추부위에 2차 금속고정술을 받았습니다. 그런데 수술 후부터 양측 발목에 마비증상이 발생되었습니다. 해당 병원 주치의는 신경이 절단된 것은 아니므로 약 6개월 정도 경과를 지켜보자고 합니다. 이런 경우 어떻게 대처해야 하나요?

【답변】 수술전후에 걸친 의료행위 전반에 대한 검토가 필요합니다. 척추 측만증의 진단과 치료에 있어서는 방사선검사를 통하여 척추 변형의 원인을 어느 정도 파악할 수 있으며 변형의 종류, 부위, 크기, 측만의 유연성, 환자의 성장 상태를 알 수 있습니다. 이에 대한 수술적 치료를 함에 있어서는 환자의 전신상태, 증상의 정도, 신경 마비 유무 등이 고려되어야 합니다.
따라서, 수술시행 전에는 환자의 상태가 수술의 적응증에 해당되는지, 합병증 발생에 대한 설명은 충실하였는지 여부가 검토되어야 할 것이며, 수술 후 마비증상의 원인과 이에 대한 치료과정이 적절하게 이루어졌는지

부분도 검토의 대상이 됩니다. 척추측만증 수술의 경우 신경의 길이는 한정되어 있는 반면, 휘어있는 척추를 똑바로 펴지게 하는 수술을 함으로써 신경연장으로 인한 손상이 발생될 수 있고, 수술과정 중 과도한 교정으로 인하여 신경이 손상되는 경우도 있습니다. 현재는 아직 경과를 지켜보면서 마비증상에 대한 치료가 필요한 상황이므로, 향후 6개월에서 1년간의 치료 후 마비증상이 고정되었다는 의학적 판단이 있을 경우 검토를 위한 절차를 진행해 보시기 바랍니다.

【관련판례1】

척추측만증 교정술 후 하지마비가 발생된 사안과 관련, ① 마비장애는 1차 수술 직후에 나타난 것으로서 1차 수술 외에는 다른 원인이 개재하였을 가능성이 없고, ② 그 발생 부위가 1차 수술 부위와 일치하며, ③ 1차 수술 전에 양하지의 근력과 감각이 정상이었고 당장의 신경학적 증상을 치료하기 위한 수술이 아니어서 1차 수술을 전후하여 양하지 마비장애를 초래하기 쉬운 내적 요인을 가진 신체상태에 있었다고 보기 어려운 점 등을 종합하여 보면, 수술 중 고정기기나 수술기구에 의한 직접적인 신경손상이나 과도한 교정(신경견인)에 의한 신경손상에 의하여 초래된 것으로 추정할 수 있는 개연성이 충분하다고한 사례(대법원 2011. 7. 14. 선고, 2009다54638 판결).

【관련판례2】

척추측만증 교정수술은 꼭 필요한데다가 그 내용에는 신경견인이 포함되어 있고, 피고 병원 의료진이 SSEP(체성감각유발전위)검사 등 과도한 교정(신경견인) 등에 의한 신경손상을 피하기 위한 조치를 하였음에도 하지마비 등이 발생하게 되었는바, 이러한 사실들에 비추어 병원의 책임이 인정되지 않는다는 사례(서울지법 2007. 10. 30. 선고, 2005가합90754 판결).

■ 초기 뇌경색 증상을 간과하여 식물인간인 상태가 된 경우의 대처방법은?

【질문】 저희 아버지는 두통과 메스꺼움 증상으로 1차병원에 내원하여 맹장염 진단을 받고 2차병원 전원을 권유받아 맹장수술을 받았습니다. 그런데, 수술 후 다음날 화장실에서 쓰러진 채로 발견되어 신경과 의사가 왔고, 육안으로 보아 의식도 좋고 하니 추가적인 검사는 필요 없다고 하였습니다. 의사가 돌아간지 30분 정도 후에 아버지가 또다시 쓰러지셨는데, 일요일이라서 그런지 신경과 의사가 3시간만에 도착하였고, 3차병원으로 옮기자고 하여 전원하였으나 현재까지 식물인간 상태입니다. 이런 경우 저는 어떤 조치를 취해야 할까요?

【답변】 환자의 상태에 맞는 검사와 적절한 조치의 시행 여부에 대하여 의학적으로 검토되어야 할 것입니다.
허혈성 뇌졸중의 가장 흔한 원인은 고혈압이나 당뇨, 고지혈증 등으로 인해 뇌에 혈액을 공급하는 혈관에 동맥경화증이 발생하여 뇌혈류가 차단되는 경우입니다. 증상발생 후 3시간~6시간이 경과하지 않았다면 폐색된 혈관의 재개통을 목표로 한 혈전용해술을 시도해 볼 수 있으나, 3시간 경과 후 혈전용해술을 시행할 경우에는 뇌출혈의 위험이 증가하므로 환자의 상태에 따른 의료인의 판단 하에 이에 맞는 조치를 시행하게 됩니다. 따라서, 이 사례의 쟁점은 환자가 최초 쓰러졌을 당시의 상태와 그에 맞는 적절한 조치가 이루어졌는지, 문제 발생 후 이를 대처함에 있어서 부족함은 없었는지 여부 등에 대한 검토가 필요하며, 이를 위해서는 문제 발생 병원과 이송된 병원의 진료기록 및 영상필름 등에 대한 종합적인 검토, 즉 CT 판독의 오류는 없었는지, 상황에 맞는 적절한 치료를 시행하였는지, 이송병원의 MRI결과 상 추정되는 뇌경색의 발생시기는 언제인지, 조기 치료기회를 상실 받아 피해가 확대된 것은 아닌지 등에 대한 의학적·법률적 검토를 진행해 보아야 할 것입니다.

【관련판례】

야간에 뇌신경질환을 진단할 수 있는 MRI 촬영 인력을 갖추지 않은 피고 병원으로서는 신속히 야간에도 MRI 촬영을 할 수 있는 병원으로 전원하여야 할 의무가 있음에도 불구하고, 임상경험이 풍부하다고 보기 어려운 레지던트 1년차로 하여금 선정자 1에 대하여 신경학적 검사를 시행하게 하고 그 진단에 따라 선정자 1의 증상을 만연히 말초성 어지러움으로만 보고 이를 기초로 선정자 1 및 원고 등에게 전원 여부를 선택하게 하여, 선정자 1로 하여금 전원을 통하여 뇌졸중 여부를 판명할 수 있는 MRI 촬영을 즉시 시행받아 발병 초기(3-6시간 이내에)에 뇌졸중에 대한 치료를 받을 기회를 놓치게 하고, 피고 병원에 호송된 때부터 무려 14시간이 지난 10. 23. 11:50경에야 MRI 촬영을 시행하고 그제야 비로소 뇌졸중임을 판명하여 때늦은 치료를 시행한 과실로 결국 선정자 1로 하여금 좌측 상하지 마비에 이르게 하였다고 볼 수밖에 없다. 따라서 피고는 피고 병원 의료진의 사용자로서 위와 같은 의료과실로 인하여 원고들이 입은 손해를 배상할 책임이 있다(서울고법 2007. 5. 1. 선고, 2004나89457 판결).

■ 경추수술 후 발음이 잘 안될 때 병원의 책임여부는?

【질문】 우측 팔 저림으로 병원에 내원하여 MRI검사를 한 결과 경추 제7번-8번의 신경눌림 진단을 받고 수술을 받았습니다. 그런데 수술 후부터 발음이 잘 되지 않아 이에 대한 치료를 위해 인근 이비인후과 전문병원으로 전원 하였습니다. 검사결과 성대신경 손상으로 진단을 받고 해당 병원에서는 3개월 정도 지나면 호전이 된다고 하여 기다렸습니다. 문제는 기다려도 전혀 호전이 되지 않아 종합병원으로 가서 재진료를 받은 결과 역시나 똑같은 성대신경 손상으로 진단되었습니다. 차후에 주사요법으로 치료를 시행할 예정입니다. 성대손상에 대한 책임은 병원에 있는 것 아닌가요?

【답변】 성대손상 원인에 대하여 의학적으로 규명하는 것이 선행되어야 할 것입니다.

경추 신경이 눌리는 원인은 뼈가 누르거나 인대가 골화되어 누르는 경우, 또는 디스크가 튀어나와 누르는 경우가 있으며, 통상 팔에 힘이 없는 경우 수술적 치료를 진행하게 됩니다. 수술적 치료를 함에 있어서는 환자의 전신상태, 증상의 정도, 신경마비의 유무, 합병증의 발생 가능성 등이 고려되어야 하며, 이러한 부분에 대한 충분한 설명을 환자에게 한 후 주의를 다하여 수술에 임하여야 합니다. 따라서, 수술시행 전에는 환자의 상태가 수술의 적응증에 해당되는지, 신경손상이나 성대마비 등의 후유증이 생길 수 있다는 점에 대한 충분한 설명이 있었는지 여부가 검토되어야 할 것이며, 수술 후 성대마비가 발생된 원인 및 개선을 위한 치료과정이 신속하고 적절하게 이루어졌는지 부분도 검토의 대상이 됩니다.

병원의 과실이 인정될 경우 손해배상의 범위는 사고로 인해 확대된 치료비 및 상실수익, 위자료 등이 될 것이나, 수술의 난이도, 환자의 상태, 수술의 적절성 등에 따라 병원의 책임이 일부 제한될 수 있습니다.

【관련판례】

환자의 성대마비는 이 사건 수술(갑상선) 이후에 수술부위에서 발생한 것이며 성대마비가 발생할 다른 이유가 보이지 않는 점, 환자는 성대와 관련된 아무런 병력이 없었으므로 이 사건 수술 이외의 원인에 의하여 현재와 같은 성대마비가 발생할 가능성이 매우 낮다고 보이는 점 등을 종합하여 보면, 결국 피고 병원은 이 사건 수술 과정에서 환자의 상태에 충분히 주의하여 반회후두신경의 확인과 보존에 노력하여 신경의 손상을 최소화해야 할 뿐만 아니라 수술 후에는 신경손상 여부를 주의깊게 관찰하고 만약 신경이 손상되었다면 그 회복에 최선의 노력을 해야 할 의무가 있음에도 불구하고, 이 사건 수술을 시행하는 과정에서 환자의 반회후두신경을 손상시켰을 뿐만 아니라 수술 후 신경손상을 인식하고도 자연치유를 예상하고 아무런 조치를 취하지 아니하고 방치함으로써 환자의 성대마비 증상의 발생과 악화를 초래하였다고 봄이 상당하므로, 피고는 과실로 인하여 환자측이 입은 손해를 배상할 책임이 있다(광주지법 2005. 8. 16. 선고, 2003가합9188 판결).

■ 경추손상 환자에게 음식물 섭취를 강요하여 결국 음식물이 기도로 넘어가 사망하였을 때 책임은?

【질문】 아버지가 작업 중 경추를 심하게 다쳤습니다. 목 부위 아래로는 전신마비가 발생되었고 이에 대한 수술을 위해 대학병원에 입원하셨습니다. 입원 후 음식물 섭취 훈련을 해야 한다고 하여 조금씩 훈련을 하고 있었는데, 어느 날 음식물 섭취를 너무 힘들어 하셔서 우리들은 섭취를 중단할 것을 의료진에게 얘기하였으나, 필요하다며 레지던트가 계속 음식물을 먹였고 결국 음식물이 기도로 다 넘어가 쇼크증세가 발생되었습니다. 이로 인해 저산소성 뇌손상이 왔고 결국 사망하였습니다. 이런 경우 누구에게 책임이 있나요?

【답변】 환자의 상태를 고려한 처치였는지, 사고발생시 신속한 조치를 하였는지에 대한 검토가 중요합니다.
경추손상이 있을 경우 음식물을 섭취하게 되면 목 주변 부위 부종으로 인하여 기도폐쇄에 의한 호흡곤란이나 구토한 토물이 폐로 흡인되는 경우가 있으며, 흡인성 폐렴이나 호흡곤란 등의 합병증이 유발될 수 있습니다. 또한, 호흡곤란이 10분이상 경과되면 심각한 뇌손상 또는 뇌사상태가 될 수 있으므로 이에 대하여는 신속한 응급처치를 요하게 됩니다. 이 사례의 경우 경추손

상으로 인한 기도의 방어기전이 떨어져있는 점을 의료
인이 인식하고 이에 부합하는 식이처방을 시행한 것인
지 여부, 음식물을 섭취하게 함에 있어 이로 인하여 발
생될 수 있는 합병증을 예견하고 그 중 호흡곤란 등의
문제발생시 이에 대한 대처를 위하여 어떠한 노력을
취하였는지 여부, 증상발생 후 신속한 조치를 시행하였
는지 여부 등에 대한 종합적인 검토가 필요합니다.

【관련판례1】

신생아의 경우 수유 후 30분 정도 지난 후 채혈 및 정맥주사를 시행하
는 것이 바람직한데 그렇지 아니하고 30분 전에 시행하여 수유물이 역류
하여 폐로 흡인되어 흡인성 폐렴 및 청색증, 호흡곤란 증세를 보여 그 결
과 저산소성 뇌손상으로 인한 장애를 입었다고 봄이 상당하여 의료진에
게 과실이 없다고 할 수 없어 손해를 배상할 책임이 있다고 한 사례(부산
지법 2010. 11. 17 선고, 2009가합3206 판결).

【관련판례2】

피해자와 같은 두부 손상을 입은 환자는 개두술 및 혈종제거술 또는
출혈의 자연적인 흡수 등으로 인하여 출혈 자체가 호전된다 하더라도 두
부 손상에 따른 의식저하로 인하여 기도의 방어기전 및 기관지섬모의 객
담배출기능이 저하되고 기도흡인의 가능성이 증가되어 폐렴, 흡인성 폐렴
등의 합병증이 발생할 가능성이 높고, 두부 손상의 후유증으로 기질적 인
격장애나 난폭하고 공격적인 성향이 나타날 경우 투여하는 신경안정제
등의 진정효과로 인하여 기침이나 객담배출기능이 저하되어 폐렴, 흡인성
폐렴 등의 합병증이 발생할 가능성도 높으나, 이는 결과적으로 두부 손상
이후에 발생한 '의식저하의 지속 등'으로 인한 것으로 보이고 피해자가
입은 두부 손상과 직접적인 관계에 있다고 보기는 어려운 점 등 피고인
이 피해자에게 가한 상해와 피해자의 사망 사이에는 인과관계가 인정된

다고 단정할 수 없고, 또 그 판시와 같은 사정을 들어 피고인이 가해행위 당시에 피해자가 두부 손상을 입고 두부 손상을 치료하는 과정에서 폐렴 이라는 합병증으로 인하여 다발성 장기부전으로 사망에 이를 것이라고 예견하였다고 보기 어렵다고 판단하였다(대법원 2012. 3. 15. 선고, 2011도17648 판결).

■ 암을 발견하지 못하고 엉뚱한 수술만 하였을 경우 병원의 책임은?

【질문】 허리통증으로 병원에 내원하여 디스크 진단 하에 척추수술을 받게 되었습니다. 수술 후 좌측 팔부위에 마비증상이 발생되어 CT검사를 하였고, 그 결과 뇌종양 및 자궁암 4기의 진단이 나왔습니다. 수술 전에도 CT검사를 했었는데…. 그때 왜 발견하지 못했는지 의문점이 생깁니다. 미리 발견 했더라면 디스크 수술이 아닌 종양이나 암 관련 치료를 우선적으로 선택했을 것입니다. 이런 경우에는 어떤 조치를 해야 되는지요?

【답변】 구체적인 증상에 따른 진단의 적절성 여부가 검토되어야 합니다.

의사는 진찰·치료 등의 의료행위를 함에 있어 환자의 구체적인 증상이나 상황에 따라 위험을 방지하기 위하여 요구되는 충분한 최선의 조치를 행하여야 할 주의의무가 있습니다.

이 사례의 경우 수술 전 환자의 상태와 그 증상에 맞는 의료인의 확진을 위한 노력이 검토되어야 할 것으로 당시 환자가 호소하는 증상과 기왕병력에 따른 적절한 검사방법이 시행되었는지, 검사결과를 올바르게 판독하고 정확한 진단을 위해 최선의 노력을 다하였는

지 여부 등이 검토되어야 할 것입니다. 또한, 검사결과
상 다른 질환이 의심될 경우에는 추가적인 검사를 고
려해 볼 필요가 있으며 해당병원의 진료환경에서 세부
적인 검사가 어려울 경우에는 다른 병원으로의 전원
또는 검사의 필요성에 대한 상세한 설명이 시행되어야
할 것입니다. 이러한 과정 없이 뇌종양 및 자궁암의 초
기진단 기회를 놓쳐 치료시기를 상실케 하였다면 주의
의무를 다하지 않은 것으로 평가되어 병원의 책임이
인정될 수 있습니다. 다만, 진단을 하지 못함으로 인한
피해가 환자의 상태악화에 영향을 미치지 않았거나 미
미한 경우에는 병원의 책임은 줄어들 것입니다.

【관련판례】

일반적으로 환자가 이 사건 환자와 같은 젊은 여성이거나 충수돌기의
위치가 비전형적인 경우에는 급성 충수돌기염 또는 이로 인한 복막염과
산부인과 질환인 급성 골반염 또는 난소-난관 농양 등은 통증부위나 백
혈구, 폴리 수치와 같은 염증을 나타내는 수치가 상승하는 등 증상이 유
사하여 그 증상만으로는 명확히 구분하기가 쉽지 않다고 하더라도 이 사
건 환자와 같은 젊은 여성을 치료하게 된 피고병원으로서는 당연히 상·하
복부의 복통과 압통, 반발통 및 백혈구 수치나 폴리 수치의 상승 등 산부
인과 질환 외의 유사한 증상을 가진 다른 질환을 의심해 보거나 확진을
위하여 보다 철저한 검사를 실시하여야 할 주의의무가 있다. 그런데, 이
사건에서는 피고병원이 환자가 피고병원에 입원한 지 약 10일 동안 젊은
여성에게 나타나고 피고병원이 의증으로 진단한 급성 골반염 또는 난소-
난관 농양 등의 질환과 그 증상이 유사한 급성 충수돌기염 또는 그에 기
한 복막염을 의심하지 못하고 그로 인하여 급성 충수돌기염 또는 그로
인한 복막염의 확진에 필요한 검사와 수술적 치료를 지연하였다(부산지법
2007. 4. 13. 선고, 2006나2992 판결).

▌ 뇌경색 진단이 늦어져 장애가 발생되었을 때 취해야 할 조치는?

【질문】 어지럼증과 구토증상으로 119를 통해 병원 응급실에 내원하였습니다. CT검사 후 급체를 동반한 단순 어지럼증 진단을 받고 링거투여 후 입원을 하였습니다. 그런데 밤새 어지럼증이 심하여 다음날 MRI촬영을 요청하였지만 우선 경과관찰을 하자고 하여, 다른 병원으로 전원해 줄 것을 요청하였습니다. 대학병원으로 전원하여 MRI검사를 한 결과, 뇌경색(허혈성 뇌졸중) 진단을 받고 치료 중에 있으나 치료지연으로 인하여 편마비와 언어장애 등이 발생되었습니다. 현재는 재활치료 중에 있습니다. 이런 경우에는 어떤 조치를 취해야 하나요?

【답변】 경과를 지켜본 후 장애증상이 고정될 경우 의무기록 및 영상필름 등의 의학적 감정을 받아보시기 바랍니다. 허혈성 뇌졸중의 가장 흔한 원인은 고혈압이나 당뇨, 고지혈증 등으로 인해 뇌에 혈액을 공급하는 혈관에 동맥경화증이 발생하여 뇌혈류가 차단되는 경우입니다. 증상발생 후 3~6시간이 경과하지 않았다면 폐색된 혈관의 재개통을 목표로 한 혈전용해술을 시도해 볼 수 있으나, 3시간 경과 후에는 혈전용해술을 시행할 경우 뇌출혈의 위험이 증가하므로 환자의 상태에 따른 의료

인의 판단 하에 이에 맞는 조치를 시행하게 됩니다. 따라서 이 사례의 쟁점은 환자가 최초 응급실에 내원하여 퇴원 시까지의 상태와 그에 맞는 적절한 조치가 이루어졌는지 여부라 할 것이며, 이에 대한 판단을 위하여는 최초 내원한 병원과 이송지 병원의 진료기록 및 영상필름 등에 대한 종합적인 검토, 즉 CT판독의 오류는 없었는지, 상황에 맞는 적절한 치료를 시행하였는지, 이송병원의 MRI결과 상 추정되는 뇌경색의 발생시기는 어느 정도인지, 조기 치료기회를 상실 받아 피해가 확대된 것은 아닌지 등에 대한 의학적, 법률적 검토가 필요합니다.

【관련판례】

야간에 뇌신경질환을 진단할 수 있는 MRI 촬영 인력을 갖추지 않은 피고 병원으로서는 신속히 야간에도 MRI 촬영을 할 수 있는 병원으로 전원하여야 할 의무가 있음에도 불구하고, 임상경험이 풍부하다고 보기 어려운 레지던트 1년차로 하여금 선정자 1에 대하여 신경학적 검사를 시행하게 하고 그 진단에 따라 선정자 1의 증상을 만연히 말초성 어지러움으로만 보고 이를 기초로 선정자 1 및 원고 등에게 전원 여부를 선택하게 하여, 선정자 1로 하여금 전원을 통하여 뇌졸중 여부를 판명할 수 있는 MRI 촬영을 즉시 시행받아 발병 초기(3-6시간 이내에)에 뇌졸중에 대한 치료를 받을 기회를 놓치게 하고, 피고 병원에 호송된 때부터 무려 14시간이 지난 10. 23. 11:50경에야 MRI 촬영을 시행하고 그제야 비로소 뇌졸중임을 판명하여 때늦은 치료를 시행한 과실로 결국 선정자 1로 하여금 좌측 상하지 마비에 이르게 하였다고 볼 수밖에 없다. 따라서 피고는 피고 병원 의료진의 사용자로서 위와 같은 의료과실로 인하여 원고들이 입은 손해를 배상할 책임이 있다(서울고법 2007. 5. 1. 선고, 2004나89457 판결).

▌ 뇌수술 후 뇌감염으로 좌측 편마비가 발생되었을 경우 병원의 책임여부는?

【질문】 뇌수막종 제거술을 받고 수술이 잘 되었다고 하였는데 수술 후 회복 중 좌측 상·하지에 마비증상이 왔습니다. 분명히 수술이 잘 되었다고 해 놓고는 이런 일이 발생되어 너무나도 황당합니다. 현재 마비증상의 원인이 뇌감염이라고 하던데, 제가 생각하기로는 뇌수술 후 절개해 놓은 두개골 부위에 상처 소독을 잘 안 해서 발생된 것 같습니다. 의료진에게 물어보니 포도상구균에 의한 감염이라고 하고 원인은 수술장의 공기에 떠다니는 미생물이 수술부위에 안착하여 감염이 발생된 것이라고 합니다. 그러면서 병원의 과실은 아니라고 하던데, 병원에서 발생된 일이니까 병원이 책임져야 하는 것이 아닌지 궁금합니다.

【답변】 환자의 상태를 고려한 의료행위의 적절성 여부에 대한 검토가 중요합니다.

병원감염이란 입원 당시 나타나지 않았음은 물론 잠복상태도 아니었던 감염이 입원기간 중 또는 퇴원 후 30일 이내 발생되는 것을 의미합니다. 즉, 입원 이전에 감염되지 않았던 사람이 입원 후 병원 환경에서 병원성 미생물에 노출되어 발생되었거나 환자 자신이 이미 가지고 있던 내인성 미생물에 의해 발생된 감염증을 말합니다. 감염의 경우는 다양한 감염의 경로와 고려요인이 있으며, 수술 후 감염에는 환자의 요인(나이, 영양상태, 조직 내 혈액순환저하 등), 수술 창의 요인(혈종, 이물질 삽입 등), 균주의 요인(항생제에 대한 민감성 등) 등이 복합적으로 작용합니다. 또한, 본건에 있어서 병원의 책임이 인정되기 위하여는 환자에게 발생된 편마비의 증세가 병원감염으로 인한 것인지, 아니면 수술상의 부주의로 인하여 발생된 것인지 여부, 감염에 의한 것이라면 수술과정상의 세균감염 예방조치를 성실히 하였는지, 감염발생시 적절한 조치를 취하였는지, 이와 관련된 설명은 충분하였는지 여부가 주요 쟁점사항이 될 것으로 보입니다.

【관련판례1】

　수술과정상의 세균감염예방조치 해태의 과실을 인정하기 위하여는 원고의 이 사건 수술 부위가 MRSA에 감염되었다는 사실의 존재만으로는 부족하고, 나아가 피고가 이 사건 수술 과정에서 세균감염을 예방하기 위하여 당시의 의학수준에서 요구되는 예방조치를 게을리 하였다는 점이 인정되어야 할 것이다. 그러나 수술 과정에서 당연히 요구되는 무균조치를 게을리하였다는 점에 관하여 이를 인정할 만한 증거가 없는 이상, 비록 이 사건 수술 부위에서 배출된 농양에서 MRSA가 배양되었다 하더라도 그와 같은 사정만을 들어 과실을 추정할 수 없다고 한 사례(부산지법 2007. 8. 22. 선고, 2004가합24666 판결).

【관련판례2】

　망인의 창상감염에 대하여 乙의 진료상 과실은 인정되지 않으나, 乙이

수술 전 망인에게 그동안 스테로이드제를 맞아 왔고 전반적으로 건강상
태가 불량하여 상처의 치료나 회복이 지연될 수 있다는 말을 하였다거나,
망인의 처 丙이 망인을 대신하여 수술 부위의 감염가능성 등의 내용이
기재된 수술동의서에 서명·무인하였다는 것만으로는 乙이 망인에 대하여
수술에 관한 설명의무를 충분히 이행하였다고 보기 어렵다고 한 사례(부
산고법 2012. 7. 5. 선고, 2011나9792 판결).

▌ 의료관광 환자의 치료비 환불 범위는 어떻게 되는지요?

【질문】의료관광 가이드로부터 외국인 환자를 유치 받아 성형수술을 하고 있는 성형외과 전문의입니다. 쌍꺼풀과 융비술을 하였으나 수술 후 결과가 불만족스럽다면서 수술 전에 납부했던 치료비의 환불을 요청하는 경우, 치료비만 환불하면 되는지, 아니면 가이드 몫까지 환불을 해야 하는지요? 관련 외국인 환자는 가이드 몫까지 치료비인 것으로 안내를 받았다고 합니다.

【답변】의료관광 유치업자와의 계약 내용을 잘 확인하시는 것이 좋습니다.

일반적으로 의료사고가 발생한 경우 환자(외국인 포함)는 발생되거나 증가한 손해에 대하여 배상청구를 할 수 있으며, 채무불이행 책임에 대하여는 치료비의 환불도 요청할 수 있습니다. 다만, 의료사고의 책임 여부와 관련 손해를 산정하는 것은 전문적 감정 등을 필요로 하는바, 조정·중재를 전문적으로 취급하는 저희 의료중재원을 이용하여 원만한 해결이 될 수 있기를 바랍니다. 특히 외국인 환자의 경우 중재제도를 이용하거나, 만일에 있을 사고를 대비하여 사전에 중재제도를 이용하겠다는 내용의 계약서를 작성하는 것도 분쟁을 대비하는 한 방법이 될 수 있습니다.

이 사례의 경우 외국인 의료관광의 특수성에 비추어 해당 유치업자와 의료기관, 환자와의 계약 관계, 설명의무 등 전반적인 사항을 살펴서 손해배상청구 내지 치료비 환불의 문제를 검토하시는 것이 좋을 것 같습니다.

【관련법조문】

「**관광진흥법 시행령**」 제8조의2(의료인 의료관광 유치.지원 관련 기관)

① 법 제12조의2제1항에서 ""대통령령으로 정하는 기준을 충족하는 외국인 의료관광 유치·지원 관련 기관""이란 다음 각 호의 어느 하나에 해당하는 것을 말한다.

1. 「의료법」 제27조의2제1항에 따라 등록한 외국인환자 유치 의료기관(이 하 ""의료기관""이라 한다) 또는 같은 조 제2항에 따라 등록한 외국인환자 유치 업자(이하 ""유치업자""라 한다)

3. 그 밖에 법 제12조의2제1항에 따른 의료관광(이하 ""의료관광""이라 한다)의 활성화를 위한 사업의 추진실적이 있는 보건·의료·관광 관련 기관 중 문화체육관광부장관이 고시하는 기관

【관련판례】

매매계약서에 '본 계약하에서 또는 그와 관련하여 발생하는 모든 분쟁은 본 계약일의 런던중재법원 규칙에 따라 중재에 의하여 결정된다…'라는 중재조항이 포함되어 있는 경우, 뉴욕협약 제2조에 의하면 같은 협약이 적용되는 중재합의는 분쟁을 중재에 부탁하기로 하는 서면에 의한 합의'로서 족하고 중재장소나 중재기관 및 준거법까지 명시할 것을 요건으로 하고 있지는 아니할 뿐 아니라, 위 조항에는 중재장소와 중재기관 및 중재절차의 준거법이 한꺼번에 모두 명시되었다고 볼 것이므로 위 조약 제2조 소정의 유효한 중재합의가 있었다고 할 것이다(대법원 1990. 4. 10. 선고, 89다카20252 판결).

▌ 외국인 환자 유치업자인데, 외국인 환자에게 사고가 발생되었을 경우의 유의해야 할 사항은?

【질문】 외국인 환자 유치업자(에이전시)입니다. 중국인 환자에 대한 안면부 성형수술 후 염증 발생되어 괴사로 진행되었습니다. 성형외과 측에서는 후속치료를 해 줄 의향이 있으나 손해배상에 대해서는 난색을 표하고 있습니다. 이런 경우 3자 관계(환자·유치업자·의료기관)에서 발생한 문제에 대해 어떻게 해야 하나요? 특히 유치업자와 의료기관 간의 손해배상금 부담 문제와 의료중재원을 통해 도움을 받을 수 있는 방법은 없는지요? 또한 외국인 환자 또는 유치업자가 유의해야 할 사항은 무엇인지요?

【답변】 이해관계자 간 계약내용에 따라 책임 여부와 손해 배상액이 달라질 수 있습니다.

통상적으로 손해배상 청구는 피해자가 손해를 입힌 가해자를 대상으로 책임을 물으며, 가해자가 다수인 경우에는 공동불법행위 여부를 살펴 공동책임을, 제3자에 의해 손해가 증가한 경우에는 그 증가분을 청구하게 됩니다. 이에 대해 책임을 부담한 자는 손해를 증가시킨 제3자가 있는 경우 이를 대상으로 구상권을 행사할 수도 있습니다.

이 사례와 같은 경우 환자는 의료기관을 상대로 손해배

상을 청구할 수 있고, 유치업자를 상대로는 채무불이행에 대한 청구를 할 수 있습니다. 다만, 환자 유치과정에서 환자, 의료기관과의 계약내용에 구체적으로 이해관계자들의 책임분담을 정한 경우에는 그 계약내용에 기속되거나 영향을 받을 수 있습니다. 의료중재원은 법 제3조에 따라 외국인에게도 내국인과 동일한 절차에 따라 의료사고에 대한 조정·중재를 받을 수 있도록 하고 있습니다. 이에 외국인 환자 의료사고 문제가 발생하는 경우 환자가 의료중재원을 이용할 수 있도록 안내하여 주시고, 특히 민사적으로 확정판결과 동일한 효력이 있는 '중재'제도를 이용하도록 계약내용에 명시하는 것도 효과적인 대비 방안이 될 수 있습니다.

【관련법조문】

「**의료사고피해구제 및 의료분쟁조정 등에 관한 법률**」 제3조(적용 대상)
이 법은 대한민국 국민이 아닌 사람이 보건의료기관에 대하여 의료사고로 인한 손해배상을 구하는 경우에도 적용한다.
「**관광진흥법**」 제12조의2(의료관광 활성화)
① 문화체육관광부장관은 외국인 의료관광의 활성화를 위하여 대통령령으로 정하는 기준을 충족하는 외국인 의료관광 유치·지원 관련 기관에 「관광진흥개발기금법」에 따른 관광진흥개발기금을 대여하거나 보조할 수 있다.

【관련판례】

관광진흥법의 관계 규정을 살펴볼 때, 외국인이나 외국법인이 국내에 사무소나 영업소를 두지 않고, 국내에서 여행객을 모집하지도 않으면서, 다만 자국 내에서 자국인들을 대상으로 한국여행상품을 판매하고, 그 여

행객들을 인솔하여 국내에 들어와 여행과 관련한 용역과 편의를 제공하
였을 뿐이라면, 이러한 경우에는 우리나라의 관광진흥법이 적용될 여지는
없고, 따라서 이 법에 의한 등록 등의 절차를 거칠 필요가 없다(대법원
2002. 3. 15. 선고, 2001도67300).

■ 유선제거술을 받았으나 일부 유선이 남아있을 경우의 대처 방법은?

【질문】 남성 환자입니다. 좌측 가슴에 여유증(여성형 유방) 진단을 받고 유선 및 지방을 제거하는 수술을 받았습니다. 수술 후 외관상 변화가 없어 상담을 받아보니 한쪽만 수술한 경우 압박이 잘되지 않아 그럴 수 있다며 경과를 지켜보자고 하였습니다. 다시 압박복을 입고 생활하며 1개월 이상을 지냈지만 전혀 달라지지 않았습니다. 이에 다른 병원에서 검사를 받아본 결과 아래쪽 유선은 제거되었으나 위쪽 유선이 제거되지 않은 채로 그대로 있기 때문이라고 합니다. 처음 시술한 성형외과에서는 재수술을 해주겠다고 하나 믿음이 가지 않습니다. 이런 경우 어떻게 해야 할까요?

【답변】 유선 제거과정과 유선이 남아있는 원인에 대한 의학적 검토를 위해 증빙자료를 준비해 두시기 바랍니다.
여유증(여성형 유방)은 체내의 남성 호르몬과 여성 호르몬 간의 불균형이 생기거나 여성 호르몬에 대한 유선조직의 반응이 민감해져, 남성의 유방에서 유선조직의 증상이 일어나 여성의 유방처럼 발달하게 되는 증상을 말합니다. 대부분 양쪽 가슴에 생기지만 한쪽에만 생기는 경우도 있습니다. 사춘기의 여성형 유방, 약제에 의한 경우, 원인을 모르는 특발성인 경우가 많습니다. 약물치료에 반응이 없고 미용적인 측면을 고려하는 경우 유선제거술, 유방축소술을 시행할 수 있으며, 유방조직주위에 지방축적이 많은 경우에는 지방흡인술을 받는 것이 도움이 되기도 합니다. 이 사례의 경우 환자 상태에 대한 검사와 시술방법이 적절한지, 일부 유선을 제거하지 않은 특별한 이유가 있는지, 이로 인해 환자 예후가 달라졌는지 등을 살펴볼 필요가 있습니다. 이를 위해서는 처음 시술한 의료기과 이송 기관의 진료기록, 검사기록 등을 구비하는 것이 바람직하며, 예후에 있어서는 향후 치료와 관련된 자료를 준비하는 것이 좋습니다.

【관련판례】

　일반적으로 의사는 환자에게 수술 등 침습을 가하는 과정 및 그 후에 나쁜 결과 발생의 개연성이 있는 의료행위를 하는 경우 또는 사망 등의 중대한 결과 발생이 예측되는 의료행위를 하는 경우에 있어서 응급환자의 경우나 그 밖에 특단의 사정이 없는 한 진료계약상의 의무 내지 침습 등에 대한 승낙을 얻기 위한 전제로서 당해 환자나 그 법정대리인에게 질병의 증상, 치료방법의 내용 및 필요성, 발생이 예상되는 위험 등에 관하여 당시의 의료수준에 비추어 상당하다고 생각되는 사항을 설명하여 당해 환자가 그 필요성이나 위험성을 충분히 비교해 보고 그 의료행위를 받을 것인가의 여부를 선택할 수 있도록 할 의무가 있다. 의사의 설명의무는 그 의료행위에 따르는 후유증이나 부작용 등의 위험발생 가능성이 희소하다는 사정만으로 면제될 수 없으며, 그 후유증이나 부작용이 당해 치료행위에 전형적으로 발생하는 위험이거나 회복할 수 없는 중대한 것인 경우에는 그 발생가능성의 희소성에도 불구하고 설명의 대상이 된다고 보아야 할 것이다(대법원 1995. 1. 20. 선고, 94다3421 판결).

■ 광대뼈 축소술 후 입이 삐뚤어졌을 경우는?

【질문】 양쪽 광대뼈가 유난히 돌출돼 보여 상담 후 광대뼈 축소술을 받았습니다. 그러나 외관상 효과가 없어 6개월 뒤 재수술을 받았으며, 재수술 후에는 좌우 비대칭이 있어서 보완시술을 3개월에 걸쳐 받았습니다. 그런데 결국에는 입술이 삐뚤어져 버렸습니다. 강사 일을 하는 저로서 대인관계가 매우 중요한데 대면업무에 큰 장애가 초래되어 생업에 지장을 받고 있습니다. 향후 치료도 불투명한 상태이며 해당 성형외과에서는 해결책을 제시하지 못하고 있습니다. 이런 경우 어떻게 해야 하나요?

【답변】 비대칭의 원인에 대하여 의학적으로 규명하는 것이 선행되어야 할 것입니다.

광대뼈 축소술은 치아교합은 정상이면서 광대뼈가 상대적으로 돌출된 경우에 주로 입 안, 옆 얼굴 혹은 두피의 절개를 통하여 돌출해 있는 광대뼈를 자르거나 갈아서 앞 광대와 옆 광대의 모양을 변화시키는 수술입니다. 얼굴의 복잡한 혈관과 신경을 피하여 수술을 진행하므로 제한점이 많고 숙련된 기술을 필요로 합니다.

광대축소술의 부작용으로는 일시적인 안면 감각·운동신경 둔화(주로 1~2주내 회복), 볼 처짐, 좌우 비대칭 현상 등이 나타날 수 있습니다.

이 사례의 경우 수술 전 임상 관찰뿐만 아니라 얼굴사진 분석, 치아교합, 악관절 검사 등을 통해 환자의 적응증에 부합하는 수술을 결정했고, 수술 후 상태와 재수술에 이르는 기간 동안 관찰.처치가 적절했는지, 이 과정에서 충분한 설명과 동의절차는 이루어졌는지 등이 쟁점이 될 수 있으므로, 해당 의료기관 및 이송기관에서의 진료기록, 검사기록 등을 구비하시는 것이 바람직합니다. 또한 성형외과 계열 사고의 경우 상급 의료기관의 향후치료비 추정서 등을 구비하면 유용하게 이용될 수 있습니다.

【관련판례】

의사가 진찰·치료 등의 의료행위를 할 때는 사람의 생명·신체·건강을 관리하는 업무의 성질에 비추어 환자의 구체적 증상이나 상황에 따라 위험을 방지하기 위하여 요구되는 최선의 조치를 취하여야 하고, 환자에게 적절한 치료를 하거나 그러한 조치를 취하기 어려운 사정이 있다면 신속히 전문적인 치료를 할 수 있는 다른 병원으로의 전원조치 등을 취하여야 하며, 특히 미용성형을 시술하는 의사로서는 고도의 전문적 지식에 입각하여 시술 여부, 시술의 시기, 방법, 범위 등을 충분히 검토한 후 그 미용성형 시술의 의뢰자에게 생리적, 기능적 장해가 남지 않도록 신중을 기하여야 할 뿐 아니라, 회복이 어려운 후유증이 발생할 개연성이 높은 경우 그 미용성형 시술을 거부 내지는 중단하여야 할 의무가 있다(대법원 2007. 5. 31. 선고, 2007도1977 판결).

■ 비의료인으로부터 쌍꺼풀 수술을 받고 문제가 발생한 경우의 피해구제 방법은?

【질문】 아는 분의 소개로 성형외과 의료기기를 오랫동안 다루었다는 업자로부터 저렴한 비용으로 쌍꺼풀 수술을 받았습니다. 그런데 수술부위 붓기가 빠진 후 좌우측이 짝짝이가 되었으며, 좌측 눈은 잘 감기지 않는 상태입니다. 성형외과 전문의에게 진찰을 받은 결과, 좌측 부위 피부를 많이 절개해서 그렇다고 합니다. 이런 경우 의료중재원을 통한 피해구제가 가능한지요?

【답변】 비의료인의 의료행위로 인한 사고는 의료중재원을 통해서 피해구제를 받을 수 없습니다.
의료중재원은 「의료사고 피해구제 및 의료분쟁조정 등에 관한 법률」에 따라 의료인 또는 의료기관의 의료행위로 인한 의료사고를 조정·중재처리 할 수 있으며, 이때 의료인의 자격은 「의료법」에 의거하고 있습니다. 「의료법」상 의료행위는 의료인만이 할 수 있고, 의료인의 경우도 면허 이외의 의료행위는 할 수 없도록 규정하고 있습니다. 따라서 이 사례는 의료인이 아닌 자의 의료행위로서 무면허의료행위에 해당되어, 의료중재원을 통한 피해구제는 받으실 수가 없습니다. 물론 이 사례의 경우 신체상해에 대해서는 고소를 통한 형사적

절차를, 손해배상 청구와 관련해서는 소송을 통한 민사
적 절차를 밟을 수 있겠습니다.

【관련법조문】

「**의료법**」 제27조(무면허 의료행위 등 금지)

① 의료인이 아니면 누구든지 의료행위를 할 수 없으며, 의료인도 면허된
  것 이 외의 의료행위를 할 수 없다.

「**의료사고피해구제 및 의료분쟁조정 등에 관한 법률**」 제2조(정의)

이 법에서 사용하는 용어의 뜻은 다음과 같다.

1. "의료사고"란 보건의료인이 환자에 대하여 실시하는 진단.검사.치료.의
  약품의 처방 및 조제 등의 행위로 인하여 사람의 생명.신체 및 재산
  에 대하여 피해가 발생한 경우를 말한다.

3. "보건의료인"이란 「의료법」에 따른 의료인.간호조무사, 「의료기사 등
  에 관한 법률」에 따른 의료기사, 「응급의료에 관한 법률」에 따른 응
  급구조사 및 「약사법」에 따른 약사.한약사로서 보건의료기관에 종사
  하는 사람을 말한다.

【관련판례】

  의료행위는 의료인만이 할 수 있음을 원칙으로 하되, 간호사, 간호조무
사, 의료기사 등에 관한 법률에 의한 임상병리사, 방사선사, 물리치료사,
작업치료사, 치과기공사, 치과위생사의 면허를 가진 자가 의사, 치과의사
의 지도하에 진료 또는 의학적 검사에 종사하는 행위는 허용된다 할 것
이나, 그 외의 자는 의사, 치과의사의 지도하에서도 의료행위를 할 수 없
는 것이고, 나아가 의사의 전체 시술과정 중 일부의 행위라 하더라도 그
행위만으로도 의료행위에 해당하는 한 비의료인은 이를 할 수 없으며, 의
료행위를 할 면허 또는 자격이 없는 한 그 행위자가 실제로 그 행위에
관하여 의료인과 같은 수준의 전문지식이나 시술능력을 갖추었다고 하더
라도 마찬가지임(대법원 2003. 9. 5. 선고, 2003도2903 판결).

▌ 쌍꺼풀 수술 후 안검하수가 발생한 경우의 대처방법은?

【질문】 쌍꺼풀 수술을 4회에 걸쳐 받았습니다. 처음에는 절개법으로 수술했으나 양쪽 크기가 다르고 몇 개월 후 왼쪽 눈의 봉합이 풀려서 2차 시술을 받았으며, 이틀 만에 또 일부가 풀려서 다시 봉합술을 받았습니다. 그러나 수개월 후에 봉합부위가 다시 풀려서 4번째 수술까지 받게 되었습니다. 그동안의 재수술에도 불구하고 비대칭과 봉합이 풀리는 문제는 해결이 안 되었으며, 다른 성형외과에서는 안검하수 때문이라고 합니다. 2년 동안을 안검하수 진단을 내리지 않고 양측 높이가 다르다며 재수술을 되풀이한 게 어이가 없습니다. 다른 병원에서 반복된 시술로 인해 더 이상의 재수술은 어렵다고 합니다. 이 때문에 모든 일에 자신감이 없어져 사회생활이 힘든 지경입니다. 이런 경우 어떻게 해야 하나요?

【답변】 안검 근육의 손상기전 및 재수술 과정이 적절했는지 등에 대한 검토가 필요합니다. 안검하수증은 눈꺼풀이 충분히 떠지지 않는 증상으로 대뇌, 눈돌림신경, 교감신경 등에서 발생한 병적인 변화가 신경학적 원인이 될 수 있으며, 안검거상근(눈꺼풀을 들어 올리는 근육)에 손상을 받거나 힘줄 등이 파열 또는 얇아지면서 증

상이 발생하는 경우도 있습니다. 이 사례의 경우 환자 상태에 부합하는 수술을 선택했고 그 과정 및 이후 발생된 증상에 대한 처치가 적절했는지, 3차례의 재수술 과정에서 경과검토.기간은 충분했으며 관련 설명과 환자의 동의절차는 적절했는지 등을 살펴볼 필요가 있습니다. 특히, 향후 치료 시 회복 여부가 중요할 수 있으므로 상급 의료기관 진찰 등을 통해 예후(향후추정치료비 포함)를 확인하는 것도 문제해결을 위한 좋은 증빙자료가 될 것입니다.

【관련판례1】

과거에 후유증으로 쌍꺼풀 재수술 등을 받은 후 토안 증상이 발생한 사안에서, 원심이 추정한 의사의 과실 중 눈둘레근의 섬유조직화는 수차례에 걸친 수술의 결과일 뿐 의사의 수술상 과실로 볼 수 없고, 눈둘레근을 지나치게 올려 결찰하였다는 점에 관한 간접사실들도 쌍꺼풀 재수술과 토안 발생 사이의 인과관계를 추정할 수 있는 사정은 될지언정 토안이 의사의 과실에 기한 것이라고 추정할 수 있을 정도의 개연성을 갖춘 사정들이라고 보기 어려움에도 원심이 이와 같이 개연성이 담보되지 않는 사정들을 가지고 막연하게 의사의 과실을 추정하여 손해배상책임을 인정한 것은 위법하다고 한 사례(대법원 2010. 8. 19. 선고, 2007다41904 판결).

【관련판례2】

의사가 위와 같은 선량한 관리자의 주의의무를 다하지 아니한 탓으로 오히려 환자의 신체기능이 회복불가능하게 손상되었고, 또 위 손상 이후에는 그 후유증세의 치유 또는 더 이상의 악화를 방지하는 정도의 치료만이 계속되어 온 것뿐이라면 의사의 치료행위는 진료채무의 본지에 따른 것이 되지 못하거나 손해전보의 일환으로 행하여진 것에 불과하여 병원측으로서는 환자에 대하여 그 수술비 내지 치료비의 지급을 청구할 수 없다(대법원 1993. 7. 27. 선고, 92다15031 판결).

■ 지방흡입술 후 근육이 손상되어 재수술하고자 하는데 배상청구범위는?

【질문】 양측 다리에 지방흡입술을 받았는데 시술부위의 근육 손상으로 지방이식이 추가로 필요하다고 합니다. 해당 성형외과에서는 재시술은 해줄 수 있으나 그 외에 금전적인 보상은 어렵다고 합니다. 그러나 기능손상까지 입게 된 환자의 입장에서는 해당 의료기관에서 재시술을 받을 용기가 없습니다. 적절한 보상을 받고 타 기관에서 재시술을 받고 싶은데 어떻게 해야 할까요?

【답변】 근육손상 기전 및 장애 여부 등의 확진을 받으신 후 손해배상 청구 범위를 정하시기 바랍니다.
지방흡입술은 불만족스럽거나 병적으로 비정상적인 비율로 축적된 피부 밑 지방층을 음압 또는 초음파 등을 이용.제거하여 몸매의 형태를 교정하는 수술입니다. 피부절개를 통해 지방층에 캐뉼러를 넣은 후 전후 방향으로 움직이면서 흡인하게 되며, 이 과정에서 탐침에 의한 근육 및 혈관, 신경손상이 발생되기도 합니다. 주요 부작용으로는 통증, 출혈, 혈청종, 감염, 피부괴사, 울퉁불퉁한 피부표면, 폐색전증, 감각이상, 화상 등 다양하며 사망에 이르는 경우도 있습니다. 이러한 시술을 함에 있어서는 환자 상태에 대한 충분한 검토와 관련 설명·동의절차가 중요하며, 시술과정에서는 숙련된 기술을 필요로 합니다. 이 사례의 경우 우선 기능적인 부분과 미용적인 부분에서의 장애가 있는지 살필 필요가 있으며, 이를 위해 상급 의료기관 등의 진찰을 거쳐 예후를 확인하고 관련 비용(향후치료비 포함) 등을 알아보는 것이 좋습니다. 그 결과를 바탕으로 손해가 추정되는 경우 해당 의료기관뿐만 아니라 이송 의료기관의 진료기록, 검사기록 등 자료를 구비하여 의료중재원과 같은 조정기관을 이용하시는 방법이 있습니다.

【관련판례1】

병원에서 미용 목적으로 종아리 근육 퇴축술(고주파를 이용한 신경차단술)을 받은 환자가 시술 후 좌측 외측 족저신경 손상으로 인한 장애를 입은 사안에서, 시술 의사에게 설명의무 위반을 이유로 환자의 자기결정권 침해에 대한 위자료와 재산상 손해에 대한 배상책임을 인정한 사례(서울고법 2011. 8. 30. 선고, 2010나82334 판결).

【관련판례2】

의료행위라 함은 의학적 전문지식을 기초로 하는 경험과 기능으로 진찰·검안·처방·투약 또는 외과적 시술을 시행하여 질병의 예방 또는 치료행위 및 그 밖에 의료인이 행하지 아니하면 보건위생상 위해가 생길 우려가 있는 행위를 의미한다 할 것이고, 성형수술행위도 질병의 치료행위의 범주에 속하는 의료행위임이 분명하므로, 이러한 성형수술 과정에서 의사가 환자에게 침습을 가하는 경우에 대하여도 의사의 환자에 대한 설명의무에 관한 법리가 마찬가지로 적용된다(대법원 2002. 10. 25. 선고, 2002다48443 판결).

■ 코 성형수술 후 보형물 제거가 필요한 상황인데 어떻게 해야 하는지?

【질문】 코 성형수술을 받았는데 상담내용과 다르게 너무 부자연스럽고 높게 시술되었으며, 보형물로 사용한 귀연골 부위도 너무 많이 채취하여 귓바퀴 모양이 이상하고 기능상 문제도 생길 수 있다고 합니다. 다른 병원에서는 코 보형물을 완전히 제거한 뒤 일정기간이 지난 후 재수술과 귀연골에 대한 재건술이 필요하다고 하는데, 보형물을 빼면 예전보다 콧대가 없는 모습으로 수개월을 지내야하고 재수술 성공도 장담할 수 없어 생각할수록 우울합니다. 이런 경우 어떻게 해야 하나요?

【답변】 성형수술의 경우에는 다른 수술보다 합병증 및 예후에 대한 더욱 중한 설명의무가 부과됩니다.
코 성형수술 중 대표적인 융비술은 콧등을 높이는 수술로 콧등의 높이뿐만 아니라 코의 길이도 길어지게 됩니다. 이때 재료로는 실리콘 삽입물을 많이 사용하는 편이며, 고어텍스나 인조피부 또는 자기 자신의 살이나 연골, 뼈를 이용하기도 합니다. 특히 귀연골은 코끝의 비익연골과 조직학적으로 동일하여 활용도가 좋으나 채취 가능한 양이 제한적입니다. 융비술 후의 부작용으로는 삽입물의 삐뚤어짐과 이탈, 청색증 등의 외관상

변화, 알레르기 반응 및 코 기능문제(호흡기능 방해
등) 등이 발생하는 경우가 있습니다. 통상 성형된 상태
를 다시 보정하기 위해서는 일정기간의 경과관찰을 두
어야 합니다. 이 기간 동안 충분한 상담을 통해 보정가
능 여부를 확인하시기 바랍니다. 그리고 그 결과 또는
진행되는 예후에 따라 관련 증빙(진료기록, 검사기록,
사진 등)을 구비하여 조정기관에 피해구제를 신청하는
방안을 고려하는 것이 좋겠습니다. 특히 성형외과 사건
에서 문제 부위의 변화과정을 주기적으로 사진으로 남
기는 경우 유용한 자료가 될 수 있습니다.

【관련판례】

피고는 위 성형수술 당시 원고에게 위 수술의 부작용으로서 출혈, 염
증, 보형물의 크기가 본인이 원하는 것이 아닐 경우가 있을 수 있으며,
머리 절개 부위는 머리털이 자라서 회복이 되는데 일부 미세하게 안 자
라는 부분이 있을 수 있다고 설명하였을 뿐 위 보형물이 움직일 수 있다
는 점에 대하여는 충분한 설명이 없이 수술한 사실이 인정된다는 이유로,
피고는 위 수술을 함에 있어서 설명의무를 위반하여 원고가 수술을 할
것인지 여부를 결정할 수 있는 권리를 침해하였다 할 것이고 이로 인하
여 원고에게 가한 정신적 손해를 배상할 책임이 있다고 판단하였다(대법
원 2002.10.25. 선고, 2002다48443 판결).

■ 가슴 지방이식술 후 염증이 발생하였는데 보상을 받을 수 있는지?

【질문】 양측 가슴에 자가지방이식술을 받았습니다. 그러나 치료과정에서 통증과 고열이 발생되었으며 다른 병원에 가보니 수술부위에 염증이 의심된다며 복용약을 처방해주었습니다. 그러나 이후에도 증상이 지속되어 처음 시술을 했던 성형외과에 가서 얘기를 하자 독감이라며 항생제를 처방해주었는데 전혀 호전되지 않았고 현재는 가슴 피부조직은 얇아지고 울퉁불퉁하며 염증 후 색소침착이 온 상태입니다. 의사는 재수술을 하면 괜찮아진다며 재수술을 권유 하나 더 이상 믿을 수가 없습니다. 보상을 받은 후 다시 수술을 하고 싶습니다. 어떻게 해야 될까요?

【답변】 이식지방의 생착 여부 및 감염 경로, 향후치료에 대한 의학적 검토가 필요합니다.

자가지방이식술은 본인의 지방을 채취한 후 주사기를 이용하여 원하는 부위에 순수하게 분리된 지방을 주입하는 시술입니다. 시술이 간편하고 합성이물질이 아닌 자기조직을 이용하므로 부작용이 적고 자연스러운 교정이 가능하다는 장점이 있어 성형외과 등에서 많이 이용하고 있습니다. 반면에 이식술 후 지방세포가 손상

될 수 있으며 지방흡입 부위 피부가 울퉁불퉁해지거나 이식된 지방의 석회화, 염증 등이 생길 수 있고 지방생착률이 낮을 경우 보정효과가 거의 없거나 떨어지는 경우가 있어 유의해야 할 부분도 있습니다. 이 사례의 경우 우선 현재 상태에 대한 정확한 진찰이 필요하며, 이를 통해 치료안정 또는 예후가 확정될 수 있는 경우 관련 비용(향후 추정치료비 포함) 등 자료를 구비할 필요가 있습니다. 만일 손해배상 청구를 고려하는 경우 지방이식술이 환자의 적응증에 부합한지, 이식지방 생착과정의 문제는 없는지, 추정되는 감염경로는 무엇인지, 감염발생 후 처치는 적절했는지, 관련된 설명은 충분하였는지 등이 주요 쟁점사항이 될 것으로 보입니다.

【관련판례】

지방주입술과 같은 외과적 수술을 시행한 다음 창상의 감염을 방지하기 위하여 경과를 관찰하고 창상에 감염이 발생하였을 때에는 원인균의 미생물학적 검사 후 일차적 항생제 투여, 원인균이 밝혀지면 감수성 있는 항생제로 대체 투여하고, 절개 배농을 시행한 다음, 환자의 혈압, 맥박, 체온 등을 관찰하여 패혈증에 대비하는 등 진료상의 적절한 조치를 취하여야 할 주의의무가 있다(서울지법 1999. 11. 4. 선고, 97가단206953 판결).

제4편

산부인과

▌수술 지연으로 인하여 태아가 사망한 경우의 책임은?

【질문】 저는 아내가 출산예정일이 안되었는데 갑자기 양수가 터져 병원에 도착하자마자 규칙적인 진통을 호소하여 병원 의사에게 제왕절개수술을 요구하였습니다. 그러나 병원의 간호사는 이미 퇴근한 산부인과과장에게 전화를 걸어 제왕절개수술을 요하는 응급환자가 있으니 병원으로 나와 줄 것을 요청하고, 당직의사의 지시에 따라 산부인과과장이 도착하기만을 기다렸을 뿐 별다른 조치를 하지 않았습니다. 산부인과과장은 전화를 받고서 1시간여가 지나서야 병원에 도착하여 진찰한 결과, 이미 태아의 한쪽 발이 밖으로 나온 데다가 청색증이 심하여 제왕절개수술이 불가능한 상태여서 자연분만을 유도하여 태아의 몸 전체가 배출되었습니다. 그런데 태아는 심한 청색증과 함께 호흡곤란증으로 인한 심폐정지로 사망하였습니다. 부검결과 폐포 내에 다량의 양수가 흡입된 것으로 관찰되었습니다. 이 경우 저는 병원에게 불법행위로 인한 손해배상을 청구할 수 있는지요?

【답변】 의료사고로 인한 배상책임이 문제되는 경우 '불법행위로 인한 책임'과 '채무불이행책임(또는 계약책임)'이 경합하게 됩니다. 즉, 치료가 잘못되어 병세가 악화되게 되는

경우 그것은 과실로 인하여 신체를 침해한 것이 되어 불법행위의 성립이 문제될 뿐만 아니라, 완치 또는 병세가 호전되도록 치료해줘야 할 치료계약을 이행하지 못한 결과가 되어 채무불이행이 될 수 있기 때문입니다.

그런데 이처럼 계약상의 채무불이행으로 인한 손해배상청구권과 불법행위로 인한 손해배상청구권을 아울러 취득하면 그 중 어느 쪽의 손해배상청구권이라도 선택적으로 행사할 수 있습니다(대법원 1983. 3. 22. 선고, 82다카1533 전원합의체 판결, 1989. 4. 11. 선고, 88다카11428 판결). 그러나 판례는 "불법행위를 원인으로 한 손해배상을 청구한데 대하여 채무불이행을 원인으로 한 손해배상을 인정한 것은 당사자가 신청하지 아니한 사항에 대하여 판결한 것으로서 위법이다."라고 하였습니다(대법원 1963. 7. 25. 선고, 63다241 판결). "채무불이행으로 인한 손해배상청구권에 대한 소멸시효항변이 불법행위로 인한 손해배상청구권에 대한 소멸시효항변을 포함한 것으로 볼 수는 없다."라고 하였음에 비추어(대법원 1998. 5. 29. 선고, 96다51110 판결), 손해배상청구 시 불법행위 또는 채무불이행 중 어느 쪽의 책임을 물을 것인지를 선택하여 청구하여야 할 것입니다. 그리고 불법행위책임과 채무불이행책임은 모두 과실책임을 원칙으로 하지만, 불법행위에 있어서는 피해자가 가해자에게 고의·과실 있음을 입증하여야 하는데 비하여(다만, 사용자책임의 경우는 사용자가 선임·감독에 과실 없음을 입증하여야 함), 채무불이행의 경우는 채권자는 채무자의 채무불이행사실을 입증함으로써 충분하고, 채무자가 책임을 면하려면 그에게 귀책사유 없음을 입증하여야 합니다.

그런데 위 사안과 관련하여 판례는, 산부인과 의사가 제왕절개수술을 요하는 응급환자가 입원하였다는 보고를 받고도 1시간이 지나 집을 출발하여 수술지연으로 인하여 태아가 사망한 것에 대하여 산부인과 의사의 과실을 인정한 사례가 있으며(대법원 2000. 12. 22. 선고, 99다42407 판결), 또한, 당직의사에게 자신의 전문분야가 아닌 질환으로 응급을 요하는 환자에 대한 처치의무가 있는지에 관하여 판례는 "산부인과 전문의가 아닌 일반외과 의사라고 하더라도 당직의사였다면 산부인과 전문의가 없는 상황에서 산모가 급하게 제왕절개 수술을 요하는 급박한 상태이고, 그러한 상황을 보고 받기까지 한 이상 사람의 생명·신체·건강을 관리하는 의사로서의 업무의 성질에 비추어 의사로서는 환자의 구체적인 증상이나 상황에 따라 위험을 방지하기 위하여 요구되는 최선의 처치를 행하여야 할 주의의무가 있다."라고 하였습니다(대법원 1997. 3. 11. 선고, 96다49667 판결).

따라서 위 사안과 같은 의료사고에 대한 불법행위책임을 물을 경우 의사는 「민법」 제750조의 불법행위자로서, 병원은 같은 법 제756조의 사용자로서 의사와 병원은 모두 민법 제760조의 공동불법행위자로서 귀하에게 태아의 사망으로 인한 손해를 배상할 책임이 있다고 할 것으로 보입니다. 그러나 채무불이행책임을 물을

경우에는 계약당사자만 책임을 지게 되므로 고용의사
는 이행보조자가 될 뿐이고, 병원만이 채무불이행책임
을 질 것으로 보입니다.

■ 제왕절개수술 후 임산부를 방치하여 사망케 한 경우는?

【질문】 제 아내는 병원에서 제왕절개수술로 태아를 출산하였습니다. 그런데 출산한 후 병원에서 방치하여 폐전색증으로 사망하였습니다. 저는 병원과 담당의사에 대하여 의료과실로 인한 손해배상을 청구할 수 있는지요?

【답변】 의료과실에 관하여 판례는 "인간의 생명과 건강을 담당하는 의사에게는 그 업무의 성질에 비추어 위험방지를 위하여 필요한 최선의 주의의무가 요구되고, 따라서 의사로서는 환자의 상태에 충분히 주의하고 진료 당시의 의학적 지식에 입각하여 그 치료방법의 효과와 부작용 등 모든 사정을 고려하여 최선의 주의를 기울여 치료를 실시하여야 합니다.

이러한 주의의무의 기준은 진료 당시의 이른바 임상의학의 실천에 의한 의료수준에 의하여 결정되어야 하나, 그 의료수준은 규범적으로 요구되는 수준으로 파악되어야 하고, 해당 의사나 의료기관의 구체적 상황을 고려할 것은 아니다."라고 하였으며, "의료행위에 대하여 주의의무위반으로 인한 불법행위 또는 채무불이행으로 인한 책임이 있다고 하기 위해서는 의료행위상의 주의의무위반과 손해발생과의 사이에 인과관계의 존재가 전제되어야 합니다.

의료행위가 고도의 전문적 지식을 필요로 하는 분야이
고, 의료행위의 과정은 대개의 경우 환자 본인이 그 일
부를 알 수 있는 외에 의사만이 알 수 있을 뿐이며, 치
료의 결과를 달성하기 위한 의료기법은 의사의 재량에
달려 있기 때문에 손해발생의 직접적인 원인이 의료상
의 과실로 말미암은 것인지 여부는 전문가인 의사가
아닌 보통인으로서는 도저히 밝혀낼 수 없는 특수성이
있어서 환자 측이 의사의 의료행위상 주의의무위반과
손해발생과 사이의 인과관계를 의학적으로 완벽하게
입증한다는 것은 극히 어렵습니다.

환자가 치료 도중에 사망한 경우 피해자 측에서 일련의
의료행위과정에서 저질러진 일반인의 상식에 바탕을
둔 의료상의 과실 있는 행위를 입증하고 그 결과와 사
이에 일련의 의료행위 외에 다른 원인이 개재될 수 없
다는 점, 이를테면 환자에게 의료행위 이전에 그러한
결과의 원인이 될 만한 건강상의 결함이 없었다는 사
정을 증명한 때에는, 의료행위를 한 측이 그 결과가 의
료상의 과실로 말미암은 것이 아니라 전혀 다른 원인
으로 말미암은 것이라는 입증을 하지 아니하는 이상,
의료상 과실과 결과 사이의 인과관계를 추정하여 손해
배상책임을 지울 수 있도록 입증책임을 완화하는 것이
손해의 공평·타당한 부담을 그 지도원리로 하는 손해배
상제도의 이상에 맞는다고 하지 않을 수 없을 것이다."
라고 하였습니다. 또한, "가해행위와 피해자 측의 요인
이 경합하여 손해가 발생하거나 확대된 경우에는 그

피해자 측의 요인이 체질적인 소인 또는 질병의 위험도와 같이 피해자 측의 귀책사유와 무관한 것이라고 할지라도, 그 질환의 태양·정도 등에 비추어 가해자에게 손해의 전부를 배상하게 하는 것이 공평의 이념에 반하는 경우에는, 법원은 손해배상액을 정하면서 과실상계의 법리를 유추적용 하여 그 손해의 발생 또는 확대에 기여한 피해자 측의 요인을 참작할 수 있습니다. 불법행위로 인한 손해배상청구사건에서 과실상계사유에 관한 사실인정이나 그 비율을 정하는 것은 그것이 형평의 원칙에 비추어 현저히 불합리하다고 인정되지 않는 한 사실심의 전권에 속하는 사항이다.”라고 하면서 제왕절개수술을 받은 후 이상증세를 보인 임산부를 방치하여 폐전색증으로 사망케 한 경우, 의료과실을 인정하면서도 폐전색증의 진단이나 사전예방이 용이하지 않은 점 등을 참작하여 손해배상책임을 40%로 제한한 사례가 있습니다(대법원 2000.1.21. 선고, 98다50586 판결, 대법원 1998. 9. 4. 선고, 96다11440 판결).
따라서 위 사안의 경우에도 담당의사 丙에게는 「민법」 제750조의 불법행위책임을, 乙병원에 대하여는 같은 법 제756조의 사용자로서의 책임을 물어 손해배상을 청구할 수 있을 것으로 보입니다.

■ 기형아임을 발견치 못한 산부인과 의사에게 책임이 있는지?

【질문】 저의 아내는 임신을 하여 계속 병원에서 진료 받아 왔습니다. 그런데 진료과정에서 전혀 이상증세가 없다고 하였음에도 불구하고 출산 후 태아에게 다운증후군의 증상이 발생하였습니다. 이러한 경우 병원과 담당의사에게 손해배상을 청구할 수 있는지요?

【답변】 이와 관련된 판례를 보면, "의사가 기형아 판별확률이 높은 검사방법에 관하여 설명하지 아니하여 임산부가 태아의 기형여부에 대한 판별확률이 높은 검사를 받지 못한 채 다운증후군에 걸린 아이를 출산한 경우, 모자보건법 제14조 제1항 제1호는 인공임신중절수술을 할 수 있는 경우로 임산부 본인 또는 배우자가 대통령령이 정하는 우생학적 또는 유전학적 정신장애나 신체질환이 있는 경우를 규정하고 있고, 모자보건법시행령 제15조 제2항은 모자보건법 제14조 제1항 제1호의 규정에 의하여 인공임신중절수술을 할 수 있는 우생학적 또는 유전학적 정신장애나 신체질환으로 혈우병과 각종 유전성 질환을 규정하고 있을 뿐이므로, 다운증후군은 위 조항 소정의 인공임신중절사유에 해당하지 않음이 명백하여 부모가 태아가 다운증후군에 걸려 있음을 알았다고 하더라도 태아를 적법하게 낙태할 결정권을 가지고 있었다고 보기 어렵다고 할 것이어서 부모의 적법한 낙태결정권이 침해되었다고 할 수 없다."라고

하면서, "인간생명의 존엄성과 그 가치의 무한함에 비추어 볼 때, 어떠한 인간 또는 인간이 되려고 하는 존재가 타인에 대하여 자신의 출생을 막아 줄 것을 요구할 권리를 가진다고 보기 어렵고, 장애를 갖고 출생한 것 자체를 인공임신중절로 출생하지 않은 것과 비교해서 법률적으로 손해라고 단정할 수도 없으며, 그로 인하여 치료비 등 여러 가지 비용이 정상인에 비하여 더 소요된다고 하더라도 그 장애자체가 의사나 다른 누구의 과실로 말미암은 것이 아닌 이상 이를 선천적으로 장애를 지닌 채 태어난 아이 자신이 청구할 수 있는 손해라고 할 수는 없다."라고 하면서 다운증후군을 발견하지 못한 산부인과의사 등의 책임을 부인한 사례가 있습니다(대법원 1999. 6. 11. 선고, 98다22857 판결, 2001. 6. 15. 선고, 2000다17896 판결).

또한, "의사가 오진을 하였다고 하여 곧바로 고의나 과실이 있다고 할 수는 없다. 임산부에 대한 상담과 각종 검사 등을 통하여 태아의 기형을 의심할 만한 아무런 징후가 발견되지 아니하였고, 초음파 검사상으로도 태아의 왼쪽손목 이하 발육부전을 발견하는 것이 용이하지 아니한 점 등에 비추어 의사가 태아의 위와 같은 기형을 발견하지 못하였다고 하여 곧바로 의사에게 어떠한 주의의무 위반이 있다고 단정하기 어렵다."라고 한 사례도 있습니다(대법원 1999. 6. 11. 선고, 98다33062 판결). 따라서 위 질문에 있어서도 산부인과의사가 다운증후군증세를 발견하지 못하였다는 사실만으로 손해배상을 청구하기는 어려울 것으로 보입니다.

■ 임신중독증을 오진으로 인해 치료시기를 놓친 경우 병원의 책임은?

【질문】 저의 아내는 임신을 하여 산부인과에 출산을 위해 입원하였습니다. 그 후 제 아내에게 임신성 고혈압(임신중독증)을 의심할 만한 징후가 있음에도 병원에서는 이를 발견하지 못하였고, 결국 태반조기박리로 신생아가 사망하였습니다. 이 경우 병원에게 어떤 책임을 추궁할 수 있나요?

【답변】 대법원 판례에서는 임산부가 예정내원일보다 앞당겨 단기간에 2회에 걸쳐 내원하여 심한 부종 등을 호소하면서 임신중독증을 염려하는 것을 듣고도 기본적인 검사인 체중측정과 소변검사조차 시행하지 아니하고 별 이상이 없다는 진단을 내린 의사와, 급격한 체중증가와 혈압상승에도 불구하고 즉시 입원치료를 하게 하지 않고 앞서 진찰한 의사의 부실한 진단결과와 당일 1회의 간단한 검사결과 만에 의존하여 저염, 고단백식사만을 권유한 채 만연히 귀가케 한 병원장에게 태반조기박리로 인한 신생아의 사망에 대하여 공동불법행위책임을 인정한 사례가 있습니다(대법원 2003.11.27. 선고, 2001다2013 판결).

■ 거대아를 잘못 진단하여 대비하지 못한 경우의 책임은?

【질문】 산모가 거대아인 태아를 잉태하고 있었는데, 일반인에 비해 골반크기가 작았습니다. 병원에서는 이에 대한 대비를 하지 않아 분만 후 신생아가 마비증세를 지니고 태어났습니다. 이 경우 의료인의 과실 정도는 어떻게 되는지요?

【답변】 정상분만의 방법으로 출산한 신생아가 거대아로서 좌상완신경총마비 증세가 나타나 경우, 분만 직전까지 산모와 태아 모두 정상 상태였던 점, 위 증세는 정상분만에 의하여 거대아를 출산할 때 나타날 확률이 높은 점, 위 증세 발생에 다른 원인이 개재되었을 가능성이 없는 점 등에 비추어 위 증세는 담당 의사가 임신 당시 정기진찰 및 산전검사를 통하여 태아가 거대아인 점과 산모의 골반 크기를 예측하고 제왕절개수술 등 적절한 대비책을 강구하지 못한 과실로 인하여 발생한 것으로 추정됩니다(대법원 1999.06.11. 선고, 99다3709 판결).

■ 계류유산을 오진으로 인해 치료시기를 놓친 경우, 병원의 책임은?

【질문】 저의 아내는 임신을 하였는데, 병원에서 계류유산 증세를 보이는 제 아내에 대해 단순 유산이라고 잘못 진단하여 제 때 치료받지 못하여 사망하였습니다. 이 경우에 병원에 대하여 저는 어떤 조치를 취할 수 있나요?

【답변】 병원 기록에 보면, 귀하의 아내를 최초에 검사한 결과 계류유산임을 확인하였으므로 그 이전 병원에서의 진단 결과 등을 이유로 소파수술을 반대하더라도 귀하에게 태아가 사망한 사실과 그에 따른 소파수술의 필요성 및 발생이 예상되는 위험 등에 관하여 당시의 의료수준에 비추어 상당하다고 생각되는 사항을 설명하여 줌으로써 수술의시기를 놓치지 않도록 하였어야 합니다.

또 패혈증의 가능성을 예견하였으므로 소파수술 이전에 미리 예방조치로서 항생제를 투여함과 아울러 혈액을 채취하여 패혈증의 감염 여부를 알아보기 위한 기본적인 검사를 하여야 하고, 소파수술 후에도 그 확인된 사체아의 상태에 따라 다시 고단위의 항생제를 투여하는 등의 조치를 취했어야 합니다. 소파수술 이후 패혈증에 대비한 관찰 및 검사를 시행하면서 그 증세에 따라 신속한 처치를 하였어야 함에도 불구하고 이러한 조치를 일체 취하지 아니하였을 뿐 아니라, 소파수술 이후 수련의나 간호원들에게도 귀하의 아내에게 패혈증이 일어날 가능성이 있다는 점과 그에 대비하라는 말만 하였을 뿐, 망인의 상태에 대하여 계속적으로 세심한 관찰을 하고 증상에 따라 신속하고 적절한 처치를 할 것과 그 구체적 방법 등에 대하여 아무런 지시도 하지 않고 그들을 통하여 망인의 상태를 점검하지도 아니하여, 망인의 패혈증에 대비하여 반드시 취하여야 할 여러 조치들이 제대로 이루어질 수 없게 된 결과 그 패혈증의 발생을 신속히 감지하지 못하고, 따라서 신속하고 적절한 조치 또한 취할 수 없도록 하여 망인으로 하여금 패혈증 및 그로 인한 미만성 혈액응고장애로 사망하게 한 의료상의 과실이 있습니다. 그러므로 귀하는 병원을 상대로 손해배상을 청구할 수 있다고 봅니다.

▌ 자궁외 임신을 오진으로 인해 필요 없는 수술을 받은 경우의 책임은?

【질문】 저는 자궁외 임신을 하였는데, 병원 산부인과 의사가 자궁근종으로 오진하고 자궁을 적출하였습니다. 그 후 저는 심한 후유증과 우울증에 시달리고 있습니다. 이 경우 의사에게는 어떤 책임을 추궁할 수 있나요?

【답변】 오진한 의사가 불필요한 수술을 마치 필요한 수술인 듯이 설명하여 수술승낙을 받았다면 위 승낙은 유효한 승낙이라고 볼 수 없고, 자궁을 제거한 것은 상해에 해당하기 때문에 의료인의 과실이 인정됩니다.
귀하가 난소의 제거로 이미 임신 불능 상태에 있어 자궁을 적출했다 하더라도 이는 업무상 과실치상죄 소정의 상해에 해당하지 않는다는 것이나, 그와 같은 사유만으로 자궁을 제거한 것이 신체의 완전성을 해한 것이 아니라거나 생활기능에 아무런 장애를 주는 것이 아니라거나 건강상태를 불량하게 변경한 것이 아니라고 할 수 없고 이는 업무상 과실치상죄에 있어서의 상해에 해당합니다. 그러므로 의사에게 형사상의 처벌과 함께 민사상의 손해배상을 청구할 수 있다고 봅니다.

■ 분만 중 의사가 정확히 진단했으면 대비할 수 있었던 상황에 대비하지 못한 경우의 과실은?

【질문】 저의 아내는 분만 중 의사가 아두골반불균형 상태 등의 가능성을 의심할 수 있었음에도, 이를 진단하지 못한 채 흡인분만의 방법을 무리하게 지속하다 태아가 뇌손상을 입고 두개강내출혈이 생겨 뇌성마비가 발생하였습니다. 이 경우 의사의 과실 여부는 어찌되는지요?

【답변】 분만중 태아가 뇌손상을 입고 두개강내출혈이 생겨 뇌성마비가 발생한 경우에 있어 출산을 담당한 의사에게, 통상의 주의력을 가진 산부인과 의사라면 아두골반불균형 상태 또는 경계아두골반불균형 상태의 가능성이 있음을 의심할 수 있다고 보이는데도 이러한 가능성을 전혀 예상하지 아니하여 이에 대한 대비를 하지 아니하였고, 분만 2기에 있어 5분마다 한 번씩 측정하여야 할 태아심음측정을 4회나 하지 아니한 채 만연히 통상의 질식분만의 방법으로 분만을 진행시키다가 뒤늦게 아두골반불균형 또는 이와 유사한 상태의 경우에는 피하여야 할 시술방법인 흡인분만의 방법을 무리하게 계속하여 태아를 만출시킨 의료상의 과실이 있습니다.

■ 이상 징후가 있었으나 방치하고 사망한 경우 책임은?

【질문】 저의 집 사람은 수술 후 약 16시간 동안 마취에서 완전히 깨어나지 않았고, 체온 상승·혈압 하강·빈맥·호흡 과다 등의 이상증세를 보였습니다. 병원의 담당의사는 이를 방치하여 심부정맥혈전증 및 폐전색증의 발병 사실을 진단하지 못하였고, 이후 환자가 사망하였습니다. 이 경우 저는 병원과 담당의사에게 어떤 배상을 요구해야 할까요?

【답변】 대법원에서는 이상증세를 보인 환자를 방치하여 폐전색증으로 사망케 한 의료인의 과실은 인정되나, 폐전색증의 진단이나 사전 예방은 용이하지 않음 점을 감안하여 환자 가족이 주장한 손해배상책임의 40퍼센트만 인정한다고 판시하였습니다.

【관련판례】

원심은, 폐전색증은 제왕절개 수술을 받은 산부들에게도 드물게 나타나는 병인 점, 그 진단이나 사전 예방이 용이하지 아니하고 일단 발병하면 치사율이 높은 점, 망인이 폐전색증의 대표적인 증세인 돌발적인 호흡곤란을 보인 것은 수술 다음날 05:20경이고, 그 후 의사 소외 2 등의 응급처치에는 별다른 잘못이 없는 점, 소외 2 등이 망인의 폐전색증을 적기에 진단하였다 하더라도 망인이 사망하였을 가능성을 배제할 수 없는 점 등을 감안하면, 망인의 사망으로 인한 손해를 피고측에게 전부 부담하게 하는 것은 공평의 원칙상 부당하다는 이유로 이 사건 변론에 나타난 여러 사정을 참작하여 피고의 손해배상책임을 40%로 제한하였는바, 기록에 비추어 살펴보면, 원심의 위와 같은 사실인정 및 판단은 정당한 것으로 수긍이 가고, 거기에 채증법칙을 위반하여 사실을 오인하거나, 공평의 원칙에 대한 해석 및 적용을 잘못하여 책임제한 비율을 과다하게 정하였거나 과소하게 정한 위법이 있다고 할 수 없다. 이 점에 관한 쌍방의 주장은 모두 받아들일 수 없다(대법원 2000.01.21. 선고 98다50586 판결).

■ 루프제거 후 요실금이 발생되었을 경우의 대처방법은?

【질문】 저는 아랫배가 묵직하고 염증으로 부인과 건강검진을 받았습니다. 검진 상에서 루프 문제라고 하시면서 루프를 제거하였습니다. 그런데 제거 후부터 요실금 증상이 생겨 다른 의료기관에서 진료를 받은 결과 수술이 필요하다고 합니다. 그래서 건강검진을 받은 병원에 이런 상황을 얘기하였더니 자신들은 잘못이 없으니까 법대로 하라고 하였습니다. 저는 어떻게 해야 할까요?

【답변】 요실금의 원인에 따라 책임 조재에 대한 판단이 달라질 수 있습니다.

루프는 작은 기구를 여성의 자궁 안에 넣어서 수정란이 착상되는 것을 막는 피임 방법으로 보통 착용기간이 5년입니다. 5년이 경과하여 오래 기간이 지나면 자궁으로 파고 들어가거나 염증을 일으키는 감염 등의 여러 부작용을 일으킬 수 있으므로 가급적 5년 전후에 교체하는 것을 권유하고 있습니다. 요실금의 원인으로는 외상이나 수술, 척수탈출증, 선천성 기형, 방광질루 등이 있으며 각각의 종류에 따라 다른 원인으로 발생하기 때문에 여러 가지 진단적 검사를 통해 그 원인을 찾아볼 필요가 있습니다. 또한, 루프로 인하여 발생되는 요실금은 요로감염에 의하여 발생될 가능성이 높으므로,

요검사, 방광경검사, 초음파검사 등을 통한 정확한 진
단을 받은 후 그 결과에 따라 의료사고 여부를 판단
받아보시기 바랍니다.

【관련판례】

　요실금 테이프 수술은 모든 장기를 박리하여 보면서 하는 수술이 아니
고, 장기의 구조, 위치 등을 예측하고 하는 수술(Blind Surgery)로서 환
자마다 장기의 구조 및 위치가 조금씩 다르므로 부득이 시술 과정상 방
광손상의 합병증이 발생할 가능성이 있으며, 그 점에 대해 원고 ○○에게
시술 전에 충분히 설명하여 동의를 받았고, 시술 이후에도 대구의 ◇◇의
원 본점에서 방광내시경 검사를 받게 하고 방광세척 및 항생제 처방 등
을 통해 충분히 의료상 처치를 이행하였을 뿐만 아니라 증상이 호전되지
않을 경우에는 △△병원에서 정밀검사를 받도록 권유하는 등 의료상의
모든 치료를 성실히 이행하였으므로 아무런 과실이 없다는 취지로 주장
하나, 위 원고의 방광손상으로 인한 방광게실 등이 피고의 과실로 인하여
발생한 것임은 앞서 판단한 바와 같으므로 피고의 주장은 이유 없다. 따
라서 피고는 위 의료사고로 원고들이 입은 재산적, 정신적 손해를 배상할
책임이 있다(부산고법 2010. 5. 27. 선고, 2009나7885 판결).

■ 자궁외 임신을 진단하지 못하였을 경우 병원의 책임은?

【질문】 저는 시험관아기시술을 위해 산부인과에서 지속적인 진료를 받아오고 있었습니다. 복통으로 산부인과에 문의하니 생리통 진단으로 경과관찰을 권유하여 지켜보았습니다. 이후 지속적인 통증으로 수차례 문의를 하였으나, 임신은 아니라고 하여 타 의료기관에 문의를 해 보니 자궁외임신이라는 진단을 받았습니다. 그래서 재차 산부인과에 문의를 하였더니 수술은 필요 없다고 하면서 약물치료만을 주장합니다. 산부인과에게 책임이 있지 않은지요?

【답변】 초기의 증상일 경우에는 진단이 어려울 수 있습니다. 자궁외임신은 자궁강 외의 난소, 복강과 경관 등의 다른 기관에 수정란이 착상하는 것을 말하며, 대부분 난관에 발생하는 경우가 많습니다. 증상으로는 무증상의 경우부터 급성 복부통증을 호소하며 응급수술을 요하는 혈액학적 쇼크 상태까지 매우 다양하여 진단에 어려움이 있습니다. 검사방법으로는 주로 임신 호르몬 농도가 정상적으로 증가하고 있는지 알아보고, 초음파와 자궁내막 조직검사 등의 방법이 이용됩니다.

과거에는 난관이 파열되거나 산모가 위험한 상황까지 가서야 자궁외 임신 진단이 가능했지만 최근에는 임신 5~8주에도 초음파진단이 가능합니다. 자궁외임신의 증상은 복통과 생리통의 증상과 비슷하여 임신 초기였을 경우 진단을 내리기 어려울 수 있으며 환자의 상태에 따라 약물요법과 수술적 요법을 선택하여 시행될 수 있으므로, 약물치료 선택이 딱히 잘못되었다고는 볼 수 없습니다. 다만, 이러한 부분들에 대하여 병원의 책임이 인정되기 위해서는 충분한 설명과 진단을 내리기 위한 적정한 조치가 있었는지 검토되어야 할 것입니다.

【관련판례】

　　환자의 마지막 월경주기가 2002. 5. 말경이며, 같은해 7. 27.부터 질출혈이 있었다는 사실을 피고가 알고 있었음은 앞서 본 바와 같으므로 이러한 경우 피고로서는 이후의 진단과정에서 환자에게 자궁외임신이 나타날 가능성을 염두에 두고 면밀히 경과를 관찰하였어야 한다고 보이는바, 환자가 피고 병원에 2번째로 내원한 같은 해 8. 14. 초음파검사에서 난황낭이 관찰되었다고 하더라도 3번째로 내원한 같은 해 8. 27. 초음파검사에서 임신낭이 관찰되지 않았다면 자궁외임신의 가능성을 강하게 의심하고 융모성성선자극호르몬을 연속적으로 검사하는 등의 방법으로 자궁외임신을 진단하기 위하여 노력하였어야 함에도 불구하고 피고는 이러한 노력을 해태한 과실이 있다고 보여진다. 융모성 성선자극호르몬을 연속 측정하였다면 당시 자궁외임신을 발견할 수 있었다고 할 것이고, 당시에 환자의 자궁외임신을 발견하였다면 난관이 파열되지 않은 상태에서 난관절제술을 시행하지 않고 난관을 소실하지 않게 할 가능성이 있었다고 할 것이다(인천지법 2004. 12. 29. 선고, 2002가합7523 판결).

■ 제왕절개 분만 후 폐색전증으로 사망했을 경우의 대처방법은?

【질문】 제왕절개분만 후 호흡곤란 증상 등이 있었고 분만 2일 만에 산모가 사망하였습니다. 경찰서에 부검을 의뢰한 결과 사망사인은 폐색전증 의증으로 나왔습니다. 산모 유가족들은 호흡곤란 발생당시 재빠른 조치만 있었더라면 산모가 살 수 있었을 텐데 후조치 미흡으로 산모가 사망했다고 생각하고 있습니다. 너무나도 억울하여 집회시위와 인터넷 글 게재, 소송 등을 고려중에 있습니다.

【답변】 분만 후에 예견될 수 있는 상황에 따른 조치가 중요합니다. 임산부에게 폐색전증이 나타나는 일은 드물지만, 출산으로 인해 복부의 하대정맥에 대한 압박이 해소되면 혈류가 정상으로 돌아오게 되고, 이 과정에서 혈전이 쉽게 떨어질 수 있는 상태가 되므로 색전증의 발생가능성이 있습니다. 임상 증상으로는 호흡곤란과 빈맥 등이 나타나며, 산모의 전신상태가 불량하여 폐색전증이 의심될 경우에는 폐혈관조영술 등을 통한 진단 후 이에 맞는 치료가 진행될 수 있습니다. 다만, 폐색전증은 비특이적인 증상 및 징후, 다양한 임상 증상을 보일 수 있고, 제왕절개술로 분만한 산모에게서 수술 후 발생할 수 있는 호흡곤란이나 현기증 등만으로 폐색전증을 예상하여 이를 진단하는 것은 매우 어렵고 폐혈관조영술

을 실시하면 폐색전증을 확진할 수 있지만 이 또한 침
습적인 검사로 상태를 더욱 악화시킬 수 있다는 점에
서 폐색전증을 예상하고 진단하여 치료하기는 매우 어
려운 점이 있습니다. 이러한 전반적인 상황에 대하여
의학적, 법률적 판단을 원하실 경우에는 진료기록 및
부검감정서 등의 서류를 구비하신 후 의료중재원의 절
차를 진행해 보시기 바랍니다.

【관련판례1】

　　제왕절개수술과 자궁근종 제거수술을 받은 환자가 폐색전증 증상을 보
이자 환자의 상태를 고려하여 출혈의 부작용을 야기할 위험이 있는 헤파
린을 투여하지 않고 즉시 다른 병원으로 전원시켜 카데터에 의한 색전제
거술 등 다른 적절한 방법에 의한 치료를 받을 수 있도록 한 조치에 의
료상의 과실 또는 설명의무 위반이 있다고 할 수 없으므로 병원 및 소속
의사가 진료계약에 따른 채무를 이행하지 못하였다고 할 수 없다고 한
사례(서울고법 2001. 2 .8. 선고, 1999나10211 판결).

【관련판례2】

　　산부인과와 마취과 수련의 등이 수술 후 마취회복과정에 있는 산모를 방
치함으로써 폐혈전색전증의 발병 사실 또는 그 가능성을 감지하지 못하고,
그에 대한 조속한 진단 및 응급치료의 시기를 놓쳐 산모가 사망하였다고 하
여 해당 수련의와 이들을 지휘·감독할 사용자인 담당 과장의 공동불법행위
책임을 인정한 사례(광주고법 2003. 1. 8. 선고, 2001나3848 판결).

▌ 자궁암수술 중 방관손상으로 배뇨기능이 상실되었을 경우의 보상여부는?

【질문】 저는 자궁암을 진단받고 수술 차 입원하였습니다. 입원하여 수술과정에서 방광부위 신경손상이 발생되어 배뇨기능이 상실되었습니다. 해당 의료기관에서는 과실을 인정하여 향후 치료비를 보장하였고 6개월 후면 신경이 회복될 것이라고 하면서 신경치료를 해 주었지만 3년이 지난 지금에도 회복되지 않아 소변줄을 착용하고 있습니다. 보상을 거부하고 있는데 어찌해야 할지 고민입니다.

【답변】 암의 진행정도가 합병증 발생에 영향을 주었을 수도 있습니다.
자궁암은 자궁에 발생하는 악성종양을 통칭하며, 발생부위에 따라 자궁경부암과 자궁체부암으로 나뉩니다. 이들 치료법은 암의 진행정도에 따라 선택되는데 암의 크기, 연령, 전신상태, 향후 출산 희망 여부 등을 고려해서 결정됩니다. 수술의 범위는 암전 상태인 경우에는 자궁경부만 절제하는 수술로도 충분한 경우도 있고, 0기암인 경우에는 전자궁적출술을 하기도 하고 1기나 2기인 경우에는 광범위절제를 하게 됩니다. 그 이상인 경우에는 수술 자체가 불가능할 수도 있습니다. 암이 진행되어 수술범위가 커지면 당연히 주변 장기에의 손상도 생길 수가 있는데 가장 흔한 것 중에 하나가 방광의 손상입니다. 수술범위가 클 경우 방광의 일부를 포함한 광범위 절제로 인하여 합병증이 발생될 수 있으며, 수술상 과오로 인하여 발생되기도 합니다. 따라서, 방광손상으로 인한 합병증의 원인과 이에 대한 병원의 책임 여부를 알기 위해서는 수술 전 암의 진행 정도, 정확한 진단과 이에 맞는 수술적 치료의 시행 여부, 충분한 설명 여부가 검토 대상이 될 것입니다.

【관련판례】

의료행위에 의하여 후유장해가 발생한 경우, 그 후유장해가 당시 의료수준에서 최선의 조치를 다하는 때에도 당해 의료행위 과정의 합병증으로 나타날 수 있는 것이거나 또는 그 합병증으로 인하여 2차적으로 발생할 수 있는 것이라면, 의료행위의 내용이나 시술 과정, 합병증의 발생 부위, 정도 및 당시의 의료수준과 담당의료진의 숙련도 등을 종합하여 볼 때 그 증상이 일반적으로 인정되는 합병증의 범위를 벗어났다고 볼 수 있는 사정이 없는 한, 그 후유장해가 발생하였다는 사실만으로 의료행위 과정에 과실이 있었다고 추정할 수 없다. 복강경에 의한 질식 자궁적출술 등을 시행하는 경우 일반적 합병증으로 요관손상이 따를 수 있으므로, 위 수술 시행 과정에서 환자의 요관이 손상되는 결과가 발생한 것에 대하여 바로 수술의사의 과실을 인정할 수 없고, 이를 추정하기 위해서는 위 손상 결과가 일반적인 합병증의 범위를 벗어난 것으로 볼 만한 사정이 인정되어야 한다고 한 사례(대법원 2008. 3. 27. 선고, 2007다76290 판결).

▌ 이송이 늦어져 아기에게 뇌손상이 발생된 경우 병원의 책임 여부는?

【질문】 분만직후 의사말로는 아기가 태어날 때 탯줄을 감고 태어났고 자가 호흡이 되지 않아 큰 병원으로 빨리 가야 된다고 하였습니다. 문제는 전원 할 병원은 정해졌는데 동행간호사가 아직 준비되지 않았다고 했습니다. 그리고는 119구급차가 왔는데도 동행간호사 준비가 되지 않아 119를 그냥 돌려보냈습니다. 그렇게 2시간이 경과한 후에야 간호사 준비가 되어 119구급차를 타고 종합병원으로 옮겼는데 가는 도중 아기의 산소포화도가 35까지 떨어졌습니다. 종합병원에 도착하여 의료진이 아기상태를 관찰하니 이미 출생부터 이송까지 너무 시간을 지체하여 저산소증으로 인한 뇌손상이 발생되었다고 합니다. 병원에게 어떤 책임이 있는지요?

【답변】 의료인은 응급상황 발생 시 즉각적이고 적절한 대처가 필요합니다. 호흡곤란증이 심하면 뇌에 산소가 부족하게 되고 이 때문에 뇌부종이나 뇌출혈, 즉 뇌손상으로 이어지게 되며, 통상 10분 이상 경과 되면 심한 뇌손상 또는 뇌사상태가 됩니다. 이 사례의 내용에 있어서 아기가 자가호흡이 원활하지 못할 경우에는 뇌손상의 발생가능성을 예견하고 1차적인 응급 처치를 시행하여 뇌손상이

라는 결과를 회피하기 위한 최선의 노력을 다하여야 하고, 해당 병원의 여러 사정으로 인해 적극적인 치료가 어려울 경우에는 즉시 치료를 받을 수 있는 의료기관으로의 전원을 시행하여야 합니다. 따라서 이 사례의 쟁점은 태아곤란증을 사전에 예견할 수 있었는지, 그에 따른 치료과정 및 방법은 적정하였는지, 환자를 전원함에 있어 소홀함은 없었는지, 또한 현재상태가 위 문제들과 인과관계가 있는 것인지 여부라고 할 수 있습니다.

【관련판례1】

의료진이 분만 과정에서 태아저산소증, 즉 태아곤란증을 뒤늦게 발견한 과실로 태아가 뇌성마비의 장해를 입은 것으로 보아 소속 병원 운영자에게 손해배상책임을 인정한 사례임. 의료진이 분만 과정에서 태아저산소증, 즉 태아곤란증(fetal distress)을 뒤늦게 발견한 과실로 태아가 뇌성마비의 장해를 입은 것으로 보아 소속 병원 운영자에게 그 장해로 인한 손해배상책임을 인정하면서, 태아저산소증으로 인한 뇌성마비의 결정적 판단 기준을 미국산부인과학회 위원회가 1991년에 발표한 기준과는 달리 ① 제대동맥혈 내 ph <7.00의 대사성 또는 호흡-대사 혼합성 산혈증, ② 경련, 혼수상태 또는 저긴장도의 신생아 신경학적 후유증 동반, ③ 출생 후 2주 이내의 뇌CT촬영 경과로 제시하고, 제반 사정을 참작하여 피고의 손해배상책임을 일부 제한한 사례(서울고법 2009. 7. 9. 선고, 2008나47949 판결).

【관련판례2】

의사에게는 만일 당해 의료기관의 설비 및 지리적 요인 기타 여러 가지 사정으로 인하여 진단에 필요한 검사를 실시할 수 없는 경우에는 특단의 사정이 없는 한 당해 환자로 하여금 그 검사를 받을 수 있도록 해당 의료기관에 전원을 권고할 의무가 있다(울산지법 2005. 9. 7. 선고, 2004가합977 판결).

■ 질분비물 검사 중 처녀막이 손상되었는데 보상을 받을 수 있는지?

【질문】 저는 최근에 생리적 분비물이 많아 산부인과에 갔습니다. 의사 분께서 하시는 말씀이 냉대하증 의심이 된다고 검사를 해보자고 했습니다. 그래서 냉검사를 하였는데 문제는 검사과정에서 처녀막이 손상되었습니다. 저는 아직 시집도 안간 처녀입니다. 이런 잘못에 대한 보상을 받을 수 있을까요?

【답변】 검사방법에 대한 상세한 설명이 없었다면 병원의 책임이 인정됩니다.

냉대하증은 통상 병원에서의 질분비물 검사를 통해 균의 종류를 진단하고 이에 맞는 적절한 약물치료를 시행하게 됩니다. 다만, 성경험이 없는 환자의 경우에는 처녀막의 손상위험이 있기에 질 안쪽에서 검사나 처치를 하지 않으며 특별한 사유가 없는 한 초음파검사 또한 시행하지 않습니다. 물론 환자의 상태가 위중하여 피해의 경중을 따져보아야 할 경우에는 이에 대한 충분한 설명을 한 후 시행될 수 있습니다. 이렇듯, 질 내부의 검사를 시행하기 이전에 의료인은 항상 환자의 처녀성 여부를 확인하여야 하며, 충분한 설명을 토대로 동의를 구한 후 검사를 시행하여야 합니다. 이러한 설명 없이 행해진 검사 중 처녀막이 손상되었을 경우에는 그에 대한 병원의 책임이 인정될 수 있습니다.

【관련판례】

자궁암 검사는 여성의 질구를 통하여 이루어지는 것이고 또한 당시의 상황이 원고가 자궁암 검사를 받아야만 하는 긴급한 상황은 아니었다는 것이니, 따라서 환자의 신체검사를 담당한 의료인으로서는 특별한 사정이 없는 한 직접 위 자궁암 검사에 참여하여 최소한 원고의 결혼 여부, 성관계의 유무 등을 문진하고 질구를 관찰한 다음 원고가 성경험이 없는 처녀로 판명되었을 경우 원고에게 자궁암 검사의 방법, 이로 인한 처녀막의 손상 가능성 등의 사항을 설명하여 자신의 의사에 따라 스스로 위 검사를 받을 것인가의 여부를 선택할 수 있도록 하고 처녀막에 손상이 가지 않는 적절한 검사방법이 있는지의 여부를 모색하여 그러한 방법으로 위 검사를 시행하여야 할 주의의무가 있음에도 이를 게을리한 채 검사를 실시하게 된 과실이 있다 할 것이므로 환자에 대한 설명의무 위반에 따른 승낙권의 침해와 이로 인한 의료상의 과오로 인하여 환자가 입게 된 손해를 배상할 책임이 있다(서울지법 1994. 8. 24. 선고, 93가합80648 판결).

■ 분만과정에서 아기는 어깨골절, 저는 항문이 파열되었을 경우의 대처방법은?

【질문】 저는 출산한 지 얼마 되지 않은 산모입니다. 너무나도 억울한 일이 있어 이렇게 글을 남깁니다. 분만을 하는 과정에서 어떠한 이유인지는 모르겠지만 아기의 어깨부위에 골절이 생겼고 저 또한 항문이 파열되는 사고를 당했습니다. 그래서 종합병원으로 이송하여 아기는 어깨교정 치료와 저는 항문부위 봉합술이라는 치료를 받고 현재 입원치료 중에 있습니다. 해당 산부인과에서는 그럴 수도 있다는 말만 되풀이 하는데, 문제가 있는 것은 아닌지 궁금합니다.

【답변】 현 상황이 분만 전에 충분히 예견될 수 있는 상황인지 여부가 중요합니다.

분만 시 신생아의 쇄골골절은 전체 분만의 0.3~1.8%에서 발생하는 합병증으로 미리 예측하거나 예방할 수 있는 방법은 없습니다. 분만 과정에서 좁은 산도에 걸려있는 신생아의 어깨를 분만하기 위하여 의사가 신생아의 머리를 잡고 아래로 당겨 위쪽 어깨를 빼내고 다시 위쪽으로 당겨 아래쪽 어깨를 빼내는데 이는 정상적인 분만과정입니다. 원인으로는 분만과정에서 산모가 제대로 힘을 주지 못하였거나, 신생아 머리가 나오고

나서 산모가 힘을 빼어야 어깨와 몸이 무리 없이 나오
는데 그렇지 않고 계속 힘을 준 경우, 신생아가 거대아
여서 제대로 골반을 통과 못한 경우 등에서 발생될 수
있습니다. 다만, 산전 진찰에서 태아의 체중이 과체중
이었는지가 중요합니다. 만약 과체중이었다면 의사는
정상적으로 분만이 가능한지의 여부를 확인하여야 하
며, 이 점을 산모가 인지할 수 있도록 충분히 설명이
이루어져야 합니다. 또한 산모의 항문파열은 태아의 과
체중, 회음부의 과도절개 등 여러 가지 원인이 있을 수
있으므로, 이에 대하여 의학적으로 규명하는 것이 선행
되어야 할 것입니다.

【관련판례】

　　거대아의 경우 난산이 예상되어 산모나 태아의 건강이 염려되므로 산
모의 과거 분만력, 출산 전의 검진결과 등 여러 사정을 종합하여 태아가
거대아인지 여부를 미리 예측하여 이에 대비하여야 할 것이고, 만약 이를
예측할 수 없어 자연분만의 방법을 시도하게 되었고, 그것이 어쩔 수 없
었다 하더라도 분만 과정의 상황에 비추어 거대아 등 분만곤란증상을 의
심할 수 있었다면 즉시 자연분만 방법을 포기하고 제왕절개수술을 시도
하는 등 조치를 취하여 산모나 태아의 건강을 확보하려고 노력하여야 할
것이다(서울고법 1998. 2. 10. 선고, 96나45193 판결).

▌ 제왕절개술 후 출혈이 지속되어 재수술을 받았는데 병원의 책임은?

【질문】 저는 임신 37주 4일로 양수가 터져 산부인과에 갔습니다. 진통이 있는데도 자궁경관이 개대가 되지 않아 산전 진찰을 했던 의사분이 안 계셔서 다른 의사분에 의해 제왕절개 분만으로 여아를 출산하였습니다. 보통 제왕절개 분만을 하면 약간의 출혈은 있다는 얘기는 들었지만 어찌된 일인지 출혈이 멈추지 않았습니다. 그렇게 수혈 등의 아무런 조치 없이 1시간이 경과한 후에야 산전 진찰을 했던 의사분이 오셔서 수혈과 자궁절제술을 시행하였습니다. 그런데도 출혈이 지속되자 종합병원으로 급하게 이송되어 개복수술을 받고 약 20일 후에 퇴원 하였습니다. 출혈도 출혈이지만 혈액을 미리 준비해서 수혈을 빠른 시간 내에 했더라면 큰 병원까지 가는 일은 없었을 것 같습니다. 해당 병원에 책임을 물을 수 있는지요?

【답변】 출혈이 지속되었다는 사실만으로 병원에 책임을 묻기 어려울 수도 있습니다.
이완성 자궁출혈의 경우는 아직 그 발병을 예측할 수도 없고 그 예방법도 없기에, 별도 수술 중의 과오로 인한 출혈이 아니라면, 출혈이 발생되었다는 사실만으로는 병원에 책임을 묻기는 어렵습니다. 분만 후 자궁수축이 이루어지지 않거나 혈관손상 등으로 인하여 출혈이 지속될 경우에는 수혈과 수액 처치를 시행하고 출혈량과 상태에 따라 자궁절제술을 시행하게 되는데, 그러한 과정에서 해당 병원에서의 진단 및 치료가 어려울 경우에는 큰 병원으로 전원을 고려하게 됩니다.

따라서 출혈의 원인이 무엇인지, 출혈 후 시행한 의료행위의 방법과 과정은 적정하였는지, 1시간 경과 후 시행된 수혈과 자궁절제술이 환자의 상태에 악영향을 초래한 부분은 없는지 등이 검토되어야 할 것입니다.

【관련판례】

산부인과 개업의들이 매 분만마다 수혈용 혈액을 준비한다 하더라도 이를 사용하지 아니한 경우(대부분의 분만에서 사용하지 아니한다)에는 혈액원에 반납할 수 없고, 산부인과 의원에서는 이를 보관하였다가 다른 산모에게 사용할 수도 없기 때문에 결국 사용하지 못한 혈액은 폐기하여야 하고, 헌혈 부족으로 충분한 혈액을 확보하지 못하고 있는 당시 우리나라의 실정상 만약 산부인과 개업의들이 매 분만마다 수혈용 혈액을 미리 준비하고, 이를 폐기한다면 혈액 부족이 심화될 우려가 있음을 알 수 있는바, 제왕절개분만을 함에 있어서 산모에게 수혈을 할 필요가 있을 것이라고 예상할 수 있었다는 사정이 보이지 않는 한, 산후과다출혈에 대비하여 제왕절개수술을 시행하기 전에 미리 혈액을 준비할 업무상 주의의무가 있다고 보기 어렵다고 본 사례(대법원 1997. 4. 8. 선고, 96도3082 판결).

▮ 기형아 검사는 정상이었으나 선천성 기형을 가지고 태어났는데 병원에게 손해배상청구 및 고소를 할 수 있는지?

【질문】 저는 임신 28주에 기형아검사를 했습니다. 분명히 그때는 태아에게 아무런 이상이 없는 정상이라고 하였습니다. 막상 출산을 해보니 아기가 선천성 기형(다운증후군)을 가지고 태어났습니다. 그런데 개인적인 사정으로 해당 산부인과에서 분만하지 않고 병원을 옮겨서 아기를 출산한 상황입니다. 미리 기형을 알았다고 한다면 임신중절술을 하였을 것입니다. 이런 경우에 기형아검사를 한 병원을 상대로 손해배상청구와 고소를 할 수 있는지 궁금합니다.

【답변】 진단을 소홀히 하였을 경우 병원의 책임이 인정될 수 있으나 다운증후군은 임신중절사유에 해당되지 않습니다. 임신중절술은 모자보건법 제14조와 시행령 제15조에 따른 임신중절수술 사유에 해당될 경우에만 시술이 가능하며, 다운증후군은 위 사유에 해당되지 않으므로 부모의 낙태결정권이 침해되었다고 할 수 없습니다. 다만, 기형아 검사의 시기와 방법이 적정하였는지, 판독 결과 상 오류는 없었는지, 이와 관련된 설명은 충실하였는지 여부에 따라 병원의 배상책임이 인정될 수도 있습니다. 반대로 상기 과실이 없는 경우에는 기형아

검사와 다운증후군 발생과의 인과관계는 성립되지 않아 병원의 책임이 인정되지 않을 수도 있습니다. 의료행위의 전반적인 적정성 검토를 위해서는 기형아 검사를 한 진료병원의 검사기록, 영상물 등에 대한 진료감정이 선행되어야 하므로, 이를 확보한 후 의료중재원의 절차이용을 통한 판단을 받아보시기 바랍니다.

【관련판례1】

의사가 기형아 판별확률이 높은 검사 방법에 관하여 설명하지 아니하여 임산부가 태아의 기형 여부에 대한 판별확률이 높은 검사를 받지 못한 채 다운증후군에 걸린 아이를 출산한 경우, 다운증후군은 모자보건법상 인공임신중절사유에 해당하지 않음이 명백하여 부모가 태아가 다운증후군에 걸려 있음을 알았다고 하더라도 부모의 적법한 낙태결정권이 침해되었다고 할 수 없다(대법원 1999. 6. 11. 선고, 98다22857 판결).

【관련판례2】

부모의 적법한 낙태결정권이 침해되었다고 할 수 없어 그로 인한 정신적 고통은 인정할 수 없는 경우라 하더라도, 부모는 태아가 정상아로 출생할 것으로 잘못 신뢰하게 되었고 그에 따라 장래 있을 행복한 가정생활을 꿈꾸고 있었는데 위 신뢰에 어긋나게 태아가 기형아로 출생함으로써 위와 같이 구체적으로 내용 및 형태가 어느 정도 갖추어져 있는 행복추구권이 침해당하여 정신적 고통을 입었다 할 것이므로, 의사는 부모가 입은 위 정신적 고통의 손해를 배상할 책임이 있다(부산고법 2001. 9. 14. 선고, 2001나3788 판결).

■ 분만 중 조치미흡으로 아이에게 뇌손상이 발생되었는데 병원에게 손해배상을 청구할 수 있는지?

【질문】 저는 분만 중 자궁경관이 개대가 되었으나 분만과정이 더 이상 진행되지 못하는 가운데 심박수가 60 이하로 급격히 떨어졌습니다. 그래서 응급으로 제왕절개술을 받았는데 분만 후 태아의 상태를 관찰해 보니 호흡이 제대로 이루어지지 않는 것 같아 대학병원으로 전원하였습니다. 그 후부터 현재까지 자가 호흡을 하지 못하고 있습니다. 또한 신장과 간 상태까지 좋지 않으며 대학병원의 주치의 소견으로 뇌손상이 온 것 같다는 말씀을 하셨습니다. 그리고는 언제쯤 호흡이 정상기능으로 돌아올지는 예견할 수가 없다고 하십니다. 산부인과에서 분만과정 중에 태아의 상태를 조금만 빨리 파악하였더라면 그리고 그에 따른 즉각적인 조치만 있었다면 이런 일은 없을 것으로 보입니다. 산부인과 의원에게 손해배상을 청구할 수 있을까요?

【답변】 응급 상황에서의 신속한 조치와 악결과를 회피하기 위한 노력 여부가 쟁점사항이 될 것입니다.
의료인은 분만시에 발생될 수 있는 문제를 최소화하기 위하여 태아의 상태를 정확히 파악하고 이에 맞는 적절한 분만방법을 선택하여야 합니다. 또한, 만기태아의 심박동 감소 등으로 태아곤란증을 의심할 만한 상황이 생기면 즉시 산모에 대한 산소공급 등 필요한 조치를 취하여 태아의 상태가 호전되는지 여부를 면밀히 관찰하여야 하고 태아상태가 호전되지 않을 경우에는 응급 제왕절개술 등으로 조기에 태아를 만출시킬 수 있도록 적절한 조치를 취해야 합니다. 설령, 일시적으로 태아의 상태가 호전되었다고 할지라도 지속적으로 태아의 심박동에 이상이 있는지 여부 등을 주의 깊게 관찰하는 등 분만과정 전반에 걸쳐 사고예방을 위한 최선의 노력을 다하여야 합니다. 이 사례의 경우 분만 전 사전진찰을 통하여 예견할 수 있었는지 또한 분만과정에서 태아의 이상 징후가 보일 때 신속하고 적절한 조치가 이행되었는지 및 적절한 조치에도 불구하고 불가항력적인 부분은 없었는지 여부에 대한 판단이 필요합니다.

【관련판례】

　뇌성마비는 대부분의 경우 그 원인을 밝혀내기 어렵고 분만 중의 원인은 6~8%에 불과하다고 할지라도 뇌성마비의 가능한 원인 중 하나가 될 수 있는 분만 도중 발생한 저산소성-허혈성 뇌손상을 표상하는 간접사실들이 인정되는 반면 선천적 또는 후천적인 다른 요인의 존재를 추인하게 할 만한 사정은 발견되지 않는다면, 뇌성마비가 분만 중 저산소성-허혈성 뇌손상으로 인하여 발생하였다고 추정함이 상당하다고 한 사례(태변착색과 더불어 태아감시장치 부착 후 곧 만기태아 심박동감소 소견이 나온 이상 산모에 대한 산소공급으로 일시적으로 태아심박동감소 상태가 호전되었다고 할지라도 지속적으로 태아심박동수 등을 주의 깊게 관찰하면서 만일의 사태에 대비하고 즉시 질식분만을 시행할 수 없다면 태아의 저산소증으로 인하여 발생이 우려되는 뇌손상 등 치명적인 위험을 피하기 위

하여 제왕절개수술에 의한 분만을 시도하는 등으로 적극적인 대처를 하
여야 함에도 태아의 상태를 정확히 확인하지 않은 채로 몇 시간 동안 만
연히 질식분만을 시도하였고, 나아가 원고 5가 태변이 진하게 착색된 상
태로 출생하였음에도 신속하고도 필요한 응급처치를 시행하지 아니한 과
실이 있음을 인정한다(대법원 2005. 10. 28. 선고, 2004다13045 판결).

■ 제왕절개 분만 후에 과다출혈로 산모가 사망했을 경우 병원의 책임은?

【질문】 산모가 제왕절개로 임신 39주 3일 만에 남아를 출산 하였습니다. 하지만 제왕절개로 분만과정에서 출혈이 발생되었고 그 출혈이 좀처럼 멈추지 않았습니다. 그런데 해당 산부인과에서 어떠한 이유인지는 모르겠지만 지혈을 시키지 못하면서 즉시 큰 병원으로 이송시키지 않고 있다가 1시간이 경과한 후에나 큰 병원으로 이송시켰습니다. 큰 병원으로 옮겨진 후 출혈에 대하여 응급조치를 하였지만 8일 만에 사망하고 말았습니다. 사인은 과다출혈로 인한 저혈성 쇼크로 판명되었는데 해당 산부인과에서 응급조치가 이루어질 수 없는 상황이나 그러한 장비나 시스템이 없다고 한다면 즉시 큰 병원으로 이송시켜 조치를 취했어야 하는 것 아닌지하는 생각에 분통이 터집니다. 해당 산부인과에어떤 책임이 있는지요?

【답변】 출혈의 원인과 신속한 진단 및 치료의 시행여부가 중요합니다.
　　　 의료인은 진찰·치료 등의 의료행위를 할 때에 사람의 생명·신체·건강을 관리하는 업무 성질에 비추어 환자의 구체적인 증상이나 상황에 따라 위험을 방지하기 위하

여 요구되는 최선의 조치를 취하여야 할 주의의무가
있습니다. 출혈의 원인은 무엇이며, 이에 대한 적절한
조치를 취하였는지, 큰 병원으로의 전원이 늦은 것은
아닌지 및 의료인의 적절한 조치에도 불구하고 불가항
력적인 부분은 없었는지 여부가 검토되어야 하며 전원
된 병원에서도 산모 도착 직후 산모의 상태에 따른 진
단 및 치료의 적절성 여부 또한 검토되어야 합니다. 이
러한 쟁점사항들이 사망의 결과에 어떠한 영향을 미쳤
는지, 과오가 있다면 이에 대한 손해의 범위는 어느 정
도인지에 대하여는 의료적인 판단과 법률적인 판단이
필요한 것으로, 조정 신청 또는 민사소송 제기 등 법적
절차를 밟아 보시기 바랍니다.

【관련판례1】

　의사에게는 만일 당해 의료기관의 설비 및 지리적 요인 기타 여러 가
지 사정으로 인하여 진단에 필요한 검사를 실시할 수 없는 경우에는 특
단의 사정이 없는 한 당해 환자로 하여금 그 검사를 받을 수 있도록 해
당 의료기관에 전원을 권고할 의무가 있다(울산지법 2005. 9. 7. 선고,
2004가합977 판결).

【관련판례2】

　출산 후 이완성 자궁출혈로 저혈량성 쇼크상태에 빠진 산모에게 진료
담당 의사가 필요한 수액과 혈액을 투여한 후 폐부종이 발병하여 산모가
사망한 사안에 대하여, 법원은 이완성 자궁출혈이 의료계에서 아직 그 발
병을 예측할 수 없고 그 예방법도 없는 점, 그 밖에 수술 전후의 산모의
상태 및 의사의 조처 등에 비추어, 담당의사의 과실을 부인한 후 의사가
이완성자궁출혈로 인한 저혈량성쇼크를 치료하기 위하여 수혈 및 수액

공급을 함에 있어 중심정맥압을 10㎝H2O로 유지하였던 점, 출혈이 심하여 수혈을 받은 것으로 인하여선 폐부종이 잘 발생하지 아니하는 점, 산후출혈 없이 임신중독증 자체만으로도 폐부종이 발생할 수 있는 점 등에 비추어, 의사의 그 수혈 및 수액 공급과 산모의 사망 사이에 인과관계를 부인한 사례(창원지법 1997. 6. 4. 선고, 97노284 판결).

■ 검사결과 정상이었는데 6개월 뒤 유방암 3기 진단을 받았을 경우 병원에게 책임을 물을 수 있는지?

【질문】 저는 4~5년 전에 유방 양성종양과 결절의심 소견으로 산부인과 병원에서 정기적으로 검진을 받았습니다. 올 봄까지는 정상이라는 진단을 받았는데, 올 가을쯤에 갑자기 정기적인 검진에서 유방암 3기 확진을 받았습니다. 그래서 큰 상급종합병원으로 옮겨 현재 항암치료 중으로 경과관찰 하면서 종양의 크기에 따라 수술 여부를 고려중에 있습니다. 정기적으로 검사를 받았는데도 암이 3기가 될 때까지 몰랐다는 사실이 너무 황당합니다. 해당 병원에게 책임을 물을 수 있는지요?

【답변】 암 확진을 위한 치료과정 전반의 검토와 예후의 영향 등에 대한 판단에 따라 책임 범위가 결정됩니다.
통상적으로 유방 종괴(만져지는 덩어리)는 유방암의 증상 가운데 약 70%를 차지하는 가장 흔한 증상으로 유방에 종괴가 있을 때 유방암과의 감별이 필요합니다. 환자의 경우 4~5년 전에 이미 유방 양성종양과 결절이 의심된다는 진단을 받았다면 의료인으로서는 확진을 위하여 조직검사를 권유하고 시행하여 그 결과에 따라 치료와 검사를 병행하여야 합니다. 조직검사는 시행하지 아니하고 단순하게 X-ray촬영과 초음파촬영 결과만으로 경과관찰을 하였다고 한다면 경우에 따라 의료인의 책임이 인정될 수 있으며, 환자에게 조직검사 또는 추적검진을 받을 것을 권유하거나 이에 대한 설명을 하였는지 여부도 검토되어야 할 사항입니다. 이러한 내용들은 의무기록 및 X-ray, 초음파 등 영상기록을 통한 전문적인 진료감정이 필요한 것이므로, 이에 대한 자료를 우선적으로 확보해 두시기 바랍니다.

【관련판례1】

멍울이 잡히는 부위를 특정하여 유방암 진단을 의뢰한 환자에 대하여 유방결절로 진단된 경우에도 담당 의사는 환자에게 조직검사 또는 추적검진을 받을 것을 권유하거나 이에 대한 설명을 할 의무를 부담하므로 이를 위반한 경우에는 환자의 자기결정권 침해에 따른 정신적 고통에 대한 위자료 지급 책임이 있다고 본 사례(인천지법 1999. 3. 26. 선고, 98가합12955 판결).

【관련판례2】

유방종괴를 원인으로 기왕에 내원하였던 환자가 약 10개월이 경과한 뒤 같은 병원을 내원하였다면 의사로서는 위 환자에게 유방암 확진을 위한 검사방법을 설명하고 진료기록부의 유방에 관한 병력·증상에 근거하여 조직검사 및 추적검사를 받을 것을 권유하는 등으로 이를 설명할 의무가 있다 할 것인데, 그럼에도 불구하고, 위와 같은 설명의무를 해태하여 환자가 좀더 정확한 유방암 진단을 받을 수 있는 기회를 상실하게 하였다면 이는 환자의 유방암 확진을 위한 조직검사 및 추적검사 여부에 관한 결정권을 침해한 것이 된다고 한 사례(서울고법 2003. 4. 9. 선고, 2001가합11723 판결).

▌ 동네 병원에서는 정상이었는데, 큰 병원에서 유방암 2기 진단을 받았을 경우 손해배상청구가 가능한지?

【질문】 저희 아내가 유방 유두 부위에 혹이 생겨 동네병원 내과에서 진찰을 받아보니 별 이상이 없다고 하였습니다. 그래서 몇 개월 뒤에 물혹이 커져 재내원하니 물혹 내부의 이물질만 단순하게 제거하고 집으로 돌려보냈습니다. 그렇게 몇 개월을 보내다가 혹시나 해서 재진료를 받기 위해 내원하였습니다. 그런데 당시 진료했던 의사는 다른 곳으로 가고 없었고, 그래서 다른 의사에게 진료를 받았는데 큰 병원으로 가서 조직검사를 해 보라고 하였습니다. 종합병원에서 정밀검사를 받았는데 유방암 2기라는 진단을 받고 현재 수술과 항암치료를 받고 있습니다. 이런 부분에 대하여 손해배상청구가 가능한지 문의 드립니다.

【답변】 유방암 진단을 위한 노력과 내원 당시 환자 상태에 대한 검토를 통해 손해배상 여부를 판단 받으실 수 있습니다. 최초 내원당시 환자의 상태와 그 증상에 맞는 의료인의 확진을 위한 노력이 검토되어야 할 것입니다. 수개월에 걸쳐 외래진료를 받았고, 증상이 더욱 악화되었다면 이에 대한 추가적인 검사를 고려해 볼 필요가 있으며, 해당병원의 진료환경으로는 세부적인 검사가 어려울 경

우 타 병원으로의 전원 또는 검사여부에 대한 상세한 설명이 필요합니다. 이러한 과정 없이 유방암 초기진단 기회를 놓쳐 치료시기를 상실케 하였다면 주의의무를 다하지 않은 것으로 평가되어 병원의 책임이 인정될 수 있습니다. 따라서 최초 환자의 증상에 따른 검사의 필요 유무, 이에 따른 의료행위의 적정성 여부 등이 손해배상의 범위를 판단하는 중요한 쟁점사항이 될 수 있습니다.

【관련판례】

유방종괴를 원인으로 기왕에 내원하였던 환자가 약 10개월이 경과한 뒤 같은 병원을 내원하였다면 의사로서는 위 환자에게 유방암 확진을 위한 검사방법을 설명하고 진료기록부의 유방에 관한 병력·증상에 근거하여 조직검사 및 추적검사를 받을 것을 권유하는 등으로 이를 설명할 의무가 있다 할 것인데, 그럼에도 불구하고, 위와 같은 설명의무를 해태하여 환자가 좀더 정확한 유방암 진단을 받을 수 있는 기회를 상실하게 하였다면 이는 환자의 유방암 확진을 위한 조직검사 및 추적검사 여부에 관한 결정권을 침해한 것이 된다고 한 사례(서울고법 2003. 4. 9. 선고, 2001가합11723 판결).

제 5 편

피부과
비뇨기과
이비인후과

■ 프락셀레이저 흉터제거술 후 흉터가 더욱 깊어졌을 경우 병원의 책임 및 손해배상범위는?

【질문】 저는 결혼을 앞두고 광대뼈 하단에 있는 흉터를 없애고자 피부과에서 레이저 치료를 받았습니다. 그런데 시술 후 흉터가 더 깊어져서 육안으로 더 도드라져 보이고, 이에 따라서 불평을 제기하자 레이저 시술 2번 무료로 해주었습니다. 피부과에서는 시간이 지나면 흉터가 나아진다고 하지만, 지금 상황을 볼 때 더 이상 호전되지 않을 것 같습니다. 2달 넘게 통원치료를 받고 있으나, 이 병원에서 치료만으로는 상태가 호전될 기미가 보이지 않습니다. 적절한 피해보상을 받아, 다른 기관에서 흉터 치료를 전문적으로 받고 싶습니다. 결혼일은 다가오고, 얼굴흉터는 더 깊어지고 이래저래 힘들기만 합니다. 이런 경우 병원에게 책임과 함께 손해배상을 청구할 수 있나요?

【답변】 시술 전 부작용에 대한 구체적이고 상세한 설명을 하지 않았을 경우 병원의 책임이 인정될 수 있습니다.
흉터 치료를 위한 레이저 치료요법은 현재 피부과 영역에서 보편적으로 이용되고 있는 시술입니다. 이 중 주로 사용되고 있는 프락셀레이저 치료법은 피부에 수천 개의 미세하고 깊은 치료 기둥을 만들어 선택적으로 열에 의한 조직 파괴를 유발하고 미세 치료구역 주변 조직은 열 손상으로부터 보호함으로써 상처 치유 과정을 촉진시켜 해당부위의 흉터를 치료하는 치료법입니다. 이에 대하여는 위와 같은 치료효과 외에 부작용의 발생가능성 또한 있으므로, 결혼을 앞둔 여성에 대한 치료의 경우에는 더욱 충분한 사전 설명이 선행되어야 합니다. 레이저 흉터제거술의 후유증은 홍반, 부종, 색소침착 및 화상, 흉터 등 다양하며, 대개 숙련되지 않은 의료진에게 레이저 시술을 받은 경우이거나, 피부 타입에 맞지 않는 무리한 치료, 과도한 레이저 시술로 인한 피부 재생력 저하 등이 현재 증상의 원인이 될 수 있으므로, 현재 증상에 대한 정확한 판단(깊어진 흉터가 레이저 시술로 인한 열상이나 화상인지, 흉터는 영구적인지 일시적인지, 향후 치료가 필요한 것인지) 후 이에 대한 손해배상 청구를 고려해 보시기 바랍니다.

【관련판례】

성형수술은 그 성질상 긴급을 요하지 않고, 성형수술을 하더라도 외관상 다소 간의호전이 기대될 뿐이며 수술 후의 상태가 환자의 주관적인 기대치와 다른 경우가 있을 수 있고, 특히 수술 후 부작용이 발생한 경우 환자는 그로 인하여 정신적 고통을 겪거나 외부활동에 장애를 받을 수 있는 특성이 있으므로, 의사는 환자에게 치료의 방법 및 필요성, 일반적인 부작용뿐만 아니라 치료 후의 개선 상태 등에 관하여도 구체적이고 상세한 설명을 하여 환자로 하여금 수술로 인하여 발생하는 증상 및 부작용을 충분히 감안하여 그 의료행위를 받을 것인가의 여부를 선택할 수 있도록 하여야 할 의무가 있다. 피고는 환자차트를 작성하면서 차트에 이 사건 시술 후 부작용에 관하여 세수, 화장 등을 주의하고, 붓기가 생길 수 있다는 등의 경미한 부작용에 대한 설명이 부동문자로 기재되어 있는 상태에서 원고로부터 서명을 받은 사실을 인정할 수 있으나, 위 인정사실만으로 피고가 원고에게 이 사건 시술을 함에 있어 시술 부위가 괴사될 수 있다는 등 부작용 등에 관하여 구체적으로 충분한 설명을 하였다고 인정하기에 부족하며, 달리 이를 인정할 증거가 없다. 따라서 피고는 원고에게 설명의무를 위반하여 원고의 자기결정권을 침해하였다고 볼 수 있다(서울중앙지법 2012. 6. 5. 선고, 2010가합45185 판결).

▌ 다리 레이저 시술 후 색소침착과 흉터가 남았을 경우 손해 배상청구가 가능한지요?

【질문】 제 딸이 양쪽 다리 레이저시술을 받은 후에 피부가 피가 나고 갈라져서 병원에 다시 갔습니다. 병원에서는 시간이 지나면 나아진다고 했지만, 4개월이 지난 지금 10여 군데 색소침착과 흉터가 생겼습니다. 양쪽 다리에 갈라진 피부가 봉합되면서 하얗게 긴 선 모양으로 흉터가 남아있어, 아직 어린 자녀가 그것도 딸아이가 평생 흉터를 가지고 살아야하는지 가슴이 답답합니다. 다른 피부과에 가보니 흉터는 추후 경과를 봐서 치료를 해 볼 수도 있고, 평생 남을 수도 있다고 합니다. 제가 어떻게 해야 우리 아이가 조금이라도 마음에 위로를 받을 수 있을까요?

【답변】 성장기의 치료가 중요한 시기이므로 치료완료 후 의료중재원의 판단을 받아보시기 바랍니다.
레이저 시술은 피부에 적절한 자극을 주어 피부재생을 유도하여 미용효과를 도모하는데, 제모나 기미 제거를 위한 레이저 시술이 도리어 피부에 색소침착 등의 후유증을 발생시키기도 합니다. 색소침착은 피부 표피층의 손상과 동시에 멜라닌 색소 세포가 활성화되면서 피부 표면이 검게 변하는 증상입니다. 신청인의 자녀가 피부 특수성 등 색소침착에 취약한 특성이나 기인 요인의 여부와, 레이저의 강도가 적절했는지 주의의무 위반은 없는지 색소침착과 흉터에 대한 원인파악이 필요합니다. 피부층의 재생(흉터 치료)은 단시간에 이뤄지지 않고 피부 재생주기를 따라 순차적으로 이루어지게 되므로, 현재는 적극적인 치료를 통한 상태의 호전에 만전을 기하시기 바랍니다. 이후 경과관찰을 한 후 그에 따른 미성년 여성에게 미치는 영향 및 향후 치료비 등 변화를 통해 발생된 손해가 어느 정도인지 파악해 보신 후, 금전적·정신적 손해가 확정되었다고 판단된 시점에서 손해배상 청구를 고려해 보시기 바랍니다.

【관련판례】

원고가 이 사건 수술 후 특별히 사후 치료를 등한히 하였다고 볼 수 없는 이 사건에 있어서 원고의 위 반흔은 그 크기나 치료 경과 등에 비추어 피고가 환자에 맞는 레이저 강도를 측정하여 수술을 하여야 함에도 불구하고 그 강도를 잘못 측정하여 이 사건 수술을 시행한 과실로 시술 부위의 전층 또는 부분심층을 손상시켰기 때문에 발생하였다고 봄이 상당하므로, 피고는 위와 같은 과실로 인하여 원고가 입은 손해를 배상할 책임이 있다. 한편, 앞에서 인정한 사실관계에 의하면 원고로서도 피고가 아무런 면허 없이 의료행위를 시술하고 있음을 알고 있으면서도 스스로 피고를 찾아가 위와 같은 레이저 시술을 받았을 뿐만 아니라 시술 이후 통증과 함께 염증이 나타나고 반흔 부위가 점점 더 커지는 증상이 나타났음에도 즉시 정상적인 의료시술을 갖춘 병원에서 진찰을 받지 아니하고 1998. 가을경에 이르기까지 수개월 동안 계속하여 피고로부터 치료를 받은 사실을 인정할 수 있는 바, 이러한 원고의 과실은 손해의 발생 및 확대의 한 원인이 되었다고 할 것이므로 피고가 배상할 손해액을 산정함에 있어서 이를 참작하기로 하되, 그 비율은 30%로 정함이 타당하므로, 피고의 책임 범위를 70%로 제한한다 (서울중앙지법 2004. 10. 13. 선고, 2004나4996 판결).

▌ 피부미용실에서 피부 관리 중, 화상을 입었을 때 피해구제 방법은?

【질문】 피부미용실(피부숍)에서 미용기기를 이용하여 피부 관리를 받은 후 피부 관리 부위에 화상 증상이 발생하였으며, 현재 A피부과의원에서 치료를 받고 있습니다. 이런 경우에도 의료중재원을 통해 피해구제를 받을 수 있는지요?

【답변】 피부관리실에서 발생한 사고는 의료중재원을 통해서 피해구제를 받을 수 없습니다.
의료중재원은 「의료사고 피해구제 및 의료분쟁조정 등에 관한 법률」에 따라 의료사고에 대한 피해 구제 등을 목적으로 설립되었습니다. 이때의 '의료사고'란 의료법에 의한 의료인 또는 의료기관의 의료행위로 인해 발생한 사고를 말합니다. 따라서 이 사례와 같이 「공중위생관리법」에 따라 설립·운영되는 피부미용관리시설에서 발생한 사고는 의료중재원을 통해 피해구제를 받으실 수 없습니다.
이런 경우 피해구제에 대해서는 한국소비자원, 행정처분과 관련해서는 관할 보건소 등에 문의하시기 바랍니다. 다만, 만일 피부미용실에서 사용한 의료기구 또는 시술이 의료행위에 해당하는 경우에는 「의료법」상 무면허의료행위에 해당되어 처벌 대상이 될 수도 있습니다. 이렇게 판단되는 경우 형사고소의 대상이 됩니다.

【관련법조문】

「**공중위생관리법**」 제2조(정의)

① 이 법에서 사용하는 용어의 정의는 다음과 같다.

5. "미용업"이라 함은 손님의 얼굴.머리.피부 등을 손질하여 손님의 외모를 아름답게 꾸미는 영업을 말한다.

「**의료법**」 제27조(무면허의료행위 등 금지)

① 의료인이 아니면 누구든지 의료행위를 할 수 없으며, 의료인도 면허된 것 이외의 의료행위를 할 수 없다.

【관련판례】

어떤 행위가 의료행위인지 여부를 판단함에 있어서는 사용된 기기가 의료기기인지 여부는 문제되지 아니하며 의학적 전문지식이 없는 자가 이를 질병의 예방이나 치료에 사용함으로써 사람의 생명, 신체나 공중위생에 위해를 발생케 할 우려가 있느냐의 여부에 따라 결정하여야 하는 것인데, 피고인이 사용한 가압식 미용기는 눈 주위의 근육을 맛사지 하여 혈액순환을 원활하게 하고 눈의 기능을 회복시켜줌으로써 시력을 회복한다는 것이니 눈주위의 근육 및 신경조직 등 인체의 생리구조에 대한 전문지식이 없는 자가 이를 행할 때에는 신경계 등 인체에 위해를 발생케 할 우려가 있으므로 피고인의 이 사건 가압식 미용기 사용은 의료행위에 해당함(대법원 89.9.29. 선고, 88도2190 판결).

■ 얼굴 제모시술 후 화상을 입었을 경우 피해보상방법은?

【질문】 얼굴에 제모시술을 받던 중에 인중에 2도 화상을 입었고, 그 이후부터는 해당 피부과에서 무료로 통원치료를 받았습니다. 오랜 기간 치료받았지만 흉터가 남아 있습니다. 제모시술 받은 의료기관은 집과 거리가 멀어서 타 병원에서 치료를 받았는데, 타기관 치료비 중 일부는 해당 피부과에서 대납해 주었습니다. 여러 피부과를 찾아가 봐도 더 이상 원상회복이 어렵다고 합니다. 피부과에서 대납해준 금액이 있으므로, 더 이상 피해보상을 논의할 수는 없는 것인지요?

【답변】 화상의 발생기전과 이후 적절한 관리에 대한 판단이 필요합니다.

제모는 주로 레이저를 이용하여 영구제모 효과를 꾀하게 되는데, 레이저의 종류는 다양하고, 피부나 털 상태에 따라 적절한 강도로 조절하여 시술하여야 합니다. 영구제모는 털이 있는 피부에 레이저를 쏘이면 색소에 흡수된 빛이 열에너지로 전환되어, 그 열이 털을 생산하는 검은색의 모낭에만 흡수되어 털을 선택적으로 파괴하게 됩니다. 영구적인 효과를 위해서는 개인차가 있으므로, 수차례 시술을 받는 경우도 있습니다. 후유증은 통증 및 물집, 화상, 색소침착, 홍반, 가려움, 모낭

염, 착색, 탈색 등이 발생될 수 있으므로, 시술 전 환
자의 상황에 맞는 적정한 강도의 시술이 필요하며, 시
술 후에는 관리가 중요하고, 보습 및 자외선 차단(화상
발생)에 유의하여야 합니다. 이 사례의 경우 화상 발생
기전과 화상 발생 후 적절한 관리 이루어졌는지 여부
등에 대한 검토가 필요하며, 이에 대한 의학적 판단과
손해배상의 법률적 판단은 의료중재원의 절차 이용을
통해 해결해 보시기 바랍니다.

【관련판례】

　　원고가 이 사건 시술 이후 2도 화상을 입은 점, 통상의 레이저 강도로
는 2도 화상을 일으키기 어려운 점, 피고가 레이저의 출력을 높였다고
자인하는 점 등에 비추어 보면, 원고는 이 사건 당시 통상의 경우보다 레
이저에 과도하게 노출되어 2도 화상을 입었다고 추정되고, 위와 같이 통
상의 경우보다 과도한 레이저에 노출시킨 것은 피고가 채무의 본지에 좇
은 이행을 하지 못하였다고 보는 것이 타당하며, 귀책사유가 없었다는 점
에 대하여는 피고가 증명하여야 한다. 그런데 피고의 주장이나 제출한 증
거를 종합하여 보더라도, 피고가 새로 구매한 기계의 사전 점검이나 이
사건 시술 도중 기계의 이상 유무에 관한 확인, 원고의 호소에 응한 조치
등에 있어 아무런 귀책사유가 없었다고 인정하기 부족하다(피고에게 귀책
사유가 없다는 점에 관한 입증이 부족한 이상, 피고가 그 주장을 입증하
여 피고와 원고보조참가인 회사 사이의 계약에 따른 책임을 묻는 것은
별론으로 하고, 피고 주장과 같은 사유를 들어 원고에게 대항할 수 없
다)(서울중앙지법 2012. 1. 19. 선고, 2009가단428084 판결).

▌지방분해술 후 염증과 피부괴사가 발생된 경우는?

【질문】 허벅지 지방분해를 위해 피부과에서 HPL과 카복시 시술을 받았습니다. 주사 후에 허벅지 전체가 검보라색의 멍이 들었고, 피부괴사가 생겼습니다. 상급병원에 입원하여 치료받고 있으나, 20cm가 넘는 상처가 생겼고, 피부이식이 필요한 상황입니다. 또한 다리의 통증과 불편함이 말로 설명할 수가 없습니다. 피부과에서는 제가 관리를 잘못해서 생긴 것이라고 하나, 저는 주사 맞은 후 바로 멍이 생겼고 피부괴사 및 긴 상처가 생긴 것 등, 병원 측 과실로 추정되는 문제가 한두 가지가 아닙니다. 저의 억울함을 어떻게 풀어야 하나요?

【답변】 현 상태의 진단을 받은 후 의료중재원의 절차를 통해 손해배상 여부에 대한 판단을 받아보시기 바랍니다.

HPL 지방융해술은 인체에 액체가스를 주사형태로 피하에 주입해 지방을 융해시켜, 녹인 지방을 주변의 혈관이나 림프관으로 배출시키는 시술입니다. HPL 지방융해술의 부작용은 주사약제에 의한 생리불순이나 하혈 등 호르몬 관련 후유증과 피부 문제(통증, 멍, 멍울 등), 구토 등 소화기계 증상이 나타날 수 있습니다. 또한 카복시 시술은 이산화탄소 중의 탄소성분을 혈관에 직접 주입을 통하여, 혈관 확장작용 및 혈관내의 혈압

을 내려주는 효과가 있으며, 이를 통해 피하지방의 감
소 및 얼굴축소 등의 효과를 볼 수 있으나, 주사바늘
사용으로 인한 통증이나 점상출혈, 감염 외에 피부의
발진 등의 합병증이 발생될 수 있습니다. 이 사례의 경
우 우선 현재 상태에 대한 정확한 진찰이 필요하며, 이
를 통해 향후 치료계획은 어떠한지, 이에 대한 비용은
어느 정도인지 등 손해의 범위를 특정 지을 수 있는
자료를 구비하여 둘 필요가 있습니다. 이후 검토의 쟁
점사항으로는 환자의 상태를 고려한 시술의 적응증에
해당되는지, 진료과정 전반의 과도한 시술은 없었는지,
추정되는 현재의 원인은 무엇인지, 상태악화 후 처치는
적절했는지, 관련된 설명은 충분하였는지 등이 주요 쟁
점사항이 될 것으로 보입니다.

【관련판례】

　피고가 원고 ○○에게 복부에 대한 지방흡입시술로 인하여 유방 부분
의 조직괴사 등의 부작용이 발생할 수 있다는 설명은 하지 않은 점, 이
사건 시술은 상하복부의 지방을 흡입하는 시술이었고, 복부 부분에 캐뉼
라의 삽입구가 절개되었음에도 절개부위나 지방흡입 부위와 거리가 먼
유방조직에 괴사가 일어난 점, 원고 ○○은 이 사건 시술 이전에는 보험
영업활동을 하는 등 건강상 특별한 이상이 없었고 시술부위가 붕대로 감
겨져 있어 유방조직의 괴사 또는 시술부위의 염증이 이 사건 시술 이후
의 외부적 요인이 작용한 결과라고 보기는 어려운 점, 원고 ○○은 이 사
건 시술 이틀 후부터 통증을 호소하기 시작하여, 피고의 반복된 항생제처
방에도 불구하고 ◇의료원에 입원할 때까지 증상이 계속 악화되고 있었
던 점 등에 비추어보면, 원고 ○○에게 나타난 유방조직의 괴사는 피고가
익숙하지 않은 새로운 공기압 방식의 지방흡입기기를 시술도구로 사용하

는 과정에서 조작 및 작동상 부주의로 시술부위 조직 내지 유방 조직을 손상하여 염증을 유발시켰거나, 위 기기의 관리 및 사용상 부주의로 인한 감염 등으로 시술부위에 염증을 유발시킴으로써 발생된 것으로 추정할 수 있다. 또한 피고가 원고 ○에게 유방조직의 괴사 등 지방흡입시술의 부작용에 대하여 충분한 설명의무를 이행하지 않은 잘못도 인정된다(부산지법2009.7.10.선고,2008가단47738판결).

■ 필러시술 후 피부가 괴사된 경우 피해보상 방법은?

【질문】 미간 주름으로 피부과의원에서 필러시술을 받았습니다. 시술 후에 피부가 괴사되어 필러제거하고 재생레이저와 항생제 치료를 받았습니다. 항생제 치료 후 온몸에 약발진이 생겨, 약물치료를 다시 받았고, 시력이 저하되어 안과에서 중심성 망막염 진단받았습니다. 현재 안과진료를 받고 있습니다. 피부과의원에서는 피부괴사 문제는 책임이 어느 정도 있다고 보지만, 약진과 시력저하는 말도 안 되는 피해라면서 환자의 체질 문제이지 해당 피부과 시술이나 항생제 치료와는 무관하다고 합니다. 맞는 말인지 궁금하고, 피해보상을 어떻게 논의해야 할지 고민입니다.

【답변】 피부괴사 등 합병증의 원인과 사후관리의 적절성에 대한 의학적 검토가 선행되어야 합니다. 필러는 말 그대로 '채운다'는 의미로, 꺼진 부위나 주름진 부위에 주사를 통하여 보충제(히알루니산, PAAG, 콜라겐 등)를 직접 주입하여, 미용적 효과를 보기 위한 시술입니다. 사용 주사제에 따라 제거가 가능하므로 미용 목적의 시술에서 선호되고 있습니다. 필러의 부작용은 보충제의 이탈(흘러내림)부터 부종, 염증, 괴사 등이 있습니다. 보충제가 진피층에 들어가야 하는데, 더 깊숙이 들어가면 혈관이 막히고 이로 인해 부종 및 괴사까지 진행이 될 수 있습니다.

또한, 항생제 부작용은 피부발진, 구토, 소화불량, 혈소판감소, 간 효소수치 상승 등 처방약제에 따라 다양한 부작용을 내포하고 있음을 고려해 볼 때, 피부괴사의 치료를 위한 항생제 부작용으로 약발진의 발생은 있을 수 있으나, 직접적인 원인여부는 전문가의 의학적 판단이 선행되어야 합니다. 또한, 중심성 망막염의 주된 원인은 결핵알레르기, 심신의 과로, 수면부족, 눈의 피로 등이므로 피부괴사의 진료로 인한 2차적인 발생가능성도 고려되어야 합니다.

【관련판례】

피고는 주사기가 이 사건 시술 부위 주변을 주행하는 동맥을 직접 천자하고 동맥 내 필러 주입이 가능하므로 진피내 또는 진피와 지방층의 경계 부위에 필러가 위치하도록 주사 바늘의 끝을 놓고, 주사기의 손잡이를 가볍게 당겨보아 혈액이 흡입되는지를 확인하여 직접 천자 유무를 확인하여야 함에도 이를 하지 않은 점, 끝이 뭉툭한 캐뉼라를 사용하였다 하더라도 혈관에 필러가 유입되어 피부가 괴사할 수 있고 설사 정확히 혈관내(lateral nasal artery) 주입이 되지 않았더라도 혈관 바로 옆에 국소적으로 집중 주입되어 물리적으로 혈관을 완전 폐색시킬 수도 있는 점, 혈관폐색의 통상적인 경과에서 초기(1-3일)에는 피부 변화가 명확하지 않고 4-6일경 피부괴사가 나타는데 피고의 진료기록에 의하더라도 원고는 이 사건 시술 후 2일째인 2009. 10. 3. 통증과 열감을 호소했고, 5일째에 괴사가 보인 점, 필러 자체의 문제였다면 주변부의 염증증상, 팔자주름부 자체의 피부 손상이 동반되었을 텐데 원고의 경우 피부 괴사가 발생한 부위가 정확히 특정 혈관과 관련이 있고, 필러가 주입된 범위는 혈관 주변을 포함한 보다 넓은 부위임에도 특이하게 혈관 주변에서만 피부 괴사가 일어난 점 등을 종합하여 병원의 과실을 인정한 사례(서울중앙지법 2012. 6. 5. 선고, 2010가합45185 판결).

▌ 전립선 수술 후 요로감염이 발생된 경우 피해사실 규명은?

【질문】 전립선 수술을 받은 후 몸살 같은 열이 있어서 감기약을 먹으며 2-3일을 지냈습니다. 그래도 열은 내리지 않았으며 몸이 안 좋다가 직장 근무 중에 정신을 잃고 쓰러져 병원 응급실에 가게 되었습니다. 요로감염 및 폐렴, 신장기능 이상으로 중환자실로 옮겨 치료를 받았는데, 최종 진단은 요로감염과 전립선의 증식증이었습니다. 처음 진찰한 병원에서는 감염은 우연의 일치이지 수술로 인한 것은 아니라며 책임을 부인하고 있습니다. 참으로 어이없고 의사의 태도에 화가 납니다. 어떻게 해야 억울함을 풀고 피해사실도 알 수 있을까요?

【답변】 요로감염의 원인에 대하여 의학적으로 규명하는 것이 선행되어야 할 것입니다.
전립선비대증 중 전립선 특이항원(PSA) 수치가 높거나 전립선 크기가 큰 경우에는 향후 급성 요폐의 발생을 우려하여 수술적 치료를 권합니다. 요폐를 장기간 방치하는 경우 방광 수축력이 회복되지 않을 수 있고, 이 경우 비대해진 전립선을 수술하여 요폐를 제거해도 소변을 볼 수 없는 경우도 발생합니다. 전립선 수술의 부작용으로는 출혈, 발기부전, 역행성 사정, 요실금, 요도협착, 부고환염 및 요로감염 등이 있습니다. 요로감염

은 요도, 방광, 요관, 콩팥을 포함하는 요로기계의 감
염을 지칭하는 것으로, 대개는 장내 세균에 감염되어
발생하는데 요로 중 어느 곳에 감염되었는지에 따라
방광염, 신우신염 등 그 질병명이 달라집니다.
이 사례에서 전립선 수술과 요로감염과의 상관 및 관
련 의료기관의 책임여부를 판단하기 위해서는 환자의
주 증상에 대한 진단과 처치과정을 살펴볼 필요가 있
습니다. 반면 환자에게는 본인의 이상증상을 신속히 해
당 의료기관에 알려서 제때에 치료를 받거나 전원하여
피해가 증가하지 않도록 하였는지도 같이 살펴야 할
것입니다.

【관련판례】

병원 내 감염이 주로 의료인의 손에 의해 이루어진다거나 그 창상이
아주 깨끗한 창상이어서 창상감염의 빈도가 낮다 하더라도, 수술실 입구
에 손을 씻을 세면대가 갖추어져 있고 수술실에서 바로 간호사가 손을
닦을 수건을 준비하고 있는 등의 수술준비절차에 비추어 수술실에서 무
균조작이 이루어지지 않을 가능성은 극히 낮다 할 것이고, 창상에 봉합사
가 한 조각 남아있더라도 세균의 최소감염량이 1/10,000 이하로 감소하
는 반면 외과적 무균술이란 수술 환경에서 균을 완전히 제거할 수 있는
것이 아니고 감소시키는 방법에 불과하므로 외과적 무균술을 철저히 실
시하여도 균 감염을 완전히 예방하는 것은 불가능하다는 점에 비추어 창
상감염이 발생하였다는 사실만으로는 의료진의 과실을 추정할 수 없다(서
울지법 2003. 10. 29. 선고, 2002가합15080 판결).

▌ 방광염 입원치료 중 염증으로 신장기능이 상실된 경우 병원의 책임은?

【질문】 방광염으로 A병원에 입원하여 요실금 조절기를 사용하고 있었는데 갑자기 의식불명이 되어 상급병원인 B병원으로 이송하게 되었습니다. 이송 결과 신장 염증으로 진단되어 입원치료를 받았습니다. 그런데 입원치료 후 시력과 청력이 저하되고 상태가 더욱 안 좋아졌습니다. 나중에 알고 보니 A병원의 요실금 조절기가 막혀 소변배출이 안되어 발생된 증상인데, B병원에서는 신장 염증으로 오진하여 해당 치료가 되지 않아서 결국 신장기능이 상실된 것이었습니다. 해당 병원에 책임을 묻고 싶은데 어떻게 해야 하나요?

【답변】 최초병원과 이송병원의 진료 전반의 의료행위 적정성 여부를 검토할 필요가 있겠습니다.
급성방광염은 요로계의 해부학적, 기능적 이상 없이 세균이 침입하여 발생한 감염으로 염증이 방광 내에 국한되어 나타나는 질환이며, 만성방광염은 통상적으로 1년에 3회 이상 방광염이 발생하는 경우로서 지속적인 또는 완치되지 않는 방광염을 의미합니다. 방광염의 주된 합병증은 상행성 감염에 의한 신장감염으로 특히 임산부에서 상행성 감염이 자주 발생된다고 합니다. 이

사례의 경우 A병원의 주의관리 문제와 B병원의 오진문
제로 접근할 수 있으며, 그 손해에 있어서는 A와 B 모
두를 상대로 배상청구를 할 수 있고, 어느 한쪽만을 대
상으로도 청구할 수 있습니다. 특히, 신장기능의 장해
로 노동능력 상실에 영향을 미치는 때에는 손해배상의
범위가 크게 달라질 수도 있습니다. 따라서 보다 객관
적이고 공신력이 담보될 수 있도록 상급 의료기관에서
진단을 받는 방법도 유용할 수 있습니다.

【관련판례1】

외상성 장파열과 장폐색증은 조기감별이 어려울 뿐 아니라 복부통증을
호소하는 피해자에 대한 조기진단에 나타난 모든 자료 특히 엑스선 촬영
결과에 특기할 만한 점이 없으며 복벽강직증상과 반사통을 호소하지 아
니하므로 피해자를 일단 급성위확장 및 마비성 장폐색증으로 진단하고
이에 대한 대증요법을 시행하면서 확진을 위하여 계속 외과적 관찰을 하
여 온 피고인의 소위는 통상 의사에게 요구되는 진단방법과 그 증상에
대한 통상의 치료방법을 사용하였다 할 것이어서 피고인에게 과실이 있
다고 단정하기 어렵다(대법원 1984.4.24. 선고, 82도1882 판결).

【관련판례2】

일반외과전문의인 갑이 환자 을을 치료함에 있어 방사선 사진상에 나
타나 있는 선상골절상이나 이에 따른 뇌실질내출혈 등을 발견내지 예견
하지 못하여 을을 제때에 신경외과 전문의가 있는 병원에 전원시켜 확정
적인 진단 및 수술을 받을 수 있는 필요한 조치를 취하지 아니한 경우
그러한 조치를 취했을 경우의 구명율이 50%라면 특별한 사정이 없는 한
갑의 과실과 을의 사망과의 사이에는 인과관계를 인정함이 상당하다(대법
원 1989.7.11. 선고, 88다카26246 판결).

▌ 전립선암 완치판정 후 암이 전이되어 사망하였을 경우 병원의 책임은?

【질문】 장인이 전립선암 초기로 진단을 받아 5년간의 치료를 통해 완치판정을 받았으며, 완치판정 후에도 주치의의 지시에 따라 관리를 잘 해왔습니다. 그러던 중 다리에 통증이 심해 MRI 등 영상진단과 피검사 등을 받았으나 주치의는 큰 문제가 없다고 하였습니다. 그러나 통증이 너무 심해 가족들은 암의 전이 여부를 재차 문의하였지만 주치의는 이상 없다고만 하다가 10개월 정도 경과 후에는 암이 전신에 퍼져 손을 쓸 수 없는 지경에 이르렀습니다. 이후 별다른 치료도 받지 못하고 1개월 만에 사망하였습니다. 의사의 과오는 없는지 의심스럽고 그에 따른 책임을 묻고 싶습니다.

【답변】 영상 판독결과 암을 특정할 수 있는 소인이 발견된다면, 의사의 책임을 물을 수 있겠습니다.

전립선암은 남성암 중 가장 흔한 암으로 우리나라에서도 최근 그 빈도가 급격히 증가하고 있습니다. 주요 원인으로는 연령·인종·가족력이 있으며 이외에도 호르몬·식습관·제초제와 같은 화학약품 등도 발병에 중요한 요인으로 작용한다고 알려져 있습니다. 또한 전립선암은 전이가 흔한 암(유방암·폐암· 간암·신장암·갑상선암 등)

중 하나로서, 전이될 경우 주로 뼈로의 전이가 흔하며, 뼈로 전이되는 경우 매우 심한 통증과 일부 환자에게서는 척수압박의 위험으로 하체 약화, 감각소실, 보행 곤란, 변비, 요폐 및 병적 골절 등이 뒤따르기도 한다고 합니다. 따라서 이 사례에서 환자의 주 증상에 대하여 적절한 진단과 처치가 이루어졌는지, 이를 통해 환자의 예후에 크게 영향을 미쳤는지 등 전문적 판단을 받아 볼 필요가 있습니다. 이 경우에 검사기록(영상자료 포함)과 진료기록상 환자 모니터링 내용은 중요한 자료이오니 신속한 확보가 필요합니다.

【관련판례】

내과전문의인 피고로서는 진료당시 7세 10개월 남짓한 어린이가 4개월 이상 계속적인 구토 증세를 호소할 경우 진정제만을 투약 또는 주사할 것이 아니라 뇌종양 등의 신경외과적 질환에 대하여 의심을 가지고 그에 대한 대처를 하거나 그 방면의 전문의인 소아과 또는 신경외과에 좀더 자세한 검사를 의뢰하는 등의 조치를 취하여야 할 업무상 주의의무가 있다 할 것이므로 피고가 이러한 조치를 제대로 취하지 아니하여 수아세포종이라는 질병을 단순한 인두염이나 신경성위염으로 오진하였다면 피고는 환자 및 그 부모가 수개월 동안 병명도 모른 채 아무 효력 없는 치료만 계속 받으면서 불안한 상태에 있게 되었던 정신적 고통을 위자할 의무가 있다(서울지법 1990. 2. 1. 선고, 88가합44525 판결).

■ 정관수술을 2차례 받았는데 임신이 된 경우 책임은?

【질문】 불임을 목적으로 정관수술을 받았는데 1년 뒤에 아내가 임신이 되었습니다. 이에 병원 측에 항의하여 2차로 정관수술을 다시 받았는데 2년 뒤에 또 임신이 되었습니다. 해당 의료기관에서 불임수술의 효과가 없는 것과 임신중절 수술비용에 대하여는 책임을 져야 하는 거 아닌가요?

【답변】 수술상의 문제로 의사의 손해배상 책임이 인정되더라도 임신으로 인한 낙태는 법률상 허용되지 않습니다. 정관수술은 고환 내에 위치하고 있는 정관을 차단하는 수술입니다. 수술 후에도 정관에 남아 있는 정자로 인해 통상 2-3개월의 피임기간을 필요로 합니다. 정액에 정자가 배출되지 않도록 하는 원리이므로 검사를 통해 무정자를 확인 후 피임을 중단하는 것이 바람직합니다. 문헌에 의하면 수술방식에 따라 적게는 0.02%에서 단순히 정관을 자르고 묶는 방법일 경우 최대 29%의 피임실패율이 보고되기도 합니다. 따라서 정관수술을 하였어도 임신이 아주 불가능한 것은 아니며, 만일 임신을 원하는 경우에는 복원수술도 가능합니다. 다만, 이 사례의 경우 두 번에 걸쳐 문제가 반복된 점에 있어서 필요하다면 수술기법 및 처치상의 문제가 있었는지를 전문적으로 검토할 수 있을 것이나, 만일 이를 통해 의

료인의 과실이 인정되어 손해배상 책임이 인정되더라
도 임신으로 인한 낙태는 법률상 허용되지 않습니다.

【관련법조문】

「형법」 제270조(의사 등의 낙태, 부동의 낙태)

① 의사, 한의사, 조산사, 약제사 또는 약종상이 부녀의 촉탁 또는 승낙
을 받아 낙태하게 한 때에는 2년 이하의 징역에 처한다.

② 부녀의 촉탁 또는 승낙 없이 낙태하게 한 자는 3년 이하의 징역에 처한다.

③ 제1항 또는 제2항의 죄를 범하여 부녀를 상해에 이르게 한때에는 5년
이하의 징역에 처한다. 사망에 이르게 한때에는 10년 이하의 징역에
처한다.

④ 전 3항의 경우에는 7년 이하의 자격정지를 병과한다.

【관련판례1】

살피건대, 일반적으로 정관절제술이 성공적으로 시행된 후에도 시술상
의 잘못 이외의 알 수 없는 원인으로 정액이 배출되거나 자연적인 재개
통이 이루어지는 경우도 있는 이상 위 인정사실만으로는 어떠한 의료상
의 과실이 있음을 단정하기 어렵고, 달리 이를 인정할 만한 증거가 없다
(서울지법 1999. 12. 1. 선고, 99가합54290 판결).

【관련판례2】

인간의 생명은 잉태된 때부터 시작되는 것이고 회임된 태아는 새로운
존재와 인격의 근원으로서 존엄과 가치를 지니므로 그 자신이 이를 인식
하고 있는지 또 스스로를 방어할 수 있는지에 관계없이 침해되지 않도록
보호되어야 한다 함이 헌법 아래에서 국민일반이 지니는 건전한 도의적
감정과 합치되는 바이므로 비록 모자보건법이 특별한 의학적, 우생학적
또는 윤리적 적응이 인정되는 경우에 임산부와 배우자의 동의 아래 인공
임신중절수술을 허용하고 있다 하더라도 이로써 의사가 부녀의 촉탁 또
는 승낙을 받으면 일체의 낙태행위가 정상적인 행위이고 형법 제270조

제1항 소정의 업무상촉탁낙태죄에 의한 처벌을 무가치하게 되었다고 할 수는 없으며 임산부의 촉탁이 있으면 의사로서 낙태를 거절하는 것이 보통의 경우 도저히 기대할 수 없게 되었다고 할 수도 없다(대법원 1985 6. 11. 선고, 84도1958 판결).

▌ 이소골성형술 후에 얼굴근육이 마비된 경우 병원의 책임 여부는?

【질문】 좌측 귀에서 이상한 소리가 들리는 증상으로 종합병원을 방문하게 되었습니다. 최초 외래진료 시 주치의에게 과거에 좌측 중이염 수술을 받은 적이 있고, 수술 후 안면이 마비되었다가 완치된 경험이 있다고 알려주었더니, 주치의는 안면신경에는 문제가 전혀 없을 것이라고 하였고, 저는 이에 동의하여 이소골성형술을 시행 받았는데, 결국 안면마비가 발생되었습니다. 주치의는 국소마취제 때문이라고 하면서 2~3일 후면 마취가 풀려 호전될 것이라고 했는데 벌써 1개월이 지나도록 호전의 기미가 없습니다. 이런 경우 병원에게 책임을 물을 수 있는지요?

【답변】 안면마비의 원인이 환자의 과거 기왕병력에 의한 것일 경우 병원의 책임은 제한 될 수 있습니다. 중이염이란 중이에 발생하는 모든 염증을 가리키는 용어로, 중이강 내에 고인 삼출액이 소리의 전달을 방해하여 일시적인 난청이 생기게 되는 경우가 있습니다. 급성 중이염은 통증, 발열 등과 같이 급성 염증의 증상이 잘 동반되지만 삼출성 중이염의 경우에는 특별한 염증의 증상 없이 난청 증상만 나타날 수도 있으며, 이러한 상태를 방치하였을 경우에는 이소골이나 주위의 뼈를 녹이면서 퍼지는 경우가 발생될 수 있고, 내이, 뇌, 얼굴신경 등에 심각한

합병증을 유발시켜 심한 경우에는 안면신경 마비의 합병증까지 발생될 수 있습니다. 따라서, 이 사례와 관련된 안면마비의 원인을 검토함에 있어서는 환자의 과거 기왕력에 의한 것인지, 혹 수술과정에서 시술자의 부주의로 인한 것인지 여부에 대한 의학적 진료감정이 선행되어야 할 것이며, 수술 전 안면마비 등 합병증의 발생가능성에 대한 설명의무를 충실히 하였는가에 대하여도 검토가 필요할 것으로 판단됩니다.

【관련판례】

① 원고 ○○의 상태가 진주종성 중이염이 극도로 악화되어 안면신경 마비 증상이 올 정도까지 진행되었다고 보기 어려운 점,

② 수술 전에는 안면신경 마비 증상이 없다가 수술 직후 안면신경 마비 증상이 나타난 점,

③ 안면신경은 내이와 중이를 통과하여 안면부 근육으로 들어가게 되어 있어 중이 및 내이를 포함한 수술의 경우 과실로 안면신경이 손상될 가능성이 항상 내재되어 있는 점 등을 고려하여 볼 때, 이 사건 원고 ○○의 안면마비 증상은 피고 ◇◇이 수술을 하면서 원고 ○○의 안면신경을 잘못 건드린 과실에 기인한 것으로 봄이 상당하다. 피고들은, 설사 피고 ◇◇이 수술 과정에서 원고 ○○의 안면신경을 손상하였다 하더라도, 당시 진주종이 넓게 펴져 있었고 안면신경과의 유착도 심한 상태였으므로, 피고 ◇◇의 수술 상 과실을 인정할 수 없다고 주장하고, 앞에서 본 증거에 의하면, 원고 ○○은 이 사건 수술 당시 안상고실을 중심으로 외이도 후방부를 포함하여 경막까지 진주종이 넓게 펴져 있었고, 추골·침골이 진주종 물질에 의하여 부식되어 있었으며, 등골 뒤쪽으로는 진주종 물질과 안면신경의 유착이 확인되었고, 고실분절과는 붙어 있는 상태였던 사실이 인정되기는 하나, 이와 같은 사정은 당시 수술의 난이도를 말해주는 것일 뿐이다(대전지법 2007. 1. 31. 선고, 2006가합4704 판결).

▌ 식도암 수술 후 수술부위 봉합이 풀려 악화된 경우 대처 방법은?

【질문】 식도암 초기 판정으로 수술 후 약 3~4주 후면 퇴원이 가능하다고 하여 수술을 받았습니다. 수술 후 약 1일정도 중환자실에서 치료 후에 일반병실로 옮겨 회복단계에 있었습니다. 그런데 수술부위 봉합불량으로 인하여 2차 수술을 받고 나서부터 환자의 상태가 점점 더 나빠졌습니다. 현재는 가족들을 알아보지 못하는 지경에 이르렀습니다. 이런 경우에는 어떻게 처리해야 하나요?

【답변】 수술부위의 상태와 문제발생 후 신속하고 정확한 대처 여부에 대한 종합적인 검토가 필요합니다.

식도암의 증상이 식도에만 국한되어 있을 경우에는 외과적 절제를 통한 치료법이 이용되며, 이는 국소 재발 방지와 근본적 치료를 위한 절제를 목적으로 시행하게 됩니다. 수술의 시행 전에는 환자의 전신 상태 및 여러 다른 요건들을 고려할 필요가 있고, 환자의 상태에 따라 봉합부위가 제대로 아물지 않을 가능성이 있다면, 이에 대한 충분한 사전설명과 다른 치료방법에 대한 검토가 선행되어야 할 것입니다.

또한, 식도의 특성상 근육의 수축과 이완을 통한 연동운동이 상시 이루어지므로, 수술 후 식도를 관리함에 있어서는 항상 세심한 주의가 필요합니다. 위 상담신청 내용과 같이 1차수술을 한 이후에 수술부위가 아물지 않아 문제가 발생되었을 경우에는 수술부위의 봉합이 잘못된 것인지, 식도 치료의 특성상 관찰경을 통한 시야협소로 인한 수술의 난이도는 어떠하였는지, 환자의 체질 및 기왕 병력의 영향이 있는지, 식도의 연동과정에서 문제가 발생된 것인지 등에 대한 종합적인 검토가 필요하며, 문제 발생 시 얼마나 신속하고 정확한 의료행위를 시행하였는지 여부 또한 중요한 사항이라 할 것입니다.

【관련판례】

피고 ○○○은 위 망인의 치료 및 개복수술의 집도를 담당한 주치의로서 위 망인의 영양상태가 극히 불량하였고, 당뇨가 심하여 개복수술 후 그 봉합부위가 제대로 아물지 않을 위험이 있는데다가 말기 췌장암 환자인 위 망인의 경우 복수가 찰 위험이 큼에 따라 절개부위가 터져 탈장이 될 위험이 많았음에도 불구하고 퇴원시 위 망인이나 보호자인 원고 ◇◇◇ 등에게 그와 같은 위험의 발생가능성 및 그와 같이 복수가 찰 때 취하여야 할 제반조치, 즉 복수가 찰 때의 증상 및 그러한 증상이 나타날 때 즉시 피고 병원이나 인근 병원에 연락하여 복수천자술을 받아야 할 것이라는 등의 설명을 하지 아니하였을 뿐만 아니라 그와 같은 위험성을 전혀 예상하지 못한 나머지 만연히 퇴원시킨 과실이 있다 할 것이다(서울고법 1997. 5. 27. 선고, 96나45544 판결).

▌ 편도선수술 후 쉰 목소리가 지속될 때 병원의 책임은?

【질문】 종합병원에서 편도선 수술을 받고 난 후부터 쉰 목소리가 납니다. 수술 2주일 후 담당주치의에게 쉰 목소리에 대한 호소를 하였지만, 담당주치의는 곧 괜찮아 질 것이라는 말을 할 뿐 어떠한 조치나 치료방법에 대한 설명을 전혀 듣지 못하였습니다. 현재 수술 후 3주가 지난 상태인데도 쉰 목소리에 대한 증상이 나아지지 않고 있습니다. 이런 경우 누구에게 책임을 물을 수 있을까요?

【답변】 목소리의 변화는 호전되는 경우도 있으므로, 경과를 좀 더 지켜보시기 바랍니다.

목소리의 변화는 인후두와 관련이 깊은데, 편도 제거로 유입되는 세균과 체내 배출되지 않은 염증인자가 인후두 부위에 이동하여 인후염이 발병되면 쉰 목소리나 목소리의 변화가 나타날 수 있으며, 수술 중 성대의 손상 혹은 수술부위의 과도한 절개로 인한 가능성도 있으나 시일을 두고 점차 호전되는 경우가 많으므로 현재는 좀 더 경과를 지켜보아야 할 단계로 보입니다. 수술적 치료를 함에 있어서는 환자의 전신상태, 증상의 정도, 부작용의 발생 가능성 등이 고려되어야 합니다. 따라서, 수술시행 전에는 환자의 상태가 수술의 적응증에 해당되는지, 수술 후 후유증이 생길 수 있다는 점에 대한 충분

한 설명이 있었는지, 수술 후 쉰 목소리가 발생된 원인
및 개선을 위한 치료과정이 신속하고 적절하게 이루어
졌는지 부분도 검토의 대상이 되므로, 수술 후 6개월
정도가 지났음에도 쉰 목소리의 증상이 지속되어 일상
생활의 불편이 지속될 경우에는 이에 대한 검토를 위해
의료중재원의 절차를 이용해 보시기 바랍니다.

【관련판례】

후두종양 제거 수술을 한 집도의사들이 수술 후 환자의 목이 쉴 수도
있다는 말을 하였다 하더라도 그것 만으로서는 수술 후 동 원고에게 원
심 인정과 같은 발성기능장애의 후유증을 가져다 준 이 사건에 있어서
설명의무를 다하였다고는 할 수 없고, 또 집도의사들이 원심 인정과 같은
병상, 수술내용에 관하여 사전에 제대로 설명을 한 것으로 볼 수 없음은
원심의 사실인정의 내용에 의하여 분명하다. 그리고 동 원고는 위와 같은
후유증에 대하여는 전혀 예상하지 못한 자이고 긴급을 요하는 사태도 아
니었다면 그러한 후유증이 수반되는 수술을 승낙한 것으로는 볼 수 없다
함이 상당하다 할 것이니 집도의사들이 설명의무를 다하지 아니함과 동
시에 동 원고의 승낙권을 침해함으로써 위법한 수술을 실시하였다는 같
은 취지의 원심판단은 정당하고 의료행위에 대한 설명의무와 승낙의 정
도를 잘못 인정하여 불법행위에 대한 법리를 오해한 위법이 있다는 논지
는 이유없다(대법원 1979. 8. 14. 선고, 78다488 판결).

▌코골이수술 후 냄새를 맡을 수 없게 된 경우 대처방법은?

【질문】 저는 심한 코골이 증상으로 이비인후과에 내원하여 구개수구개인두성형술을 시행 받았습니다. 시행 받고 난 다음부터 냄새를 맡을 수 없는 이상 증상이 발생되었습니다. 그래서 4~5개월간을 외래로 통원치료를 하였지만 증상이 전혀 나아지지 않았고, 이에 종합병원에서 진료를 받았더니 검사 결과 무후각증으로 진단을 받았습니다. 이런 경우 제가 취할 수 있는 조치는 무엇입니까?

【답변】 무후각증의 원인에 대하여 의학적으로 규명하는 것이 선행되어야 할 것입니다.

무후각증이란 후각을 상실하여 냄새를 인식할 수 없는 것을 말합니다. 무후각증이 발생되는 원인으로는 수술 등으로 인해 후각신경이 손상되어 소실되거나, 비염·비용종·축농증 등으로 후각세포까지 공기가 소통되지 못하여 냄새를 맡지 못하는 경우, 그 밖에 위축성 비염이나, 건조성 비염 등으로 인해 점막에 방향성 냄새분자가 제대로 녹아들지 않게 되면서 나타나기도 하므로, 정확한 검사를 통해 무후각증의 원인을 규명하고 이에 맞는 치료가 시행되어야 할 것입니다. 이에 대하여 의료인의 과실여부를 판단하기 위해서는 수술전 환자의 상태, 합병증 발생가능성에 대한 충실한 설명 여부, 수술의 적응증 여부, 수술 과정상의 과오 여부 등에 대한 종합적인 판단이 선행되어야 할 것이며, 감각이상 증상을 호소하였을 당시 적절한 조치를 시행하였는지도 검토되어야 할 것입니다. 또한, 의료인은 환자의 증상변화를 잘 관찰하여 적절한 조치를 취해야 할 의무가 있는데, 해당 병원에서 그 원인을 정확하게 파악할 수 없거나 원인을 찾는데 필요한 시설이 부족한 경우에는 정확한 진단과 치료가 병행될 수 있는 병원으로 전원 조치를 취하여야 할 의무도 있습니다.

【관련판례1】

의료사고에 있어서 의사의 과실을 인정하기 위해서는 의사가 결과발생을 예견할 수 있었음에도 불구하고 그 결과발생을 예견하지 못하였고 그 결과발생을 회피할 수 있었음에도 불구하고 그 결과발생을 회피하지 못한 과실이 검토되어야 하고, 그 과실의 유무를 판단함에는 같은 업무와 직종에 종사하는 일반적 보통인의 주의정도를 표준으로 하여야 하며, 이에는 사고 당시의 일반적인 의학의 수준과 의료환경 및 조건, 의료행위의 특수성 등이 고려되어야 한다(대법원 2006. 12. 7. 선고, 2006도1790 판결).

【관련판례2】

의사에게는 만일 당해 의료기관의 설비 및 지리적 요인 기타 여러 가지 사정으로 인하여 진단에 필요한 검사를 실시할 수 없는 경우에는 특단의 사정이 없는 한 당해 환자로 하여금 그 검사를 받을 수 있도록 해당 의료기관에 전원을 권고할 의무가 있다(울산지법 2005. 9. 7. 선고, 2004가합977 판결).

제6편

안과
치과

■ 무리한 교정으로 어지럼증이 발생되었었으나 재수술시기도 놓쳤을 경우 어떻게 해야 하는지?

【질문】 좌안 백내장으로 인공수정체삽입술을 받았습니다. 그러나 수술 후 시력교정을 하는 과정에서 무리한 교정으로 인하여 어지럼증이 발생되어 일상생활이 많이 불편하고 힘듭니다. 또한 의사가 자신을 믿고 치료해보자며 레이저시술만 고집하는 바람에 재수술시기도 놓치게 되었습니다. 이런 경우 어떻게 해야 하나요?

【답변】 처치의 적절성과 자기결정권 침해 여부에 관한 검토가 필요합니다. 시력교정 과정에서 실제 굴절값보다 도수를 낮게 처방하는 것을 저교정이라 하며, 반대로 높게 처방하는 것을 과교정이라고 합니다. 근시환자에게 있어 과교정이 될 경우 어지럼증이 발생되는 경우가 있어 일반적으로 안경이나 렌즈를 맞출 때는 정교정 또는 약간 저교정을 하는 편입니다. 주로 부족교정은 재교정으로 쉽게 해결되고 과교정의 경우는 대부분 저절로 없어지지만 그렇지 못한 경우에는 재교정이 필요하기도 합니다. 이러한 과정에서 교정 초기 어지럼증이 올 수 있고 교정 안경을 쓰거나 이 증상이 익숙해질 때까지 시간이 걸리는 경우도 있습니다. 따라서 이 사례의 경우 환자의 적응증에 맞는 검사와 이를 통해 적절한 처방 또는 처치가 이루어졌는지 살필 필요가 있

으며, 이 과정에서 의료인은 충분한 설명을 통하여 환자가 치료방법을 선택함에 있어 자기결정권이 침해당하지 않도록 하여야 합니다. 만일 치료기회를 상실하여 환자의 예후가 좋지 않게 되었다면 관련 피해에 대해 저희 의료중재원의 전문 감정.조정제도를 이용한 판단을 받아 보시기 바랍니다.

【관련판례1】

의료행위에 의하여 후유장해가 발생한 경우, 그 후유장해가 당시 의료수준에서 최선의 조치를 다하는 때에도 당해 의료행위 과정의 합병증으로 나타날 수 있는 것이거나 또는 그 합병증으로 인하여 2차적으로 발생될 수 있는 것이라면 의료행위의 내용이나 시술 과정, 합병증의 발생 부위, 정도 및 당시의 의료수준과 담당의료진의 숙련도 등을 종합하여 볼 때에 그 증상이 일반적으로 인정되는 합병증의 범위를 벗어났다고 볼 수 있는 사정이 없는 한, 그 후유장해가 발생되었다는 사실만으로 의료행위 과정에 과실이 있었다고 추정할 수 없다(대법원 2008. 3. 27. 선고, 2007다76290 판결).

【관련판례2】

의사의 설명의무 위반으로 인한 손해배상사건에서 의사가 환자에게 의료행위를 하였을 경우 발생할 수 있는 부작용의 내용, 그 발생가능성, 그러한 부작용으로 인하여 생길 수 있는 구체적인 위험의 내용, 환자의 경우에 해당하는 특이사항, 의료행위의 선택과 관련된 정보 등에 관하여 사전에 상세히 설명하였다는 점에 관하여 증거를 제출하지 않은 이상, 의사가 환자에게 설명의무를 다하였다고 볼 수 없다(인천지법 2006. 11. 1. 선고, 2005가합15235 판결).

■ 렌즈삽입술 후 동공마비로 인하여 재수술을 받았는데 손해 배상을 청구할 수 있는지?

【질문】 시력저하에 대하여 렌즈삽입술을 권유받고 홍채성형술과 좌안 렌즈삽입술, 우안 렌즈삽입술의 순서로 수술을 받았습니다. 그러나 이후 안압 상승으로 인해 심한 두통과 구토증세가 발생되었습니다. 그래서 우안 렌즈를 제거 후 재삽입술을 위해 다시 내원한 결과 우안 동공이 작아지지 않고 마비가 지속되며 수정체 교체 수술이 필요하다고 합니다. 종합병원으로 옮겨 동공축소술과 백내장 수술을 받고 입원 중에 있습니다. 이런 경우에 손해배상을 청구 할 수 있나요?

【답변】 렌즈삽입술 후 합병증이 발생된 원인에 대하여 의학적으로 규명하는 것이 선행되어야 할 것입니다.
렌즈삽입술을 받으려면 그전에 홍채성형술을 하는데 그 이유는 수술시 렌즈가 동공을 막아 방수의 배출이 원활하지 않으면 안압이 상승할 수 있기 때문입니다. 따라서 홍채성형술 후에는 안압을 검사해야 하며 수술 부위 염증을 방지하기 위하여 소염제 등을 점안합니다.
렌즈삽입술의 대표적인 부작용으로는 녹내장, 백내장, 안내염, 각막부종, 난시유발, 눈부심 등이 있으며, 특히 ICL과 같은 후방렌즈는 사이즈를 잘못 측정 삽입하거

나 렌즈의 위치가 부적절한 경우 수정체와 닿아 백내
장을 야기하기도 합니다. 정확한 위치에 렌즈를 삽입해
야 하는 안내렌즈 시술의 특성상 환자의 적응증에 대
한 정밀 검사와 집도의의 경험, 숙련도가 매우 중요한
부분을 차지합니다. 이에 더해 담당 의료인 및 환자 본
인의 감염, 증상악화 등을 방지하기 위한 노력 또한 필
요하며 경우에 따라서는 책임.과실을 상계하는 요인이
되기도 합니다. 따라서 이러한 문제 전반적인 사항을
살펴서 손해배상 청구 여부를 검토하시기 바랍니다.

【관련판례】

의사가 진찰·치료 등의 의료행위를 함에 있어서는 사람의 생명·신체·건
강을 관리하는 업무의 성질에 비추어 환자의 구체적인 증상이나 상황에
따라 위험을 방지하기 위하여 요구되는 최선의 조치를 취하여야 할 주의
의무가 있고, 이와 같은 주의의무는 환자에 대한 수술 등 침습행위가 종
료함으로써 끝나는 것이 아니라, 그 진료 목적의 달성을 위하여 환자가
의사의 업무범위 이외의 영역에서 생활을 영위함에 있어 예견되는 위험
을 회피할 수 있도록 환자에 대한 요양의 방법 기타 건강관리에 필요한
사항을 지도설명하는 데까지도 미친다 할 것이므로, 의사는 수술 등의 당
해 의료행위의 결과로 후유 질환이 발생하거나 그 후의 요양과정에서 후
유질환이 발생할 가능성이 있으면, 비록 그 가능성이 크지 않다고 하더라
도 이를 억제하기 위한 요양의 방법이나 일단 발생한 후유 질환으로 인
해 중대한 결과가 초래되는 것을 막기 위하여 필요한 조치가 무엇인지를
환자 스스로 판단·대처할 수 있도록, 환자의 연령, 교육 정도, 심신상태
등의 사정에 맞추어 구체적인 정보의 제공과 함께 설명·지도할 의무가 있
다(대법원 2010. 7. 22. 선고, 2007다70445 판결).

■ 라식수술시 양안을 반대로 시술하였을 경우 의사의 책임 여부?

【질문】 시력저하로 인하여 라식수술을 받았습니다. 라식수술을 받고 2개월 만에 다시 근시가 시작되어 재수술을 받았습니다. 그러나 의사가 재수술 전 검사에서 우안(근시조정)과 좌안(원시조정)을 혼동하여 반대로 수술을 하였습니다. 해당 의사는 좀 더 지켜보자고 하는데, 안구 통증이 심하여 업무에 지장이 큽니다. 이런 경우 의사에게 책임이 없나요?

【답변】 수술부위 오류로 인한 피해가 발생되었다면 의사의 책임을 물을 수 있겠습니다.

라식수술은 레이저 등을 이용하여 각막 앞부분을 분리하여 절편을 만들어 젖힌 후, 수술 전 검사를 통해 정해 놓은 목표만큼 각막실질에 레이저를 조사하여 각막을 절삭한 후 다시 각막절편을 덮는 시력교정 수술로서 통증 및 각막 혼탁을 줄이고 시력회복 기간을 단축시키는 장점이 있어 널리 이용되고 있습니다.

이 사례에서 처음 수술과 증상 재발에 대한 경과를 검토할 필요가 있겠으나, 이후 재수술 과정에서 관련 검사가 잘못되었고 이로 인해 다른 부위를 수술하게 되었다면 의료인에게 주의의무 소홀에 대한 과오가 인정될 만한 사항으로 보입니다. 따라서 관련 손해를 살필 필요가 있는데 이를 위해서는 우선 환자의 예후가 매우 중요할 것입니다. 따라서 전문 검사장비를 갖춘 상급 의료기관에서 재수술 시 회복 여부 및 향후 소요될 치료비용 등 환자의 상태를 정확히 진단 받아볼 것을 권유 드립니다.

【관련판례】

엑시머레이저 수술과 라식수술 전에 피고가 각종 검사를 시행하였으나 녹내장을 발견할 수 없었고, 마지막으로 진료한 99. 2. 12.부터 불과 20여일 뒤에 종합병원에서 녹내장의 진단을 받은 사실을 인정할 수 있어 적어도 피고의 마지막 진료일 이전에 녹내장이 발병되었다는 점은 인정할 수 있으나, 역시 앞서 본 바와 같이 정상안압녹내장은 발병에 있어서 특별한 증상이 없다는 점, 피고는 엑시머레이저 수술과 라식 수술을 시행하기 전에 각종 검사를 시행하였고, 그 검사 중에는 녹내장을 진단할 수 있는 검사도 있었으나 그 검사에 녹내장의 증상이 나타나지 아니한 점, 위 검사결과로 보아 녹내장증상은 라식수술 이후에 발생한 것으로 추측되나, 피고는 라식수술 이후에는 스테로이드제 안약을 처방하지 아니하여 그로 인한 안압상승의 우려는 없었던 점, 위 각 수술이 정상안압녹내장을 유발할 수 있는 것으로는 알려져 있지 아니한 점 등의 사실에 비추어 보면, 피고가 그 진료기간 내에 원고의 정상안압녹내장을 진단하지 못하였다고 하여 과실이 있다고 할 수 없으므로, 위 주장 역시 이유 없다(대구지법 2005. 1. 26. 선고, 2000가단48392 판결).

▍ 라식수술 후에 원추각막이 발생하였을 경우 의사의 과실은?

【질문】 안과에서 상담과 각종 검사를 하고나서 라식수술을 받았습니다. 그런데 수술 후에 시력저하와 시야 굴절 증상이 발생되었으며, 종합병원으로 옮겨서 진찰을 받은 결과 원추각막이라고 합니다. 이런 경우 의사의 과실은 어떻게 알 수 있을까요?

【답변】 수술 전 검사의 적절성 여부와 원추각막의 원인에 대한 규명을 통해 과실여부를 판단할 수 있습니다.

원추각막은 각막확장증의 한 종류로서 여러 가지 원인에 의해 진행되며 유전성의 요인도 있습니다. 라식수술 후 발생할 수 있는 부작용의 하나이기도 합니다. 시력교정수술 전 검사를 통하여 원추각막의 소견이 있다거나 수술 후 잔여 각막량이 기준수치 이하가 된다면 원추각막의 가능성이 있으므로 수술을 중단.보류하거나 정밀검사, 정기적 관찰이 필요할 수도 있습니다.

따라서 수술 전에 검사를 통해 원추각막을 예견했었는지가 중요할 수 있는데, 의료기관마다 검사장비, 검사자, 검사환경 및 시술관련 부분이 다를 수 있으므로 일률적인 기준으로 모든 책임을 묻는 것은 적절하지 않다고 봅니다. 다만, 통상의 의료환경에서 환자의 주 증상에 대한 진단과 처치.시술이 적절하였고, 이상증상이 발생된 경우 신속하고 적절한 처치를 통하여 피해를 방지하거나 확대되지 않도록 하였는지 등을 추가적으로 살펴볼 필요가 있습니다.

【관련판례】

안과의사로서는 라식수술은 합병증과 부작용의 위험이 높은 수술이므로 우선 환자의 각막이 라식수술을 받을 수 있는지 여부를 살피고 합병증이나 부작용에 대하여 환자에게 충분한 설명을 하여야 하고, 라식수술 집도시 각막을 고르게 깎지 않거나 너무 많이 깎아내면 각막이 직접 손상을 입거나 안압으로 인하여 원추각막이 되어 시력저하, 실명에 이를 수 있으므로 이를 방지하여야 할 업무상 주의의무가 있음에도 불구하고 이를 게을리 한 채 무조건 수술만을 권유하여 무리하게 수술을 한 과실로 인하여 원고로 하여금 양안에 고도근시, 부등시, 원추각막 등의 상해를 입도록 한 것이다(서울지법 1999. 7. 26. 선고, 99머61480/98가합107432).

■ 백내장 수술 후 안내염이 발생하였을 때 병원의 과실은?

【질문】 저는 노인성 양안 백내장으로 수술을 받았습니다. 좌측 눈부터 수술을 하였고 그 결과는 괜찮았으나, 우측은 수술 다음날부터 통증이 심해지는 등 상태가 좋지 않았습니다. 농촌인 관계로 전화로 수술했던 안과에 이상증상을 설명하자 의사는 더 지켜보고 그래도 증상이 지속되면 다음날 방문하라고 하였습니다. 그러나 점차 상태가 안 좋아져 응급으로 종합병원에서 진찰한 결과 안내염이 심하여 시력을 회복할 수 없다고 합니다. 이런 경우 병원의 과실은 어떻게 되나요?

【답변】 백내장 수술과 시력저하의 원인 간의 인과관계 여부와 기왕병력의 기여도가 함께 검토되어야 합니다.
백내장은 수정체가 혼탁해져 빛을 제대로 통과시키지 못하게 되면서 시야가 뿌옇게 보이게 되는 질환을 말합니다. 노인성 백내장은 후천성백내장 중 가장 흔한 질환으로서 수술은 초음파로 혼탁이 생긴 수정체의 내용물을 제거한 후 개개인의 시력 도수에 맞는 인공수정체를 삽입하게 됩니다. 인공수정체는 영구적이며 특별한 합병증이 없는 한 제거하지 않습니다.
안내염은 백내장 수술 후 발생할 수 있는 대표적인 합병증으로 감염의 원인과 경과과정의 처치에 따라 그 책임소재를 달리하는 경우가 있습니다. 특히 수술 과정에서 감염을 방지하기 위한 주의를 기울였고, 수술 후 안내염 발생 가능성에 대한 조치(설명 포함)를 다했으며, 안내염이 발생한 경우 환자의 호소에 귀를 기울여 즉각적인 조치를 취했는지 등을 살펴 책임 여부를 판단하는 경우도 있습니다. 반면 노인성 백내장은 주로 노인 환자의 면역 및 감염에 노출될 수 있는 생활환경 등 기왕증면에 있어서 책임이 상당히 또는 일부 상계될 수도 있는 점은 유의를 할 필요가 있습니다.

【관련판례】

라식수술 후에 진균성 각막염이 발생하였으나, 진균성 각막염은 점안약의 사용 등 여러 가지 원인으로 인한 감염으로 발생할 수 있는데 환자가 평소 안구건조증으로 점안약을 수시로 사용한 점, 같은 날 오른쪽 눈과 왼쪽 눈을 같은 기계로 시술하였음에도 오른쪽 눈에서만 감염이 발생한 점, 라식수술 후 수술 부위 및 점안약의 관리를 소홀히 하여 진균에 감염되었을 가능성 등을 배제할 수 없는 점 등에 비추어 볼 때 위 진균감염이 라식수술로 인한 것이라고 추정할 수 없다.

각막절편을 연마하는 라식수술의 특성상 라식수술 후 발생하는 각막염은 라식수술에 전형적으로 수반하는 위험이고, 특히 진균에 의한 각막염은 발견이 어렵고 치료가 매우 곤란할 뿐만 아니라 예후 또한 불량하여 라식수술 여부를 결정하여야 하는 환자로서는 이러한 위험에 관한 충분한 설명을 듣고 치료행위의 승낙 여부를 결정할 권리가 있으므로, 진균성 각막염은 의사의 설명의무의 대상이 되고, 그 발생 빈도가 매우 희소하다는 사정만으로 설명의무의 대상에서 제외되지 않는다(서울중앙지법 2006. 7. 26. 선고, 2005가합29820 판결).

▌ 임플란트 시술 후 입 주위의 감각이 소실되었을 경우 시술 잘못여부는?

【질문】 하악 어금니 2개 임플란트 시술을 마쳤으나 하루가 지나서도 마취증상이 지속되었습니다. 다시 치과를 찾아가니 담당의사는 시술 중에 신경 손상이 있는 것 같다며 1개의 임플란트는 제거를 했습니다. 그런데 문제가 더 커져서 현재는 아래 잇몸과 턱까지도 감각이 돌아오지 않고 있습니다. 눌러도 감각이 없으며 현재도 마취가 된 것처럼 멍한 상태가 지속되고 있습니다. 치과의 시술 잘못이 아닌가요?

【답변】 신경손상에 대한 경과관찰이 필요한 시기입니다.
임플란트 시술은 인접치아에 손상을 주지 않고, 치조골을 보호해주며, 자연치아와 유사한 저작능력을 갖게 하고, 시술 실패 시 원상복귀도 가능하다는 장점이 있습니다. 반면, 저작 시 쿠션기능이 약해 충격이 전달되고 풍치원인균에 대한 저항이 약해 잇몸질환이 쉽게 발생되거나 자연 치아에 비해 균이 빨리 진행되는 단점도 있습니다. 또한 안면부 감각이상 또는 일부 마비가 발생되는 때도 있는데 이는 시술 중 과도한 드릴링으로 인한 신경손상이 원인인 경우도 있습니다. 신경손상이 발생되면 일정기간의 경과관찰을 필요로 합니다. 일반

적으로 6개월에서 1년을 보는 경우가 많은데 이는 절대
적인 기준은 아니며 각 진료별 경과.결과에 따라 다릅
니다. 환자의 피해에 대한 적절한 손해금액을 산출하기
위해서는 예후의 확정이 필요한데 이때의 예후는 이러
한 경과관찰을 통해서 판단할 수 있습니다. 따라서 이
기간 동안 환자의 피해를 입증하기에 필요한 의무기록,
검사기록 사본 등의 자료와 그 동안의 경과사항 정리
등을 잘 준비하여 향후 조정기관 또는 소송제도를 이용
할 수 있도록 대비하는 게 바람직할 것 같습니다.

【관련판례】

임플란트 식립에 의한 직접적인 신경손상 여부를 확인할 수 있는 객관
적인 검사방법에는 임상적 지각검사, 방사선 사진, 컴퓨터 단층사진 촬영
등이 있으나, 일반적으로 손상 후 수 개월이 경과한 다음에는 임플란트
매식체가 하치조신경을 침범하였는지 여부를 방사선 사진에서 확인하는
것은 어려우므로, 2003. 6. 16. 촬영한 파노라마 사진에서 특이 소견이
없다고 하여 이 사건 시술 후 당시까지 원고의 하치조신경에 아무런 이
상이 없었다고 할 수 없으므로, 진료과정을 종합하여 보았을 때, 피고가
이사건 시술당시 임플란트를 하치조신경을 압박할 정도로 과도하게 깊이
식립한 것으로 보인다. 또한, 하악관이 손상될 가능성에도 불구하고 하악
관에 근접하게 이식하여야 할 특별한 경우가 아니라면 일반적으로 하악
관에서 1~2mm 정도 이상의 간격을 유지하는 것이 안전한데, 피고는 위
와 같은 사정이 없었음에도 임플란트를 하치조신경을 압박할 정도로 과
도하게 깊이 식립한 것으로 보이므로, 피고의 주의의무위반도 인정된다고
할 것이다. 다만, 임플란트를 식립하는 시술은 하악판의 위치를 정확하게
예측하기 어려운 점 등의 사정을 참작하여 책임범위를 40%로 제한하기
로 한다(서울지법 2006. 12. 12. 선고, 2005가단7786 판결).

▌ 임플란트 시술을 비의료인이 시행한 경우 조정중재 가능여부?

【질문】 치과 임플란트 시술과 관련하여 그 과정에서 비의료인으로 보이는 사람이 시술하거나 참여한 것으로 의심이 됩니다. 이러한 경우 의료중재원에 조정 접수가 가능한지요?

【답변】 비의료인에 의해서 발생한 사고는 의료중재원에 접수할 수 없습니다.

비료의료인의 의료행위로 인한 사고는 「의료사고 피해구제 및 의료분쟁조정 등에 관한 법률」제2조 제1호(의료사고), 제3호(보건의료인)에 해당이 되지 않아 의료중재원에 접수할 수 없습니다. 다만 비의료인의 무면허의료행위와 이를 사주한 의료인에 대해서는 무면허의료행위 사주를 이유로 관할 보건소 및 경찰서에 의료법, 형법상 문제 제기를 할 수 있을 것이며, 이와 관련된 재산상·정신적 피해에 대해서는 민사소송 절차를 이용하실 수 있습니다.

【관련법조문】

「의료사고피해구제 및 의료분쟁조정 등에 관한 법률」 제2조(정의)

이 법에서 사용하는 용어의 뜻은 다음과 같다.

1. "의료사고"란 보건의료인이 환자에 대하여 실시하는 진단·검사·치료·의약품의 처방 및 조제 등의 행위로 인하여 사람의 생명·신체 및 재산

에 대하여 피해가 발생한 경우를 말한다.

3. "보건의료인"이란 「의료법」에 따른 의료인.간호조무사,「의료기사 등에 관한 법률」에 따른 의료기사, 「응급의료에 관한 법률」에 따른 응급구조사 및 「약사법」에 따른 약사.한약사로서 보건의료기관에 종사하는 사람을 말한다.

「**의료법**」 제27조(무면허 의료행위 등 금지)

① 의료인이 아니면 누구든지 의료행위를 할 수 없으며 의료인도 면허된 것 이외의 의료행위를 할 수 없다. 다만, 다음 각 호의 어느 하나에 해당하는 자는 보건복지부령으로 정하는 범위에서 의료행위를 할 수 있다.

1. 외국의 의료인 면허를 가진 자로서 일정 기간 국내에 체류하는 자

2. 의과대학, 치과대학, 한의과대학, 종합병원 또는 외국 의료원조기관의 의료봉사 또는 연구 및 시범사업을 위하여 의료행위를 하는 자

3. 의학.치과의학.한방의학 또는 간호학을 전공하는 학교의 학생

【관련판례1】

의사가 영리를 목적으로 비의료인과 공모하여 무면허의료행위를 하였다면 그 행위는 보건범죄단속에관한특별조치법 제5조에 해당한다고 할 것이고, 위 조문 소정의 영리의 목적이란 널리 경제적인 이익을 취득할 목적을 말하는 것으로서 무면허의료행위를 행하는 자가 반드시 그 경제적 이익의 귀속자나 경영의 주체와 일치하여야 할 필요는 없다(대법원 2003. 9. 5. 선고, 2003도2903 판결).

【관련판례2】

의료인이 아닌 자가 의료기기 등을 판매함에 있어 상품에 표기된 효능.효과.사용방법 등을 안내하는 정도를 넘어 고객의 질환상태를 묻고 의료기기를 사용하여 계속.반복적으로 시술하였다면 이는 의료법 제25조 '무면허 의료행위'에 해당됨(보건복지부 2002. 2. 18. / 의정 65501-114).

■ 설명이 미흡하였던 치료에 대한 항의가 심한 경우 대처 방법은?

【질문】 치과의사입니다. 치주치료를 하던 환자에게 만일 치아에 시린 증상이 지속되면 신경치료를 하기로 하였습니다. 치료 한 달 정도 후 환자는 14번 치아의 이상을 호소하며 내원하였고, 진찰결과 15번 치아의 치수가 괴사되어 신경치료가 필요한 상황이었습니다. 이에 치료의 필요성을 설명한 후 신경치료를 시작하였습니다. 그런데 환자는 귀가 후에 14번 치아를 치료하지 않고, 생니(15번 치아)를 치료하였다며 이에 대한 항의와 14번, 15번 치료 비용을 모두 환불해줄 것을 요청하고 있습니다. 정확하게 몇 번 치아를 치료한다고 설명하지는 않았지만 치료가 필요했던 치아를 치료한 저에게 환불, 피해보상을 요구하는 것은 억지주장이라고 생각합니다. 조언을 구하고 싶습니다.

【답변】 설명이 미흡한 부분에 대하여는 설명의무 위반 사유에 해당되어 손해배상이 인정될 수도 있습니다.
치료방법을 결정하고 환자가 그 치료를 선택함에 있어서 의료인으로부터 충분한 설명이 있었고 이에 따라 환자가 합리적인 절차를 통해 동의를 하였느냐 하는 문제를 바라보는 시각은 점차 의료소비자의 관점에서 보려

는 경향이 커지고 있으며, 판례에서도 이와 유사한 입
장을 보이고 있습니다. 특히 미용·성형 및 이와 유사한
성격의 의료행위에 있어서는 이러한 설명의무가 쟁점이
되는 경우가 종종 있습니다. 따라서 이 사례의 경우 치
료를 함에 있어서 환자에게 충분한 설명과 이에 따라
환자가 실질적인 동의를 하였다는 내용의 증빙 여부를
우선 확인하고, 만일 그렇지 못한 부분이 있다면 그 배
경과 당시의 여건, 환경 등을 살펴 보다 합리적인 답변
이 되도록 준비하는 것이 바람직합니다. 당사자간의 다
툼·시비로 인하여 원만한 해결이 어려울 경우에는 저희
의료중재원의 절차를 이용해 보시기 바랍니다.

【관련판례】

환자는 헌법 제10조에서 규정한 개인의 인격권과 행복추구권에 의하
여, 생명과 신체의 기능을 어떻게 유지할 것인지에 대하여 스스로 결정하
고 의료행위를 선택할 권리를 보유한다. 따라서 환자는 스스로의 결정에
따라 의료진이 권유하는 진료를 동의 또는 거절할 권리가 있지만 의학지
식이 미비한 상태에서는 실질적인 자기결정을 하기 어려우므로, 의료진은
환자의 증상, 진료의 내용 및 필요성, 예상되는 위험성과 함께 진료를 받
지 않을 경우 예상되는 위험성 등 합리적인 사람이 진료의 동의 또는 거
절 여부를 판단하는 데 중요하다고 생각되는 사항을 설명할 의무가 있다.
한편 이러한 의료진의 설명은 의학지식의 미비 등을 보완하여 실질적인
자기결정권을 보장하기 위한 것이므로, 환자가 이미 알고 있거나 상식적
인 내용까지 설명할 필요는 없고, 환자가 위험성을 알면서도 스스로의 결
정에 따라 진료를 거부한 경우에는 특별한 사정이 없는 한 위와 같은 설
명을 하지 아니한 데 대하여 의료진의 책임을 물을 수는 없다(대법원
2011.11.24.선고, 2009다70906 판결).

▎ 치료비 선결제 후 의료기관이 폐업하였을 경우 환불방법은?

【질문】 치아교정을 위해 2년 과정의 교정치료 비용을 선결제한 후 1개월에 한 번씩 내원, 약 1년간 통원치료를 받던 중 해당 치과가 폐업을 하였습니다. 이로 인해 현재 교정치료를 하지 못하고 있습니다. 사전에 치과로부터 폐업 예정이라는 사실을 연락받은 적도 없었습니다. 이런 경우 치료비의 환불을 받을 수 있는 방법은 없는지요?

【답변】 당시 담당의사를 찾아서 치료받지 못한 부분에 대한 진료비의 환불을 요청하셔야 됩니다.
이 사례는 의료사고가 아닌 계약상의 채무불이행을 묻는 민사적 사항으로서 의료중재원을 통해서 해결될 수 있는 사항은 아니나, 당시 진료했던 의사를 찾아서 치료받지 못한 부분에 대한 진료비의 환불을 요청하는 것이 필요할 것 같습니다. 다만, 폐업의 배경에 따라서는 담당 의료인의 연락처를 알기가 어려울 수도 있으므로 당시 함께 근무했던 직원들에 대한 수소문을 병행하는 방법과 소액소송 등의 민사절차를 통하여 거주지에 대한 확인(주소보정명령을 통한 확인) 방법 또한 유용할 수 있습니다.
또한, 의료기관을 폐업하는 경우 진료기록부를 관할 보건소에 보관하는 법률규정도 있으므로 이 점을 이용해

확인해보시는 방법과 당시 의료기관의 운영 및 권리관
계(동업 여부 포함) 등도 함께 확인하시면 이후 책임을
묻거나 비용을 환불받는 데 있어서 도움이 될 수도 있
을 것입니다.

【관련법조문】

「**의료법**」 제40조(폐업.휴업 신고와 진료기록부등의 이관)

① 의료기관 개설자는 의료업을 폐업하거나 1개월 이상 휴업하려면 보건
복지부령으로 정하는 바에 따라 관할 시장·군수·구청장에게 신고하여
야 한다.

② 의료기관 개설자는 제1항에 따라 폐업 또는 휴업 신고를 할 때 제22
조나 제23조에 따라 기록.보존하고 있는 진료기록부등을 관할 보건소
장에게 넘겨야 한다. 다만, 의료기관 개설자가 보건복지부령으로 정하
는 바에 따라 진료기록부등의 보관계획서를 제출하여 관할 보건소장
의 허가를 받은 경우에는 직접 보관할 수 있다.

「**민법**」 제390조(채무불이행과 손해배상)

채무자가 채무의 내용에 좇은 이행을 하지 아니한 때에는 채권자는 손
해배상을 청구할 수 있다. 그러나 채무자의 고의나 과실없이 이행할 수
없게 된 때에는 그러하지 아니하다.

【관련판례】

임플란트 시술 후 치주염 등이 발생한 데 대하여, 피고가 임플란트 시
술 전에 환자에 대한 치은의 심한 염증에 대한 치료를 제대로 하지 아니
하거나 환자에게 전치부 치조전돌증이 있음에도 브리지 형태의 임플란트
시술을 하여 과도한 교합과 저작력을 발생하게 한 과실로 환자가 보철물
탈락과 치주염 등의 현 상태에 이르렀다고 판단하여, 피고에게 진료계약
상의 채무불이행 내지 불법행위로 인한 손해배상책임을 인정함(부산지법
2010. 10. 20. 선고, 2009가합8447 판결).

■ 치료 중 다른 의사에게 의료기관이 양도되었을 경우 손해배상청구 방법은?

【질문】 교정치료를 위해 치과에 치료비용을 선결제한 후 주기적으로 통원치료를 하던 중 치료과정에서 의료사고가 발생되었습니다. 다른 병원으로 전원하여 몇 개월 간 치료를 받고 그 동안 못한 교정치료를 위해 치과를 방문하니 상호는 그대로인데 원장 A와 주요 직원은 바뀌어 있었습니다. 새로 바뀐 원장 B는 전 원장인 A에게 의료기관을 양도 받았다며 교정치료는 계속해서 해주겠으나, 의료사고 부분에 대해서는 전 원장인 A에게 문의를 하라고 합니다. 그런데 전 원장 A의 연락처를 알 수가 없는데 이런 경우 새로 바뀐 원장 B에게 치료비의 환불 및 손해배상을 요청할 수 있는지요?

【답변】 양도양수계약 내용의 확인이 필요하며, 전 원장과 주요 직원의 소재 파악이 필요할 수 있겠습니다.

이 사례의 경우 크게 의료사고 부분과 치료비 환불 부분으로 구분할 수 있겠으며, B에게 관련 피해배상 청구 내지 환불을 요청하여 성공하려면 A와 B간에 체결된 의료기관 양도양수계약의 내용에 따라 달라질 것입니다. 즉, 계약내용에 진료 및 사고처리의 자동승계 등이 명시되어 있는 경우라면 B에게 청구를 할 수 있겠지만,

그렇지 않은 경우에는 A에게 청구를 해야 하는 상황으로 바뀔 수 있사오니 우선 이 부분에 대한 확인을 하시기 바랍니다. 보다 명확한 권리관계 파악 및 효과적인 해결방안을 모색하기 위해서 변호사, 법무사 등을 통한 법률적 조언을 받아보는 것도 좋을 것 같습니다.

【관련법조문】

「**상법**」 제42조(상호를 속용하는 양수인의 책임)

① 영업양수인이 양도인의 상호를 계속 사용하는 경우에는 양도인의 영업으로 인한 제3자의 채권에 대하여 양수인도 변제할 책임이 있다.

② 전항의 규정은 양수인이 영업양도를 받은 후 지체없이 양도인의 채무에 대한 책임이 없음을 등기한 때에는 적용하지 아니한다. 양도인과 양수인이 지체없이 제3자에 대하여 그 뜻을 통지한 경우에 그 통지를 받은 제3자에 대하여도 같다.

【관련판례】

<원고가 A라는 상호로 영업을 하였던 갑에게 물품을 공급하였는데 갑이 물품대금을 지급하지 않고 폐업을 하였고, 피고가 갑이 영업을 하였던 영업장소에서 AA라는 상호로 갑이 하였던 것과 같은 종류의 영업을 하자 원고가 피고를 상대로 상호속용영업양수인으로서의 책임을 물어 갑의 미지급물품대금의 지급을 청구한 사안>

피고는 갑이 영업을 하였던 장소에서 갑과 동일한 종류의 영업을 하였고, 갑과 피고 모두 위 영업장소에서 갑 이전에 영업을 하였던 을과 사이에 기계설비를 양수 또는 임차하는 내용의 계약서를 작성한 후 같은 기계설비를 이용하여 영업을 하였으며, A라는 상호와 AA라는 상호는 비록 동일하지는 않으나 주된 부분이 공통되므로 피고는 갑으로부터 영업을 양수하고 갑이 운영하였던 A라는 상호를 속용한 상호속용 영업양수인에 해당함(대구지법 2012. 7. 20. 선고, 2012나3072 판결).

▌ 치과치료 후 발치한 금니를 반환해 주지 않을 경우는?

【질문】 치과 임플란트 치료를 위해 치아(금니)를 발치하였습니다. 그런데 발치한 금니를 본인에게 돌려주지 않고 있습니다. 요즈음 금값도 많이 비싸다고 하던데 이런 경우 금니는 당연히 돌려줘야 하는 거 아닌가요?

【답변】 치아를 돌려줄 수 있으나, 폐기 시에는 폐기물관리법에 따른 처리를 해야 합니다.
발치한 치아에 대하여 환자 본인이 돌려달라고 하는 경우 「폐기물관리법」에 관련 주의내용을 설명하고 반환할 수 있도록 규정되어 있습니다. 그러나 치아와 같은 인체조직물은 의료폐기물 중 '위해 의료폐기물'의 '조직물류폐기물'에 해당되어 법에서 규정하는 특정 장소에 매장하거나 화장장에서 소각할 수 있도록 하고 있으며, 이를 인도한 자(치과)는 이러한 내용을 의무기록에 상세히 기록, 3년간 보존토록 하고 있습니다. 또한, 금니에 사용하는 금은 일반 금과 달리 합금 형태이므로 금은방 등에 가져가도 이를 매입하는 경우는 거의 없는 것으로 알려져 있으니 참고하시기 바랍니다.

【관련법조문】
　「폐기물관리법」 제2조(정의)

5. "의료폐기물"이란 보건.의료기관, 동물병원, 시험.검사기관 등에서 배
   출 되는 폐기물 중 인체에 감염 등 위해를 줄 우려가 있는 폐기물
   과 인체조 직 등 적출물, 실험동물의 사체 등 보건.환경보호상 특
   별한 관리가 필요하 다고 인 정되는 폐기물로서 대통령령으로 정하
   는 폐기물을 말한다.

「**폐기물관리법시행규칙**」 제14조, 별표5(폐기물의 처리에 관한 규체적 기
준 및 방법_5. 지정폐기물중 의료폐기물의 기준 및 방법, 가. 공통사항)
1) 의료폐기물은 본인이나 그 동물의 주인이 요구하면 본인이나 그 동물
   의 주인에게 인도하여 다음 각 호의 구분에 따라 처리할 수 있다. 이
   경우 의료 폐기물을 인도한 자는 이를 상세히 기록하여 3년간 보존하
   여야 한다.
가) 인체조직물은 「장사등에관한법률」 제15조에 따른 묘지 등의 설치 제
   한지역이 아닌 곳으로서 같은 법 제13조제1항에 따른 공설묘지 중
   시.도지사가 인정한 장소에 1미터 이상의 깊이로 파묻을 수 있다.

【관련판례】

  자연환경 및 생활환경에 중대한 영향을 미칠 우려가 있는 폐기물의 배
출을 엄격히 규제하여 환경보전과 국민생활의 질적 향상을 도모하려는
구 폐기물관리법의 취지에 비추어 같은 법 제2조제1호, 제24조제2항, 제
25조제1항, 제44조의2의 규정들의 내용을 종합하여 보면, 사업장에서 배
출되는 쓰레기·연소재·오니·폐유·폐산·폐알카리·동물의 사체 등의 물질이
당해 사업장의 사업활동에 필요하지 아니하게 된 이상은 그 물질은 구
폐기물관리법에서 말하는 폐기물에 해당한다고 보아야 하며, 당해 사업장
에서 폐기된 물질이 재활용 원료로 공급된다고 해서 폐기물로서의 성질
을 상실한다거나 사업장폐기물배출자의 신고의무가 없어진다고 볼 것이
아님(대법원 2001. 6. 1. 선고, 2001도70판결).

■ 과잉진료로 인한 치료비 환불과 행정처분을 바라는 경우

【질문】 치아 1개를 발치하기로 하였는데 사전 설명이 없었던 옆의 치아 2개를 추가로 발치하였습니다. 과잉진료로 인한 피해보상과 치료비 환불을 받고 싶으며, 의사의 진료행태를 고발하고 싶습니다. 이에 의료중재원에서 행정처분을 내려주시기 바랍니다.

【답변】 비용환불 및 행정처분은 의료중재원의 소관 업무가 아닙니다. 의료중재원은 의료사고로 인해 발생되거나 확산된 손해에 대한 조정·중재 업무를 전문적으로 취급하고 있는 보건복지부 산하의 공공기관입니다. 이 사례의 경우에서 치료비의 적정성 문제 및 의료기관(의료인)에 대한 행정처분 문제 등은 저희 기관에서 처리하기에 어려움이 있습니다. 관련 기관에 문의하시어 도움을 받으시는 게 좋을 것 같습니다. 이 사례에서 의료사고 부분은 의료중재원을 이용하여 전문적인 판단을 받아보시고, 과잉진료 및 치료비 환불, 행정처분 의뢰 등의 문제는 국민건강보험공단, 건강보험심사평가원, 관할 보건소 등을 이용하시기 바랍니다.

【관련법조문】

「국민건강보험법」 제48조(요양급여 대상 여부의 확인 등)

① 가입자나 피부양자는 본인일부부담금 외에 자신이 부담한 비용이 제41조제3항에 따라 요양급여 대상에서 제외되는 비용인지 여부에 대

하여 심사평가원에 확인을 요청할 수 있다.

② 제1항에 따른 확인 요청을 받은 심사평가원은 그 결과를 요청한 사람에게 알려야 한다. 이 경우 확인을 요청한 비용이 요양급여 대상에 해당되는 비용으로 확인되면 그 내용을 공단 및 관련 요양기관에 알려야 한다.

「**의료법**」 제45조(비급여 진료비용 등의 고지)

① 의료기관 개설자는 「국민건강보험법」제41조제3항에 따라 요양급여의 대상에서 제외되는 사항 또는 「의료급여법」 제7조제3항에 따라 의료급여의 대상에서 제외되는 사항의 비용(이하 " 비급여진료비용"이라 한다)을 환자 또는 환자의 보호자가 쉽게 알 수 있도록 보건복지부령으로 정하는 바에 따라 고지하여야 한다.

【관련판례】

의료기관 또는 의사가 의료보험환자 아닌 일반환자를 치료하고 그 치료비를 청구함에 있어서 그 치료를 마친 의사 또는 의료기관은 그 치료비에 관하여 의료보험수가가 아닌 일반의료수가를 기준으로 계산한 치료비 전액의 지급을 청구할 수 있다 할 것이지만, 치료계약에 이르게 된 경위, 수술·처치 등 치료의 경과와 난이도, 기타 변론에 나타난 제반 사정에 비추어 그 일반의료수가가 부당하게 과다하여 신의성실의 원칙이나 형평의 원칙에 반하는 특별한 사정이 있는 경우에는 예외적으로 그와 같은 제반 사정을 고려하여 상당하다고 인정되는 범위를 초과하는 금액에 대하여는 그 지급을 청구할 수 없다(대법원 1995. 12. 8. 선고, 95다3282 판결).

▌ 임플란트 식립 후 치아가 잘 맞지 않아 불편한 경우 대처 방법은?

【질문】 좌측 하악 어금니 2개에 대해 임플란트시술을 받았습니다. 그런데 식립한 치아가 구강구조와 맞지 않고 염증이 생기는 등 불편함이 이만저만 아닙니다. 치과에서는 식립한 임플란트를 제거하고 비용을 환불 해주겠다고 합니다. 다른 치과에 알아보니 현재 임플란트를 제거하기에는 위험하므로 별도의 교정치료를 진행하라고 권합니다. 두 기관의 의견도 달라서 더욱 불안한데, 이런 경우 어떻게 대처해야 할까요?

【답변】 현재 상태의 정확한 진단과 치료방법의 확정을 위해 상급 의료기관에서의 정밀검사를 받아 보시기 바랍니다. 임플란트는 자연치아를 상실했을 때 인공치근을 심고 그 위에 보철물을 나사로 고정하여 자연치아와 동일한 기능 회복을 목적으로 하는 시술입니다. 특히, 환자의 잇몸 및 턱뼈에 드릴링을 시도하게 되므로 환자의 치조골 형태와 잇몸상태에 영향을 미치는 전신질환이나 전염성 질환 등 사전점검이 중요합니다. 보철물이 빠지거나 통증 발생, 구강구조와 맞지 않는 등 시술 후 후유증이 발생하는 경우도 있습니다. 이 사례의 경우 우선적으로는 증상완화를 위한 치료가 급선무이며, 상급 의료기관을 이용하여

현재 상태에 대한 진찰.치료뿐만 아니라 예후(비용 포함)까지도 확인하여 치료안정과 향후 손해배상 청구를 대비하는 것도 좋은 방법이 될 수 있습니다. 이후 본 건 시술 전후 및 이송 의료기관의 의무기록사본, 검사기록(영상물)과 그동안의 경과사항을 잘 정리하여 의료중재원을 이용하시기 바랍니다. 의료중재원에서는 전문적인 감정을 통하여 사실관계를 파악하고 당사자간 원만한 해결이 될 수 있도록 조정.중재 절차를 통해 도와드릴 것입니다. 특히, 이 사례의 경우 시술 전후 경과를 비교할 수 있는 영상물 자료가 구비되는 경우 유용하게 활용될 수 있으니 참고하시기 바랍니다.

【관련판례】

임플란트 시술 후 치주염 등이 발생한 데 대하여, 피고가 임플란트 시술 전에 환자에 대한 치은의 심한 염증에 대한 치료를 제대로 하지 아니하거나 환자에게 전치부 치조전돌증이 있음에도 브리지 형태의 임플란트 시술을 하여 과도한 교합과 저작력을 발생하게 한 과실로 환자가 보철물 탈락과 치주염 등의 현 상태에 이르렀다고 판단하여, 피고에게 진료계약상의 채무불이행 내지 불법행위로 인한 손해배상책임을 인정함이 상당하다(부산지법 2010. 10 .20. 선고, 2009가합8447 판결).

■ 치아 발치 후 안면마비가 발생되었는데 병원에서 배상책임을 없다고 한 경우는?

【질문】 종합병원에서 하악부의 사랑니 발치 후 신경손상으로 인한 안면마비가 발생되었습니다. 이에 해당 병원에 책임문제를 제기하였는데, 병원 측에서는 수술동의서를 작성하면서 합병증 및 안면마비의 가능성에 대해 설명을 했고 이에 대해 환자가 동의를 했기 때문에 배상책임이 없다며 책임을 회피하고 있습니다. 동의서를 받고 수술을 하였으므로 전혀 배상책임이 없다는 병원 측의 주장이 이해가 되지 않습니다. 정말로 그런 것입니까?

【답변】 부작용 발생 가능성에 대한 설명의 정도와 치료 전반의 적정 여부에 따라 책임 여부를 판단할 수 있습니다. 발치란 치아를 제거해 내는 외과적 처치로서 치조골의 현저한 흡수로 치아동요가 심하거나, 치근단부 만성염증으로 보존적 치료가 불가능한 경우, 충치 심화로 치근만 남아 보존.보철치료가 어려운 경우, 외상성 치근 파괴, 위치 이상으로 장애를 야기하는 경우, 치열교정상 필요에 의한 경우 등을 주요 적응증으로 하고 있습니다. 통상적으로 의료인이 치료를 결정하고 환자가 그 치료방법을 선택함에 있어서 충분한 설명과 이에 따른 동의를 필요로 합니다. 따라서 사랑니 발치과정에서 사전에 충분한 설명이 있었고 이에 따라 환자의 합리적인 동의가 있

었는지를 우선 살필 필요가 있습니다. 이에 대한 증빙 서류로는 수술동의서, 진료기록 등이 있는데, 설명의 충실 여부에 있어서는 형식적·관행적으로 설명한 것인지, 충분한 설명을 한 후 환자가 이에 대한 이해를 하고 동의한 것인지에 따라 법원 판례에서도 책임을 달리하는 경우가 있습니다. 이 사례의 경우 이 외에도 사랑니 발치와 안면마비와의 인과관계, 신경손상 발생 후 악결과를 방지하거나 감소시키기 위해 처치·대응이 신속하고 적절하였는지 등도 주요 쟁점이 될 수 있습니다.

【관련판례1】

설명의무는 모든 의료과정 전반을 대상으로 하는 것이 아니라 수술 등 침습을 과하는 과정 및 그 후에 나쁜 결과 발생의 개연성이 있는 의료행위를 하는 경우 또는 사망 등의 중대한 결과발생이 예측되는 의료행위를 하는 경우 등과 같이 환자에게 자기결정에 의한 선택이 요구되는 경우를 대상으로 하는 것이다. 따라서 환자에게 발생한 중대한 결과가 의사의 침습행위로 인한 것이 아니거나 또는 환자의 자기결정권이 문제되지 아니하는 사항에 관한 것은 위자료 지급대상으로서의 설명의무 위반이 문제될 여지는 없다고 봄이 상당하다(대법원 2010. 5. 27. 선고, 2007다25971 판결).

【관련판례2】

의사가 환자에게 의료행위를 하였을 경우 발생할 수 있는 부작용의 내용, 그 발생 가능성, 그러한 부작용으로 인하여 생길 수 있는 구체적인 위험의 내용, 환자의 경우에 해당하는 특이사항, 의료행위의 선택과 관련된 정보 등에 관하여 사전에 상세히 설명하였다는 점에 관하여 증거를 제출하지 않는 이상, 의사에 환자에게 설명의무를 다하였다고 볼 수 없다(인천지법 2006. 11. 1. 선고, 2005가합15235 판결).

▌ 교정치료 완료후 임플란트 시술이 불가능하다는데 대처할 방법이 없나요?

【질문】 송곳니가 없어서 식사할 때마다 지속적인 불편을 겪었습니다. 치과 상담결과 교정치료를 통하여 송곳니 공간을 확보한 후 임플란트를 식립하면 효과가 있다고 하여 우선 교정치료를 하였습니다. 그러나 결손부위의 공간이 확보되지 않아 임플란트 시술은 불가능하다고 합니다. 그래서 대신 빈 공간에 레진을 시행하게 되었는데 기존의 치아색과 너무 다르고, 치열도 맞지 않아 불만족스럽습니다. 다른 치과병원에 가보니 요즈음 레진은 변색이 잦아 권하지 않고 있으며, 추가로 브릿지 치료가 필요하다고 합니다, 환불을 받고 다른 병원에서 치료를 받고 싶습니다. 어떻게 해야 할까요?

【답변】 환자의 교정전 치아 상태부터 교정 및 보철치료 후 상태까지 치료과정 전반에 관한 의료감정이 요구됩니다. 치과에서 사용하는 레진은 대표적인 충치치료에 사용되는 비금속성 재료로써 치아색상과 유사하고 심미적으로 우수하며 가공이 쉽고 가격이 저렴하다는 장점이 있는 반면, 강도에 약하고 변색이 될 수 있다는 단점이 있습니다. 통상적으로 의사는 진료를 행하는데 있어 적절하다고 판단되는 진료방법을 선택할 재량권을 갖게 되므로

레진치료를 결정한 것만을 가지고 의사에게 전적인 책임을 물을 수는 없을 것입니다. 다만, 치료방법을 결정하고 선택함에 있어서 환자 상태와 적응증, 경제적 부담 등이 충분히 고려되고 설명이 이루어졌으며, 치료 후에는 사전에 설명된 만큼 치료가 완성되었는지를 검토할 필요가 있습니다. 이 사례는 공간확보를 위한 교정치료와 차선의 방법으로 선택된 레진 시술에서 발생된 복합적인 문제로서 인과관계와 관련 손해를 판단하기 위해서는 전문적인 감정이 선행되어야 하므로 의료기관의 진료기록부, 검사기록 등 증빙자료를 확보해 두시기 바랍니다.

【관련판례1】

의사의 설명의무 위반으로 인한 손해배상사건에서 환자가 의료행위로 인한 부작용의 가능성에 관하여 설명을 듣지 못하였다는 취지로 주장하는데도, 피고측이 환자의 수술승낙서를 제출하지 않았고 의사가 환자에게 의료행위를 하였을 경우 발생할 수 있는 부작용의 내용, 그 발생가능성, 그러한 부작용으로 인하여 생길 수 있는 구체적인 위험의 내용, 환자의 경우에 해당하는 특이사항, 의료행위의 선택과 관련된 정보 등에 관하여 사전에 상세히 설명하였다는 점에 관하여 증거를 제출하지 않은 이상, 의사가 환자에게 설명의무를 다하였다고 볼 수 없다(인천지법 2006.11.1. 선고, 2005가합15235 판결).

【관련판례2】

의사는 진료를 행함에 있어 환자의 상황과 당시의 의료수준 그리고 자기의 지식 및 경험에 따라 적절하다고 판단되는 진료방법을 선택할 상당한 범위의 재량을 가진다고 할 것이고, 그것이 합리적인 범위를 벗어난 것이 아닌 한 진료의 결과를 놓고 그 중 어느 하나만이 정당하고 이와 다른 조치를 취한 것에 과실이 있다고 할 수는 없다(대법원 2010.6.24. 선고, 2007다62505 판결).

■ 신경치료 후 급성부비동염이 생겼습니다. 어떻게 대처할까요?

【질문】 어금니 통증에 대해 치과에서 잇몸염증으로 진단, 염증제거술을 받았습니다. 그러나 치료 후에도 통증과 고열이 지속되었으며 이에 대한 신경치료를 받았으나 통증이 지속되었습니다. 이비인후과의원에서 진찰한 결과 급성부비동염이라고 하며, 치과 치료로 인해 감염이 된 것 같다고 합니다. 이로 인해 현재 치과뿐만 아니라 급성부비동염까지 치료를 받아야 하는 상황입니다. 치과의원에 가서 현재의 상태를 이야기하였지만, 아무런 연락도 없습니다. 이런 경우 어떻게 해야 할까요?

【답변】 연락이 없을 경우 신경치료와 부비동염 발생 간의 인과 관계 검토를 위해 의료감정을 받아보시기 바랍니다. 통상 급성부비동염은 부비동 점막에 급성으로 발생한 염증성 질환으로 질환기간이 4주 이내로 후유증이 남지 않고, 주요 원인으로는 바이러스 감염이나 알레르기 비염 발생 후 2차적인 세균감염 등으로 보는 경우가 많습니다. 따라서 이 사례의 경우 치과의 신경치료와 급성부비동염의 발생 사이의 인과관계 및 사실규명 등 전문적인 감정이 필요합니다. 이에 대해서는 의료사고 전문감정을 통해 당사자 간의 조정, 중재가 가능한 저희 의료중재원을 이용해 보시기 바랍니다. 다만, 의료

중재원을 이용하시기 전 현재 시점에서 잇몸염증, 부비
동염의 치료와 추가적인 후유증은 없는 지 등의 경과
관찰과 의무기록사본, 검사기록 등의 관련 증빙자료를
준비하시면 더욱 신속하고 정확한 판단을 받으실 수
있습니다.

【관련판례】

의료행위가 고도의 전문적 지식을 필요로 하는 분야이고 그 의료의 과
정은 대개의 경우 환자 본인이 그 일부를 알 수 있는 외에 의사만이 알
수 있을 뿐이며, 치료의 결과를 달성하기 위한 의료기법은 의사의 재량에
달려 있기 때문에 손해발생의 직접적인 원인이 의료상의 과실로 말미암은
것인지 여부는 전문가인 의사가 아닌 보통인으로서는 도저히 밝혀낼 수
없는 특수성이 있어서 환자측이 의사의 의료행위상의 주의의무 위반과 손
해발생과 사이의 인과관계를 의학적으로 완벽하게 입증한다는 것은 극히
어려운 일이므로, 의료사고가 발생한 경우 피해자측에서 일련의 의료행위
과정에 있어서 저질러진 일반인의 상식에 바탕을 둔 의료상의 과실이 있
는 행위를 입증하고 그 결과와 사이에 일련의 의료행위 외에 다른 원인이
개재될 수 없다는 사정을 증명한 경우에는 의료행위를 한 측이 그 결과가
의료상의 과실로 인한 것이 아니라 전혀 다른 원인에 의한 것이라는 입증
을 하지 않는 이상, 의료상 과실과 결과 사이의 인과관계를 추정함이 상
당하다(서울북부지법 2006. 6. 15. 선고, 2005가합3568 판결).

■ 치아뿌리에 시술기구 일부가 잔존해 있는데 조정신청이 가능한지요?

【질문】 치아가 썩어서 신경치료를 3회 받게 되었는데, 이후 치아뿌리에 기구가 일부 박혀있는 것을 X-ray로 알게 되었습니다. 몇 차례 제거를 시도하였으나 더 안쪽으로 들어가 뼈에 박히게 되었으며, 현재는 제거하기에 힘든 상황에 이르렀습니다. 해당 치과에서는 제거가 필수적이지는 않지만 만일 제거를 원한다면 제거비용은 부담해주겠다고 합니다. 그러나 추후에 생기는 후유증 등은 책임지지 않겠다고 합니다. 이와는 달리 상급병원에서는 향후 문제가 될 수 있으니 제거를 하자고 합니다. 이런 경우 상급병원에서 제거수술을 받아야할지, 아니면 현재 시점에서 의료중재원에 조정신청을 해야 할지? 어떻게 하는 게 좋겠는지요?

【답변】 환자에 대한 적절한 시술 여부와 잔존 시술기구 제거의 적합성 등에 대한 검토를 받아보시기 바랍니다.
신경치료는 일반적으로 파일 또는 리머라는 기구를 사용하여 시술하는데 감염된 치수를 제거하는 과정에서 일부 시술기구의 끝 부분이 부러져 치수강과 치근관 속에 박히는 경우가 있기도 합니다. 이에 대한 제거는 박힌 정도와 잔존물의 크기, 위치 및 의료진의 경험.기술, 숙련도 등에 따라 난이도가 달라질 수 있습니다.
따라서 우선은 상기 조건에 부합할 수 있는 규모의 의료
기관을 이용하여 보다 안전한 치료 및 제거방법이 있는
지 알아보시는 것이 좋을 것 같습니다. 이후 어느 정도
치료가 안정되거나 예후가 확정될 수 있는 시점에서 관
련 증빙자료 등을 구비하여 의료중재원에 조정 또는 중
재신청을 통한 원만한 해결을 받아보시기 바랍니다.

【관련판례】

요추 척추후궁절제 수술 도중에 수술용 메스가 부러지자 담당의사가
부러진 메스조각(3×5㎜)을 찾아 제거하기 위한 최선의 노력을 다하였으
나 찾지 못하여 부러진 메스조각을 그대로 둔 채 수술부위를 봉합한 경
우, 같은 수술과정에서 메스 끝이 부러지는 일이 흔히 있고, 부러진 메스
가 쉽게 발견되지 않을 경우 수술과정에서 무리하게 제거하려고 하면 부
가적인 손상을 줄 우려가 있어 일단 봉합한 후에 재수술을 통하여 제거
하거나 그대로 두는 경우가 있는 점에 비추어 담당의사의 과실을 인정할
수 없다(대법원 1999. 12. 10. 선고, 99도3711 판결).

■ 설명도 없이 치아를 갈아버렸을 경우 의사의 과실은?

【질문】 잇몸염증으로 치과에서 신경치료를 받았습니다. 그런데 신경치료를 하면서 어떠한 설명도 없이 치아 윗부분을 깎아 평평하게 만들어버렸습니다. 또한 잇몸치료 중에 염증이 발생되어 잇몸 일부분이 소실되기도 했습니다. 이에 대해 해당 치과에서는 치아 삭제는 일반적인 치료과정이라 사전설명이 필수 사항은 아니라고 말합니다. 동의도 없이 일방적으로 치아를 삭제한 것과 잇몸염증이 악화된 것은 의사의 과실이라고 생각합니다. 저의 판단이 맞는 건지요?

【답변】 사전 설명의무 이행 여부와 환자상태에 따른 치료방법의 적정성에 대한 검토 후 과실유무의 판단이 가능합니다.

신경치료는 심한 충치·잇몸병 또는 치아의 신경조직인 치수까지 감염되었을 때 조직을 제거하고 그 자리를 특수재료로 충전하여 치아의 기능을 유지시키는 시술입니다. 치료 후에는 약해진 치아를 보호하기 위해 크라운을 씌우게 되는데, 이 과정에서 치아길이에 따라서 치아삭제가 이루어지기도 합니다. 통상적으로 의사는 진료를 행하는데 있어 적절하다고 판단되는 진료방법을 선택할 재량권을 갖는 반면, 환자가 적절한 진료를 선택할 수 있도록 충분한 설명을 해야 할 의무도 부담합니다. 따라서 이 사례의 경우 치아삭제 외에 달리 대체할 방법이 있었는지, 치료 후 발생된 염증 및 잇몸 손상과 관련하여 치료와 악결과 발생 사이의 인과관계 등을 살필 필요가 있습니다. 이에 대해서는 의료중재원을 이용하시어 전문적인 판단을 받아 보시기 바랍니다.

【관련판례1】

　　의사의 설명의무 위반으로 인한 손해배상사건에서 환자가 의료행위로 인한 부작용의 가능성에 관하여 설명을 듣지 못하였다는 취지로 주장하는데도, 피고측이 환자의 수술승낙서를 제출하지 않았고 의사가 환자에게 의료행위를 하였을 경우 발생할 수 있는 부작용의 내용, 그 발생가능성, 그러한 부작용으로 인하여 생길 수 있는 구체적인 위험의 내용, 환자의 경우에 해당하는 특이사항, 의료행위의 선택과 관련된 정보 등에 관하여 사전에 상세히 설명하였다는 점에 관하여 증거를 제출하지 않은 이상, 의사가 환자에게 설명의무를 다하였다고 볼 수 없다(인천지법 2006. 11. 1. 선고, 2005가합15235 판결).

【관련판례2】

　　의사는 진료를 행함에 있어 환자의 상황과 당시의 의료수준 그리고 자기의 지식 및 경험에 따라 적절하다고 판단되는 진료방법을 선택할 상당한 범위의 재량을 가진다고 할 것이고, 그것이 합리적인 범위를 벗어난 것이 아닌 한 진료의 결과를 놓고 그 중 어느 하나만이 정당하고 이와 다른 조치를 취한 것에 과실이 있다고 할 수는 없다(대법원 2010. 6. 24. 선고, 2007다62505 판결).

제7편

정신건강의학과
마취통증의학과
응급의학과
영상의학과
약제과

▮ 폐쇄병동의 창문에서 추락하여 척추가 부러졌는데 합의해야 하는지요?

【질문】 저희 아들은 알콜중독으로 폐쇄병동에 입원하여 치료 중이었습니다. 병실이 5층에 있었는데, 관리가 소홀한 틈을 타 아들이 5층 창문을 통해 탈출을 시도하다가 1층으로 떨어졌습니다. 현재는 척추 골절이 발생되어 다른 병원으로 이송하여 수술을 받고 입원 중에 있는데, 상태가 불량하여 앞으로 상황이 어찌될지 모르겠습니다. 정신과 병원에서는 수술비를 대신 내줄테니 합의를 하자고 합니다. 이 정도에 합의하는 것이 좋을까요? 아니면 다른 방법이 있는 건가요?

【답변】 폐쇄병동은 더욱 중한 환자관리 의무를 부담하지만, 환자의 기여도에 따라 책임의 범위가 달라질 수 있습니다. 폐쇄병동에서의 환자관리는 일방병동에 입원하고 있는 환자보다 더욱 중한 환자관리 의무를 부담한다고 할 것입니다. 더욱이 이 사례의 환자와 같이 충동적인 행동을 할 여지가 있는 상태로 보여질 경우에는 상시 환자의 상태를 면밀히 관찰할 필요가 있으며, 주변시설의 점검 등을 통하여 탈출과 같은 돌발행동에 항시 대비하여야 할 것입니다. 이 사례의 경우 폐쇄병동 내에서 외부로 통하는 창문을 이용하여 탈출을 시도하였다는 점에서 해당

폐쇄병동의 공작물의 설치 또는 보존의 하자로 인한 사고에 해당되는지 여부 또한 검토되어야 할 것이며, 당시 환자의 상태 정도, 관찰의 중요도, 관리인력 수 등을 종합하여 병원의 책임 여부를 판단할 수 있을 것입니다. 다만, 창문을 열고 탈출을 시도하여 1층으로 추락한 행위와 환자의 당시 상태에 따라 어느 정도 병원의 책임이 제한될 수 있습니다. 손해의 범위와 관련해서는, 현재 척추골절로 인해 재활치료 중이므로 향후 후유장애에 대한 진단 및 향후치료가 남아있음을 고려할 필요가 있겠습니다.

【관련판례1】

환자들의 심리에 미치는 영향을 고려하여 환자전용 통로의 병원비상계단에 높이 1.14미터 가량의 옹벽만을 설치하였을 뿐 추락 방지를 위한 별도의 시설로서 철책 등을 설치하지 아니하였다 하더라도 그러한 조치가 세계적인 추세로 공인되어 있고 그 대신 환자들을 호송함에 있어 안전요원이 추락사고에 대비한 보호조치를 취하였음에도 불구하고 호송중인 환자가 갑자기 팔꿈치로 안전요원의 가슴을 쳐 뿌리치며 위 비상계단옹벽을 뛰어넘어 추락하였다면 이는 위 비상계단의 설치 또는 보존의 하자로 인한 사고에 해당되지 아니한다(서울동부지원 1989. 11. 9. 선고, 87가합2124 판결).

【관련판례2】

아직 충동적인 행동을 할 여지가 완전히 배제되었다고 보기 어려운 소외인 등 정신질환자 15명의 동태를 계속 근접하여 관찰, 감시하기에는 부족한 여성 사회복지사 2명만을 그 인솔자 겸 감시자로 배치하고 별다른 조치를 취하지 아니함으로써 소외인으로 하여금 위 사회복지사들의 감시소홀을 틈타 무모한 탈출 및 돌발적인 충동에 의한 자살을 감행하게 한 잘못이 있다 할 것이다(서울지법 1997. 10. 29. 선고, 96가합69109 판결).

▌ 정신과 병동 내 다른 환자가 준 음식물을 먹다가 사고가 났을 때 병원의 책임은?

【질문】 정신질환으로 정신과병동에 입원 중에 옆 침대 환자의 가족들이 병문안을 와서 제공한 음식을 먹다가 기도질식 사고가 발생하였습니다. 사고 발생 후 바로 종합병원으로 옮겨 치료를 받았으나 현재 저산소성 뇌손상으로 의식불명 상태 중에 있으며, 사망에 이를 수도 있다고 합니다. 이런 경우 어떻게 해야 하며, 병원 입원 중에 발생된 사고이므로 해당 병원에 책임이 있는 것은 아닌지요?

【답변】 경과관찰이 필요한 시기이므로, 손해가 확정된 시점에서 손해배상 청구를 고려해 보시기 바랍니다.
　　　의료기관에서의 환자에 대한 관리상 주의의무는 관리형태, 진료경과, 사고발생 시점, 환자의 연령 및 기왕증, 당시의 진료환경 등에 따라 차이가 있으며, 특히 정신과의 경우에는 개방병동이냐 폐쇄병동이냐에 따라서도 차이가 나는 경우가 있습니다. 또한 사건발생 후 환자의 피해를 줄이기 위한 의료기관의 처치 적절성도 중요한 검토 대상이 되기도 합니다.
　　　환자의 피해와 관련해서는 증상회복, 장애여부 등 예후와 사고 발생 전의 평균소득, 가동연한 등에 따라 많은 차이가 있을 수 있습니다. 이에 현재 상태에서는 우선 환자의 치료를 안정화하는데 집중할 필요가 있으며, 이 기간 동안에 관련 증빙자료(의무기록사본, 검사기록 영상물, 소득자료 등)의 구비와 경위 정리를 꼼꼼히 하시기 바라며, 예후가 확정되거나 안정화된 경우 관련 증빙을 기준으로 손해를 산출하여 피해구제를 받으시기 바랍니다.

【관련판례】

의료사고에 있어서 의사의 과실을 인정하기 위해서는 의사가 결과발생을 예견할 수 있었음에도 불구하고, 그 결과발생을 예견하지 못하였고 그 결과발생을 회피할 수 있었음에도 불구하고, 그 결과발생을 회피하지 못한 과실이 검토되어야 하고, 그 과실의 유무를 판단함에는 같은 업무와 직종에 종사하는 일반적 보통인의 주의정도를 표준으로 하여야 하며, 이에는 사고 당시의 일반적인 의학의 수준과 의료환경 및 조건, 의료행위의 특수성 등이 고려되어야 한다(대법원 2006. 12. 7. 선고, 2006도1790 판결).

■ 정신병원에 강제입원 후 사망하였을 때 대처방법은?

【질문】 요양시설 치료 중 환자 부적응 등을 이유로 정신 병원에서의 치료를 권유받았으나 직계가족(친자)은 반대를 하였습니다. 그러나 직계가족 모르게 처(계모)에 의해 정신병원으로 옮겨져 치료를 받게 되었고 시설 불결 및 병원직원들의 강압적인 분위기 하에서 치료 중 폐렴 등으로 사망에 이르게 되었습니다. 이 과정에서 병원 측은 직계가족의 동의와 신분확인 없이 계모의 서명만으로 입원을 시켰으며, 환자 상태가 악화되는 기간에도 친자들에게는 알리지 않다가 사망 5분전에야 연락을 하는 등 처치 및 환자관리가 소홀했는데 이런 경우 어떻게 해야 하나요?

【답변】 절차상 불법여부는 국가인권위원회 및 관할 보건소에 문의해 보시기 바랍니다.
정신과병동에 불법절차로 강제 입원 후 사망한 건으로, 주요 질의사항이 불법절차에 의한 입원가능여부 및 관련 처벌 등이 쟁점이 되는바, 구체적인 사항은 국가인권위원회와 정신보건법을 관할하는 의료기관 소재지 관공서(보건소 등)에 민원을 제기하거나 인터넷 신문고 등 국가민원포털사이트에 민원을 제기하는 방법 등을 참고하시기 바랍니다.

【관련법조문】

「정신보건법」 제24조(보호의무자에 의한 입원)

① 정신의료기관등의 장은 정신질환자의 보호의무자 2인의 동의(보호의무자가 1인 경우에는 1인의 동의로 한다)가 있고 정신건강의학과전문의가 입원등이 필요하다고 판단한 경우에 한하여 당해 정신질환자를 입원등을 시킬 수 있으며, 입원 등을 할 때 당해 보호의무자로부터 보건복지부령으로 정하는 입원 등의 동의서 및 보호의무자임을 확인할 수 있는 서류를 받아야 한다.

「정신보건법 시행규칙」제14조(보호의무자에 의한 입원신청 등)

② 법 제24조제1항에 따른 보호의무자의 동의는 해당 보호의무자가 제1항에 따른 입원동의서에 서명하거나 기명날인하는 것으로 행한다. 다만, 보호의무자 2명의 동의가 필요한 경우로서 그 보호의무자 중 1명이 동의의 의사표시는 하였으나 고령, 질병, 군복무, 수형, 해외거주 등으로 서명하거나 기명날인한 입원동의서를 입원 시까지 제출하지 못할 부득이한 사유가 있으면, 정신의료기관의 장이 다른 보호의무자로부터 그 사유서(동의의 의사표시가 있었다는 사실의 기재를 포함한다)를 제출받아 입원을 시킬 수 있되, 해당 보호의무자가 서명하거나 기명날인한 입원동의서와 제1항제2호 각 목의 어느 하나에 해당하는 보호의무자임을 증명할 수 있는 서류를 정신질환자가 입원한 날부터 7일 이내에 제출하여야 한다.

【관련판례】

위 강제입원에 앞서 피해자의 어머니나 여동생 등을 통하여 자발적으로 정신과 치료를 받도록 설득하여 보거나 그것이 여의치 않을 경우 정신과 전문의와 상담하여 법 제25조가 정한 바에 따라 시·도지사에 의한 입원절차를 취하든지 긴급한 경우에는 경찰공무원에게 경찰관직무집행법 제4조제1항에 기하여 정신병원에의 긴급구호조치를 취하도록 요청할 수 있었다고 여겨지는 이 사건에서, 피고인의 위 강제입원조치가 사회상규에 위배되지 아니하는 정당한 행위로서 위법성이 조각된다고 평가하기도 어렵다 할 것이다. 원심이 그 이유는 달리하였으나 피고인이 피해자를 정신병원에 강제입원시키는 과정에서 그를 감금한 행위가 형법 제20조 소정의 정당행위에 해당하지 않는다고 판단한 결론은 정당하고, 거기에 상고이유의 주장과 같은 판단유탈, 채증법칙 위배나 이유모순 또는 정당행위에 관한 법리오해의 위법이 없다. 이 부분 상고이유의 주장은 이유 없음(대법원 2001. 2. 23. 선고, 2000도4415 판결).

■ 정신병원 내 독실로 옮겼는데, 이 사실을 보호자에게 알리지 않았을 경우 처리방법은?

【질문】 저의 어머니가 조울증으로 정신병원에 입원하여 7일 만에 사망하였습니다. 나중에 알고 보니 5일간 병원 독실에 있었으며 이에 대해서는 사전에 보호자에게 안내나 설명이 전혀 없었습니다. 이런 경우 어떻게 처리해야 하나요?

【답변】 의료사고는 의료중재원을, 환자의 인권에 대하여는 국가인권위원회를 이용해 보시기 바랍니다.

이 사례의 경우처럼 정신병원과 같은 다수인 시설보호기관에서의 입원 중에 발생한 사망 건은 크게 의료사고와 환자의 인권문제로 나누어 살펴 볼 수 있을 것입니다. 의료사고와 관련해서 사실·인과관계 규명과 조정에 관한 사항은 진료기록부 및 관련 증빙자료를 구비하여 저희 의료중재원을, 환자의 인권에 관한 사항은 국민의 인권보호를 목적으로 설립된 국가인권위원회를, 사망에 대해서는 경찰고소 등을 통한 형사적인 절차를 밟는 것이 바람직할 것입니다.

【관련법조문】

「국가인권위원회법」 제30조(위원회의 조사대상)

① 다음 각 호의 어느 하나에 해당하는 경우에 인권침해나 차별행위를 당한 사람(이하 ""피해자""라 한다) 또는 그 사실을 알고 있는 사람이

나 단체는 위원회에 그 내용을 진정할 수 있다.

1. 국가기관, 지방자치단체, 「초·중등교육법」 제2조, 「고등교육법」 제2조
와 그 밖의 다른 법률에 따라 설치된 각급 학교, 「공직자윤리법」 제3
조의2 제1항에 따른 공직유관단체 또는 구금·보호시설의 업무 수행
(국회의 입법 및 법원·헌법재판소의 재판은 제외한다)과 관련하여 「대
한민국헌법」 제10조부터 제22조까지의 규정에서 보장된 인권을 침해
당하거나 차별행위를 당한 경우

2. 법인, 단체 또는 사인(私人)으로부터 차별행위를 당한 경우

「정신보호법」 제46조(환자의 격리제한)

① 환자를 격리시키거나 묶는 등의 신체적 제한을 가하는 것은 환자의
증상으로 보아서 본인 또는 주변사람이 위험에 이를 가능성이 현저히
높고 신체적 제한 외의 방법으로 그 위험을 회피하는 것이 뚜렷하게
곤란하다고 판단되는 경우에 그 위험을 최소한으로 줄이고, 환자 본
인의 치료 또는 보호를 도모하는 목적으로 행하여져야 한다. 이 경우
격리는 당해 시설 안에서 행하여져야 한다.

② 정신의료기관등의 장이나 종사자가 제1항에 따라 환자를 격리시키거
나 묶는 등의 신체적 제한을 가하는 경우에는 정신건강의학과전문의
의 지시에 따라야 하며 이를 진료기록부에 기재하여야 한다.

【관련판례】

통상적으로 정신과에서 환자를 관찰·평가하고 문제를 파악한 후 이를 치
료하기 위한 입원치료기간은 2주 내지 3개월 가량 소요되어 평균 2개월 정
도인 것으로 알려져 있다는 것이며 그와 달리 볼 자료는 없는 이상, 피해자
들의 입원기간이 부당하게 장기간이었다고 볼 의학적 근거도 없는 점 등을
종합하여 보면, 피고인들의 이 사건 행위는, 설령 그로 인하여 피해자들의
신체적 활동의 자유가 제한되는 결과가 발생하였다 하더라도, 정신과전문의
들인 피고인들이 정신보건법상 근거에 의한 요건과 절차에 따라 피해자들
로 하여금 입원치료를 받도록 하기 위하여 한 행위로서 형법 제20조 소정
의 '법령에 의한 행위' 또는 '업무로 인한 행위'에 해당하므로, 위법성이 조
각된다고 할 것임(의정부지법 2006. 4. 6. 선고, 2004고단421 판결).

▌ 병원에서 정밀한 검사 없이 전신마취를 시행한 경우의 책임 소재는?

【질문】 저의 부친은 평소 심장질환의 의심이 있었는데, 병원에서 이에 대한 정밀검사를 시행하지 아니한 채 전신마취를 시행하여 수술 도중 사망하였습니다. 이런 경우 의료인의 과실 인정되는지요?

【답변】 귀하의 부친에 대하여 병원 기록을 보면 1, 2차 수술을 시행하여도 심장에 아무런 문제가 없었으며, 심전도검사 결과도 정상으로 나타났고, 병원에 혈관조영술 등 정밀검사를 시행할 설비가 없었다고 하더라도 전신마취 후 심근경색이 재발하면 치사율이 매우 높고, 당초부터 심근경색이 있다는 의심이 있었으며 이 때문에 심질환을 위한 치료제를 투여하였다면 막상 심전도검사 결과로는 정상으로 나타날 가능성이 있습니다. 척추마취 아닌 전신마취를 실시하는 3차 수술을 시행함에 있어서는 그 수술이 반드시 필요한 것이라고 하더라도 시급히 하여야 할 것이 아닌 이상 다른 병원에 의뢰하여서라도 정밀검사를 거쳐 심장질환 여부를 확인한 다음 하여야 할 것인데도 병원의 마취과 의사는 정밀검사 없이 성급하게 전신마취를 한 것이라 할 것입니다. 이를 두고 병원이 현재의 의학수준 및 당시 임상의학분야에서 실천되고 있는 의료행위의 수준에 비추어 필요하고 적절한 진료조치를 다하였다고 볼 수는 없으므로 이는 병원의 의료과실에 해당합니다.

■ 현저히 불성실한 진료에 대해서 병원의 손해배상을 청구 할 수 있는지?

【질문】 저의 어머니는 병원에서 전신마취 수술을 받은 후 기면(嗜眠) 내지 혼미의 의식상태에 놓여 있다가 사망하였습니다. 사인은 뇌동정맥기형이라는 어머니의 특이체질에 기한 급성 소뇌출혈이라고 합니다. 병원에서 어머니에 대한 수술 및 회복을 위한 입원치료에 있어 충분하고도 최선의 조치를 취하지 아니한 경우에 단독상속인인 저는 병원에 대하여 손해배상을 청구할 수 있는지요?

【답변】 위 질문의 경우 귀하의 어머니가 병원에서 전신마취 수술을 받은 후 기면 내지 혼미의 의식상태에 놓여 있다가 사망하였으나, 귀하의 어머니 사망은 뇌동정맥기형이라는 특이체질에 기한 급성 소뇌출혈로 인하여 발생한 것으로서 병원 의료진에게 사망과 상당인과관계가 있는 과실이 있다고 인정할 수 없으므로 단독상속인인 귀하는 병원에 대하여 사망에 대한 손해배상책임을 추궁할 수는 없습니다(대법원 2006. 9. 28. 선고, 2004다61402 판결).
다만 귀하가 어머니의 수술 및 회복을 위한 입원치료를 맡은 병원 의료진이 일반적 의학상식 및 임상의학의 현실에 비추어 통상적으로 요구되는 필요한 조치를 스스로 용이하게 취할 수 있었음에도 이를 게을리 하고, 또한 담당 수술 집도의 등에게 보고하여 그로 하여금 즉각 필요한 조치를 취하도록 하였어야 함에도 이를 게을리 하는 등 위 주의의무 위반의 정도가 일반인의 수인한도를 넘어선 경우에는 현저하게 불성실한 진료를 행한 것이라고 평가될 수 있으므로 그 자체로서 불법행위를 구성하여 그로 말미암아 환자나 그 가족이 입은 정신적 고통에 대한 위자료의 배상을 명할 수 있으나, 이때 그 수인한도를 넘어서는 정도로 현저하게 불성실한 진료하였다는 점은 불법행위의 성립을 주장하는 피해자들이 이를 입증하여야 합니다(대법원 2006. 9. 28. 선고, 2004다61402 판결).

따라서 병원 의료진이 수인한도를 넘어서는 정도로 현저하게 불성실한 진료를 하였다는 점을 입증하는 경우에 한하여 귀하는 병원에 대하여 정신적 고통에 대한 위자료를 청구할 수 있을 것입니다.

■ 리도카인 투여 후 IMS시술 중 심정지가 발생된 경우 대처 방법은?

【질문】 제 동생이 어깨와 목 부위의 통증이 심하여 약 3년 정도 다녔던 의원을 찾아갔습니다. 치료를 위해 리도카인을 투여 받고 IMS시술을 받던 중 의식을 잃어 심정지에 이르게 되었습니다. 심정지 발생 후 수분 또는 수십분(?)이 흐른 뒤에 대학병원 응급센터로 후송되어 응급조치(약물투여, 저체온 치료 등)를 받았고, 맥박은 돌아왔으나 자가 호흡이 30% 이하 수준이어서 사고 이후 16일째인 현재까지 인공호흡기에 의지하고 있으나 의식은 돌아오지 않고 있습니다. 제가 지금부터 해야 할 일은 무엇인지요?

【답변】 진료기록 확보 후 급성심정지의 원인과 그에 따른 적절한 조치 여부에 관한 검토를 받아보시기 바랍니다. 리도카인은 국소마취제로서 사용시 기준 최고용량은 200mg이며, 사용에 따른 부작용으로 쇼크가 발생할 수 있으므로, 투여 시 용법과 용량을 준수하여 투여해야하고, 투여이후 환자에게 혈압저하, 안면창백, 맥박이상, 호흡억제 등이 나타나는 경우에는 즉시 투여를 중지하여야 합니다. 또한, IMS는 근육내 자극요법이라고 하여 근육의 일정한 부위에 바늘을 자입하여 통증을 치료하는 방법으로 바늘의 깊이 정도에 따라 혈관

이나 신경의 손상을 유발하거나 호흡곤란, 또는 쇼크가 발생될 수 있으므로 이에 대한 시술을 함에 있어서는 의료인의 해부학적 전문지식과 의료기술을 갖추어야 합니다. 이 사례의 경우 리도카인과 IMS시술의 부작용으로 쇼크 발생 가능성이 있으므로, 이에 대한 원인 규명이 필요하며, 심정지 발생 이후 신속하고 적절한 조치 여부에 대한 검토를 통해 현재 상태에 이르게 된 원인을 찾는 것이 중요한 부분입니다. 검토를 위한 사실관계의 확인을 위하여는 이송 전, 이송 후 병원의 진료기록을 확보한 후 의료중재원의 절차를 이용해보시기 바랍니다.

【관련판례】

피고인 ◇◇가 피해자를 국소마취함에 있어 리도카인이 혈관내로 주사되어 전신 독성이 발생하는 것을 방지하기 위하여 아스피레이션 방법으로 주사하였으리라 보기 어렵다. 따라서 피고인 ◇◇는 피해자에게 리도카인을 혈관으로 직접 주사한 과실이 있는 것으로 판단되고, 수술의 종합적인 관리책임이 있는 피고인 △△ 역시 수술집도의로서 자신에게 요구되는 주의의무를 다하였다고 보기 어렵다. 환자에게 호흡곤란이나 심장에 응급상황이 발생한 경우, 즉시 호흡을 유지시키기 위하여 기도를 유지한 후 계속적으로 산소를 공급하면서 우선 환자에게 혈압상승제 및 맥박강화제를 투여하고 산소를 공급하는 등의 조치를 취하고 자력호흡이 안될 경우에는 즉시 기도삽관을 하여 인공호흡을 시키고, 필요한 경우 전기충격기 등에 의한 응급소생술을 실시하여야 하며, 그와 같은 응급상황에서는 시기를 놓치지 않고 즉시 필요한 조치를 취하는 것이 매우 중요하므로 응급처치시설이나 인력이 미비한 위 병원에서는 가능한 응급조치를 취한 후 위와 같은 처치가 가능한 종합병원으로 즉시 이송하여야 할 것임에도 이송을 너무 많이 지체한 과실이 있다(인천지법 2006. 6. 16. 선고, 2005고단302 판결).

▌ 정확한 확인 없이 봉합을 하여 나중에 봉합부위에서 이물질이 발견된 경우 의사의 책임은?

【질문】 환자가 과수원 작업 중에 나무에서 떨어지면서 나뭇가지에 다리가 찔리는 상처를 입었습니다. 곧장 가까운 병원으로 가서 10여 바늘 봉합처치를 받았지만 진물증상과 통증이 지속되었습니다. 이후 다른 병원에서 통원치료를 하였으나 호전이 없고 농양증상까지 보여 치료를 위해 상처를 개방한 결과 나뭇가지의 일부로 보이는 이물질이 나왔습니다. 의사의 책임을 묻고 싶으며, 환자가 예전부터 당뇨병을 앓고 있어서 걱정입니다.

【답변】 봉합부위 감염에 따른 상태 악화가 이물질에 의한 것이라면 병원의 책임을 물을 수 있겠습니다.
개방성 상처는 출혈과 감염의 위험이 있으므로 환자의 상태관찰과 처치에 있어 주의를 요합니다. 특히 찰과상 같은 경우에는 상처를 깨끗이 소독하고 이물질을 제거하여 2차 감염이 되지 않도록 해야 합니다. 경우에 따라서는 X-ray 검사 등을 통해 골절 여부 및 이물질 잔존 여부도 확인할 필요가 있습니다. 따라서 당시 환자의 주 증상에 적합한 검사와 처치를 하였으며, 드레싱 등 통원치료 과정에서도 환자가 호소하는 상태와 경과에 관심을 기울였는지, 이로 인해 환자의 피해가 확대되지는 않았는지 등을 검토할 필요가 있습니다. 반면, 환자가 의료인에게 당뇨와 같이 상처를 악화시키거나 치유를 지연시킬 수 있는 기왕증을 사전에 고지하였는지도 함께 살필 필요가 있습니다. 이 과정에서 환자의 기왕증 기여도에 따라 당사자 간의 과실이 상계되는 경우도 있습니다.

【관련판례1】

당뇨병 환자가 ○○구치소에 수감 중 하지무력감과 통증을 호소하였으나 구치소 측이 별다른 조치없이 치료가 가능한 외부병원으로의 전원을 지연하여 심한 당뇨로 인한 산혈증, 양 하지부위 색전증에 의한 급성 혈관폐색, 조직괴사로 양 하지를 절단하게 된 사안에서, 원고의 기왕증인 당뇨병이 노동능력상실률에 기여한 비율을 10%로 인정한다(서울지법 1996. 2. 14. 선고, 96가합25631 판결).

【관련판례2】

원고에게 나타난 신경인성 방광 증세는 당뇨병이 한 원인인 되어 발생하는 증세로서 이와 같은 기왕병력으로 말미암아 배뇨장애가 더욱 악화되는 상황을 초래한 점을 들어 30%의 감액을 인정한다(서울지법 1997. 5. 13. 선고, 95가합20930 판결).

■ 진료거부로 환자가 사망한 경우 병원의 책임은?

【질문】 두통 증상으로 일반병원에서 진찰한 결과 뇌출혈로 진단되었으며 병원에서는 종합병원으로 전원하여 치료할 것을 권유하였습니다. 이에 종합병원으로 응급 이송하여 수술을 받으려고 하였으나 의료 보험 미가입자라는 이유로 진료를 거부당하였습니다. 그래서 다른 병원으로 힘들게 옮겨서 수술을 받았지만 사망에 이르게 되었습니다. 이런 경우 진료거부를 할 수 있는 것인지요? 책임을 묻고 싶습니다.

【답변】 진료거부는 의료법 및 응급의료에 관한 법률의 위반 사유에 해당됩니다. 뇌출혈은 두개 내의 출혈이 있어 생기는 모든 변화를 말하며 출혈성 뇌졸중이라고도 합니다. 외상에 의한 출혈 외에는 고혈압, 뇌동맥류, 뇌동정맥 기형, 모야모야병, 뇌종양 출혈, 출혈성 전신질환 등 다양한 원인으로 인하여 발생 된다고 알려지고 있습니다. 뇌출혈은 응급처치가 매우 중요한 부분으로 발병 1시간 이내로 위험한 경지에 이를 수도 있으므로 신속하게 전문적인 치료를 받도록 해야 합니다. 의료인은 환자를 진료하는데 있어서 정당한 이유 없이 환자에 대한 진료를 거부할 수 없으며 응급환자에 대해서는 최선의 처치를 다할 의무가 있습니다. 다만 환자의 상태가 의학적 판단에 따라 회복이 가능한 상태이거나 또는 적절한 치료를 위해 불가피하게 타 의료기관으로

의 전원이 필요한 경우라면 예외가 될 수도 있습니다. 따라서 이 사례의 진료거부가 불가피한 경우에 해당되는지 여부를 검토할 필요가 있으며, 만일 이에 해당되지 않는다면 본 건 의료인은 의료법 제15조제1항과 제2항의 위반사항에 해당될 수도 있습니다.

【관련법조문】

「**의료법**」 제15조(진료거부 금지 등)

① 의료인은 진료나 조산 요청을 받으면 정당한 사유없이 거부하지 못한다.

② 의료인은 응급환자에게 「응급의료에 관한 법률」에서 정하는 바에 따라 최선의 처치를 하여야 한다.

【관련판례1】

의사가 부재중이거나 신병으로 인하여 진료가 불가능한 경우에는 정당한 사유가 있었다고 보나, 단순히 피곤하다거나 환자에 대한 개인적 감정을 이유로 진료를 거부하는 경우에는 정당한 사유가 있다고 보지 않는다(서울형사지법 1981. 7. 2. 선고, 80노8696 판결).

【관련판례2】

의료법 제16조에는 의료인은 진료 또는 조산의 요구를 받은 때에는 정당한 이유 없이 이를 거부하지 못한다고 규정되어 있어 의료인의 진료거부죄가 성립하려면 그 전제로 환자측의 진료요구가 있어야 하고 이 점에서 앞에서 유죄로 인정한 구급환자에 대한 응급조치불이행죄가 환자측의 진료요구를 전제로 함이 없이 의료인이 당시 상황에 비추어 응급조치를 취하여야 하고 또 응급조치를 취할 수 있는 상황에서 이를 이행하지 않는 행위를 처벌하는 것과는 달리 보아야 함을 알 수 있다(서울동부지원 1993. 1. 15. 선고, 92고합90 판결).

▍ 진단 잘못으로 의식불명상태가 된 경우 병원의 책임은?

【질문】교통사고 후 우측 두통이 심하여 응급실에서 CT
검사 등을 하였는데 별 이상 없다고 하여 퇴원을
하였습니다. 그러나 저녁부터 심한 두통이 재발되
면서 쓰러져 다시 응급실에서 검사를 한 결과 뇌
출혈로 진단되었습니다. 이송된 대학병원에서의 진
찰 결과 두개골 골절과 지연성 출혈이 보이나 시
간이 지체되어 수술은 힘들다고 합니다. 현재 환
자는 의식불명 상태에 있습니다. 병원의 책임은
어떻게 되는지요?

【답변】자동차 보험 처리결과 및 보상범위에 따라 병원의 책
임과 배상범위가 달라질 수 있습니다.
우선 환자가 호소하는 주 증상에 대한 검사와 처치가
적절했는지를 살필 필요가 있습니다. 특히 뇌출혈이 발
생하는 경우 치료가 신속하고 적절했는지가 상당히 중
요하며, 자칫 진단 또는 치료가 지연되는 경우 사망에
까지 이를 수 있어 주의를 요하기도 합니다. 따라서 처
음 내원 당시의 검사기록(특히 CT영상자료), 진료기록
과 뇌출혈 확진 시점의 기록물을 신속하게 확보하여
오진 및 피해 확대여부를 확인할 필요가 있습니다. 이
과정을 통해 의료인의 책임이 있다고 판단되는 경우
관련 피해에 대한 손해배상을 청구할 수 있습니다. 다

만, 이 사례의 경우는 교통사고와 연관된 관계로 자동차보험에서의 처리가 어떻게 되느냐에 따라 배상청구의 방법, 효과 등에 있어 차이가 날 수 있습니다. 만일 자동차보험에서 환자의 전체 손해를 담보하는 경우 의료사고가 그 손해에 기여하였다고 판단되는 책임에 대해 보험사는 해당 의료기관을 상대로 구상권 행사를 할 수도 있습니다. 따라서 먼저 해당 보험사에 관련 처리내용을 문의하여 확인해 보시는 것이 좋습니다.

【관련판례1】

두부외상을 입은 환자에게 뇌출혈이 진행되어 심한 뇌압상승 및 뇌탈출이 발생하였으나 이에 대한 관찰 및 검사를 소홀히 하여 적기에 응급수술을 하지 못한 과실이 있다. 다만 상태가 급격히 악화되어 적절한 치료를 받았어도 사망할 가능성이 많은 점 등을 고려하여 책임제한은 60%로 본다(서울지법 2000. 9. 28. 선고, 96가합52569 판결).

【관련판례2】

교통사고로 인하여 상해를 입은 피해자가 치료를 받던 중 의사의 과실 등으로 인한 의료사고로 증상이 악화되거나 새로운 증상이 생겨 손해가 확대된 경우 특별한 다른 사정이 없는 한 그와 같은 손해와 교통사고 사이에도 상당인과관계가 있다고 보아야 하므로, 교통사고와 의료사고가 각기 독립하여 불법행위의 요건을 갖추고 있으면서 객관적으로 관련되고 공동하여 위법하게 피해자에게 손해를 가한 것으로 인정된다면, 공동불법행위가 성립되어 공동불법행위자들이 연대하여 손해를 배상할 책임이 있음(대법원 1993. 1. 26. 선고, 92다4871 판결).

■ 뇌종양 진단이 늦어져 수술이 힘든 경우 의사의 책임은?

【질문】 구토 증상이 계속되어 응급실에 가서 머리부위 CT검사를 하였는데 이상이 없다고 진단되어 집으로 돌아왔습니다. 그러나 구토가 지속되고 환자의 상태도 나빠지는 것 같아 약 1개월 뒤에 같은 병원에서 재검사를 받았는데, 검사결과 뇌종양으로 진단되었습니다. 종양의 크기가 너무 크고 깊어서 전체적인 치료는 힘들다고 합니다. 이런 경우 어떻게 해야 하나요?

【답변】 최초 CT판독 결과 뇌종양 소인이 있다면 의사의 책임을 물을 수 있겠습니다.
뇌종양은 뇌, 뇌막, 뇌혈관 또는 뇌신경 등에 일어나는 모든 종양을 총칭합니다. 일반적인 증상으로 두통, 구토, 시력감퇴, 난청, 이명 등이 있으며 종양의 발생 부위에 따라서는 후각이상, 실어증, 청각이상, 평형감각불량 등 특징이 나타나기도 합니다. 뇌종양은 주로 전산화단층촬영(CT), 자기공명영상(MRI), 혈관분포나 주위 혈관관계를 보기 위한 뇌혈관조영술 등을 통해 진단합니다. 이 사례에서는 최초 응급실에서 환자의 주 증상에 대한 적절한 검사와 판독이 이루어졌는지가 주요 쟁점이 될 것입니다. 따라서 최초의 검사 기록(특히 CT영상자료)과 확진된 시점에서의 기록을 신속히 확보

할 필요가 있습니다. 기록물의 재판독을 통해 오진 또
는 종양의 변화여부를 확인할 수 있을 것입니다. 만일
이를 통해 오진으로 판단되는 경우 해당 의료진을 상
대로 관련 피해에 대한 손해배상을 청구할 수 있습니
다. 다만, 오진으로 과실이 인정되는 경우에 있어서도
만일 최초 진단시점과 확진된 시점에서의 예후 또는
변화의 차이가 크지 않다고 판단되는 경우에는 관련
손해배상의 청구 범위가 제한되거나 축소되기도 하니
이 점 유의할 필요 있습니다.

【관련판례】

　뇌를 손상한 환자는 신경외과 전문의에게 의뢰하여 치료하는 것이 바
람직한데 이 건의 경우 일반외과 전문의인 피고가 방사선사진을 정확히
판독하여 최선의 응급조치를 취한 후 신경외과 전문의가 있는 병원으로
전원하여 적절한 치료를 받게 하였더라면 사망하지 않거나 생명을 연장
시킬수 있었을 것이며 그 경우에 구명율은 50퍼센트의 가능성이 있었다
는 취지이고, 여기에 피고가 원고를 진찰함에 있어서 방사선사진상에 나
타나 있는 우측두부의 약 15센티미터 가량의 선상골절을 발견하지 못하
고 뇌손상을 입은 중상의 환자를 단순히 뇌부종과 이에 따른 뇌좌상, 뇌
진탕 등의 증세가 있는 것으로 오진하여 그에 관한 약물치료만을 한 점
등의 사실관계를 종합하여 검토하여 보면 다른 특별한 사정이 없는 한
피고가 위 방사선사진상에 나타나 있는 선상골절상이나 이에 따른 뇌실
질내출혈 등을 발견 내지 예견하지 못하여 망인을 제때에 신경외과 전문
의가 있는 병원에 전원하여 확정적인 진단 및 수술을 받을 수 있는 필요
한 조치를 취하지 아니한 사실과 위 원고의 사망과의 사이에는 인과관계
를 인정함이 상당하다(대법원 1989.7.11. 선고, 88다카26246 판결).

■ CT촬영 중 쇼크로 인하여 심정지가 발생된 경우 책임 소재 여부는?

【질문】 아버지가 건강검진을 받기 위해 병원에 내방하셨습니다. CT 촬영 중에 환자가 고통을 호소하였고 곧바로 심정지가 발생했습니다. 그 뒤로 아버지는 의식이 돌아오지 않고 식물인간 상태로 계속 입원 중이십니다. 병원에서는 환자가 염증이 심했으며 심신이 쇠약하여 그렇다는 등 환자 탓으로만 돌리고 있습니다. 그러나 저희 아버지는 허리 디스크로 수술 받으신 적은 있으나 그 외에 어떠한 질환도 없으시며, 복용중인 약도 없습니다. 무척 억울한 상황이며, 가장이신 아버지가 아무런 반응 없이 누워만 계시는데, 저희 가족들의 허망함은 말로 다할 수가 없습니다. 병원의 말대로 환자의 질환으로 인한 것이라면, 저희는 아무런 책임을 물을 수 없는 것인지요?

【답변】 검사 시 의료인의 주의의무의 정도와 문제 발생시 신속한 조치여부가 주요 쟁점사항이 될 것입니다.
조영제 부작용은 국소적인 피부반응(가려움, 발진) 및 어지러움에서 과민성 쇼크(아나필락시스)로 인한 사망(10만분의 1) 이르기까지 다양하고, 약제사고 중 큰 비율을 나타내고 있습니다. 영상의학의 발달에 따라 점차로 CT촬영이 증가추세에 있어 사고발생률도 덩달아 상승하고 있습니다. 이를 방지하고자 일부 병원에서는 사전 조영제 테스트를 피부나 안구반응을 통해 시행하고 있으나, 유해 감지 효과가 미비하고 의무 사항은 아니기 때문에, 이에 대한 사전 검사를 시행하지 않았다는 이유만으로 이를 두고 과실이라고 하기에는 어려운 점이 있습니다. 다만, 환자의 상태에 따라서는, 조영제가 환자에게 주입이 완료될 때까지 의료인은 이를 지켜본 후 이에 대한 부작용 유무를 확인하고, 응급증상이 발생될 경우 신속한 조치를 취해야 할 의무가 있으므로, 당시 환자의 전신상태 및 의료인의 관리 감독 하에 조영제가 투여되었는지, 응급증상 발생 시 신속하고 적정한 치료가 시행되었는지 여부 등에 대한 종합적인 검토가 필요하다고 하겠습니다.

【관련판례】

조영제인 '유로그라핀'은 환자의 체질에 따라서는 1/100,000 정도 부작용을 일으켜 사망하는 수가 있어 현대과학에 있어 사전에 그 체질에 대한 검사방법으로서는 최선의 방법인 예비정맥주사법에 의하여 위 박□정은 위 채▽순으로 하여금(의사는 의료법에 따라 간호사로 하여금 그 처방에 따라 진료의 보조행위로서 환자에게 주사하게 할 수 있다) 예비검사를 위하여 '유로그라핀' 1cc를 미리 주사하게 한 연후에 그 반응이 음성이라고 하므로 그 1분 후에 신장사진촬영을 위하여 '유로그라핀'을 주사하기 시작하였는데 위 김◇하가 부작용 현상을 일으키자 산소호흡을 시키고 강심제등 주사를 3개소에 놓는 등 응급조치를 취하였으나 이미 때가 늦어 결국 30분 후에 사망한 사실을 인정할 수 있고, 이에 어긋나는 위 원고본인신문결과(위 믿는 부분 제외)는 믿을 수 없고 달리 반증없으며, 위 김◇하에게 과실이 있다는 원고의 주장사실은 위에 배척한 증거 외에 이를 인정할 수 있는 증거가 없다(서울고법 1976. 2. 20. 선고, 75나239 판결).

■ 약제부작용인 스티븐스존슨증후군으로 고생하고 있는데 대처방법은 무엇입니까?

【질문】 저는 작년 말경에 자이로릭이란 통풍약을 처방 받아서 복용하고 있었는데, 두 달 정도 복용 중 약 부작용으로 인해 온몸의 피부가 벗겨지는 증세가 나타났고, 진단 결과 스티븐스존슨증후군이라는 병명으로 3개월간 입원치료를 받았습니다. 입원치료 중 여러 번 죽음의 문턱까지 갔다가 운 좋게 회복되어서 지금은 많이 좋아진 상태이나, 이에 대한 합병증으로 간기능 저하와 신부전증이 온 상태입니다. 병원에서는 스티븐스존슨증후군의 원인이 자이로릭이라는 약제의 부작용이라고 하는데…. 가만히 있으려니 너무 억울합니다.

【답변】 부작용의 발생원인이 현대 의학으로도 명확히 규명되지 않을 경우에는 의사의 책임을 묻기 어려운 경우도 있습니다. 대한약물역학위해관리학회의 보고자료에 따르면, 스티븐스존슨증후군(SJS)을 일으키는 의약품은 감기약 외에도 해열·진통제, 항생제, 항간질제, 통풍치료제, 소화궤양치료제, 근육이완제, 진정제, 항불안제, 녹내장치료제, 고혈압치료제 등 약 1,700여 가지 의약품이 SJS의 원인이 될 수 있다고 하며, 또한 이러한 의약품들이 어떠한 이유로 SJS를 일으키는지에 대하여도 아직 의학적으로 명확히 밝혀지지 않은 상태라고 합니다. 이 사례의 경우

자이로릭이라는 약제의 부작용으로 환자에게 SJS가 발생
되었는데, 이에 대하여 의료인의 과실이 인정되기 위해서
는 약제를 투여함에 있어서 SJS 합병증이 발생될 수 있
었을 것이라는 것을 예견할 수 있었고, 이러한 결과를 회
피할 수 있었음에도 이를 회피하지 못한 과실이 검토되
어야 하며, 그 과실의 유무를 판단함에 있어서는 사고 당
시의 일반적인 의학의 수준, 의료환경, 임상현실, 의료행
위의 특수성 등이 고려되어야 합니다. 다만, 위와 같은
판단기준과는 별도로 SJS의 증상 발생시 상태 악화의 방
지를 위해 어떠한 노력을 기울였는지 또한 검토의 대상
이 될 수 있으므로, 이에 대한 종합적인 검토를 원하실
경우 의료중재원의 절차 이용을 통해 합리적인 판단을
받아보시기 바랍니다.

【관련판례】

의료과오 사건에 있어서의 의사의 과실은 결과발생을 예견할 수 있었
음에도 불구하고 그 결과발생을 예견하지 못하였고 그 결과발생을 회피
할 수 있었음에도 불구하고 그 결과발생을 회피하지 못한 과실이 검토되
어야 할 것이고 특히 의사의 질병 진단의 결과에 과실이 없다고 인정되
는 이상 그 요법으로서 어떠한 조치를 취하여야 할 것인가는 의사 스스
로 환자의 상황 기타 이에 터잡은 자기의 전문적 지식경험에 따라 결정
하여야 할 것이고 생각할 수 있는 몇가지의 조치가 의사로서 취할 조치
로서 합리적인 것인 한 그 어떤 것을 선택할 것이냐는 당해 의사의 재량
의 범위내에 속하고 반드시 그 중 어느 하나만이 정당하고 이와 다른 조
치를 취한 것은 모두 과실이 있는 것이라고 할 수는 없다. 내과전문의가
기관지폐렴환자로 진단한 환자에 대하여 그 요법으로 일반적으로 통용되
고 있는 '엠피시린'주사액을 피부반응검사를 거쳐 음성인 경우에 한하여
그 주사액을 시주케 한 행위에는 내과전문의로서의 과실이 있다고 보기
어렵다(대법원 2007. 9. 20. 선고, 2006도294 판결).

▌ 처방과 다른 당뇨약이 조제되어 이를 복용한 후 저혈당 쇼크가 발생된 경우 손해배상 청구는 가능한지요?

【질문】 작년 여름 경련 등의 증상 발생으로 119에 의해 병원 응급실에 내원한 바 있습니다. 당시 진찰 및 혈액검사 상 저혈당이 진단되었고, 그 원인을 파악 하던 중 복용중인 관절염 처방약에 문제가 있음을 알게 되었습니다. 제가 복용한 관절염 처방약에는 당뇨약이 포함되어 있었고, 이 약을 처방한 병원의 처방기록에 당뇨약은 없었습니다. 병원의 처방과 다른 당뇨약으로 인해 저혈당 쇼크가 발생되었고 치료비는 물론 여러 손해가 발생되었기에 약사를 상대로 손해배상을 청구하고 싶습니다.

【답변】 저혈당 쇼크의 원인이 잘못된 조제에 의한 것이라면 약사의 책임을 물을 수 있겠습니다. 당뇨약의 부작용 중 하나로 저혈당 증세가 나타나기도 합니다. 보통 약의 함량이 높아지거나 활동량 증가, 탄수화물의 섭취가 부족할 때 나타나기도 합니다. 해당 사안의 경우는 의사가 처방한 약제 외에 약사의 조제 실수로 추가적인 약제를 복용하여 문제가 생긴 것으로 판단됩니다. 예전에는 약사에 의한 처방이 가능하였지만, 오늘날의 경우 의약분업에 의해 전문 의료인인 의사가 환자의 증상을 진단하여 처방을 하면 약사는 병용금지나 투약금지 약물 등에 대한 검토 후 그 처방전에 따라 의약품을 조

제·판매하고 있기 때문에, 자체적인 처방은 없었던 것
으로 판단됩니다.

이에 대하여 약국에 책임을 묻기 위해서는 최초 병원
의 처방전과 투약을 한 약사의 과실 부분을 입증할 수
있는 자료 및 실제 조제가 된 약 등을 모두 확보해 두
시기 바라며, 손해를 입은 범위의 특정을 위해 저혈당
쇼크 등 합병증 발생으로 인하여 치료받은 기록 등의
확보가 필요합니다. 이러한 사실관계의 증빙 후 처방
외 약제의 조제가 저혈당 쇼크라는 결과에 어떠한 영
향을 미쳤는지, 약을 조제하고 판매함에 있어서 해당
약제로 인한 부작용에 관한 설명의무는 다하였는지 여
부 등이 검토의 대상이 될 것입니다.

【관련판례】

의약품을 조제·판매하는 약사에게 설명의무가 있는지 여부에 대하여,
환자에 대한 수술은 물론, 치료를 위한 의약품의 투여도 신체에 대한 침
습(侵襲)을 포함하는 것이므로, 의사는 긴급한 경우 기타의 특별한 사정이
없는 한, 그 침습에 대한 승낙을 얻기 위한 전제로서 환자에 대하여 질환
의 증상, 치료방법 및 내용, 그 필요성, 예후 및 예상되는 생명·신체에 대
한 위험성과 부작용 등 환자의 의사결정을 위하여 중요한 사항에 관하여
사전에 설명함으로써 환자로 하여금 투약에 응할 것인가의 여부를 스스로
결정할 기회를 가지도록 할 의무가 있고, 이러한 설명을 아니한 채 승낙
없이 침습한 경우에는, 설령 의사에게 치료상의 과실이 없는 경우에도 환
자의 승낙권을 침해하는 위법한 행위가 된다고 할 것이고, 투약에 있어서
요구되는 의사의 이러한 설명의무는 약사가 의약품을 조제하여 판매함으
로써 환자로 하여금 복용하도록 하는 경우에도 원칙적으로 적용된다고 봄
이 상당하다(대법원 2002. 1. 11. 선고, 2001다27449 판결).

제8편

한방과

▌ 한방 물리치료 받던 중, 화상을 입었는데 누구에게 배상 책임이 있는지요?

【질문】 좌측 어깨 통증이 심하여 한의원에서 진찰을 받은 결과 인대염으로 진단되어 침, 사혈, 부황 및 물리치료(ICT)를 받았습니다. 그러나 당일에 어깨 부위에 수포가 생겼다가 2도 화상까지 진행되었습니다. 한의원에서는 치료기의 작동법을 준수하여 물리치료를 하였으므로 잘못이 없으니 피해보상 논의 는 의료기기 회사에게 하라고 합니다. 그러나 제 생각에는 작동법 준수는 병원 측 주장일 뿐, 의료기기 회사가 무슨 잘못인가 싶습니다. 적절한 피해보상을 받아야겠고, 배상책임은 누구한테 물어야하는 지 알고 싶습니다.

【답변】 의료기기의 하자일 경우에는 의료기기 업자를 상대로 책임문제를 제기할 수도 있습니다. 경근중주파요법(ICT)의 적응증은 주로 근육의 건, 인대, 관절낭, 신경 등에서 기인되는 통증, 근경축 등에 사용됩니다. 저주파 전류를 인체에 통전하였을 때 인체 조직의 전기적 저항에 의해 열이 발생할 수 있어 화상 가능성이 존재하기도 합니다. 따라서 의료인이 적당한 강도와 시간조절, 피부상태 확인 등 주의의무를 다하여 화상을 방지하기 위한 노력을 했는지 의료감정을 받아볼 필요가 있습니다.
반면에 이 과정에서 환자는 이상증상을 호소했고, 당뇨

병 등 상태를 악화시킬 수 있는 기왕증을 사전에 고지했는지 여부 등 과실상계에 영향을 미칠 수 있는 부분도 검토될 수 있습니다. 이를 통해 만일 의료행위에 기인한 문제가 아니고 의료기기의 하자로 인한 문제로 판명되는 경우 환자는 의료기기 업자를 상대로도 책임 문제를 제기할 수도 있습니다. 환자의 경우 사고발생 원인에 대하여 스스로 의학적인 판단을 하기 어려운 상황이므로 직접 진료계약을 맺은 해당 의료기관을 상대로 책임 여부의 판단을 받아보시기 바랍니다.

【관련판례】

원고는 깁스를 푼 후의 물리치료과정에서 무리한 굴신운동으로 위의 추가 상해를 입고 그 결과 현재의 후유장애가 남게 되었다고 할 것이다. 따라서 피고는 위 물리치료사의 사용자로서 위 물리치료사의 과실로 인하여 원고들이 입은 손해를 배상할 책임이 있다고 할 것이다(수원지법 2000. 8. 25. 선고, 97가합21478 판결).

【관련법조문】

「제조물책임법」 제3조(제조물책임)

① 제조업자는 제조물의 결함으로 인하여 생명·신체 또는 재산에 손해(당해 제조물에 대해서만 발생한 손해를 제외한다)를 입은 자에게 그 손해를 배상하여야 한다.

② 제조물의 제조업자를 알 수 없는 경우 제조물을 영리목적으로 판매·대여 등의 방법에 의하여 공급한 자는 제조물의 제조업자 또는 제조물을 자신에게 공급한 자를 알거나 알 수 있었음에도 불구하고 상당한 기간내에 그 제조업자 또는 공급한 자를 피해자 또는 그 법정대리인에게 고지하지 아니한 때에는 제1항의 규정에 의한 손해를 배상하여야 한다.

■ 다이어트 한약 복용 후 간기능에 이상이 생겼는데 어떻게 해야 되는지요?

【질문】 다이어트를 위해서 한약을 처방받고 40일 정도 복용을 하였습니다. 이후 황달 증상이 있어 종합병원에서 혈액검사를 하였더니 간기능 및 빌리루빈 수치가 상승한 것으로 나타났습니다. 한약을 끊고 약물치료를 하면서 점차 간기능 이상 수치가 내려가고 있습니다. 과거에 간질환을 앓은 적도 없는데 간기능 이상까지 발생하다니 매우 독한 한약을 처방해준 것은 아닌지, 2차적인 피해는 발생되지 않을지 걱정입니다. 저는 어떤 조치를 해야 하나요?

【답변】 한약제와 간기능 이상 간의 인과관계의 규명이 필요하므로, 진료기록 및 약제 등을 확보해 두시기 바랍니다. 다이어트 한약은 주로 식욕감퇴 및 기초대사 증진 등을 통한 체중조절을 목적으로 처방되고 있습니다. 단기간에 많은 살을 뺄 수 있다는 기대감에 많은 환자들이 이용하는데 어지럼증, 변비, 빈혈, 간염 등의 부작용이 보고되기도 합니다.

일반적으로 한약은 사전 진맥과 각종 검사를 통해 체질과 상태를 파악하고 처방하며, 복약방법을 상세히 설명하는 것이 필요합니다. 따라서 이 사례의 경우 한약을 처방함에 있어서 환자의 적응증에 맞도록 검사와

처방, 복약설명이 적절하였고, 이상증상이 발생된 때
복약중단 또는 대체요법, 신속한 전원조치를 통하여 피
해를 방지하거나 확대되지 않도록 하였는지 등 전문
의료감정을 받아볼 필요가 있겠습니다. 특히 성분과 효
능효과에 있어서 간기능에 직접적인 영향을 미칠 수
있는 처방약제에 대해서는 용법·용량 등을 확인할 수
있는 관련 증빙(진료기록, 처방약물 등)을 준비하시면
더욱 신속하고 정확한 판단을 받으실 수 있습니다.

【관련판례】

피고인이 피해자에게 간기능 이상 징후인 황달 증세가 있었는데도 한
약의 계속 복용을 지시하면서 피고인의 병원에서만 진료받도록 하였을
뿐, 간기능 이상의 원인과 상태를 확인하고 그에 따른 위험을 방지하기
위한 적절한 전원조치를 다하지 않은 과실을 인정할 수 있고, 제반 사정
을 종합할 때 피해자의 간기능 손상 시기를 전후하여 위 한약을 제외하
고는 달리 그 원인을 찾을 수 없는 점에 비추어 위 부작용이 있었던 시
점에 한약 복용을 중단시키고 피해자를 신속하게 간기능 검사와 간기능
회복을 위한 치료를 시행할 수 있는 병원으로 전원조치 하였다면 적어도
피해자의 사망이라는 극단적인 결과는 막을 수 있었을 것으로 보이므로,
위 과실과 피해자의 사망 사이의 인과관계를 인정할 수 있다(청주지법
2011. 2. 22. 선고, 2010고단1681 판결).

■ 한방 뜸 치료를 받다가 화상을 입었을 경우 보상방법은?

【질문】 한의원에서 오십견 치료를 받았는데 약 40군데 뜸 치료 후 5군데 정도 화상이 생겼습니다. 피부과에서 화상 진단을 받고 2년여간 치료를 받았지만 아직도 나아지지 않고 일부 상처는 가려움증이 심한 상태입니다. 한의원에서는 환자의 체질문제라며 책임을 회피하고 있습니다. 어떻게 해야 보상을 받을 수 있을까요?

【답변】 환자의 체질은 종국적인 책임범위에 영향을 받지만 모든 책임을 환자의 체질 탓으로 돌릴 수는 없습니다.

뜸은 약물을 몸의 특정 부위에서 태우거나 태운 김을 쏘여 온열자극을 줌으로써 질병을 치료하는 한방 치료법으로 크게 직접구와 간접구가 있습니다. 직접구는 애주를 피부 위에 직접 올려놓고 연소시켜 피부화농을 유발, 생체의 항병능력을 증가시켜 치료효과를 높이는 치료법이지만 창구(헐은 곳)에 염증·흉터가 발생되는 문제도 있습니다. 요즈음은 간편하고 흉터를 만들지 않는 간접구를 많이 사용하는데 자극이 완만하므로 질병의 상태에 따라서 반복 시술이 필요하기도 합니다.

뜸 치료는 자극의 양이 적당하도록 조절해야 하고 창구의 보호에 유의하여야 합니다. 특이체질은 환자의 악결과에 영향을 미칠 수 있어 의료분쟁의 손해산정 및 책임제한에 있어 고려되는 사항이기는 하지만, 모든 후유증을 환자의 특이체질 탓으로 돌려 면책을 받을 수는 없습니다. 따라서 환자의 체질과 적응증에 부합하는 진료를 선택했는지, 화상 발생 후 신속·적절한 처리를 통하여 피해를 방지하거나 최소화하기 위한 조치를 취했는지 등 의료 전반적인 처치와 설명, 관리의무까지도 전문적인 감정이 필요한 부분입니다.

【관련판례】

원고로서도 피고 한의원에서 이 사건 시술로 인한 화상을 입었다며 타 병원을 방문하거나 다른 화상 전문 병원을 신속히 방문하여 치료를 받았어야 함에도 불구하고 이를 게을리 한 채 단순히 약국에서 구입한 화상 전용 반창고만 붙이거나 피고 한의원에 방문하여 치료를 받으면서 항의만 하였던 관계로 상처를 스스로 확대시킨 점이 인정되고, 이러한 원고의 행동은 신속한 치료 시기를 늦추어 상처의 악화 내지 확대에 기여했다고 판단되는바, 그와 같은 원고의 과실이 피고의 책임을 면하게 할 정도는 아니라 하더라도 피고가 배상할 손해액의 산정에는 이를 참작하기로 하되, 그밖에 이 사건 시술의 경위, 원고의 부상 정도, 기타 사정을 종합하여 피고의 책임비율을 60%로 제한한다(대구지법 2011. 4. 22. 선고, 2010가단81831 판결).

▌무릎에 침을 맞은 후 화농성 관절염이 생겼는데 병원의 책임여부는?

【질문】 무릎 통증으로 한의원에서 침을 맞은 후 통증이 더 심해졌습니다. 종합병원에서 화농성 관절염으로 진단되어 활액막 절제술을 받았으나 통증과 고열이 지속되어 배양검사를 해보니 결핵균이 검출 되었습니다. 지나고 생각해보니 당시 한의사가 침 시술을 했는지도 의심스럽고, 현재 치료효과가 없어 반복적으로 배농술 등을 받고 있습니다. 한의원에서는 일절 사과도 없습니다. 너무 답답하고 치료비는 점점 늘어가는데 어떻게 해야 할지 고민입니다. 병원에 책임이 없는지요?

【답변】 화농성 관절염 및 결핵균 감염 발생의 원인규명을 통해 병원의 책임 소재를 판단할 수 있습니다.
침은 신체침습적인 의료행위를 동반하는 관계로 해당 침이나 주변 환경(의료진, 기구 등), 환자 요인(피부상재균, 질환) 등에 의해 감염이 발생할 수 있습니다. 결핵은 결핵균에 감염되는 질환으로 주로 폐결핵이 많으며 수막염, 림프절염, 신결핵, 방광결핵, 장결핵 등 전신의 장기, 조직에 침범되는 경우도 있습니다. 이 사례에서 침과 감염, 결핵균과의 상관관계를 파악하기 위해서는 시술과 감염부위, 증상발현 상태 및 그 기간, 처치과정에서의 상황 등 의료 전반적인 검토가 필요합니다. 관련 손해를 산정함에 있어서는 무엇보다도 환자의 예후에 따른 손해를 확정하는 것이 중요하므로 상급 의료기관 등에서 진찰을 받아 증빙 또는 근거가 될 만한 자료를 구비하시어 이에 대한 판단을 받아보기 위해 의료중재원을 이용해 보시기 바랍니다. 그 외 해당 침술행위를 한 사람이 한의사가 아닌 무자격자의 침술행위로 판단되는 경우에는 경찰에 고소 또는 의료기관 관할 보건소에 문의하시어 무면허 의료행위 여부를 확인 받으실 수도 있습니다.

【관련판례】

일반적으로 면허 또는 자격 없이 침술행위를 하는 것은 의료법 제25조의 무면허 의료행위(한방의료행위)에 해당되어 같은 법 제66조에 의하여 처벌되어야 하는 것이며, 그 침술행위가 광범위하고 보편화된 민간요법이고 그 시술로 인한 위험성이 적다는 사정만으로 그것이 바로 사회상규에 위배되지 아니하는 행위에 해당한다고 보기는 어렵다 할 것이고, 다만 개별적인 경우에 그 침술행위의 위험성의 정도, 일반인들의 시각, 시술자의 시술동기, 목적, 방법, 횟수, 시술에 대한 지식수준, 시술경력, 피시술자의 나이, 체질, 건강상태, 시술행위로 인한 부작용 내지 위험발생 가능성 등을 종합적으로 고려하여 법질서 전체의 정신이나 그 배후에 놓여 있는 사회윤리 내지 사회통념에 비추어 용인될 수 있는 행위에 해당한다고 인정되는 경우에만 사회상규에 위배되지 아니하는 행위로서 위법성이 조각된다(대법원 2003. 5. 13. 선고, 2003도939 판결).

■ 구안와사 치료 후 턱에 이상이 생겼을 경우 피해보상은?

【질문】 아침에 일어났는데 입이 돌아가는 증상이 발생하였습니다. 한방병원에서는 구안와사(구안괘사)로 진단하여 입원 후 침과 한약으로 20일간 치료를 받았습니다. 그러나 증상이 호전되지 않아 종합병원 구강외과에 가서 진찰을 받은 결과 턱이 빠진 상태로 오랜 기간 방치되었다며 턱수술이 필요하다고 합니다. 현재는 보존적 요법으로 턱을 철사로 고정한 상태입니다. 해당 한방병원에서는 치료 중 치과에 가보라고 설명했었다며 책임을 회피하고 있습니다. 한방치료가 적절했는지, 피해보상은 어떻게 받아야할지 알고 싶습니다.

【답변】 턱관절 장애 발생의 원인에 대하여 의학적으로 규명하는 것이 선행되어야 할 것입니다.
구안와사는 갑자기 얼굴이 한쪽으로 비뚤어지는 증상으로 한의학에서는 구안괘사, 와사풍 안면마비 등으로 불립니다. 원인은 풍한이 가장 많으며 과로나 스트레스, 과도한 신경, 기혈의 순환불량, 외상성, 유전성 등 다양한 편입니다. 또한, 턱관절 장애는 턱관절 속에 들어있는 원판(디스크)이 원래 위치를 벗어난 상태로서 원인으로는 나쁜 습관, 외상, 교합 부조화, 유전, 심리적 요인 등이 있으나 명확히 밝혀진 직접적 원인은 없습니다. 다만 이와 같은 요인들이 복합적으로 작용하여 턱관절을 중심으로 주변 근육조직의 부조화를 일으켜 발생한다고 보고 있습니다.

따라서 이 사례에 있어서 환자 상태에 대한 진단과 그에 따른 시술·처방, 치료 중 호전이 없을 때 재진단 또는 처치(전원 포함)가 신속·적절했으며, 이로 인해 예후에 영향을 미치지는 않았는지 등 전문적으로 살필 필요가 있습니다. 이를 위해서는 한의학뿐만 아니라 의학적인 방향에서의 전문적 감정이 필요할 것으로 사료됩니다.

【관련판례】

내과전문의인 피고로서는 진료당시 7세 10개월 남짓한 어린이가 4개월 이상 계속적인 구토증세를 호소할 경우 진정제만을 투약 또는 주사할 것이 아니라 뇌종양 등의 신경외과적 질환에 대하여 의심을 가지고 그에 대한 대처를 하거나 그 방면의 전문의인 소아과 또는 신경외과에 좀더 자세한 검사를 의뢰하는 등의 조치를 취하여야 할 업무상 주의의무가 있다 할 것이므로 피고가 이러한 조치를 제대로 취하지 아니하여 수아세포종이라는 질병을 단순한 인두염이나 신경성위염으로 오진하였다면 피고는 환자 및 그 부모가 수개월동안 병명도 모른 채 아무 효력없는 치료만 계속 받으면서 불안한 상태에 있게 되었던 정신적 고통을 위자할 의무가 있다(서울민사지법 1990. 2. 1. 선고, 88가합44525 판결).

▌ 침 맞은 후 기흉이 발생되었을 때 대처방법은?

【질문】 허리와 등에 통증이 심해서 침을 맞았더니 호흡을 하기에 힘든 증상이 발생했습니다. 안정을 취한 후 귀가를 하였으나 증상이 나아지지 않아 다시 내원하게 되었고, 한의사는 가슴부위에 수차례 침을 놓았습니다. 이후에도 호전이 안되어 응급으로 종합병원에 가서 진찰한 결과 '기흉'으로 진단되어 흉관삽입술을 받았습니다. 해당 한의원에서는 침으로 인한 기흉이라는 진단을 받아오면 손해배상을 해 주겠다고 합니다. 어떻게 해야 할까요?

【답변】 기흉의 원인이 과도한 침시술로 인한 것이라면 해당 의료인에게 책임을 물을 수 있겠습니다.

기흉은 폐에 구멍이 생겨 늑막강 내에 공기나 가스가 고이게 되는 질환입니다. 일차성 자연기흉은 전형적으로 키가 크고 마른 사람에게 호발하는 경우가 있으며, 이차성 기흉은 교통사고나 뾰족한 것에 찔려 발생하는 외상성 기흉, 수술이나 시술 중의 폐실질 손상으로 발생하는 의인성 기흉 등이 있습니다. 침 시술은 신체침습을 요하는 진료의 특성상 환자의 신체상태, 자침부위, 자침방법, 침의 종류 등에 따라 기흉과 같은 합병증이 발생하는 경우가 있습니다.

따라서 기흉이 발생되었다는 사실만을 가지고 의료인의

전적인 책임을 묻는 것보다는 당시 환자 상태에 대한 진단과 시술, 처치가 적절했는지, 이상증상 발생 시 이에 대한 처치가 신속하고 적절하게 이루어졌는지, 이로 인해 예후.피해가 확대된 부분이 있는지 등 전반적인 사항을 고려하여 책임문제를 제기하는 것이 더 효과적일 수 있습니다. 이를 위해서는 해당 한의원 및 이송 기관의 진료기록, 검사기록, 소요비용에 대한 증빙자료를 구비하는 것이 좋습니다. 다만, 사건의 경중 및 피해의 규모 등을 감안하는 경우 저희 의료중재원을 이용하는 것이 소송보다는 실익이 있을 것으로 사료됩니다.

【관련판례】

수술 전 병력상 기흉을 유발할 수 있는 특이체질자라고 볼 소인을 발견할 수 없는 점 등에 비추어 보면, 이 같은 기흉이 발생될 수 있는 네 가지의 원인 중 셋째 및 넷째의 경우가 아닌 첫째 내지 둘째의 경우 즉 '과도양압으로 인한 폐포파열 또는 삽관시 식도손상' 등 위 원고의 책임으로 돌릴 수 없는 전신흡입마취 과정에서 적절치 못한 시술이 바로 이 같은 기흉의 유발 및 이로 인한 청색증 내지 피하기종이 초래된 원인이 된 것으로 추정할 수밖에 없다 할 것이며, 한편 위 원고에게 청색증으로 온통 변색이 되고 피하기종으로 온몸이 부어오른 것을 수술 종료 후 33분이 지난 후에 발견한 것은 피고측에 전신마취시술 후 회복도중에 있는 환자에 대하여 용태관찰을 소홀히 한 잘못이 있었다고 보지 않을 수 없을 뿐 아니라, 위 청색증 발견 후에도 늑막강에 차 있는 공기는 그대로 둔 채 가압식 산소호흡만 시행하다가 12분 후 흉부외과의 상흉부피부절개로 그 안에 차 있던 공기만 유출시켰을 뿐 기흉에 관한 조처가 없다가 27분이 지난 연후에야 이 같은 흉부관삽입술을 시행하는 등 기흉 및 피하기종에 대한 처치가 신속· 완전하지 못한 잘못이 있다고 봄이 상당하다 할 것이다(대법원 1995. 3. 17. 선고, 93다41075 판결).

■ 침을 맞은 후 신경부종이 발생하였을 때 피해보상 방법은?

【질문】 허리가 아파서 한의원에 갔더니 아킬레스건 부위에 침을 맞으라고 하여 거부 의사를 밝혔지만 일방적으로 양쪽에 침을 놓았습니다. 침을 맞을 때부터 쑤시는 듯한 통증이 있더니 이후 좌측 발목을 조금만 움직여도 통증이 심해졌습니다. 신경외과에서 진찰을 받아본 결과 신경이 부어서 깁스를 해야겠다고 합니다. 한의원에서는 침과 전혀 관계가 없다며 책임을 회피하고 있는데 피해보상을 받을 방법은 없을까요?

【답변】 침 시술과 신경부종 발생과의 인과관계 및 침 시술의 적절성에 대한 의료감정이 필요합니다.

침구요법은 오장육부에 준하는 혈을 침(鍼) 또는 뜸(灸)을 통하여 자극하는 한방치료법으로 신체 침습을 요하는 시술로 인해 후유증이 발생할 수도 있습니다. 주요 부작용으로는 출혈, 훈침, 내울혈, 피부부종 등이 있는데, 훈침이란 침을 맞은 뒤 신경이 지나치게 자극 받아 일시적 뇌빈혈 상태를 일으키는 현상, 내울혈은 혈관을 관통하여 내부에 출혈이 괸 상태를 칭하고, 그 외에 점상출혈 및 피부부종 등 국소적 반응도 있습니다. 혈관신경부종은 피부의 진피, 피하조직, 점막 하 조직을 침습하는 혈관 반응으로서 모세혈관이 확장되고 투과성이 증가되어 일어나는 국소적인 부종입니다.

따라서 침술 후의 신경부종이 일시적 증상인지 아니면 장기적이거나 신경손상을 동반하는지 등이 중요하다고 할 수 있습니다. 특히 환자의 증상(허리통증)에 대한 처치(족관절부 침시술)가 적절했으며, 관련된 설명과 동의가 충분했는지, 예후는 어떠한지 등을 구체적으로 살피는 것이 좋습니다. 관련 피해보상을 받으려면 해당 한의원과 이송기관의 진료기록, 검사기록 등의 자료를 준비하고 그동안의 경과사항을 잘 정리하는 것이 중요합니다.

【관련판례】

둔부 상에 근육주사를 놓을 때에는 신경조직이 위치하지 아니하는 둔부 상단의 안전한 부위를 찾아 주사함으로써 둔부에 존재하는 제반 신경을 손상시키지 않도록 세심한 주의를 기울여야 할 주의의무가 있음에도 이를 게을리 한 채 원고 김◇선의 우측 둔부에 근육주사인 위 미도캄, 발렌탁 등을 2회 주사하는 과정에서 미숙한 솜씨로 주사기를 삽입하여 주사바늘로 둔부 우측좌골신경을 손상시킴으로써 원고 김◇선으로 하여금 우측 족관절 운동장애를 입게 한 잘못이 있다 할 것인바, 그렇다면 이제 그 의료행위를 한 소외 이☆주 등이 원고 김◇선의 우측 족관절 운동장애라는 결과가 둔부근육주사시 좌골 신경을 손상시킨 의료상의 잘못으로 말미암은 것이 아니라 전혀 다른 원인으로 말미암은 것이라는 입증을 하지 아니하는 이상 위 이☆주의 위와 같은 의료상 과실과 결과 사이의 인과관계는 추정된다고 보아 그 입증책임을 완화하는 것이 손해의 공평, 타당한 부담을 그 지도원리로 하는 손해배상제도의 이상에 맞는다 하겠다. 따라서 당시 위 이☆주의 사용자인 피고는 위 이☆주의 위와 같은 불법행위로 인하여 원고들이 입은 모든 손해를 배상할 책임이 있다 할 것이다(서울지법 1997. 4. 23. 선고, 96가합84191 판결).

부록

의료법

[시행 2021. 4. 8.]
[법률 제17203호, 2020. 4. 7., 타법개정]

보건복지부(보건의료정책과 - 진료거부, 진단서, 처방전, 의료광고 등), 044-202-2402
보건복지부(보건의료정책과 - 전문병원, 안마사), 044-202-2405
보건복지부(의료자원정책과 - 의료인 행정처분 등), 044-202-2453
보건복지부(의료인력정책과 - 의료인 업무범위 등), 044-202-2437
보건복지부(의료기관정책과 - 개설, 의료법인, 기록열람 등), 044-202-2480
보건복지부(의료기관정책과 - 시설·인력기준 등), 044-202-2474

제1장 총칙

제1조(목적) 이 법은 모든 국민이 수준 높은 의료 혜택을 받을 수 있도록 국민의료에 필요한 사항을 규정함으로써 국민의 건강을 보호하고 증진하는 데에 목적이 있다.

제2조(의료인) ① 이 법에서 "의료인"이란 보건복지부장관의 면허를 받은 의사·치과의사·한의사·조산사 및 간호사를 말한다. <개정 2008. 2. 29., 2010. 1. 18.>
② 의료인은 종별에 따라 다음 각 호의 임무를 수행하여 국민보건 향상을 이루고 국민의 건강한 생활 확보에 이바지할 사명을 가진다. <개정 2015. 12. 29., 2019. 4. 23.>
1. 의사는 의료와 보건지도를 임무로 한다.
2. 치과의사는 치과 의료와 구강 보건지도를 임무로 한다.
3. 한의사는 한방 의료와 한방 보건지도를 임무로 한다.
4. 조산사는 조산(**助産**)과 임산부 및 신생아에 대한 보건과 양호지도를 임무로 한다.
5. 간호사는 다음 각 목의 업무를 임무로 한다.
   가. 환자의 간호요구에 대한 관찰, 자료수집, 간호판단 및 요양을 위한 간호
   나. 의사, 치과의사, 한의사의 지도하에 시행하는 진료의 보조
   다. 간호 요구자에 대한 교육·상담 및 건강증진을 위한 활동의 기획과 수행, 그 밖의 대통령령으로 정하는 보건활동
   라. 제80조에 따른 간호조무사가 수행하는 가목부터 다목까지의 업무보조에 대한 지도

제3조(의료기관) ① 이 법에서 "의료기관"이란 의료인이 공중(**公衆**) 또는 특정 다수인을 위하여 의료·조산의 업(이하 "의료업"이라 한다)을 하는 곳을 말한다.
② 의료기관은 다음 각 호와 같이 구분한다. <개정 2009. 1. 30., 2011. 6. 7., 2016. 5. 29., 2019. 4. 23., 2020. 3. 4.>

  1. 의원급 의료기관: 의사, 치과의사 또는 한의사가 주로 외래환자를 대상으로
     각각 그 의료행위를 하는 의료기관으로서 그 종류는 다음 각 목과 같다.
     가. 의원
     나. 치과의원
     다. 한의원
  2. 조산원: 조산사가 조산과 임산부 및 신생아를 대상으로 보건활동과 교육
     ·상담을 하는 의료기관을 말한다.
  3. 병원급 의료기관: 의사, 치과의사 또는 한의사가 주로 입원환자를 대상으
     로 의료행위를 하는 의료기관으로서 그 종류는 다음 각 목과 같다.
     가. 병원
     나. 치과병원
     다. 한방병원
     라. 요양병원(「장애인복지법」 제58조제1항제4호에 따른 의료재활시설
         로서 제3조의2의 요건을 갖춘 의료기관을 포함한다. 이하 같다)
     마. 정신병원
     바. 종합병원
③ 보건복지부장관은 보건의료정책에 필요하다고 인정하는 경우에는 제2항
제1호부터 제3호까지의 규정에 따른 의료기관의 종류별 표준업무를 정하여
고시할 수 있다. <개정 2009. 1. 30., 2010. 1. 18.>
④ 삭제 <2009. 1. 30.>
⑤ 삭제 <2009. 1. 30.>
⑥ 삭제 <2009. 1. 30.>
⑦ 삭제 <2009. 1. 30.>
⑧ 삭제 <2009. 1. 30.>

제3조의2(병원등) 병원·치과병원·한방병원 및 요양병원(이하 "병원등"이라
한다)은 30개 이상의 병상(병원·한방병원만 해당한다) 또는 요양병상(요양
병원만 해당하며, 장기입원이 필요한 환자를 대상으로 의료행위를 하기 위하
여 설치한 병상을 말한다)을 갖추어야 한다. [본조신설 2009. 1. 30.]

제3조의3(종합병원) ① 종합병원은 다음 각 호의 요건을 갖추어야 한다. <개
정 2011. 8. 4.>
1. 100개 이상의 병상을 갖출 것
2. 100병상 이상 300병상 이하인 경우에는 내과·외과·소아청소년과·산
   부인과 중 3개 진료과목, 영상의학과, 마취통증의학과와 진단검사의학과
   또는 병리과를 포함한 7개 이상의 진료과목을 갖추고 각 진료과목마다
   전속하는 전문의를 둘 것
3. 300병상을 초과하는 경우에는 내과, 외과, 소아청소년과, 산부인과, 영상
   의학과, 마취통증의학과, 진단검사의학과 또는 병리과, 정신건강의학과
   및 치과를 포함한 9개 이상의 진료과목을 갖추고 각 진료과목마다 전속
   하는 전문의를 둘 것
② 종합병원은 제1항제2호 또는 제3호에 따른 진료과목(이하 이 항에서 "필
수진료과목"이라 한다) 외에 필요하면 추가로 진료과목을 설치·운영할 수

있다. 이 경우 필수진료과목 외의 진료과목에 대하여는 해당 의료기관에 전속하지 아니한 전문의를 둘 수 있다. [본조신설 2009. 1. 30.]

제3조의4(상급종합병원 지정) ① 보건복지부장관은 다음 각 호의 요건을 갖춘 종합병원 중에서 중증질환에 대하여 난이도가 높은 의료행위를 전문적으로 하는 종합병원을 상급종합병원으로 지정할 수 있다. <개정 2010. 1. 18.>
1. 보건복지부령으로 정하는 20개 이상의 진료과목을 갖추고 각 진료과목마다 전속하는 전문의를 둘 것
2. 제77조제1항에 따라 전문의가 되려는 자를 수련시키는 기관일 것
3. 보건복지부령으로 정하는 인력·시설·장비 등을 갖출 것
4. 질병군별(疾病群別) 환자구성 비율이 보건복지부령으로 정하는 기준에 해당할 것
② 보건복지부장관은 제1항에 따른 지정을 하는 경우 제1항 각 호의 사항 및 전문성 등에 대하여 평가를 실시하여야 한다. <개정 2010. 1. 18.>
③ 보건복지부장관은 제1항에 따라 상급종합병원으로 지정받은 종합병원에 대하여 3년마다 제2항에 따른 평가를 실시하여 재지정하거나 지정을 취소할 수 있다. <개정 2010. 1. 18.>
④ 보건복지부장관은 제2항 및 제3항에 따른 평가업무를 관계 전문기관 또는 단체에 위탁할 수 있다. <개정 2010. 1. 18.>
⑤ 상급종합병원 지정·재지정의 기준·절차 및 평가업무의 위탁 절차 등에 관하여 필요한 사항은 보건복지부령으로 정한다. <개정 2010. 1. 18.>
[본조신설 2009. 1. 30.]

제3조의5(전문병원 지정) ① 보건복지부장관은 병원급 의료기관 중에서 특정 진료과목이나 특정 질환 등에 대하여 난이도가 높은 의료행위를 하는 병원을 전문병원으로 지정할 수 있다. <개정 2010. 1. 18.>
② 제1항에 따른 전문병원은 다음 각 호의 요건을 갖추어야 한다. <개정 2010. 1. 18.>
1. 특정 질환별·진료과목별 환자의 구성비율 등이 보건복지부령으로 정하는 기준에 해당할 것
2. 보건복지부령으로 정하는 수 이상의 진료과목을 갖추고 각 진료과목마다 전속하는 전문의를 둘 것
③ 보건복지부장관은 제1항에 따라 전문병원으로 지정하는 경우 제2항 각 호의 사항 및 진료의 난이도 등에 대하여 평가를 실시하여야 한다. <개정 2010. 1. 18.>
④ 보건복지부장관은 제1항에 따라 전문병원으로 지정받은 의료기관에 대하여 3년마다 제3항에 따른 평가를 실시하여 전문병원으로 재지정할 수 있다. <개정 2010. 1. 18., 2015. 1. 28.>
⑤ 보건복지부장관은 제1항 또는 제4항에 따라 지정받거나 재지정받은 전문병원이 다음 각 호의 어느 하나에 해당하는 경우에는 그 지정 또는 재지정을 취소할 수 있다. 다만, 제1호에 해당하는 경우에는 그 지정 또는 재지정을 취소하여야 한다. <신설 2015. 1. 28.>
1. 거짓이나 그 밖의 부정한 방법으로 지정 또는 재지정을 받은 경우
2. 지정 또는 재지정의 취소를 원하는 경우

3. 제4항에 따른 평가 결과 제2항 각 호의 요건을 갖추지 못한 것으로 확인
된 경우
⑥ 보건복지부장관은 제3항 및 제4항에 따른 평가업무를 관계 전문기관 또
는 단체에 위탁할 수 있다. <개정 2010. 1. 18., 2015. 1. 28.>
⑦ 전문병원 지정·재지정의 기준·절차 및 평가업무의 위탁 절차 등에 관하여
필요한 사항은 보건복지부령으로 정한다. <개정 2010. 1. 18., 2015. 1. 28.>
[본조신설 2009. 1. 30.]

제2장 의료인
제1절 자격과 면허

제4조(의료인과 의료기관의 장의 의무) ① 의료인과 의료기관의 장은 의료
의 질을 높이고 의료관련감염(의료기관 내에서 환자, 환자의 보호자, 의료인
또는 의료기관 종사자 등에게 발생하는 감염을 말한다. 이하 같다)을 예방
하며 의료기술을 발전시키는 등 환자에게 최선의 의료서비스를 제공하기 위
하여 노력하여야 한다. <개정 2012. 2. 1., 2020. 3. 4.>
② 의료인은 다른 의료인 또는 의료법인 등의 명의로 의료기관을 개설하거
나 운영할 수 없다. <신설 2012. 2. 1., 2019. 8. 27.>
③ 의료기관의 장은 「보건의료기본법」 제6조·제12조 및 제13조에 따른
환자의 권리 등 보건복지부령으로 정하는 사항을 환자가 쉽게 볼 수 있도록
의료기관 내에 게시하여야 한다. 이 경우 게시 방법, 게시 장소 등 게시에
필요한 사항은 보건복지부령으로 정한다. <신설 2012. 2. 1.>
④ 삭제 <2020. 3. 4.>
⑤ 의료기관의 장은 환자와 보호자가 의료행위를 하는 사람의 신분을 알 수
있도록 의료인, 제27조제1항 각 호 외의 부분 단서에 따라 의료행위를 하는
같은 항 제3호에 따른 학생, 제80조에 따른 간호조무사 및 「의료기사 등에
관한 법률」 제2조에 따른 의료기사에게 의료기관 내에서 대통령령으로 정
하는 바에 따라 명찰을 달도록 지시·감독하여야 한다. 다만, 응급의료상황,
수술실 내인 경우, 의료행위를 하지 아니할 때, 그 밖에 대통령령으로 정하
는 경우에는 명찰을 달지 아니하도록 할 수 있다. <신설 2016. 5. 29.>
⑥ 의료인은 일회용 의료기기(한 번 사용할 목적으로 제작되거나 한 번의
의료행위에서 한 환자에게 사용하여야 하는 의료기기로서 보건복지부령으로
정하는 의료기기를 말한다. 이하 같다)를 한 번 사용한 후 다시 사용하여서
는 아니 된다. <신설 2016. 5. 29., 2020. 3. 4.>

제4조의2(간호·간병통합서비스 제공 등) ① 간호·간병통합서비스란 보건
복지부령으로 정하는 입원 환자를 대상으로 보호자 등이 상주하지 아니하고
간호사, 제80조에 따른 간호조무사 및 그 밖에 간병지원인력(이하 이 조에
서 "간호·간병통합서비스 제공인력"이라 한다)에 의하여 포괄적으로 제공되
는 입원서비스를 말한다.
② 보건복지부령으로 정하는 병원급 의료기관은 간호·간병통합서비스를 제
공할 수 있도록 노력하여야 한다.
③ 제2항에 따라 간호·간병통합서비스를 제공하는 병원급 의료기관(이하

이 조에서 "간호·간병통합서비스 제공기관"이라 한다)은 보건복지부령으로 정하는 인력, 시설, 운영 등의 기준을 준수하여야 한다.
④ 「공공보건의료에 관한 법률」 제2조제3호에 따른 공공보건의료기관 중 보건복지부령으로 정하는 병원급 의료기관은 간호·간병통합서비스를 제공하여야 한다. 이 경우 국가 및 지방자치단체는 필요한 비용의 전부 또는 일부를 지원할 수 있다.
⑤ 간호·간병통합서비스 제공기관은 보호자 등의 입원실 내 상주를 제한하고 환자 병문안에 관한 기준을 마련하는 등 안전관리를 위하여 노력하여야 한다.
⑥ 간호·간병통합서비스 제공기관은 간호·간병통합서비스 제공인력의 근무환경 및 처우 개선을 위하여 필요한 지원을 하여야 한다.
⑦ 국가 및 지방자치단체는 간호·간병통합서비스의 제공·확대, 간호·간병통합서비스 제공인력의 원활한 수급 및 근무환경 개선을 위하여 필요한 시책을 수립하고 그에 따른 지원을 하여야 한다.
[본조신설 2015. 12. 29.]

제4조의3(의료인의 면허 대여 금지 등) ① 의료인은 제5조(의사·치과의사 및 한의사를 말한다), 제6조(조산사를 말한다) 및 제7조(간호사를 말한다)에 따라 받은 면허를 다른 사람에게 대여하여서는 아니 된다.
② 누구든지 제5조부터 제7조까지에 따라 받은 면허를 대여받아서는 아니 되며, 면허 대여를 알선하여서도 아니 된다.
[본조신설 2020. 3. 4.]

제5조(의사·치과의사 및 한의사 면허) ① 의사·치과의사 또는 한의사가 되려는 자는 다음 각 호의 어느 하나에 해당하는 자격을 가진 자로서 제9조에 따른 의사·치과의사 또는 한의사 국가시험에 합격한 후 보건복지부장관의 면허를 받아야 한다. <개정 2010. 1. 18., 2012. 2. 1., 2019. 8. 27.>
1. 「고등교육법」 제11조의2에 따른 인정기관(이하 "평가인증기구"라 한다)의 인증(이하 "평가인증기구의 인증"이라 한다)을 받은 의학·치의학 또는 한의학을 전공하는 대학을 졸업하고 의학사·치의학사 또는 한의학사 학위를 받은 자
2. 평가인증기구의 인증을 받은 의학·치의학 또는 한의학을 전공하는 전문대학원을 졸업하고 석사학위 또는 박사학위를 받은 자
3. 외국의 제1호나 제2호에 해당하는 학교(보건복지부장관이 정하여 고시하는 인정기준에 해당하는 학교를 말한다)를 졸업하고 외국의 의사·치과의사 또는 한의사 면허를 받은 자로서 제9조에 따른 예비시험에 합격한 자
② 평가인증기구의 인증을 받은 의학·치의학 또는 한의학을 전공하는 대학 또는 전문대학원을 6개월 이내에 졸업하고 해당 학위를 받을 것으로 예정된 자는 제1항제1호 및 제2호의 자격을 가진 자로 본다. 다만, 그 졸업예정시기에 졸업하고 해당 학위를 받아야 면허를 받을 수 있다. <개정 2012. 2. 1.>
③ 제1항에도 불구하고 입학 당시 평가인증기구의 인증을 받은 의학·치의학 또는 한의학을 전공하는 대학 또는 전문대학원에 입학한 사람으로서 그 대학 또는 전문대학원을 졸업하고 해당 학위를 받은 사람은 같은 항 제1호 및 제2호의 자격을 가진 사람으로 본다. <신설 2012. 2. 1.>
[전문개정 2008. 10. 14.]

제6조(조산사 면허) 조산사가 되려는 자는 다음 각 호의 어느 하나에 해당하는 자로서 제9조에 따른 조산사 국가시험에 합격한 후 보건복지부장관의 면허를 받아야 한다. <개정 2008. 2. 29., 2010. 1. 18., 2019. 8. 27.>
1. 간호사 면허를 가지고 보건복지부장관이 인정하는 의료기관에서 1년간 조산 수습과정을 마친 자
2. 외국의 조산사 면허(보건복지부장관이 정하여 고시하는 인정기준에 해당하는 면허를 말한다)를 받은 자

제7조(간호사 면허) ① 간호사가 되려는 자는 다음 각 호의 어느 하나에 해당하는 자로서 제9조에 따른 간호사 국가시험에 합격한 후 보건복지부장관의 면허를 받아야 한다. <개정 2008. 2. 29., 2010. 1. 18., 2012. 2. 1., 2019. 8. 27.>
1. 평가인증기구의 인증을 받은 간호학을 전공하는 대학이나 전문대학[구제(舊制) 전문학교와 간호학교를 포함한다]을 졸업한 자
2. 외국의 제1호에 해당하는 학교(보건복지부장관이 정하여 고시하는 인정기준에 해당하는 학교를 말한다)를 졸업하고 외국의 간호사 면허를 받은 자
② 제1항에도 불구하고 입학 당시 평가인증기구의 인증을 받은 간호학을 전공하는 대학 또는 전문대학에 입학한 사람으로서 그 대학 또는 전문대학을 졸업하고 해당 학위를 받은 사람은 같은 항 제1호에 해당하는 사람으로 본다. <신설 2012. 2. 1.>

제8조(결격사유 등) 다음 각 호의 어느 하나에 해당하는 자는 의료인이 될 수 없다. <개정 2007. 10. 17., 2018. 3. 27., 2018. 8. 14., 2020. 4. 7.>
1. 「정신건강증진 및 정신질환자 복지서비스 지원에 관한 법률」 제3조제1호에 따른 정신질환자. 다만, 전문의가 의료인으로서 적합하다고 인정하는 사람은 그러하지 아니하다.
2. 마약·대마·향정신성의약품 중독자
3. 피성년후견인·피한정후견인
4. 이 법 또는 「형법」 제233조, 제234조, 제269조, 제270조, 제317조제1항 및 제347조(허위로 진료비를 청구하여 환자나 진료비를 지급하는 기관이나 단체를 속인 경우만을 말한다), 「보건범죄단속에 관한 특별조치법」, 「지역보건법」, 「후천성면역결핍증 예방법」, 「응급의료에 관한 법률」, 「농어촌 등 보건의료를 위한 특별 조치법」, 「시체 해부 및 보존 등에 관한 법률」, 「혈액관리법」, 「마약류관리에 관한 법률」, 「약사법」, 「모자보건법」, 그 밖에 대통령령으로 정하는 의료 관련 법령을 위반하여 금고 이상의 형을 선고받고 그 형의 집행이 종료되지 아니하였거나 집행을 받지 아니하기로 확정되지 아니한 자

제9조(국가시험 등) ① 의사·치과의사·한의사·조산사 또는 간호사 국가시험과 의사·치과의사·한의사 예비시험(이하 "국가시험등"이라 한다)은 매년 보건복지부장관이 시행한다. <개정 2008. 2. 29., 2010. 1. 18.>
② 보건복지부장관은 국가시험등의 관리를 대통령령으로 정하는 바에 따라 「한국보건의료인국가시험원법」에 따른 한국보건의료인국가시험원에 맡길 수 있다. <개정 2008. 2. 29., 2010. 1. 18., 2015. 6. 22.>

③ 보건복지부장관은 제2항에 따라 국가시험등의 관리를 맡긴 때에는 그 관리에 필요한 예산을 보조할 수 있다. <개정 2008. 2. 29., 2010. 1. 18.>
④ 국가시험등에 필요한 사항은 대통령령으로 정한다.

제10조(응시자격 제한 등) ① 제8조 각 호의 어느 하나에 해당하는 자는 국가시험등에 응시할 수 없다. <개정 2009. 1. 30.>
② 부정한 방법으로 국가시험등에 응시한 자나 국가시험등에 관하여 부정행위를 한 자는 그 수험을 정지시키거나 합격을 무효로 한다.
③ 보건복지부장관은 제2항에 따라 수험이 정지되거나 합격이 무효가 된 사람에 대하여 처분의 사유와 위반 정도 등을 고려하여 대통령령으로 정하는 바에 따라 그 다음에 치러지는 이 법에 따른 국가시험등의 응시를 3회의 범위에서 제한할 수 있다. <개정 2016. 12. 20.>

제11조(면허 조건과 등록) ① 보건복지부장관은 보건의료 시책에 필요하다고 인정하면 제5조에서 제7조까지의 규정에 따른 면허를 내줄 때 3년 이내의 기간을 정하여 특정 지역이나 특정 업무에 종사할 것을 면허의 조건으로 붙일 수 있다. <개정 2008. 2. 29., 2010. 1. 18.>
② 보건복지부장관은 제5조부터 제7조까지의 규정에 따른 면허를 내줄 때에는 그 면허에 관한 사항을 등록대장에 등록하고 면허증을 내주어야 한다. <개정 2008. 2. 29., 2010. 1. 18.>
③ 제2항의 등록대장은 의료인의 종별로 따로 작성·비치하여야 한다.
④ 면허등록과 면허증에 필요한 사항은 보건복지부령으로 정한다. <개정 2008. 2. 29., 2010. 1. 18.>

제12조(의료기술 등에 대한 보호) ① 의료인이 하는 의료·조산·간호 등 의료기술의 시행(이하 "의료행위"라 한다)에 대하여는 이 법이나 다른 법령에 따로 규정된 경우 외에는 누구든지 간섭하지 못한다.
② 누구든지 의료기관의 의료용 시설·기재·약품, 그 밖의 기물 등을 파괴·손상하거나 의료기관을 점거하여 진료를 방해하여서는 아니 되며, 이를 교사하거나 방조하여서는 아니 된다.
③ 누구든지 의료행위가 이루어지는 장소에서 의료행위를 행하는 의료인, 제80조에 따른 간호조무사 및 「의료기사 등에 관한 법률」 제2조에 따른 의료기사 또는 의료행위를 받는 사람을 폭행·협박하여서는 아니 된다. <신설 2016. 5. 29.>

제13조(의료기재 압류 금지) 의료인의 의료 업무에 필요한 기구·약품, 그 밖의 재료는 압류하지 못한다.

제14조(기구 등 우선공급) ① 의료인은 의료행위에 필요한 기구·약품, 그 밖의 시설 및 재료를 우선적으로 공급받을 권리가 있다.
② 의료인은 제1항의 권리에 부수(附隨)되는 물품, 노력, 교통수단에 대하여서도 제1항과 같은 권리가 있다.

제15조(진료거부 금지 등) ① 의료인 또는 의료기관 개설자는 진료나 조산 요청을 받으면 정당한 사유 없이 거부하지 못한다. <개정 2016. 12. 20.>
② 의료인은 응급환자에게 「응급의료에 관한 법률」에서 정하는 바에 따라 최선의 처치를 하여야 한다.

제16조(세탁물 처리) ① 의료기관에서 나오는 세탁물은 의료인·의료기관 또는 특별자치시장·특별자치도지사·시장·군수·구청장(자치구의 구청장을 말한다. 이하 같다)에게 신고한 자가 아니면 처리할 수 없다. <개정 2015. 1. 28.>
② 제1항에 따라 세탁물을 처리하는 자는 보건복지부령으로 정하는 바에 따라 위생적으로 보관·운반·처리하여야 한다. <개정 2008. 2. 29., 2010. 1. 18.>
③ 의료기관의 개설자와 제1항에 따라 의료기관세탁물처리업 신고를 한 자(이하 이 조에서 "세탁물처리업자"라 한다)는 제1항에 따른 세탁물의 처리업무에 종사하는 사람에게 보건복지부령으로 정하는 바에 따라 감염 예방에 관한 교육을 실시하고 그 결과를 기록하고 유지하여야 한다. <신설 2015. 1. 28.>
④ 세탁물처리업자가 보건복지부령으로 정하는 신고사항을 변경하거나 그 영업의 휴업(1개월 이상의 휴업을 말한다)·폐업 또는 재개업을 하려는 경우에는 보건복지부령으로 정하는 바에 따라 특별자치시장·특별자치도지사·시장·군수·구청장에게 신고하여야 한다. <신설 2015. 1. 28.>
⑤ 제1항에 따른 세탁물을 처리하는 자의 시설·장비 기준, 신고 절차 및 지도·감독, 그 밖에 관리에 필요한 사항은 보건복지부령으로 정한다. <개정 2008. 2. 29., 2010. 1. 18., 2015. 1. 28.>

제17조(진단서 등) ① 의료업에 종사하고 직접 진찰하거나 검안(檢案)한 의사[이하 이 항에서는 검안서에 한하여 검시(檢屍)업무를 담당하는 국가기관에 종사하는 의사를 포함한다], 치과의사, 한의사가 아니면 진단서·검안서·증명서를 작성하여 환자(환자가 사망하거나 의식이 없는 경우에는 직계존속·비속, 배우자 또는 배우자의 직계존속을 말하며, 환자가 사망하거나 의식이 없는 경우로서 환자의 직계존속·비속, 배우자 및 배우자의 직계존속이 모두 없는 경우에는 형제자매를 말한다) 또는 「형사소송법」 제222조제1항에 따라 검시(檢屍)를 하는 지방검찰청검사(검안서에 한한다)에게 교부하지 못한다. 다만, 진료 중이던 환자가 최종 진료 시부터 48시간 이내에 사망한 경우에는 다시 진료하지 아니하더라도 진단서나 증명서를 내줄 수 있으며, 환자 또는 사망자를 직접 진찰하거나 검안한 의사·치과의사 또는 한의사가 부득이한 사유로 진단서·검안서 또는 증명서를 내줄 수 없으면 같은 의료기관에 종사하는 다른 의사·치과의사 또는 한의사가 환자의 진료기록부 등에 따라 내줄 수 있다. <개정 2009. 1. 30., 2016. 5. 29., 2019. 8. 27.>
② 의료업에 종사하고 직접 조산한 의사·한의사 또는 조산사가 아니면 출생·사망 또는 사산 증명서를 내주지 못한다. 다만, 직접 조산한 의사·한의사 또는 조산사가 부득이한 사유로 증명서를 내줄 수 없으면 같은 의료기관에 종사하는 다른 의사·한의사 또는 조산사가 진료기록부 등에 따라 증명서를 내줄 수 있다.
③ 의사·치과의사 또는 한의사는 자신이 진찰하거나 검안한 자에 대한 진단서·검안서 또는 증명서 교부를 요구받은 때에는 정당한 사유 없이 거부하지 못한다.

④ 의사·한의사 또는 조산사는 자신이 조산(助産)한 것에 대한 출생·사망 또는 사산 증명서 교부를 요구받은 때에는 정당한 사유 없이 거부하지 못한다.
⑤ 제1항부터 제4항까지의 규정에 따른 진단서, 증명서의 서식·기재사항, 그 밖에 필요한 사항은 보건복지부령으로 정한다. <신설 2007. 7. 27., 2008. 2. 29., 2010. 1. 18.>

제17조의2(처방전) ① 의료업에 종사하고 직접 진찰한 의사, 치과의사 또는 한의사가 아니면 처방전[의사나 치과의사가 「전자서명법」에 따른 전자서명이 기재된 전자문서 형태로 작성한 처방전(이하 "전자처방전"이라 한다)을 포함한다. 이하 같다]을 작성하여 환자에게 교부하거나 발송(전자처방전에 한정한다. 이하 이 조에서 같다)하지 못하며, 의사, 치과의사 또는 한의사에게 직접 진찰을 받은 환자가 아니면 누구든지 그 의사, 치과의사 또는 한의사가 작성한 처방전을 수령하지 못한다.
② 제1항에도 불구하고 의사, 치과의사 또는 한의사는 다음 각 호의 어느 하나에 해당하는 경우로서 해당 환자 및 의약품에 대한 안전성을 인정하는 경우에는 환자의 직계존속·비속, 배우자 및 배우자의 직계존속, 형제자매 또는 「노인복지법」 제34조에 따른 노인의료복지시설에서 근무하는 사람 등 대통령령으로 정하는 사람(이하 이 조에서 "대리수령자"라 한다)에게 처방전을 교부하거나 발송할 수 있으며 대리수령자는 환자를 대리하여 그 처방전을 수령할 수 있다.
1. 환자의 의식이 없는 경우
2. 환자의 거동이 현저히 곤란하고 동일한 상병(傷病)에 대하여 장기간 동일한 처방이 이루어지는 경우
③ 처방전의 발급 방법·절차 등에 필요한 사항은 보건복지부령으로 정한다.
[본조신설 2019. 8. 27.]

제18조(처방전 작성과 교부) ① 의사나 치과의사는 환자에게 의약품을 투여할 필요가 있다고 인정하면 「약사법」에 따라 자신이 직접 의약품을 조제할 수 있는 경우가 아니면 보건복지부령으로 정하는 바에 따라 처방전을 작성하여 환자에게 내주거나 발송(전자처방전만 해당된다)하여야 한다. <개정 2008. 2. 29., 2010. 1. 18.>
② 제1항에 따른 처방전의 서식, 기재사항, 보존, 그 밖에 필요한 사항은 보건복지부령으로 정한다. <개정 2008. 2. 29., 2010. 1. 18.>
③ 누구든지 정당한 사유 없이 전자처방전에 저장된 개인정보를 탐지하거나 누출·변조 또는 훼손하여서는 아니 된다.
④ 제1항에 따라 처방전을 발행한 의사 또는 치과의사(처방전을 발행한 한의사를 포함한다)는 처방전에 따라 의약품을 조제하는 약사 또는 한약사가 「약사법」 제26조제2항에 따라 문의한 때 즉시 이에 응하여야 한다. 다만, 다음 각 호의 어느 하나에 해당하는 사유로 약사 또는 한약사의 문의에 응할 수 없는 경우 사유가 종료된 때 즉시 이에 응하여야 한다. <신설 2007. 7. 27.>
1. 「응급의료에 관한 법률」 제2조제1호에 따른 응급환자를 진료 중인 경우
2. 환자를 수술 또는 처치 중인 경우
3. 그 밖에 약사의 문의에 응할 수 없는 정당한 사유가 있는 경우
⑤ 의사, 치과의사 또는 한의사가 「약사법」에 따라 자신이 직접 의약품을

조제하여 환자에게 그 의약품을 내어주는 경우에는 그 약제의 용기 또는 포장에 환자의 이름, 용법 및 용량, 그 밖에 보건복지부령으로 정하는 사항을 적어야 한다. 다만, 급박한 응급의료상황 등 환자의 진료 상황이나 의약품의 성질상 그 약제의 용기 또는 포장에 적는 것이 어려운 경우로서 보건복지부령으로 정하는 경우에는 그러하지 아니하다. <신설 2016. 5. 29.>

제18조의2(의약품정보의 확인) ① 의사 및 치과의사는 제18조에 따른 처방전을 작성하거나 「약사법」 제23조제4항에 따라 의약품을 자신이 직접 조제하는 경우에는 다음 각 호의 정보(이하 "의약품정보"라 한다)를 미리 확인하여야 한다.
1. 환자에게 처방 또는 투여되고 있는 의약품과 동일한 성분의 의약품인지 여부
2. 식품의약품안전처장이 병용금기, 특정연령대 금기 또는 임부금기 등으로 고시한 성분이 포함되는지 여부
3. 그 밖에 보건복지부령으로 정하는 정보
② 제1항에도 불구하고 의사 및 치과의사는 급박한 응급의료상황 등 의약품정보를 확인할 수 없는 정당한 사유가 있을 때에는 이를 확인하지 아니할 수 있다.
③ 제1항에 따른 의약품정보의 확인방법·절차, 제2항에 따른 의약품정보를 확인할 수 없는 정당한 사유 등은 보건복지부령으로 정한다.
[본조신설 2015. 12. 29.]

제19조(정보 누설 금지) ① 의료인이나 의료기관 종사자는 이 법이나 다른 법령에 특별히 규정된 경우 외에는 의료·조산 또는 간호업무나 제17조에 따른 진단서·검안서·증명서 작성·교부 업무, 제18조에 따른 처방전 작성·교부 업무, 제21조에 따른 진료기록 열람·사본 교부 업무, 제22조제2항에 따른 진료기록부등 보존 업무 및 제23조에 따른 전자의무기록 작성·보관·관리 업무를 하면서 알게 된 다른 사람의 정보를 누설하거나 발표하지 못한다. <개정 2016. 5. 29.>
② 제58조제2항에 따라 의료기관 인증에 관한 업무에 종사하는 자 또는 종사하였던 자는 그 업무를 하면서 알게 된 정보를 다른 사람에게 누설하거나 부당한 목적으로 사용하여서는 아니 된다. <신설 2016. 5. 29.>
[제목개정 2016. 5. 29.]

업무상과실치사·업무상비밀누설·의료법위반
(의사의 과실 존부와 의료법상 사망한 자의
비밀도 보호되는지 여부에 관한 사건)
[대법원 2018.5.11, 선고, 2018도2844, 판결]

【판시사항】
[3] 의료인의 비밀누설 금지의무를 규정한 구 의료법 제19조에서 정한 '다른 사람'에 생존하는 개인 이외에 이미 사망한 사람도 포함되는지 여부(적극)

【판결요지】
[3] 구 의료법(2016. 5. 29. 법률 제14220호로 개정되기 전의 것, 이하 '구 의료법'이라 한다) 제19조는 "의료인은 이 법이나 다른 법령에 특별히 규정된 경우 외에는 의료·조산 또는 간호를 하면서 알게 된 다른 사람의 비밀을 누설하거나 발표하지 못한

다.”라고 정하고, 제88조는 “제19조를 위반한 자”를 3년 이하의 징역이나 1천만 원 이하의 벌금에 처하도록 정하고 있다.

의료법은 ‘모든 국민이 수준 높은 의료 혜택을 받을 수 있도록 국민의료에 필요한 사항을 규정함으로써 국민의 건강을 보호하고 증진’(제1조)하는 것을 목적으로 한다. 이 법은 의료인(제2장)의 자격과 면허(제1절)에 관하여 정하면서 의료인의 의무 중 하나로 비밀누설 금지의무를 정하고 있다. 이는 의학적 전문지식을 기초로 사람의 생명, 신체나 공중위생에 위해를 발생시킬 우려가 있는 의료행위를 하는 의료인에 대하여 법이 정한 엄격한 자격요건과 함께 의료과정에서 알게 된 다른 사람의 비밀을 누설하거나 발표하지 못한다는 법적 의무를 부과한 것이다. 그 취지는 의료인과 환자 사이의 신뢰관계 형성과 함께 이에 대한 국민의 의료인에 대한 신뢰를 높임으로써 수준 높은 의료행위를 통하여 국민의 건강을 보호하고 증진하는 데 있다. 따라서 의료인의 비밀누설 금지의무는 개인의 비밀을 보호하는 것뿐만 아니라 비밀유지에 관한 공중의 신뢰라는 공공의 이익도 보호하고 있다고 보아야 한다. 이러한 관점에서 보면, 의료인과 환자 사이에 형성된 신뢰관계와 이에 기초한 의료인의 비밀누설 금지의무는 환자가 사망한 후에도 그 본질적인 내용이 변한다고 볼 수 없다.

구 의료법 제19조에서 누설을 금지하고 있는 ‘다른 사람의 비밀’은 당사자의 동의 없이는 원칙적으로 공개되어서는 안 되는 비밀영역으로 보호되어야 한다. 이러한 보호의 필요성은 환자가 나중에 사망하더라도 소멸하지 않는다. 구 의료법 제21조 제1항은 환자가 사망하였는지를 묻지 않고 환자가 아닌 다른 사람에게 환자에 관한 기록을 열람하게 하거나 사본을 내주는 등 내용을 확인할 수 있게 해서는 안 된다고 정하고 있는데, 이 점을 보더라도 환자가 사망했다고 해서 보호 범위에서 제외된다고 볼 수 없다.

헌법 제10조는 인간의 존엄과 가치를 선언하고 있고, 헌법 제17조는 사생활의 비밀과 자유를 보장하고 있다. 따라서 모든 국민은 자신에 관한 정보를 스스로 통제할 수 있는 자기결정권과 사생활이 함부로 공개되지 않고 사적 영역의 평온과 비밀을 요구할 수 있는 권리를 갖는다. 이와 같은 개인의 인격적 이익을 보호할 필요성은 그의 사망으로 없어지는 것이 아니다. 사람의 사망 후에 사적 영역이 무분별하게 폭로되고 그의 생활상이 왜곡된다면 살아있는 동안 인간의 존엄과 가치를 보장하는 것이 무의미해질 수 있다. 사람은 적어도 사망 후에 인격이 중대하게 훼손되거나 자신의 생활상이 심각하게 왜곡되지 않을 것이라고 신뢰하고 그러한 기대 속에서 살 수 있는 경우에만 인간으로서의 존엄과 가치가 실효성 있게 보장되고 있다고 말할 수 있다.

형벌법규 해석에 관한 일반적인 법리, 의료법의 입법 취지, 구 의료법 제19조의 문언·내용·체계·목적 등에 비추어 보면, 구 의료법 제19조에서 정한 ‘다른 사람’에는 생존하는 개인 이외에 이미 사망한 사람도 포함된다고 보아야 한다.

제20조(태아 성 감별 행위 등 금지) ① 의료인은 태아 성 감별을 목적으로 임부를 진찰하거나 검사하여서는 아니 되며, 같은 목적을 위한 다른 사람의 행위를 도와서도 아니 된다.

② 의료인은 임신 32주 이전에 태아나 임부를 진찰하거나 검사하면서 알게 된 태아의 성(性)을 임부, 임부의 가족, 그 밖의 다른 사람이 알게 하여서는 아니 된다. <개정 2009. 12. 31.>

[2009. 12. 31. 법률 제9906호에 의하여 2008. 7. 31. 헌법재판소에서 헌법불합치 결정된 이 조 제2항을 개정함.]

제21조(기록 열람 등) ① 환자는 의료인, 의료기관의 장 및 의료기관 종사자에게 본인에 관한 기록(추가기재·수정된 경우 추가기재·수정된 기록 및

추가기재·수정 전의 원본을 모두 포함한다. 이하 같다)의 전부 또는 일부에 대하여 열람 또는 그 사본의 발급 등 내용의 확인을 요청할 수 있다. 이 경우 의료인, 의료기관의 장 및 의료기관 종사자는 정당한 사유가 없으면 이를 거부하여서는 아니 된다. <신설 2016. 12. 20., 2018. 3. 27.>

② 의료인, 의료기관의 장 및 의료기관 종사자는 환자가 아닌 다른 사람에게 환자에 관한 기록을 열람하게 하거나 그 사본을 내주는 등 내용을 확인할 수 있게 하여서는 아니 된다. <개정 2009. 1. 30., 2016. 12. 20.>

③ 제2항에도 불구하고 의료인, 의료기관의 장 및 의료기관 종사자는 다음 각 호의 어느 하나에 해당하면 그 기록을 열람하게 하거나 그 사본을 교부하는 등 그 내용을 확인할 수 있게 하여야 한다. 다만, 의사·치과의사 또는 한의사가 환자의 진료를 위하여 불가피하다고 인정한 경우에는 그러하지 아니하다. <개정 2009. 1. 30., 2010. 1. 18., 2011. 4. 7., 2011. 12. 31., 2012. 2. 1., 2015. 12. 22., 2015. 12. 29., 2016. 5. 29., 2016. 12. 20., 2018. 3. 20., 2018. 8. 14., 2020. 3. 4., 2020. 8. 11., 2020. 12. 29.>

1. 환자의 배우자, 직계 존속·비속, 형제·자매(환자의 배우자 및 직계 존속·비속, 배우자의 직계존속이 모두 없는 경우에 한정한다) 또는 배우자의 직계 존속이 환자 본인의 동의서와 친족관계임을 나타내는 증명서 등을 첨부하는 등 보건복지부령으로 정하는 요건을 갖추어 요청한 경우

2. 환자가 지정하는 대리인이 환자 본인의 동의서와 대리권이 있음을 증명하는 서류를 첨부하는 등 보건복지부령으로 정하는 요건을 갖추어 요청한 경우

3. 환자가 사망하거나 의식이 없는 등 환자의 동의를 받을 수 없어 환자의 배우자, 직계 존속·비속, 형제·자매(환자의 배우자 및 직계 존속·비속, 배우자의 직계존속이 모두 없는 경우에 한정한다) 또는 배우자의 직계 존속이 친족관계임을 나타내는 증명서 등을 첨부하는 등 보건복지부령으로 정하는 요건을 갖추어 요청한 경우

4. 「국민건강보험법」 제14조, 제47조, 제48조 및 제63조에 따라 급여비용 심사·지급·대상여부 확인·사후관리 및 요양급여의 적정성 평가·가감지급 등을 위하여 국민건강보험공단 또는 건강보험심사평가원에 제공하는 경우

5. 「의료급여법」 제5조, 제11조, 제11조의3 및 제33조에 따라 의료급여 수급권자 확인, 급여비용의 심사·지급, 사후관리 등 의료급여 업무를 위하여 보장기관(시·군·구), 국민건강보험공단, 건강보험심사평가원에 제공하는 경우

6. 「형사소송법」 제106조, 제215조 또는 제218조에 따른 경우

6의2. 「군사법원법」 제146조, 제254조 또는 제257조에 따른 경우

7. 「민사소송법」 제347조에 따라 문서제출을 명한 경우

8. 「산업재해보상보험법」 제118조에 따라 근로복지공단이 보험급여를 받는 근로자를 진료한 산재보험 의료기관(의사를 포함한다)에 대하여 그 근로자의 진료에 관한 보고 또는 서류 등 제출을 요구하거나 조사하는 경우

9. 「자동차손해배상 보장법」 제12조제2항 및 제14조에 따라 의료기관으로부터 자동차보험진료수가를 청구받은 보험회사등이 그 의료기관에 대하여 관계 진료기록의 열람을 청구한 경우

10. 「병역법」 제11조의2에 따라 지방병무청장이 병역판정검사와 관련하여 질

　　병 또는 심신장애의 확인을 위하여 필요하다고 인정하여 의료기관의 장에게 병역판정검사대상자의 진료기록·치료 관련 기록의 제출을 요구한 경우

11. 「학교안전사고 예방 및 보상에 관한 법률」 제42조에 따라 공제회가 공제급여의 지급 여부를 결정하기 위하여 필요하다고 인정하여 「국민건강보험법」 제42조에 따른 요양기관에 대하여 관계 진료기록의 열람 또는 필요한 자료의 제출을 요청하는 경우

12. 「고엽제후유의증 등 환자지원 및 단체설립에 관한 법률」 제7조제3항에 따라 의료기관의 장이 진료기록 및 임상소견서를 보훈병원장에게 보내는 경우

13. 「의료사고 피해구제 및 의료분쟁 조정 등에 관한 법률」 제28조제1항 또는 제3항에 따른 경우

14. 「국민연금법」 제123조에 따라 국민연금공단이 부양가족연금, 장애연금 및 유족연금 급여의 지급심사와 관련하여 가입자 또는 가입자였던 사람을 진료한 의료기관에 해당 진료에 관한 사항의 열람 또는 사본 교부를 요청하는 경우

14의2. 다음 각 목의 어느 하나에 따라 공무원 또는 공무원이었던 사람을 진료한 의료기관에 해당 진료에 관한 사항의 열람 또는 사본 교부를 요청하는 경우

　　가. 「공무원연금법」 제92조에 따라 인사혁신처장이 퇴직유족급여 및 비공무상장해급여와 관련하여 요청하는 경우

　　나. 「공무원연금법」 제93조에 따라 공무원연금공단이 퇴직유족급여 및 비공무상장해급여와 관련하여 요청하는 경우

　　다. 「공무원 재해보상법」 제57조 및 제58조에 따라 인사혁신처장(같은 법 제61조에 따라 업무를 위탁받은 자를 포함한다)이 요양급여, 재활급여, 장해급여, 간병급여 및 재해유족급여와 관련하여 요청하는 경우

14의3. 「사립학교교직원 연금법」 제19조제4항제4호의2에 따라 사립학교교직원연금공단이 요양급여, 장해급여 및 재해유족급여의 지급심사와 관련하여 교직원 또는 교직원이었던 자를 진료한 의료기관에 해당 진료에 관한 사항의 열람 또는 사본 교부를 요청하는 경우

15. 「장애인복지법」 제32조제7항에 따라 대통령령으로 정하는 공공기관의 장이 장애 정도에 관한 심사와 관련하여 장애인 등록을 신청한 사람 및 장애인으로 등록한 사람을 진료한 의료기관에 해당 진료에 관한 사항의 열람 또는 사본 교부를 요청하는 경우

16. 「감염병의 예방 및 관리에 관한 법률」 제18조의4 및 제29조에 따라 질병관리청장, 시·도지사 또는 시장·군수·구청장이 감염병의 역학조사 및 예방접종에 관한 역학조사를 위하여 필요하다고 인정하여 의료기관의 장에게 감염병환자등의 진료기록 및 예방접종을 받은 사람의 예방접종 후 이상반응에 관한 진료기록의 제출을 요청하는 경우

17. 「국가유공자 등 예우 및 지원에 관한 법률」 제74조의8제1항제7호에 따라 보훈심사위원회가 보훈심사와 관련하여 보훈심사대상자를 진료한 의료기관에 해당 진료에 관한 사항의 열람 또는 사본 교부를 요청하는 경우

18. 「한국보훈복지의료공단법」 제24조의2에 따라 한국보훈복지의료공단이 같은 법 제6조제1호에 따른 국가유공자등에 대한 진료기록등의 제공을 요청하는 경우

④ 진료기록을 보관하고 있는 의료기관이나 진료기록이 이관된 보건소에 근무하는 의사·치과의사 또는 한의사는 자신이 직접 진료하지 아니한 환자의 과거 진료 내용의 확인 요청을 받은 경우에는 진료기록을 근거로 하여 사실을 확인하여 줄 수 있다. <신설 2009. 1. 30.>
⑤ 제1항, 제3항 또는 제4항의 경우 의료인, 의료기관의 장 및 의료기관 종사자는 「전자서명법」에 따른 전자서명이 기재된 전자문서를 제공하는 방법으로 환자 또는 환자가 아닌 다른 사람에게 기록의 내용을 확인하게 할 수 있다. <신설 2020. 3. 4.>
[시행일 : 2021. 6. 30.] 제21조

제21조의2(진료기록의 송부 등) ① 의료인 또는 의료기관의 장은 다른 의료인 또는 의료기관의 장으로부터 제22조 또는 제23조에 따른 진료기록의 내용 확인이나 진료기록의 사본 및 환자의 진료경과에 대한 소견 등을 송부 또는 전송할 것을 요청받은 경우 해당 환자나 환자 보호자의 동의를 받아 그 요청에 응하여야 한다. 다만, 해당 환자의 의식이 없거나 응급환자인 경우 또는 환자의 보호자가 없어 동의를 받을 수 없는 경우에는 환자나 환자 보호자의 동의 없이 송부 또는 전송할 수 있다.
② 의료인 또는 의료기관의 장이 응급환자를 다른 의료기관에 이송하는 경우에는 지체 없이 내원 당시 작성된 진료기록의 사본 등을 이송하여야 한다.
③ 보건복지부장관은 제1항 및 제2항에 따른 진료기록의 사본 및 진료경과에 대한 소견 등의 전송 업무를 지원하기 위하여 전자정보시스템(이하 이 조에서 "진료기록전송지원시스템"이라 한다)을 구축·운영할 수 있다.
④ 보건복지부장관은 진료기록전송지원시스템의 구축·운영을 대통령령으로 정하는 바에 따라 관계 전문기관에 위탁할 수 있다. 이 경우 보건복지부장관은 그 소요 비용의 전부 또는 일부를 지원할 수 있다.
⑤ 제4항에 따라 업무를 위탁받은 전문기관은 다음 각 호의 사항을 준수하여야 한다.
1. 진료기록전송지원시스템이 보유한 정보의 누출, 변조, 훼손 등을 방지하기 위하여 접근 권한자의 지정, 방화벽의 설치, 암호화 소프트웨어의 활용, 접속기록 보관 등 대통령령으로 정하는 바에 따라 안전성 확보에 필요한 기술적·관리적 조치를 할 것
2. 진료기록전송지원시스템 운영 업무를 다른 기관에 재위탁하지 아니할 것
3. 진료기록전송지원시스템이 보유한 정보를 제3자에게 임의로 제공하거나 유출하지 아니할 것
⑥ 보건복지부장관은 의료인 또는 의료기관의 장에게 보건복지부령으로 정하는 바에 따라 제1항 본문에 따른 환자나 환자 보호자의 동의에 관한 자료 등 진료기록전송지원시스템의 구축·운영에 필요한 자료의 제출을 요구하고 제출받은 목적의 범위에서 보유·이용할 수 있다. 이 경우 자료 제출을 요구받은 자는 정당한 사유가 없으면 이에 따라야 한다.
⑦ 그 밖에 진료기록전송지원시스템의 구축·운영 등에 필요한 사항은 보건복지부령으로 정한다.
⑧ 누구든지 정당한 사유 없이 진료기록전송지원시스템에 저장된 정보를 누출·변조 또는 훼손하여서는 아니 된다.
⑨ 진료기록전송지원시스템의 구축·운영에 관하여 이 법에서 규정된 것을

제외하고는 「개인정보 보호법」에 따른다.
[본조신설 2016. 12. 20.]

제2절 권리와 의무

제22조(진료기록부 등) ① 의료인은 각각 진료기록부, 조산기록부, 간호기록부, 그 밖의 진료에 관한 기록(이하 "진료기록부등"이라 한다)을 갖추어 두고 환자의 주된 증상, 진단 및 치료 내용 등 보건복지부령으로 정하는 의료행위에 관한 사항과 의견을 상세히 기록하고 서명하여야 한다. <개정 2013. 4. 5.>
② 의료인이나 의료기관 개설자는 진료기록부등[제23조제1항에 따른 전자의무기록(電子醫務記錄)을 포함하며, 추가기재·수정된 경우 추가기재·수정된 진료기록부등 및 추가기재·수정 전의 원본을 모두 포함한다. 이하 같다]을 보건복지부령으로 정하는 바에 따라 보존하여야 한다. <개정 2008. 2. 29., 2010. 1. 18., 2018. 3. 27.>
③ 의료인은 진료기록부등을 거짓으로 작성하거나 고의로 사실과 다르게 추가기재·수정하여서는 아니 된다. <신설 2011. 4. 7.>
④ 보건복지부장관은 의료인이 진료기록부등에 기록하는 질병명, 검사명, 약제명 등 의학용어와 진료기록부등의 서식 및 세부내용에 관한 표준을 마련하여 고시하고 의료인 또는 의료기관 개설자에게 그 준수를 권고할 수 있다. <신설 2019. 8. 27.>

제23조(전자의무기록) ① 의료인이나 의료기관 개설자는 제22조의 규정에도 불구하고 진료기록부등을 「전자서명법」에 따른 전자서명이 기재된 전자문서(이하 "전자의무기록"이라 한다)로 작성·보관할 수 있다.
② 의료인이나 의료기관 개설자는 보건복지부령으로 정하는 바에 따라 전자의무기록을 안전하게 관리·보존하는 데에 필요한 시설과 장비를 갖추어야 한다. <개정 2008. 2. 29., 2010. 1. 18.>
③ 누구든지 정당한 사유 없이 전자의무기록에 저장된 개인정보를 탐지하거나 누출·변조 또는 훼손하여서는 아니 된다.
④ 의료인이나 의료기관 개설자는 전자의무기록에 추가기재·수정을 한 경우 보건복지부령으로 정하는 바에 따라 접속기록을 별도로 보관하여야 한다. <신설 2018. 3. 27.>

제23조의2(전자의무기록의 표준화 등) ① 보건복지부장관은 전자의무기록이 효율적이고 통일적으로 관리·활용될 수 있도록 기록의 작성, 관리 및 보존에 필요한 전산정보처리시스템(이하 이 조에서 "전자의무기록시스템"이라 한다), 시설, 장비 및 기록 서식 등에 관한 표준을 정하여 고시하고 전자의무기록시스템을 제조·공급하는 자, 의료인 또는 의료기관 개설자에게 그 준수를 권고할 수 있다.
② 보건복지부장관은 전자의무기록시스템이 제1항에 따른 표준, 전자의무기록시스템 간 호환성, 정보 보안 등 대통령령으로 정하는 인증 기준에 적합한 경우에는 인증을 할 수 있다.
③ 제2항에 따라 인증을 받은 자는 대통령령으로 정하는 바에 따라 인증의

내용을 표시할 수 있다. 이 경우 인증을 받지 아니한 자는 인증의 표시 또는 이와 유사한 표시를 하여서는 아니 된다.
④ 보건복지부장관은 다음 각 호의 어느 하나에 해당하는 경우에는 제2항에 따른 인증을 취소할 수 있다. 다만, 제1호에 해당하는 경우에는 인증을 취소하여야 한다.
1. 거짓이나 그 밖의 부정한 방법으로 인증을 받은 경우
2. 제2항에 따른 인증 기준에 미달하게 된 경우
⑤ 보건복지부장관은 전자의무기록시스템의 기술 개발 및 활용을 촉진하기 위한 사업을 할 수 있다.
⑥ 제1항에 따른 표준의 대상, 제2항에 따른 인증의 방법·절차 등에 필요한 사항은 대통령령으로 정한다.
[본조신설 2016. 12. 20.]
[종전 제23조의2는 제23조의3으로 이동 <2016. 12. 20.>]

제23조의3(진료정보 침해사고의 통지) ① 의료인 또는 의료기관 개설자는

전자의무기록에 대한 전자적 침해행위로 진료정보가 유출되거나 의료기관의 업무가 교란·마비되는 등 대통령령으로 정하는 사고(이하 "진료정보 침해사고"라 한다)가 발생한 때에는 보건복지부장관에게 즉시 그 사실을 통지하여야 한다.
② 보건복지부장관은 제1항에 따라 진료정보 침해사고의 통지를 받거나 진료정보 침해사고가 발생한 사실을 알게 되면 이를 관계 행정기관에 통보하여야 한다.
[본조신설 2019. 8. 27.]
[종전 제23조의3은 제23조의5로 이동 <2019. 8. 27.>]

23조의4(진료정보 침해사고의 예방 및 대응 등) ① 보건복지부장관은 진

료정보 침해사고의 예방 및 대응을 위하여 다음 각 호의 업무를 수행한다.
1. 진료정보 침해사고에 관한 정보의 수집·전파
2. 진료정보 침해사고의 예보·경보
3. 진료정보 침해사고에 대한 긴급조치
4. 전자의무기록에 대한 전자적 침해행위의 탐지·분석
5. 그 밖에 진료정보 침해사고 예방 및 대응을 위하여 대통령령으로 정하는 사항
② 보건복지부장관은 제1항에 따른 업무의 전부 또는 일부를 전문기관에 위탁할 수 있다.
③ 제1항에 따른 업무를 수행하는 데 필요한 절차 및 방법, 제2항에 따른 업무의 위탁 절차 등에 필요한 사항은 보건복지부령으로 정한다.
[본조신설 2019. 8. 27.]

제23조의5(부당한 경제적 이익등의 취득 금지) ① 의료인, 의료기관 개설

자(법인의 대표자, 이사, 그 밖에 이에 종사하는 자를 포함한다. 이하 이 조에서 같다) 및 의료기관 종사자는 「약사법」 제47조제2항에 따른 의약품공급자로부터 의약품 채택·처방유도·거래유지 등 판매촉진을 목적으로 제공

되는 금전, 물품, 편익, 노무, 향응, 그 밖의 경제적 이익(이하 "경제적 이익
등"이라 한다)을 받거나 의료기관으로 하여금 받게 하여서는 아니 된다. 다
만, 견본품 제공, 학술대회 지원, 임상시험 지원, 제품설명회, 대금결제조건
에 따른 비용할인, 시판 후 조사 등의 행위(이하 "견본품 제공등의 행위"라
한다)로서 보건복지부령으로 정하는 범위 안의 경제적 이익등인 경우에는
그러하지 아니하다. <개정 2015. 12. 29.>
② 의료인, 의료기관 개설자 및 의료기관 종사자는 「의료기기법」 제6조에
따른 제조업자, 같은 법 제15조에 따른 의료기기 수입업자, 같은 법 제17조
에 따른 의료기기 판매업자 또는 임대업자로부터 의료기기 채택·사용유도·
거래유지 등 판매촉진을 목적으로 제공되는 경제적 이익등을 받거나 의료기
관으로 하여금 받게 하여서는 아니 된다. 다만, 견본품 제공등의 행위로서
보건복지부령으로 정하는 범위 안의 경제적 이익등인 경우에는 그러하지 아
니하다. <개정 2011. 4. 7., 2015. 12. 29.>
[본조신설 2010. 5. 27.]
[제23조의3에서 이동 <2019. 8. 27.>]

제24조(요양방법 지도) 의료인은 환자나 환자의 보호자에게 요양방법이나
그 밖에 건강관리에 필요한 사항을 지도하여야 한다.

제24조의2(의료행위에 관한 설명) ① 의사·치과의사 또는 한의사는 사람
의 생명 또는 신체에 중대한 위해를 발생하게 할 우려가 있는 수술, 수혈,
전신마취(이하 이 조에서 "수술등"이라 한다)를 하는 경우 제2항에 따른 사
항을 환자(환자가 의사결정능력이 없는 경우 환자의 법정대리인을 말한다.
이하 이 조에서 같다)에게 설명하고 서면(전자문서를 포함한다. 이하 이 조
에서 같다)으로 그 동의를 받아야 한다. 다만, 설명 및 동의 절차로 인하여
수술등이 지체되면 환자의 생명이 위험하여지거나 심신상의 중대한 장애를
가져오는 경우에는 그러하지 아니하다.
② 제1항에 따라 환자에게 설명하고 동의를 받아야 하는 사항은 다음 각 호
와 같다.
1. 환자에게 발생하거나 발생 가능한 증상의 진단명
2. 수술등의 필요성, 방법 및 내용
3. 환자에게 설명을 하는 의사, 치과의사 또는 한의사 및 수술등에 참여하는
   주된 의사, 치과의사 또는 한의사의 성명
4. 수술등에 따라 전형적으로 발생이 예상되는 후유증 또는 부작용
5. 수술등 전후 환자가 준수하여야 할 사항
③ 환자는 의사, 치과의사 또는 한의사에게 제1항에 따른 동의서 사본의 발
급을 요청할 수 있다. 이 경우 요청을 받은 의사, 치과의사 또는 한의사는
정당한 사유가 없으면 이를 거부하여서는 아니 된다.
④ 제1항에 따라 동의를 받은 사항 중 수술등의 방법 및 내용, 수술등에 참
여한 주된 의사, 치과의사 또는 한의사가 변경된 경우에는 변경 사유와 내
용을 환자에게 서면으로 알려야 한다.
⑤ 제1항 및 제4항에 따른 설명, 동의 및 고지의 방법·절차 등 필요한 사

항은 대통령령으로 정한다.
[본조신설 2016. 12. 20.]

제25조(신고) ① 의료인은 대통령령으로 정하는 바에 따라 최초로 면허를 받은 후부터 3년마다 그 실태와 취업상황 등을 보건복지부장관에게 신고하여야 한다. <개정 2008. 2. 29., 2010. 1. 18., 2011. 4. 28.>
② 보건복지부장관은 제30조제3항의 보수교육을 이수하지 아니한 의료인에 대하여 제1항에 따른 신고를 반려할 수 있다. <신설 2011. 4. 28.>
③ 보건복지부장관은 제1항에 따른 신고 수리 업무를 대통령령으로 정하는 바에 따라 관련 단체 등에 위탁할 수 있다. <신설 2011. 4. 28.>

제26조(변사체 신고) 의사·치과의사·한의사 및 조산사는 사체를 검안하여 변사(變死)한 것으로 의심되는 때에는 사체의 소재지를 관할하는 경찰서장에게 신고하여야 한다.

제3절 의료행위의 제한

제27조(무면허 의료행위 등 금지) ① 의료인이 아니면 누구든지 의료행위를 할 수 없으며 의료인도 면허된 것 이외의 의료행위를 할 수 없다. 다만, 다음 각 호의 어느 하나에 해당하는 자는 보건복지부령으로 정하는 범위에서 의료행위를 할 수 있다. <개정 2008. 2. 29., 2009. 1. 30., 2010. 1. 18.>
1. 외국의 의료인 면허를 가진 자로서 일정 기간 국내에 체류하는 자
2. 의과대학, 치과대학, 한의과대학, 의학전문대학원, 치의학전문대학원, 한의학전문대학원, 종합병원 또는 외국 의료원조기관의 의료봉사 또는 연구 및 시범사업을 위하여 의료행위를 하는 자
3. 의학·치과의학·한방의학 또는 간호학을 전공하는 학교의 학생
② 의료인이 아니면 의사·치과의사·한의사·조산사 또는 간호사 명칭이나 이와 비슷한 명칭을 사용하지 못한다.
③ 누구든지 「국민건강보험법」 이나 「의료급여법」 에 따른 본인부담금을 면제하거나 할인하는 행위, 금품 등을 제공하거나 불특정 다수인에게 교통편의를 제공하는 행위 등 영리를 목적으로 환자를 의료기관이나 의료인에게 소개·알선·유인하는 행위 및 이를 사주하는 행위를 하여서는 아니 된다. 다만, 다음 각 호의 어느 하나에 해당하는 행위는 할 수 있다. <개정 2009. 1. 30., 2010. 1. 18., 2011. 12. 31.>
1. 환자의 경제적 사정 등을 이유로 개별적으로 관할 시장·군수·구청장의 사전승인을 받아 환자를 유치하는 행위
2. 「국민건강보험법」 제109조에 따른 가입자나 피부양자가 아닌 외국인(보건복지부령으로 정하는 바에 따라 국내에 거주하는 외국인은 제외한다) 환자를 유치하기 위한 행위
④ 제3항제2호에도 불구하고 「보험업법」 제2조에 따른 보험회사, 상호회사, 보험설계사, 보험대리점 또는 보험중개사는 외국인환자를 유치하기 위한 행위를 하여서는 아니 된다. <신설 2009. 1. 30.>
⑤ 누구든지 의료인이 아닌 자에게 의료행위를 하게 하거나 의료인에게 면

허 사항 외의 의료행위를 하게 하여서는 아니 된다. <신설 2019. 4. 23., 2020. 12. 29.>

의료법위반
[대법원 2018.6.19, 선고, 2017도19422, 판결]

【판시사항】
[1] 무면허 의료행위를 엄격히 금지하는 의료법 제27조 제1항에서 정한 '의료행위'의 의미와 범위

[2] 의료기사 등에 관한 법률 제1조, 제2조, 제3조 및 같은 법 시행령 제2조가 의료기사의 면허를 가진 사람에게 의사 또는 치과의사의 지도에 따라 의료행위 중 위 시행령 제2조 제1항에서 정한 일정한 분야의 업무를 할 수 있도록 허용하는 취지 / 의료기사가 의료기사 등에 관한 법률 및 같은 법 시행령에서 정한 업무의 범위와 한계를 벗어나는 의료행위를 한 경우, 무면허 의료행위에 해당하는지 여부(적극) 및 의사나 치과의사의 지시나 지도에 따라 이루어졌더라도 마찬가지인지 여부(적극)

[3] 치과의사 피고인 甲과 치과위생사 피고인 乙이 공모하여, 환자의 충치에 대한 복합레진 충전 치료 과정에서 의료인 아닌 피고인 乙이 의료행위인 에칭과 본딩 시술을 함으로써 의료법을 위반하였다는 내용으로 기소된 사안에서, 제반 사정을 종합하면, 충치치료 과정에서 이루어지는 에칭과 본딩 시술은 의료기사 등에 관한 법률 및 같은 법 시행령이 허용하는 치과위생사의 업무 범위와 한계를 벗어나는 의료행위로서 의료인인 치과의사만 할 수 있고, 비록 피고인 乙이 피고인 甲의 지도나 감독 아래 이러한 시술을 하였더라도 무면허 의료행위에 해당한다고 한 사례

【판결요지】
[1] 의료법 제27조 제1항은 의료인에게만 의료행위를 허용하고, 의료인이라고 하더라도 면허된 의료행위만 할 수 있도록 하여, 무면허 의료행위를 엄격히 금지하고 있다. 여기서 '의료행위'란 의학적 전문지식을 기초로 하는 경험과 기능으로 진찰, 검안, 처방, 투약 또는 외과적 시술을 시행하여 하는 질병의 예방 또는 치료행위 및 그 밖에 의료인이 행하지 아니하면 보건위생상 위해가 생길 우려가 있는 행위를 의미한다. '의료인이 행하지 아니하면 보건위생상 위해가 생길 우려'는 추상적 위험으로도 충분하므로, 구체적으로 환자에게 위험이 발생하지 아니하였다고 해서 보건위생상의 위해가 없다고 할 수는 없다.

[2] 의료기사 등에 관한 법률(이하 '의료기사법'이라고 한다) 제1조, 제2조, 제3조 및 같은 법 시행령 제2조는 임상병리사, 방사선사, 물리치료사, 작업치료사, 치과기공사, 치과위생사를 의료기사로 분류하고, 의료기사의 면허를 가진 사람에게 의사 또는 치과의사의 지도에 따라 의료행위 중 위 시행령 제2조 제1항에서 정하는 일정한 분야의 업무를 할 수 있도록 허용하고 있다. 이는 의료인만이 의료행위를 할 수 있음을 원칙으로 하되, 의료행위 중에서 사람의 생명이나 신체 또는 공중위생에 위해를 발생시킬 우려가 적은 특정 분야에 관하여, 그 특정 분야의 의료행위가 인체에 가져올 수 있는 위험성 등에 대하여 지식과 경험을 획득하여, 그 의료행위로 인한 인체의 반응을 확인하고 이상 유무를 판단하며 상황에 대처할 수 있는 능력을 가졌다고 인정되는 사람에게 면허를 부여하고, 그들로 하여금 그 특정 분야의 의료행위를 의사의 지도에 따라서 제한적으로 행할 수 있도록 허용하는 취지라고 보아야 한다.

따라서 의료기사라 할지라도 의료기사법 및 같은 법 시행령이 정하고 있는 업무의 범위와 한계를 벗어나는 의료행위를 하였다면 무면허 의료행위에 해당하고, 이는 비록 의사나 치과의사의 지시나 지도에 따라 이루어졌더라도 마찬가지이다.

[3] 치과의사 피고인 甲과 치과위생사 피고인 乙이 공모하여, 환자의 충치에 대한 복합레진 충전 치료 과정에서 의료인 아닌 피고인 乙이 의료행위인 에칭과 본딩 시술을 함으로써 의료법을 위반하였다는 내용으로 기소된 사안에서, 제반 사정을 종합하면, 충치예방을 위해 시술되는 치면열구전색술(이른바 '실런트') 과정에서 이루어지는

제27조의2 삭제 <2015. 12. 22.>

제4절 의료인 단체

제28조(중앙회와 지부) ① 의사·치과의사·한의사·조산사 및 간호사는 대통령령으로 정하는 바에 따라 각각 전국적 조직을 두는 의사회·치과의사회·한의사회·조산사회 및 간호사회(이하 "중앙회"라 한다)를 각각 설립하여야 한다.
② 중앙회는 법인으로 한다.
③ 제1항에 따라 중앙회가 설립된 경우에는 의료인은 당연히 해당하는 중앙회의 회원이 되며, 중앙회의 정관을 지켜야 한다.
④ 중앙회에 관하여 이 법에 규정되지 아니한 사항에 대하여는 「민법」 중 사단법인에 관한 규정을 준용한다.
⑤ 중앙회는 대통령령으로 정하는 바에 따라 특별시·광역시·도와 특별자치도(이하 "시·도"라 한다)에 지부를 설치하여야 하며, 시·군·구(자치구만을 말한다. 이하 같다)에 분회를 설치할 수 있다. 다만, 그 외의 지부나 외국에 의사회 지부를 설치하려면 보건복지부장관의 승인을 받아야 한다. <개정 2008. 2. 29., 2010. 1. 18.>
⑥ 중앙회가 지부나 분회를 설치한 때에는 그 지부나 분회의 책임자는 지체 없이 특별시장·광역시장·도지사·특별자치도지사(이하 "시·도지사"라 한다) 또는 시장·군수·구청장에게 신고하여야 한다.
⑦ 각 중앙회는 제66조의2에 따른 자격정지 처분 요구에 관한 사항 등을 심의·의결하기 위하여 윤리위원회를 둔다. <신설 2011. 4. 28.>
⑧ 윤리위원회의 구성, 운영 등에 관한 사항은 대통령령으로 정한다. <신설 2011. 4. 28.>

제29조(설립 허가 등) ① 중앙회를 설립하려면 대표자는 대통령령으로 정하는 바에 따라 정관과 그 밖에 필요한 서류를 보건복지부장관에게 제출하여 설립 허가를 받아야 한다. <개정 2008. 2. 29., 2010. 1. 18.>
② 중앙회의 정관에 적을 사항은 대통령령으로 정한다.
③ 중앙회가 정관을 변경하려면 보건복지부장관의 허가를 받아야 한다. <개정 2008. 2. 29., 2010. 1. 18.>

제30조(협조 의무) ① 중앙회는 보건복지부장관으로부터 의료와 국민보건 향상에 관한 협조 요청을 받으면 협조하여야 한다. <개정 2008. 2. 29., 2010. 1. 18.>
② 중앙회는 보건복지부령으로 정하는 바에 따라 회원의 자질 향상을 위하여 필요한 보수(補修)교육을 실시하여야 한다. <개정 2008. 2. 29., 2010. 1. 18.>
③ 의료인은 제2항에 따른 보수교육을 받아야 한다.

제31조 삭제 <2011. 4. 7.>

제32조(감독) 보건복지부장관은 중앙회나 그 지부가 정관으로 정한 사업 외의 사업을 하거나 국민보건 향상에 장애가 되는 행위를 한 때 또는 제30조제1항에 따른 요청을 받고 협조하지 아니한 경우에는 정관을 변경하거나 임원을 새로 뽑을 것을 명할 수 있다. <개정 2008. 2. 29., 2010. 1. 18.>

제3장 의료기관
제1절 의료기관의 개설

제33조(개설 등) ① 의료인은 이 법에 따른 의료기관을 개설하지 아니하고는 의료업을 할 수 없으며, 다음 각 호의 어느 하나에 해당하는 경우 외에는 그 의료기관 내에서 의료업을 하여야 한다. <개정 2008. 2. 29., 2010. 1. 18.>
1. 「응급의료에 관한 법률」 제2조제1호에 따른 응급환자를 진료하는 경우
2. 환자나 환자 보호자의 요청에 따라 진료하는 경우
3. 국가나 지방자치단체의 장이 공익상 필요하다고 인정하여 요청하는 경우
4. 보건복지부령으로 정하는 바에 따라 가정간호를 하는 경우
5. 그 밖에 이 법 또는 다른 법령으로 특별히 정한 경우나 환자가 있는 현장에서 진료를 하여야 하는 부득이한 사유가 있는 경우

② 다음 각 호의 어느 하나에 해당하는 자가 아니면 의료기관을 개설할 수 없다. 이 경우 의사는 종합병원·병원·요양병원·정신병원 또는 의원을, 치과의사는 치과병원 또는 치과의원을, 한의사는 한방병원·요양병원 또는 한의원을, 조산사는 조산원만을 개설할 수 있다. <개정 2009. 1. 30., 2020. 3. 4.>
1. 의사, 치과의사, 한의사 또는 조산사
2. 국가나 지방자치단체
3. 의료업을 목적으로 설립된 법인(이하 "의료법인"이라 한다)
4. 「민법」이나 특별법에 따라 설립된 비영리법인
5. 「공공기관의 운영에 관한 법률」에 따른 준정부기관, 「지방의료원의 설립 및 운영에 관한 법률」에 따른 지방의료원, 「한국보훈복지의료공단법」에 따른 한국보훈복지의료공단

③ 제2항에 따라 의원·치과의원·한의원 또는 조산원을 개설하려는 자는 보건복지부령으로 정하는 바에 따라 시장·군수·구청장에게 신고하여야 한다. <개정 2008. 2. 29., 2010. 1. 18.>

④ 제2항에 따라 종합병원·병원·치과병원·한방병원·요양병원 또는 정신병원을 개설하려면 제33조의2에 따른 시·도 의료기관개설위원회의 심의를 거쳐 보건복지부령으로 정하는 바에 따라 시·도지사의 허가를 받아야 한다. 이 경우 시·도지사는 개설하려는 의료기관이 다음 각 호의 어느 하나에 해당하는 경우에는 개설허가를 할 수 없다. <개정 2008. 2. 29., 2010. 1. 18., 2019. 8. 27., 2020. 3. 4.>
1. 제36조에 따른 시설기준에 맞지 아니하는 경우
2. 제60조제1항에 따른 기본시책과 같은 조 제2항에 따른 수급 및 관리계획에 적합하지 아니한 경우

⑤ 제3항과 제4항에 따라 개설된 의료기관이 개설 장소를 이전하거나 개설에 관한 신고 또는 허가사항 중 보건복지부령으로 정하는 중요사항을 변경하려는 때에도 제3항 또는 제4항과 같다. <개정 2008. 2. 29., 2010. 1. 18.>
⑥ 조산원을 개설하는 자는 반드시 지도의사(指導醫師)를 정하여야 한다.
⑦ 다음 각 호의 어느 하나에 해당하는 경우에는 의료기관을 개설할 수 없다. <개정 2019. 8. 27.>
1. 약국 시설 안이나 구내인 경우
2. 약국의 시설이나 부지 일부를 분할·변경 또는 개수하여 의료기관을 개설하는 경우
3. 약국과 전용 복도·계단·승강기 또는 구름다리 등의 통로가 설치되어 있거나 이런 것들을 설치하여 의료기관을 개설하는 경우
4. 「건축법」 등 관계 법령에 따라 허가를 받지 아니하거나 신고를 하지 아니하고 건축 또는 증축·개축한 건축물에 의료기관을 개설하는 경우
⑧ 제2항제1호의 의료인은 어떠한 명목으로도 둘 이상의 의료기관을 개설·운영할 수 없다. 다만, 2 이상의 의료인 면허를 소지한 자가 의원급 의료기관을 개설하려는 경우에는 하나의 장소에 한하여 면허 종별에 따른 의료기관을 함께 개설할 수 있다. <신설 2009. 1. 30., 2012. 2. 1.>
⑨ 의료법인 및 제2항제4호에 따른 비영리법인(이하 이 조에서 "의료법인 등"이라 한다)이 의료기관을 개설하려면 그 법인의 정관에 개설하고자 하는 의료기관의 소재지를 기재하여 대통령령으로 정하는 바에 따라 정관의 변경허가를 얻어야 한다(의료법인등을 설립할 때에는 설립 허가를 말한다. 이하 이 항에서 같다). 이 경우 그 법인의 주무관청은 정관의 변경허가를 하기 전에 그 법인이 개설하고자 하는 의료기관이 소재하는 시·도지사 또는 시장·군수·구청장과 협의하여야 한다. <신설 2015. 12. 29.>
⑩ 의료기관을 개설·운영하는 의료법인등은 다른 자에게 그 법인의 명의를 빌려주어서는 아니 된다. <신설 2015. 12. 29.>
[제목개정 2012. 2. 1.]
[2007. 12. 27. 법률 제9386호에 의하여 2007. 12. 27. 헌법재판소에서 헌법불합치된 이 조 제2항을 개정함]

의료법위반

[대법원 2020. 11. 5., 선고, 2015도13830, 판결]

【판시사항】
의료인이 전화 등을 통해 원격지에 있는 환자에게 행하는 의료행위가 의료법 제33조 제1항에 위반되는 행위인지 여부(원칙적 적극) 및 이는 의료법 제33조 제1항 제2호에서 정한 '환자나 환자 보호자의 요청에 따라 진료하는 경우'에도 동일하게 적용되는지 여부(적극)

【판결요지】
의료법 제33조 제1항은 "의료인은 이 법에 따른 의료기관을 개설하지 아니하고는 의료업을 할 수 없으며, 다음 각호의 어느 하나에 해당하는 경우 외에는 그 의료기관 내에서 의료업을 하여야 한다."라고 규정하고 있다.
의료법이 의료인에 대하여 의료기관 내에서 의료업을 영위하도록 한 것은 그렇지 않을 경우 의료의 질 저하와 적정 진료를 받을 환자의 권리 침해 등으로 인해 의료질서가 문란하게 되고 국민의 보건위생에 심각한 위험을 초래하게 되는 것을 사전에 방지하고자 하는 보건의료정책상의 필요성에 의한 것이다.

아울러 의료법 제34조 제1항은 "의료인은 제33조 제1항에도 불구하고 컴퓨터·화상통신 등 정보통신기술을 활용하여 먼 곳에 있는 의료인에게 의료지식이나 기술을 지원하는 원격의료를 할 수 있다."라고 규정하여 의료인이 원격지에서 행하는 의료행위를 의료법 제33조 제1항의 예외로 보는 한편, 이를 의료인 대 의료인의 행위로 제한적으로만 허용하고 있다.

또한 현재의 의료기술 수준 등을 고려할 때 의료인이 전화 등을 통해 원격지에 있는 환자에게 의료행위를 행할 경우, 환자에 근접하여 환자의 상태를 관찰해가며 행하는 일반적인 의료행위와 동일한 수준의 의료서비스를 기대하기 어려울 뿐만 아니라 환자에 대한 정보 부족 및 의료기관에 설치된 시설 내지 장비의 활용 제약 등으로 말미암아 부적정한 의료행위가 이루어질 가능성이 높고, 그 결과 국민의 보건위생에 심각한 위험을 초래할 수 있다. 이러한 의료행위는 의료법 제33조 제1항의 목적에 반하고 이는 의료법이 원격의료를 제한적으로만 허용하는 까닭이기도 하다.

이와 같은 사정 등을 종합하면, 의료인이 전화 등을 통해 원격지에 있는 환자에게 행하는 의료행위는 특별한 사정이 없는 한 의료법 제33조 제1항에 위반되는 행위로 봄이 타당하다. 이는 의료법 제33조 제1항 제2호에서 정한 '환자나 환자 보호자의 요청에 따라 진료하는 경우'에도 동일하게 적용된다.

제33조의2(의료기관개설위원회 설치 등) ① 제33조제4항에 따른 의료기관 개설 허가에 관한 사항을 심의하기 위하여 시·도지사 소속으로 의료기관개설위원회를 둔다.

② 제1항의 의료기관개설위원회의 위원은 제28조에 따른 의사회·치과의사회·한의사회·조산사회 및 간호사회의 의료인으로서 경험이 풍부한 사람과 제52조에 따른 의료기관단체의 회원으로서 해당 지역 내 의료기관의 개설·운영 등에 관한 경험이 풍부한 사람으로 한다.

③ 의료기관개설위원회의 구성과 운영에 필요한 사항과 그 밖에 필요한 사항은 보건복지부령으로 정한다.

[본조신설 2020. 3. 4.]

제33조의3(실태조사) ① 보건복지부장관은 제33조제2항을 위반하여 의료기관을 개설할 수 없는 자가 개설·운영하는 의료기관의 실태를 파악하기 위하여 보건복지부령으로 정하는 바에 따라 조사(이하 이 조에서 "실태조사"라 한다)를 실시하고, 위법이 확정된 경우 그 결과를 공표하여야 한다. 이 경우 수사기관의 수사로 제33조제2항을 위반한 의료기관의 위법이 확정된 경우도 공표 대상에 포함한다.

② 보건복지부장관은 실태조사를 위하여 관계 중앙행정기관의 장, 지방자치단체의 장, 관련 기관·법인 또는 단체 등에 협조를 요청할 수 있다. 이 경우 요청을 받은 자는 특별한 사정이 없으면 이에 협조하여야 한다.

③ 실태조사의 시기·방법 및 결과 공표의 방법 등에 관하여 필요한 사항은 보건복지부령으로 정한다.

[본조신설 2020. 12. 29.]
[시행일 : 2021. 6. 30.] 제33조의3

제34조(원격의료) ① 의료인(의료업에 종사하는 의사·치과의사·한의사만 해당한다)은 제33조제1항에도 불구하고 컴퓨터·화상통신 등 정보통신기술을 활용하여 먼 곳에 있는 의료인에게 의료지식이나 기술을 지원하는 원격

의료(이하 “원격의료”라 한다)를 할 수 있다.
② 원격의료를 행하거나 받으려는 자는 보건복지부령으로 정하는 시설과 장비를 갖추어야 한다. <개정 2008. 2. 29., 2010. 1. 18.>
③ 원격의료를 하는 자(이하 “원격지의사”라 한다)는 환자를 직접 대면하여 진료하는 경우와 같은 책임을 진다.
④ 원격지의사의 원격의료에 따라 의료행위를 한 의료인이 의사·치과의사 또는 한의사(이하 “현지의사”라 한다)인 경우에는 그 의료행위에 대하여 원격지의사의 과실을 인정할 만한 명백한 근거가 없으면 환자에 대한 책임은 제3항에도 불구하고 현지의사에게 있는 것으로 본다.

제35조(의료기관 개설 특례) ① 제33조제1항·제2항 및 제8항에 따른 자 외의 자가 그 소속 직원, 종업원, 그 밖의 구성원(수용자를 포함한다) 이나 그 가족의 건강관리를 위하여 부속 의료기관을 개설하려면 그 개설 장소를 관할하는 시장·군수·구청장에게 신고하여야 한다. 다만, 부속 의료기관으로 병원급 의료기관을 개설하려면 그 개설 장소를 관할하는 시·도지사의 허가를 받아야 한다. <개정 2009. 1. 30.>
② 제1항에 따른 개설 신고 및 허가에 관한 절차·조건, 그 밖에 필요한 사항과 그 의료기관의 운영에 필요한 사항은 보건복지부령으로 정한다. <개정 2008. 2. 29., 2010. 1. 18.>

제36조(준수사항) 제33조제2항 및 제8항에 따라 의료기관을 개설하는 자는 보건복지부령으로 정하는 바에 따라 다음 각 호의 사항을 지켜야 한다. <개정 2008. 2. 29., 2009. 1. 30., 2010. 1. 18., 2016. 5. 29., 2019. 4. 23., 2019. 8. 27., 2020. 3. 4.>
1. 의료기관의 종류에 따른 시설기준 및 규격에 관한 사항
2. 의료기관의 안전관리시설 기준에 관한 사항
3. 의료기관 및 요양병원의 운영 기준에 관한 사항
4. 고가의료장비의 설치·운영 기준에 관한 사항
5. 의료기관의 종류에 따른 의료인 등의 정원 기준에 관한 사항
6. 급식관리 기준에 관한 사항
7. 의료기관의 위생 관리에 관한 사항
8. 의료기관의 의약품 및 일회용 의료기기의 사용에 관한 사항
9. 의료기관의 「감염병의 예방 및 관리에 관한 법률」 제41조제4항에 따른 감염병환자등의 진료 기준에 관한 사항
10. 의료기관 내 수술실, 분만실, 중환자실 등 감염관리가 필요한 시설의 출입 기준에 관한 사항
11. 의료인 및 환자 안전을 위한 보안장비 설치 및 보안인력 배치 등에 관한 사항
12. 의료기관의 신체보호대 사용에 관한 사항
13. 의료기관의 의료관련감염 예방에 관한 사항

제36조의2(공중보건의사 등의 고용금지) ① 의료기관 개설자는 「농어촌 등 보건의료를 위한 특별조치법」 제5조의2에 따른 배치기관 및 배치시설이나 같은 법 제6조의2에 따른 파견근무기관 및 시설이 아니면 같은 법 제2조

제1호의 공중보건의사에게 의료행위를 하게 하거나, 제41조제1항에 따른 당직의료인으로 두어서는 아니 된다. <개정 2016. 12. 20., 2018. 3. 27.>
② 의료기관 개설자는 「병역법」 제34조의2제2항에 따라 군병원 또는 병무청장이 지정하는 병원에서 직무와 관련된 수련을 실시하는 경우가 아니면 같은 법 제2조제14호의 병역판정검사전담의사에게 의료행위를 하게 하거나 제41조제1항에 따른 당직의료인으로 두어서는 아니 된다. <신설 2018. 3. 27.>
[본조신설 2015. 12. 29.]
[제목개정 2018. 3. 27.]

제37조(진단용 방사선 발생장치) ① 진단용 방사선 발생장치를 설치·운영하려는 의료기관은 보건복지부령으로 정하는 바에 따라 시장·군수·구청장에게 신고하여야 하며, 보건복지부령으로 정하는 안전관리기준에 맞도록 설치·운영하여야 한다. <개정 2008. 2. 29., 2010. 1. 18.>
② 의료기관 개설자나 관리자는 진단용 방사선 발생장치를 설치한 경우에는 보건복지부령으로 정하는 바에 따라 안전관리책임자를 선임하고, 정기적으로 검사와 측정을 받아야 하며, 방사선 관계 종사자에 대한 피폭관리(被曝管理)를 하여야 한다. <개정 2008. 2. 29., 2010. 1. 18.>
③ 제2항에 따라 안전관리책임자로 선임된 사람은 선임된 날부터 1년 이내에 질병관리청장이 지정하는 방사선 분야 관련 단체(이하 이 조에서 "안전관리책임자 교육기관"이라 한다)가 실시하는 안전관리책임자 교육을 받아야 하며, 주기적으로 보수교육을 받아야 한다. <신설 2020. 12. 29.>
④ 제1항과 제2항에 따른 진단용 방사선 발생장치의 범위·신고·검사·설치 및 측정기준 등에 필요한 사항은 보건복지부령으로 정하고, 제3항에 따른 안전관리책임자 교육 및 안전관리책임자 교육기관의 지정에 필요한 사항은 질병관리청장이 정하여 고시한다. <개정 2008. 2. 29., 2010. 1. 18., 2020. 12. 29.>
[시행일 : 2021. 6. 30.] 제37조

제38조(특수의료장비의 설치·운영) ① 의료기관은 보건의료 시책상 적정한 설치와 활용이 필요하여 보건복지부장관이 정하여 고시하는 의료장비(이하 "특수의료장비"라 한다)를 설치·운영하려면 보건복지부령으로 정하는 바에 따라 시장·군수·구청장에게 등록하여야 하며, 보건복지부령으로 정하는 설치인정기준에 맞게 설치·운영하여야 한다. <개정 2008. 2. 29., 2010. 1. 18., 2012. 2. 1.>
② 의료기관의 개설자나 관리자는 제1항에 따라 특수의료장비를 설치하면 보건복지부령으로 정하는 바에 따라 보건복지부장관에게 정기적인 품질관리검사를 받아야 한다. <개정 2008. 2. 29., 2010. 1. 18.>
③ 의료기관의 개설자나 관리자는 제2항에 따른 품질관리검사에서 부적합하다고 판정받은 특수의료장비를 사용하여서는 아니 된다.
④ 보건복지부장관은 제2항에 따른 품질관리검사업무의 전부 또는 일부를 보건복지부령으로 정하는 바에 따라 관계 전문기관에 위탁할 수 있다. <개정 2008. 2. 29., 2010. 1. 18.>

제39조(시설 등의 공동이용) ① 의료인은 다른 의료기관의 장의 동의를 받아 그 의료기관의 시설·장비 및 인력 등을 이용하여 진료할 수 있다.

② 의료기관의 장은 그 의료기관의 환자를 진료하는 데에 필요하면 해당 의료기관에 소속되지 아니한 의료인에게 진료하도록 할 수 있다.

③ 의료인이 다른 의료기관의 시설·장비 및 인력 등을 이용하여 진료하는 과정에서 발생한 의료사고에 대하여는 진료를 한 의료인의 과실 때문이면 그 의료인에게, 의료기관의 시설·장비 및 인력 등의 결함 때문이면 그것을 제공한 의료기관 개설자에게 각각 책임이 있는 것으로 본다.

제40조(폐업·휴업의 신고) ① 의료기관 개설자는 의료업을 폐업하거나 1개월 이상 휴업(입원환자가 있는 경우에는 1개월 미만의 휴업도 포함한다. 이하 이 조에서 이와 같다)하려면 보건복지부령으로 정하는 바에 따라 관할 시장·군수·구청장에게 신고하여야 한다. <개정 2008. 2. 29., 2010. 1. 18., 2016. 12. 20.>

② 삭제 <2020. 3. 4.>

③ 시장·군수·구청장은 제1항에 따른 신고에도 불구하고 「감염병의 예방 및 관리에 관한 법률」 제18조 및 제29조에 따라 질병관리청장, 시·도지사 또는 시장·군수·구청장이 감염병의 역학조사 및 예방접종에 관한 역학조사를 실시하거나 같은 법 제18조의2에 따라 의료인 또는 의료기관의 장이 질병관리청장 또는 시·도지사에게 역학조사 실시를 요청한 경우로서 그 역학조사를 위하여 필요하다고 판단하는 때에는 의료기관 폐업 신고를 수리하지 아니할 수 있다. <신설 2016. 5. 29., 2020. 8. 11.>

④ 의료기관 개설자는 의료업을 폐업 또는 휴업하는 경우 보건복지부령으로 정하는 바에 따라 해당 의료기관에 입원 중인 환자를 다른 의료기관으로 옮길 수 있도록 하는 등 환자의 권익을 보호하기 위한 조치를 하여야 한다. <신설 2016. 12. 20.>

⑤ 시장·군수·구청장은 제1항에 따른 폐업 또는 휴업 신고를 받은 경우 의료기관 개설자가 제4항에 따른 환자의 권익을 보호하기 위한 조치를 취하였는지 여부를 확인하는 등 대통령령으로 정하는 조치를 하여야 한다. <신설 2016. 12. 20.>

[제목개정 2020. 3. 4.]

[시행일 : 2023. 3. 5.] 제40조

제40조의2(진료기록부등의 이관) ① 의료기관 개설자는 제40조제1항에 따라 폐업 또는 휴업 신고를 할 때 제22조나 제23조에 따라 기록·보존하고 있는 진료기록부등의 수량 및 목록을 확인하고 진료기록부등을 관할 보건소장에게 넘겨야 한다. 다만, 의료기관 개설자가 보건복지부령으로 정하는 바에 따라 진료기록부등의 보관계획서를 제출하여 관할 보건소장의 허가를 받은 경우에는 직접 보관할 수 있다.

② 제1항에 따라 관할 보건소장의 허가를 받아 진료기록부등을 직접 보관하는 의료기관 개설자는 보관계획서에 기재된 사항 중 보건복지부령으로 정하는 사항이 변경된 경우 관할 보건소장에게 이를 신고하여야 하며, 직접 보관 중 질병, 국외 이주 등 보건복지부령으로 정하는 사유로 보존 및 관리가 어려운 경우 이를 대행할 책임자를 지정하여 보관하게 하거나 진료기록부등을 관할 보건소장에게 넘겨야 한다.

③ 제1항에 따라 관할 보건소장의 허가를 받아 진료기록부등을 직접 보관하

는 의료기관 개설자는 보관 기간, 방법 등 보건복지부령으로 정하는 사항을 준수하여야 한다.

④ 제1항에 따라 관할 보건소장의 허가를 받아 진료기록부등을 직접 보관하는 의료기관 개설자(제2항에 따라 지정된 책임자를 포함한다)의 기록 열람 및 보존에 관하여는 제21조 및 제22조제2항을 준용한다.

⑤ 그 밖에 진료기록부등의 이관 방법, 절차 등에 필요한 사항은 보건복지부령으로 정한다.

[본조신설 2020. 3. 4.]

[시행일 : 2023. 3. 5.] 제40조의2

제40조의3(진료기록보관시스템의 구축·운영) ① 보건복지부장관은 제40조의2에 따라 폐업 또는 휴업한 의료기관의 진료기록부등을 보관하는 관할 보건소장 및 의료기관 개설자가 안전하고 효과적으로 진료기록부등을 보존·관리할 수 있도록 지원하기 위한 시스템(이하 "진료기록보관시스템"이라 한다)을 구축·운영할 수 있다.

② 제40조의2에 따라 폐업 또는 휴업한 의료기관의 진료기록부등을 보관하는 관할 보건소장 및 의료기관 개설자는 진료기록보관시스템에 진료기록부등을 보관할 수 있다.

③ 제2항에 따라 진료기록부등을 진료기록보관시스템에 보관한 관할 보건소장 및 의료기관 개설자(해당 보건소 및 의료기관 소속 의료인 및 그 종사자를 포함한다)는 직접 보관한 진료기록부등 외에는 진료기록보관시스템에 보관된 정보를 열람하는 등 그 내용을 확인하여서는 아니 된다.

④ 보건복지부장관은 제1항에 따른 진료기록보관시스템의 구축·운영 업무를 관계 전문기관 또는 단체에 위탁할 수 있다. 이 경우 보건복지부장관은 진료기록보관시스템의 구축·운영 업무에 소요되는 비용의 전부 또는 일부를 지원할 수 있다.

⑤ 제4항 전단에 따라 진료기록보관시스템의 구축·운영 업무를 위탁받은 전문기관 또는 단체는 보건복지부령으로 정하는 바에 따라 진료기록부등을 안전하게 관리·보존하는 데에 필요한 시설과 장비를 갖추어야 한다.

⑥ 보건복지부장관은 진료기록보관시스템의 효율적 운영을 위하여 원본에 기재된 정보가 변경되지 않는 범위에서 진료기록부등의 형태를 변경하여 보존·관리할 수 있으며, 변경된 형태로 진료기록부등의 사본을 발급할 수 있다.

⑦ 누구든지 정당한 접근 권한 없이 또는 허용된 접근 권한을 넘어 진료기록보관시스템에 보관된 정보를 훼손·멸실·변경·위조·유출하거나 검색·복제하여서는 아니 된다.

⑧ 진료기록보관시스템의 구축 범위 및 운영 절차 등에 필요한 사항은 보건복지부령으로 정한다.

[본조신설 2020. 3. 4.]

[시행일 : 2023. 3. 5.] 제40조의3

제41조(당직의료인) ① 각종 병원에는 응급환자와 입원환자의 진료 등에 필요한 당직의료인을 두어야 한다. <개정 2016. 12. 20.>

② 제1항에 따른 당직의료인의 수와 배치 기준은 병원의 종류, 입원환자의 수 등을 고려하여 보건복지부령으로 정한다. <신설 2016. 12. 20.>

제42조(의료기관의 명칭) ①의료기관은 제3조제2항에 따른 의료기관의 종류에 따르는 명칭 외의 명칭을 사용하지 못한다. 다만, 다음 각 호의 어느 하나에 해당하는 경우에는 그러하지 아니하다. <개정 2008. 2. 29., 2009. 1. 30., 2010. 1. 18., 2020. 3. 4.>
1. 종합병원 또는 정신병원이 그 명칭을 병원으로 표시하는 경우
2. 제3조의4제1항에 따라 상급종합병원으로 지정받거나 제3조의5제1항에 따라 전문병원으로 지정받은 의료기관이 지정받은 기간 동안 그 명칭을 사용하는 경우
3. 제33조제8항 단서에 따라 개설한 의원급 의료기관이 면허 종별에 따른 종별명칭을 함께 사용하는 경우
4. 국가나 지방자치단체에서 개설하는 의료기관이 보건복지부장관이나 시·도지사와 협의하여 정한 명칭을 사용하는 경우
5. 다른 법령으로 따로 정한 명칭을 사용하는 경우
② 의료기관의 명칭 표시에 관한 사항은 보건복지부령으로 정한다. <개정 2008. 2. 29., 2010. 1. 18.>
③ 의료기관이 아니면 의료기관의 명칭이나 이와 비슷한 명칭을 사용하지 못한다.

제43조(진료과목 등) ① 병원·치과병원 또는 종합병원은 한의사를 두어 한의과 진료과목을 추가로 설치·운영할 수 있다.
② 한방병원 또는 치과병원은 의사를 두어 의과 진료과목을 추가로 설치·운영할 수 있다.
③ 병원·한방병원·요양병원 또는 정신병원은 치과의사를 두어 치과 진료과목을 추가로 설치·운영할 수 있다. <개정 2020. 3. 4.>
④ 제1항부터 제3항까지의 규정에 따라 추가로 진료과목을 설치·운영하는 경우에는 보건복지부령으로 정하는 바에 따라 진료에 필요한 시설·장비를 갖추어야 한다. <개정 2010. 1. 18.>
⑤ 제1항부터 제3항까지의 규정에 따라 추가로 설치한 진료과목을 포함한 의료기관의 진료과목은 보건복지부령으로 정하는 바에 따라 표시하여야 한다. 다만, 치과의 진료과목은 종합병원과 제77조제2항에 따라 보건복지부령으로 정하는 치과병원에 한하여 표시할 수 있다. <개정 2010. 1. 18.>
[전문개정 2009. 1. 30.]
[법률 제9386호(2009. 1. 30.) 부칙 제2조의 규정에 의하여 이 조 제5항 단서의 개정규정 중 치과의사에 대한 부분은 2013년 12월 31일까지 유효함]

제44조 삭제 <2009. 1. 30.>

제45조(비급여 진료비용 등의 고지) ① 의료기관 개설자는 「국민건강보험법」 제41조제4항에 따라 요양급여의 대상에서 제외되는 사항 또는 「의료급여법」 제7조제3항에 따라 의료급여의 대상에서 제외되는 사항의 비용(이하 "비급여 진료비용"이라 한다)을 환자 또는 환자의 보호자가 쉽게 알 수 있도록 보건복지부령으로 정하는 바에 따라 고지하여야 한다. <개정 2010. 1. 18., 2011. 12. 31., 2016. 3. 22.>
② 의료기관 개설자는 보건복지부령으로 정하는 바에 따라 의료기관이 환자로부터 징수하는 제증명수수료의 비용을 게시하여야 한다. <개정 2010. 1. 18.>

③ 의료기관 개설자는 제1항 및 제2항에서 고지·게시한 금액을 초과하여 징수할 수 없다.
[전문개정 2009. 1. 30.]

제45조의2(비급여 진료비용 등의 보고 및 현황조사 등) ① 의료기관의 장은 보건복지부령으로 정하는 바에 따라 비급여 진료비용 및 제45조제2항에 따른 제증명수수료(이하 이 조에서 "비급여진료비용등"이라 한다)의 항목, 기준, 금액 및 진료내역 등에 관한 사항을 보건복지부장관에게 보고하여야 한다. <신설 2020. 12. 29.>
② 보건복지부장관은 제1항에 따라 보고받은 내용을 바탕으로 모든 의료기관에 대한 비급여진료비용등의 항목, 기준, 금액 및 진료내역 등에 관한 현황을 조사·분석하여 그 결과를 공개할 수 있다. 다만, 병원급 의료기관에 대하여는 그 결과를 공개하여야 한다. <개정 2016. 12. 20., 2020. 12. 29.>
③ 보건복지부장관은 제2항에 따른 비급여진료비용등의 현황에 대한 조사·분석을 위하여 필요하다고 인정하는 경우에는 의료기관의 장에게 관련 자료의 제출을 명할 수 있다. 이 경우 해당 의료기관의 장은 특별한 사유가 없으면 그 명령에 따라야 한다. <신설 2016. 12. 20., 2020. 12. 29.>
④ 제2항에 따른 현황조사·분석 및 결과 공개의 범위·방법·절차 등에 필요한 사항은 보건복지부령으로 정한다. <개정 2016. 12. 20., 2020. 12. 29.>
[본조신설 2015. 12. 29.]
[제목개정 2020. 12. 29.]
[시행일 : 2021. 6. 30.] 제45조의2

제45조의3(제증명수수료의 기준 고시) 보건복지부장관은 제45조의2제2항에 따른 현황조사·분석의 결과를 고려하여 제증명수수료의 항목 및 금액에 관한 기준을 정하여 고시하여야 한다. <개정 2020. 12. 29.>
[본조신설 2016. 12. 20.]
[시행일 : 2021. 6. 30.] 제45조의3

제46조(환자의 진료의사 선택 등) ① 환자나 환자의 보호자는 종합병원·병원·치과병원·한방병원·요양병원 또는 정신병원의 특정한 의사·치과의사 또는 한의사를 선택하여 진료를 요청할 수 있다. 이 경우 의료기관의 장은 특별한 사유가 없으면 환자나 환자의 보호자가 요청한 의사·치과의사 또는 한의사가 진료하도록 하여야 한다. <개정 2008. 2. 29., 2010. 1. 18., 2018. 3. 27., 2020. 3. 4.>
② 제1항에 따라 진료의사를 선택하여 진료를 받는 환자나 환자의 보호자는 진료의사의 변경을 요청할 수 있다. 이 경우 의료기관의 장은 정당한 사유가 없으면 이에 응하여야 한다. <개정 2018. 3. 27.>
③ 의료기관의 장은 환자 또는 환자의 보호자에게 진료의사 선택을 위한 정보를 제공하여야 한다. <개정 2008. 2. 29., 2010. 1. 18., 2018. 3. 27.>
④ 의료기관의 장은 제1항에 따라 진료하게 한 경우에도 환자나 환자의 보호자로부터 추가비용을 받을 수 없다. <개정 2018. 3. 27.>
⑤ 삭제 <2018. 3. 27.>
⑥ 삭제 <2018. 3. 27.>

제47조(의료관련감염 예방) ① 보건복지부령으로 정하는 일정 규모 이상의 병원급 의료기관의 장은 의료관련감염 예방을 위하여 감염관리위원회와 감

염관리실을 설치·운영하고 보건복지부령으로 정하는 바에 따라 감염관리 업무를 수행하는 전담 인력을 두는 등 필요한 조치를 하여야 한다. <개정 2008. 2. 29., 2010. 1. 18., 2011. 8. 4., 2020. 3. 4.>
② 의료기관의 장은 「감염병의 예방 및 관리에 관한 법률」 제2조제1호에 따른 감염병의 예방을 위하여 해당 의료기관에 소속된 의료인, 의료기관 종사자 및 「보건의료인력지원법」 제2조제3호의 보건의료인력을 양성하는 학교 및 기관의 학생으로서 해당 의료기관에서 실습하는 자에게 보건복지부령으로 정하는 바에 따라 정기적으로 교육을 실시하여야 한다. <신설 2019. 4. 23., 2020. 12. 29.>
③ 의료기관의 장은 「감염병의 예방 및 관리에 관한 법률」 제2조제1호에 따른 감염병이 유행하는 경우 환자, 환자의 보호자, 의료인, 의료기관 종사자 및 「경비업법」 제2조제3호에 따른 경비원 등 해당 의료기관 내에서 업무를 수행하는 사람에게 감염병의 확산 방지를 위하여 필요한 정보를 제공하여야 한다. <신설 2015. 12. 29., 2019. 4. 23.>
④ 질병관리청장은 의료관련감염의 발생·원인 등에 대한 의과학적인 감시를 위하여 의료관련감염 감시 시스템을 구축·운영할 수 있다. <신설 2020. 3. 4., 2020. 8. 11.>
⑤ 의료기관은 제4항에 따른 시스템을 통하여 매월 의료관련감염 발생 사실을 등록할 수 있다. <신설 2020. 3. 4.>
⑥ 질병관리청장은 제4항에 따른 시스템의 구축·운영 업무를 대통령령으로 정하는 바에 따라 관계 전문기관에 위탁할 수 있다. <신설 2020. 3. 4., 2020. 8. 11.>
⑦ 질병관리청장은 제6항에 따라 업무를 위탁한 전문기관에 대하여 그 업무에 관한 보고 또는 자료의 제출을 명할 수 있다. <신설 2020. 3. 4., 2020. 8. 11.>
⑧ 의료관련감염이 발생한 사실을 알게 된 의료기관의 장, 의료인, 의료기관 종사자 또는 환자 등은 보건복지부령으로 정하는 바에 따라 질병관리청장에게 그 사실을 보고(이하 이 조에서 "자율보고"라 한다)할 수 있다. 이 경우 질병관리청장은 자율보고한 사람의 의사에 반하여 그 신분을 공개하여서는 아니 된다. <신설 2020. 3. 4., 2020. 8. 11.>
⑨ 자율보고한 사람이 해당 의료관련감염과 관련하여 관계 법령을 위반한 사실이 있는 경우에는 그에 따른 행정처분을 감경하거나 면제할 수 있다. <신설 2020. 3. 4.>
⑩ 자율보고가 된 의료관련감염에 관한 정보는 보건복지부령으로 정하는 검증을 한 후에는 개인식별이 가능한 부분을 삭제하여야 한다. <신설 2020. 3. 4.>
⑪ 자율보고의 접수 및 분석 등의 업무에 종사하거나 종사하였던 사람은 직무상 알게 된 비밀을 다른 사람에게 누설하거나 직무 외의 목적으로 사용하여서는 아니 된다. <신설 2020. 3. 4.>
⑫ 의료기관의 장은 해당 의료기관에 속한 자율보고를 한 보고자에게 그 보고를 이유로 해고 또는 전보나 그 밖에 신분 또는 처우와 관련하여 불리한 조치를 할 수 없다. <신설 2020. 3. 4.>
⑬ 질병관리청장은 제4항 또는 제8항에 따라 수집한 의료관련감염 관련 정보를 감염 예방·관리에 필요한 조치, 계획 수립, 조사·연구, 교육 등에 활용할 수 있다. <신설 2020. 3. 4., 2020. 8. 11.>
⑭ 제1항에 따른 감염관리위원회의 구성과 운영, 감염관리실 운영, 제2항에

따른 교육, 제3항에 따른 정보 제공, 제5항에 따라 등록하는 의료관련감염의 종류와 그 등록의 절차·방법 등에 필요한 사항은 보건복지부령으로 정한다. <개정 2020. 3. 4.>
[제목개정 2020. 3. 4.]
[시행일 : 2021. 12. 30.] 제47조제2항

제47조의2(입원환자의 전원) 의료기관의 장은 천재지변, 감염병 의심 상황, 집단 사망사고의 발생 등 입원환자를 긴급히 전원(轉院)시키지 않으면 입원환자의 생명·건강에 중대한 위험이 발생할 수 있음에도 환자나 보호자의 동의를 받을 수 없는 등 보건복지부령으로 정하는 불가피한 사유가 있는 경우에는 보건복지부령으로 정하는 바에 따라 시장·군수·구청장의 승인을 받아 입원환자를 다른 의료기관으로 전원시킬 수 있다.
[본조신설 2019. 1. 15.]

제2절 의료법인

제48조(설립 허가 등) ① 제33조제2항에 따른 의료법인을 설립하려는 자는 대통령령으로 정하는 바에 따라 정관과 그 밖의 서류를 갖추어 그 법인의 주된 사무소의 소재지를 관할하는 시·도지사의 허가를 받아야 한다.
② 의료법인은 그 법인이 개설하는 의료기관에 필요한 시설이나 시설을 갖추는 데에 필요한 자금을 보유하여야 한다.
③ 의료법인이 재산을 처분하거나 정관을 변경하려면 시·도지사의 허가를 받아야 한다.
④ 이 법에 따른 의료법인이 아니면 의료법인이나 이와 비슷한 명칭을 사용할 수 없다.

제48조의2(임원) ① 의료법인에는 5명 이상 15명 이하의 이사와 2명의 감사를 두되, 보건복지부장관의 승인을 받아 그 수를 증감할 수 있다.
② 이사와 감사의 임기는 정관으로 정하되, 이사는 4년, 감사는 2년을 초과할 수 없다. 다만, 이사와 감사는 각각 연임할 수 있다.
③ 이사회의 구성에 있어서 각 이사 상호 간에 「민법」 제777조에 규정된 친족관계에 있는 사람이 그 정수의 4분의 1을 초과해서는 아니 된다.
④ 다음 각 호의 어느 하나에 해당하는 사람은 의료법인의 임원이 될 수 없다.
1. 미성년자
2. 피성년후견인 또는 피한정후견인
3. 파산선고를 받은 사람으로서 복권되지 아니한 사람
4. 금고 이상의 형을 받고 집행이 종료되거나 집행을 받지 아니하기로 확정된 후 3년이 지나지 아니한 사람
⑤ 감사는 이사와 제3항에 따른 특별한 관계에 있는 사람이 아니어야 한다.
[본조신설 2019. 8. 27.]

제49조(부대사업) ① 의료법인은 그 법인이 개설하는 의료기관에서 의료업무 외에 다음의 부대사업을 할 수 있다. 이 경우 부대사업으로 얻은 수익에 관

한 회계는 의료법인의 다른 회계와 구분하여 계산하여야 한다. <개정 2008. 2. 29., 2010. 1. 18., 2015. 1. 28.>
1. 의료인과 의료관계자 양성이나 보수교육
2. 의료나 의학에 관한 조사 연구
3. 「노인복지법」 제31조제2호에 따른 노인의료복지시설의 설치·운영
4. 「장사 등에 관한 법률」 제29조제1항에 따른 장례식장의 설치·운영
5. 「주차장법」 제19조제1항에 따른 부설주차장의 설치·운영
6. 의료업 수행에 수반되는 의료정보시스템 개발·운영사업 중 대통령령으로 정하는 사업
7. 그 밖에 휴게음식점영업, 일반음식점영업, 이용업, 미용업 등 환자 또는 의료법인이 개설한 의료기관 종사자 등의 편의를 위하여 보건복지부령으로 정하는 사업
② 제1항제4호·제5호 및 제7호의 부대사업을 하려는 의료법인은 타인에게 임대 또는 위탁하여 운영할 수 있다.
③ 제1항 및 제2항에 따라 부대사업을 하려는 의료법인은 보건복지부령으로 정하는 바에 따라 미리 의료기관의 소재지를 관할하는 시·도지사에게 신고하여야 한다. 신고사항을 변경하려는 경우에도 또한 같다. <개정 2008. 2. 29., 2010. 1. 18.>

제50조(「민법」의 준용) 의료법인에 대하여 이 법에 규정된 것 외에는 「민법」 중 재단법인에 관한 규정을 준용한다.

제51조(설립 허가 취소) 보건복지부장관 또는 시·도지사는 의료법인이 다음 각 호의 어느 하나에 해당하면 그 설립 허가를 취소할 수 있다. <개정 2008. 2. 29., 2010. 1. 18.>
1. 정관으로 정하지 아니한 사업을 한 때
2. 설립된 날부터 2년 안에 의료기관을 개설하지 아니한 때
3. 의료법인이 개설한 의료기관이 제64조에 따라 개설허가를 취소당한 때
4. 보건복지부장관 또는 시·도지사가 감독을 위하여 내린 명령을 위반한 때
5. 제49조제1항에 따른 부대사업 외의 사업을 한 때

제51조의2(임원 선임 관련 금품 등 수수의 금지) 누구든지 의료법인의 임원 선임과 관련하여 금품, 향응 또는 그 밖의 재산상 이익을 주고받거나 주고받을 것을 약속해서는 아니 된다.
[본조신설 2019. 8. 27.]

제3절 의료기관 단체

제52조(의료기관단체 설립) ① 병원급 의료기관의 장은 의료기관의 건전한 발전과 국민보건 향상에 기여하기 위하여 전국 조직을 두는 단체를 설립할 수 있다. <개정 2009. 1. 30.>
② 제1항에 따른 단체는 법인으로 한다.

제52조의2(대한민국의학한림원) ① 의료인에 관련되는 의학 및 관계 전문 분야(이하 이 조에서 "의학등"이라 한다)의 연구·진흥기반을 조성하고 우수한 보건의료인을 발굴·활용하기 위하여 대한민국의학한림원(이하 이 조에서 "한림원"이라 한다)을 둔다.
② 한림원은 법인으로 한다.
③ 한림원은 다음 각 호의 사업을 한다.
1. 의학등의 연구진흥에 필요한 조사·연구 및 정책자문
2. 의학등의 분야별 중장기 연구 기획 및 건의
3. 의학등의 국내외 교류협력사업
4. 의학등 및 국민건강과 관련된 사회문제에 관한 정책자문 및 홍보
5. 보건의료인의 명예를 기리고 보전(保全)하는 사업
6. 보건복지부장관이 의학등의 발전을 위하여 지정 또는 위탁하는 사업
④ 보건복지부장관은 한림원의 사업수행에 필요한 경비의 전부 또는 일부를 예산의 범위에서 지원할 수 있다.
⑤ 한림원에 대하여 이 법에서 정하지 아니한 사항에 관하여는 「민법」 중 사단법인에 관한 규정을 준용한다.
⑥ 한림원이 아닌 자는 대한민국의학한림원 또는 이와 유사한 명칭을 사용하지 못한다.
⑦ 한림원의 운영 및 업무수행에 필요한 사항은 대통령령으로 정한다.
[본조신설 2015. 12. 29.]

제4장 신의료기술평가

제53조(신의료기술의 평가) ① 보건복지부장관은 국민건강을 보호하고 의료기술의 발전을 촉진하기 위하여 대통령령으로 정하는 바에 따라 제54조에 따른 신의료기술평가위원회의 심의를 거쳐 신의료기술의 안전성·유효성 등에 관한 평가(이하 "신의료기술평가"라 한다)를 하여야 한다. <개정 2008. 2. 29., 2010. 1. 18.>
② 제1항에 따른 신의료기술은 새로 개발된 의료기술로서 보건복지부장관이 안전성·유효성을 평가할 필요성이 있다고 인정하는 것을 말한다. <개정 2008. 2. 29., 2010. 1. 18.>
③ 보건복지부장관은 신의료기술평가의 결과를 「국민건강보험법」 제64조에 따른 건강보험심사평가원의 장에게 알려야 한다. 이 경우 신의료기술평가의 결과를 보건복지부령으로 정하는 바에 따라 공표할 수 있다. <개정 2008. 2. 29., 2010. 1. 18., 2011. 12. 31.>
④ 그 밖에 신의료기술평가의 대상 및 절차 등에 필요한 사항은 보건복지부령으로 정한다. <개정 2008. 2. 29., 2010. 1. 18.>

제54조(신의료기술평가위원회의 설치 등) ① 보건복지부장관은 신의료기술평가에 관한 사항을 심의하기 위하여 보건복지부에 신의료기술평가위원회(이하 "위원회"라 한다)를 둔다. <개정 2008. 2. 29., 2010. 1. 18.>
② 위원회는 위원장 1명을 포함하여 20명 이내의 위원으로 구성한다.
③ 위원은 다음 각 호의 자 중에서 보건복지부장관이 위촉하거나 임명한다.

다만, 위원장은 제1호 또는 제2호의 자 중에서 임명한다.   <개정 2008. 2. 29., 2010. 1. 18.>
1. 제28조제1항에 따른 의사회·치과의사회·한의사회에서 각각 추천하는 자
2. 보건의료에 관한 학식이 풍부한 자
3. 소비자단체에서 추천하는 자
4. 변호사의 자격을 가진 자로서 보건의료와 관련된 업무에 5년 이상 종사한 경력이 있는 자
5. 보건의료정책 관련 업무를 담당하고 있는 보건복지부 소속 5급 이상의 공무원
④ 위원장과 위원의 임기는 3년으로 하되, 연임할 수 있다. 다만, 제3항제5호에 따른 공무원의 경우에는 재임기간으로 한다.
⑤ 위원의 자리가 빈 때에는 새로 위원을 임명하고, 새로 임명된 위원의 임기는 임명된 날부터 기산한다.
⑥ 위원회의 심의사항을 전문적으로 검토하기 위하여 위원회에 분야별 전문평가위원회를 둔다.
⑦ 그 밖에 위원회·전문평가위원회의 구성 및 운영 등에 필요한 사항은 보건복지부령으로 정한다.   <개정 2008. 2. 29., 2010. 1. 18.>

제55조(자료의 수집 업무 등의 위탁) 보건복지부장관은 신의료기술평가에 관한 업무를 수행하기 위하여 필요한 경우 보건복지부령으로 정하는 바에 따라 자료 수집·조사 등 평가에 수반되는 업무를 관계 전문기관 또는 단체에 위탁할 수 있다.   <개정 2008. 2. 29., 2010. 1. 18.>

제5장 의료광고

제56조(의료광고의 금지 등) ① 의료기관 개설자, 의료기관의 장 또는 의료인(이하 "의료인등"이라 한다)이 아닌 자는 의료에 관한 광고(의료인등이 신문·잡지·음성·음향·영상·인터넷·인쇄물·간판, 그 밖의 방법에 의하여 의료행위, 의료기관 및 의료인등에 대한 정보를 소비자에게 나타내거나 알리는 행위를 말한다. 이하 "의료광고"라 한다)를 하지 못한다.   <개정 2018. 3. 27.>
② 의료인등은 다음 각 호의 어느 하나에 해당하는 의료광고를 하지 못한다.   <개정 2009. 1. 30., 2016. 5. 29., 2018. 3. 27.>
1. 제53조에 따른 평가를 받지 아니한 신의료기술에 관한 광고
2. 환자에 관한 치료경험담 등 소비자로 하여금 치료 효과를 오인하게 할 우려가 있는 내용의 광고
3. 거짓된 내용을 표시하는 광고
4. 다른 의료인등의 기능 또는 진료 방법과 비교하는 내용의 광고
5. 다른 의료인등을 비방하는 내용의 광고
6. 수술 장면 등 직접적인 시술행위를 노출하는 내용의 광고
7. 의료인등의 기능, 진료 방법과 관련하여 심각한 부작용 등 중요한 정보를 누락하는 광고
8. 객관적인 사실을 과장하는 내용의 광고

9. 법적 근거가 없는 자격이나 명칭을 표방하는 내용의 광고
10. 신문, 방송, 잡지 등을 이용하여 기사(**記事**) 또는 전문가의 의견 형태로 표현되는 광고
11. 제57조에 따른 심의를 받지 아니하거나 심의받은 내용과 다른 내용의 광고
12. 제27조제3항에 따라 외국인환자를 유치하기 위한 국내광고
13. 소비자를 속이거나 소비자로 하여금 잘못 알게 할 우려가 있는 방법으로 제45조에 따른 비급여 진료비용을 할인하거나 면제하는 내용의 광고
14. 각종 상장·감사장 등을 이용하는 광고 또는 인증·보증·추천을 받았다는 내용을 사용하거나 이와 유사한 내용을 표현하는 광고. 다만, 다음 각 목의 어느 하나에 해당하는 경우는 제외한다.
　가. 제58조에 따른 의료기관 인증을 표시한 광고
　나. 「정부조직법」 제2조부터 제4조까지의 규정에 따른 중앙행정기관·특별지방행정기관 및 그 부속기관, 「지방자치법」 제2조에 따른 지방자치단체 또는 「공공기관의 운영에 관한 법률」 제4조에 따른 공공기관으로부터 받은 인증·보증을 표시한 광고
　다. 다른 법령에 따라 받은 인증·보증을 표시한 광고
　라. 세계보건기구와 협력을 맺은 국제평가기구로부터 받은 인증을 표시한 광고 등 대통령령으로 정하는 광고
15. 그 밖에 의료광고의 방법 또는 내용이 국민의 보건과 건전한 의료경쟁의 질서를 해치거나 소비자에게 피해를 줄 우려가 있는 것으로서 대통령령으로 정하는 내용의 광고
③ 의료광고는 다음 각 호의 방법으로는 하지 못한다.　<개정 2018. 3. 27.>
1. 「방송법」 제2조제1호의 방송
2. 그 밖에 국민의 보건과 건전한 의료경쟁의 질서를 유지하기 위하여 제한할 필요가 있는 경우로서 대통령령으로 정하는 방법
④ 제2항에 따라 금지되는 의료광고의 구체적인 내용 등 의료광고에 관하여 필요한 사항은 대통령령으로 정한다.　<개정 2018. 3. 27.>
⑤ 보건복지부장관, 시장·군수·구청장은 제2항제2호부터 제5호까지 및 제7호부터 제9호까지를 위반한 의료인등에 대하여 제63조, 제64조 및 제67조에 따른 처분을 하려는 경우에는 지체 없이 그 내용을 공정거래위원회에 통보하여야 한다.　<신설 2016. 5. 29., 2018. 3. 27.>
[2018. 3. 27. 법률 제15540호에 의하여 2015. 12. 23. 헌법재판소에서 위헌 결정된 이 조를 개정함.]

제57조(의료광고의 심의) ① 의료인등이 다음 각 호의 어느 하나에 해당하는 매체를 이용하여 의료광고를 하려는 경우 미리 의료광고가 제56조제1항부터 제3항까지의 규정에 위반되는지 여부에 관하여 제2항에 따른 기관 또는 단체의 심의를 받아야 한다.　<개정 2008. 2. 29., 2010. 1. 18., 2011. 8. 4., 2016. 1. 6., 2018. 3. 27.>
1. 「신문 등의 진흥에 관한 법률」 제2조에 따른 신문·인터넷신문 또는 「잡지 등 정기간행물의 진흥에 관한 법률」 제2조에 따른 정기간행물
2. 「옥외광고물 등의 관리와 옥외광고산업 진흥에 관한 법률」 제2조제1호에 따른 옥외광고물 중 현수막(**懸垂幕**), 벽보, 전단(**傳單**) 및 교통시설·교통수단에 표시(교통수단 내부에 표시되거나 영상·음성·음향 및 이들의

조합으로 이루어지는 광고를 포함한다)되는 것
3. 전광판
4. 대통령령으로 정하는 인터넷 매체[이동통신단말장치에서 사용되는 애플리케이션(Application)을 포함한다]
5. 그 밖에 매체의 성질, 영향력 등을 고려하여 대통령령으로 정하는 광고매체
② 다음 각 호의 기관 또는 단체는 대통령령으로 정하는 바에 따라 자율심의를 위한 조직 등을 갖추어 보건복지부장관에게 신고한 후 의료광고 심의 업무를 수행할 수 있다. <개정 2018. 3. 27.>
1. 제28조제1항에 따른 의사회·치과의사회·한의사회
2. 「소비자기본법」 제29조에 따라 등록한 소비자단체로서 대통령령으로 정하는 기준을 충족하는 단체
③ 의료인등은 제1항에도 불구하고 다음 각 호의 사항으로만 구성된 의료광고에 대해서는 제2항에 따라 보건복지부장관에게 신고한 기관 또는 단체(이하 "자율심의기구"라 한다)의 심의를 받지 아니할 수 있다. <개정 2018. 3. 27.>
1. 의료기관의 명칭·소재지·전화번호
2. 의료기관이 설치·운영하는 진료과목(제43조제5항에 따른 진료과목을 말한다)
3. 의료기관에 소속된 의료인의 성명·성별 및 면허의 종류
4. 그 밖에 대통령령으로 정하는 사항
④ 자율심의기구는 제1항에 따른 심의를 할 때 적용하는 심의 기준을 상호 협의하여 마련하여야 한다. <개정 2018. 3. 27.>
⑤ 의료광고 심의를 받으려는 자는 자율심의기구가 정하는 수수료를 내야 한다. <신설 2018. 3. 27.>
⑥ 제2항제1호에 따른 자율심의기구가 수행하는 의료광고 심의 업무 및 이와 관련된 업무의 수행에 관하여는 제29조제3항, 제30조제1항, 제32조, 제83조제1항 및 「민법」 제37조를 적용하지 아니하며, 제2항제2호에 따른 자율심의기구가 수행하는 의료광고 심의 업무 및 이와 관련된 업무의 수행에 관하여는 「민법」 제37조를 적용하지 아니한다. <신설 2018. 3. 27.>
⑦ 자율심의기구는 의료광고 제도 및 법령의 개선에 관하여 보건복지부장관에게 의견을 제시할 수 있다. <신설 2018. 3. 27.>
⑧ 제1항에 따른 심의의 유효기간은 심의를 신청하여 승인을 받은 날부터 3년으로 한다. <신설 2018. 3. 27.>
⑨ 의료인등이 제8항에 따른 유효기간의 만료 후 계속하여 의료광고를 하려는 경우에는 유효기간 만료 6개월 전에 자율심의기구에 의료광고 심의를 신청하여야 한다. <신설 2018. 3. 27.>
⑩ 제1항부터 제9항까지의 규정에서 정한 것 외에 자율심의기구의 구성·운영 및 심의에 필요한 사항은 자율심의기구가 정한다. <신설 2018. 3. 27.>
⑪ 자율심의기구는 제1항 및 제4항에 따른 심의 관련 업무를 수행할 때에는 제56조제1항부터 제3항까지의 규정에 따라 공정하고 투명하게 하여야 한다. <신설 2018. 3. 27.>
[제목개정 2018. 3. 27.]
[2018. 3. 27. 법률 제15540호에 의하여 2005. 12. 23. 헌법재판소에서 위한 결정된 이 조를 개정함.]

제57조의2(의료광고에 관한 심의위원회) ① 자율심의기구는 의료광고를 심의하기 위하여 제2항 각 호의 구분에 따른 심의위원회(이하 이 조에서 "심의위원회"라 한다)를 설치·운영하여야 한다.

② 심의위원회의 종류와 심의 대상은 다음 각 호와 같다. <개정 2020. 3. 4.>

1. 의료광고심의위원회: 의사, 의원, 의원의 개설자, 병원, 병원의 개설자, 요양병원(한의사가 개설한 경우는 제외한다), 요양병원의 개설자, 정신병원, 정신병원의 개설자, 종합병원(치과는 제외한다. 이하 이 호에서 같다), 종합병원의 개설자, 조산사, 조산원, 조산원의 개설자가 하는 의료광고의 심의

2. 치과의료광고심의위원회: 치과의사, 치과의원, 치과의원의 개설자, 치과병원, 치과병원의 개설자, 종합병원(치과만 해당한다. 이하 이 호에서 같다), 종합병원의 개설자가 하는 의료광고의 심의

3. 한방의료광고심의위원회: 한의사, 한의원, 한의원의 개설자, 한방병원, 한방병원의 개설자, 요양병원(한의사가 개설한 경우만 해당한다. 이하 이 호에서 같다), 요양병원의 개설자가 하는 의료광고의 심의

③ 제57조제2항제1호에 따른 자율심의기구 중 의사회는 제2항제1호에 따른 심의위원회만, 치과의사회는 같은 항 제2호에 따른 심의위원회만, 한의사회는 같은 항 제3호에 따른 심의위원회만 설치·운영하고, 제57조제2항제2호에 따른 자율심의기구는 제2항 각 호의 어느 하나에 해당하는 심의위원회만 설치·운영할 수 있다.

④ 심의위원회는 위원장 1명과 부위원장 1명을 포함하여 15명 이상 25명 이하의 위원으로 구성한다. 이 경우 제2항 각 호의 심의위원회 종류별로 다음 각 호의 구분에 따라 구성하여야 한다.

1. 의료광고심의위원회: 제5항제2호부터 제9호까지의 사람을 각각 1명 이상 포함하되, 같은 항 제4호부터 제9호까지의 사람이 전체 위원의 3분의 1 이상이 되도록 구성하여야 한다.

2. 치과의료광고심의위원회: 제5항제1호 및 제3호부터 제9호까지의 사람을 각각 1명 이상 포함하되, 같은 항 제4호부터 제9호까지의 사람이 전체 위원의 3분의 1 이상이 되도록 구성하여야 한다.

3. 한방의료광고심의위원회: 제5항제1호·제2호 및 제4호부터 제9호까지의 사람을 각각 1명 이상 포함하되, 같은 항 제4호부터 제9호까지의 사람이 전체 위원의 3분의 1 이상이 되도록 구성하여야 한다.

⑤ 심의위원회 위원은 다음 각 호의 어느 하나에 해당하는 사람 중에서 자율심의기구의 장이 위촉한다.

1. 의사

2. 치과의사

3. 한의사

4. 「약사법」 제2조제2호에 따른 약사

5. 「소비자기본법」 제2조제3호에 따른 소비자단체의 장이 추천하는 사람

6. 「변호사법」 제7조제1항에 따라 같은 법 제78조에 따른 대한변호사협회에 등록한 변호사로서 대한변호사협회의 장이 추천하는 사람

7. 「민법」 제32조에 따라 설립된 법인 중 여성의 사회참여 확대 및 복지 증진을 주된 목적으로 설립된 법인의 장이 추천하는 사람

8. 「비영리민간단체 지원법」 제4조에 따라 등록된 단체로서 환자의 권익 보

호를 주된 목적으로 하는 단체의 장이 추천하는 사람
9. 그 밖에 보건의료 또는 의료광고에 관한 학식과 경험이 풍부한 사람
⑥ 제1항부터 제5항까지의 규정에서 정한 것 외에 심의위원회의 구성 및 운영에 필요한 사항은 자율심의기구가 정한다.
[본조신설 2018. 3. 27.]

제57조의3(의료광고 모니터링) 자율심의기구는 의료광고가 제56조제1항부터 제3항까지의 규정을 준수하는지 여부에 관하여 모니터링하고, 보건복지부령으로 정하는 바에 따라 모니터링 결과를 보건복지부장관에게 제출하여야 한다.
[본조신설 2018. 3. 27.]

제6장 감독

제58조(의료기관 인증) ① 보건복지부장관은 의료의 질과 환자 안전의 수준을 높이기 위하여 병원급 의료기관 및 대통령령으로 정하는 의료기관에 대한 인증(이하 "의료기관 인증"이라 한다)을 할 수 있다. <개정 2020. 3. 4.>
② 보건복지부장관은 대통령령으로 정하는 바에 따라 의료기관 인증에 관한 업무를 제58조의11에 따른 의료기관평가인증원에 위탁할 수 있다. <개정 2020. 3. 4.>
③ 보건복지부장관은 다른 법률에 따라 의료기관을 대상으로 실시하는 평가를 통합하여 제58조의11에 따른 의료기관평가인증원으로 하여금 시행하도록 할 수 있다. <개정 2020. 3. 4.>
[전문개정 2010. 7. 23.]

제58조의2(의료기관인증위원회) ① 보건복지부장관은 의료기관 인증에 관한 주요 정책을 심의하기 위하여 보건복지부장관 소속으로 의료기관인증위원회(이하 이 조에서 "위원회"라 한다)를 둔다.
② 위원회는 위원장 1명을 포함한 15인 이내의 위원으로 구성한다.
③ 위원회의 위원장은 보건복지부차관으로 하고, 위원회의 위원은 다음 각 호의 사람 중에서 보건복지부장관이 임명 또는 위촉한다. <개정 2016. 5. 29.>
1. 제28조에 따른 의료인 단체 및 제52조에 따른 의료기관단체에서 추천하는 자
2. 노동계, 시민단체(「비영리민간단체지원법」 제2조에 따른 비영리민간단체를 말한다), 소비자단체(「소비자기본법」 제29조에 따른 소비자단체를 말한다)에서 추천하는 자
3. 보건의료에 관한 학식과 경험이 풍부한 자
4. 시설물 안전진단에 관한 학식과 경험이 풍부한 자
5. 보건복지부 소속 3급 이상 공무원 또는 고위공무원단에 속하는 공무원
④ 위원회는 다음 각 호의 사항을 심의한다.
1. 인증기준 및 인증의 공표를 포함한 의료기관 인증과 관련된 주요 정책에 관한 사항
2. 제58조제3항에 따른 의료기관 대상 평가제도 통합에 관한 사항

3. 제58조의7제2항에 따른 의료기관 인증 활용에 관한 사항
4. 그 밖에 위원장이 심의에 부치는 사항
⑤ 위원회의 구성 및 운영, 그 밖에 필요한 사항은 대통령령으로 정한다.
[본조신설 2010. 7. 23.]

제58조의3(의료기관 인증기준 및 방법 등) ① 의료기관 인증기준은 다음 각 호의 사항을 포함하여야 한다.
1. 환자의 권리와 안전
2. 의료기관의 의료서비스 질 향상 활동
3. 의료서비스의 제공과정 및 성과
4. 의료기관의 조직·인력관리 및 운영
5. 환자 만족도
② 인증등급은 인증, 조건부인증 및 불인증으로 구분한다. <개정 2020. 3. 4.>
③ 인증의 유효기간은 4년으로 한다. 다만, 조건부인증의 경우에는 유효기간을 1년으로 한다. <개정 2020. 3. 4.>
④ 조건부인증을 받은 의료기관의 장은 유효기간 내에 보건복지부령으로 정하는 바에 따라 재인증을 받아야 한다. <개정 2020. 3. 4.>
⑤ 제1항에 따른 인증기준의 세부 내용은 보건복지부장관이 정한다. <개정 2020. 3. 4.>
[본조신설 2010. 7. 23.]

제58조의4(의료기관 인증의 신청 및 평가) ① 의료기관 인증을 받고자 하는 의료기관의 장은 보건복지부령으로 정하는 바에 따라 보건복지부장관에게 신청할 수 있다.
② 제1항에도 불구하고 제3조제2항제3호에 따른 요양병원(「장애인복지법」 제58조제1항제4호에 따른 의료재활시설로서 제3조의2에 따른 요건을 갖춘 의료기관은 제외한다)의 장은 보건복지부령으로 정하는 바에 따라 보건복지부장관에게 인증을 신청하여야 한다. <개정 2020. 3. 4.>
③ 제2항에 따라 인증을 신청하여야 하는 요양병원이 조건부인증 또는 불인증을 받거나 제58조의10제1항제4호 및 제5호에 따라 인증 또는 조건부인증이 취소된 경우 해당 요양병원의 장은 보건복지부령으로 정하는 기간 내에 다시 인증을 신청하여야 한다. <개정 2020. 3. 4.>
④ 보건복지부장관은 인증을 신청한 의료기관에 대하여 제58조의3제1항에 따른 인증기준 적합 여부를 평가하여야 한다. 이 경우 보건복지부장관은 보건복지부령으로 정하는 바에 따라 필요한 조사를 할 수 있고, 인증을 신청한 의료기관은 정당한 사유가 없으면 조사에 협조하여야 한다. <신설 2020. 3. 4.>
⑤ 보건복지부장관은 제4항에 따른 평가 결과와 인증등급을 지체 없이 해당 의료기관의 장에게 통보하여야 한다. <신설 2020. 3. 4.>
[본조신설 2010. 7. 23.]
[제목개정 2020. 3. 4.]

제58조의5(이의신청) ① 의료기관 인증을 신청한 의료기관의 장은 평가결과 또는 인증등급에 관하여 보건복지부장관에게 이의신청을 할 수 있다.

② 제1항에 따른 이의신청은 평가결과 또는 인증등급을 통보받은 날부터 30일 이내에 하여야 한다. 다만, 책임질 수 없는 사유로 그 기간을 지킬 수 없었던 경우에는 그 사유가 없어진 날부터 기산한다.
③ 제1항에 따른 이의신청의 방법 및 처리 결과의 통보 등에 필요한 사항은 보건복지부령으로 정한다.
[본조신설 2010. 7. 23.]

제58조의6(인증서와 인증마크) ① 보건복지부장관은 인증을 받은 의료기관에 인증서를 교부하고 인증을 나타내는 표시(이하 "인증마크"라 한다)를 제작하여 인증을 받은 의료기관이 사용하도록 할 수 있다.
② 누구든지 제58조제1항에 따른 인증을 받지 아니하고 인증서나 인증마크를 제작·사용하거나 그 밖의 방법으로 인증을 사칭하여서는 아니 된다.
③ 인증마크의 도안 및 표시방법 등에 필요한 사항은 보건복지부령으로 정한다.
[본조신설 2010. 7. 23.]

제58조의7(인증의 공표 및 활용) ① 보건복지부장관은 인증을 받은 의료기관에 관하여 인증기준, 인증 유효기간 및 제58조의4제4항에 따라 평가한 결과 등 보건복지부령으로 정하는 사항을 인터넷 홈페이지 등에 공표하여야 한다. <개정 2020. 3. 4.>
② 보건복지부장관은 제58조의4제4항에 따른 평가 결과와 인증등급을 활용하여 의료기관에 대하여 다음 각 호에 해당하는 행정적·재정적 지원 등 필요한 조치를 할 수 있다. <개정 2020. 3. 4.>
1. 제3조의4에 따른 상급종합병원 지정
2. 제3조의5에 따른 전문병원 지정
3. 의료의 질 및 환자 안전 수준 향상을 위한 교육, 컨설팅 지원
4. 그 밖에 다른 법률에서 정하거나 보건복지부장관이 필요하다고 인정한 사항
③ 제1항에 따른 공표 등에 필요한 사항은 보건복지부령으로 정한다.
[본조신설 2010. 7. 23.]

제58조의8(자료의 제공요청) ① 보건복지부장관은 인증과 관련하여 필요한 경우에는 관계 행정기관, 의료기관, 그 밖의 공공단체 등에 대하여 자료의 제공 및 협조를 요청할 수 있다.
② 제1항에 따른 자료의 제공과 협조를 요청받은 자는 정당한 사유가 없는 한 요청에 따라야 한다.
[본조신설 2010. 7. 23.]

제58조의9(의료기관 인증의 사후관리) 보건복지부장관은 인증의 실효성을 유지하기 위하여 보건복지부령으로 정하는 바에 따라 인증을 받은 의료기관에 대하여 제58조의3제1항에 따른 인증기준의 충족 여부를 조사할 수 있다.
[본조신설 2020. 3. 4.]
[종전 제58조의9는 제58조의10으로 이동 <2020. 3. 4.>]

제58조의10(의료기관 인증의 취소 등) ① 보건복지부장관은 인증을 받은 의료기관이 인증 유효기간 중 다음 각 호의 어느 하나에 해당하는 경우에는

의료기관 인증 또는 조건부인증을 취소하거나 인증마크의 사용정지 또는 시정을 명할 수 있다. 다만, 제1호 및 제2호에 해당하는 경우에는 인증 또는 조건부인증을 취소하여야 한다. <개정 2020. 3. 4.>
1. 거짓이나 그 밖의 부정한 방법으로 인증 또는 조건부인증을 받은 경우
2. 제64조제1항에 따라 의료기관 개설 허가가 취소되거나 폐쇄명령을 받은 경우
3. 의료기관의 종별 변경 등 인증 또는 조건부인증의 전제나 근거가 되는 중대한 사실이 변경된 경우
4. 제58조의3제1항에 따른 인증기준을 충족하지 못하게 된 경우
5. 인증마크의 사용정지 또는 시정명령을 위반한 경우
② 제1항제1호에 따라 인증이 취소된 의료기관은 인증 또는 조건부인증이 취소된 날부터 1년 이내에 인증 신청을 할 수 없다.
③ 제1항에 따른 의료기관 인증 또는 조건부인증의 취소 및 인증마크의 사용정지 등에 필요한 절차와 처분의 기준 등은 보건복지부령으로 정한다. <신설 2020. 3. 4.>
[본조신설 2010. 7. 23.]
[제목개정 2020. 3. 4.]
[제58조의9에서 이동 <2020. 3. 4.>]

제58조의11(의료기관평가인증원의 설립 등) ① 의료기관 인증에 관한 업무와 의료기관을 대상으로 실시하는 각종 평가 업무를 효율적으로 수행하기 위하여 의료기관평가인증원(이하 "인증원"이라 한다)을 설립한다.
② 인증원은 다음 각 호의 업무를 수행한다.
1. 의료기관 인증에 관한 업무로서 제58조제2항에 따라 위탁받은 업무
2. 다른 법률에 따라 의료기관을 대상으로 실시하는 평가 업무로서 보건복지부장관으로부터 위탁받은 업무
3. 그 밖에 이 법 또는 다른 법률에 따라 보건복지부장관으로부터 위탁받은 업무
③ 인증원은 법인으로 하고, 주된 사무소의 소재지에 설립등기를 함으로써 성립한다.
④ 인증원에는 정관으로 정하는 바에 따라 임원과 필요한 직원을 둔다.
⑤ 보건복지부장관은 인증원의 운영 및 사업에 필요한 경비를 예산의 범위에서 지원할 수 있다.
⑥ 인증원은 보건복지부장관의 승인을 받아 의료기관 인증을 신청한 의료기관의 장으로부터 인증에 소요되는 비용을 징수할 수 있다.
⑦ 인증원은 제2항에 따른 업무 수행에 지장이 없는 범위에서 보건복지부령으로 정하는 바에 따라 교육, 컨설팅 등 수익사업을 할 수 있다.
⑧ 인증원에 관하여 이 법 및 「공공기관의 운영에 관한 법률」에서 정하는 사항 외에는 「민법」 중 재단법인에 관한 규정을 준용한다.
[본조신설 2020. 3. 4.]

제59조(지도와 명령) ① 보건복지부장관 또는 시·도지사는 보건의료정책을 위하여 필요하거나 국민보건에 중대한 위해(危害)가 발생하거나 발생할 우려가 있으면 의료기관이나 의료인에게 필요한 지도와 명령을 할 수 있다.

<개정 2008. 2. 29., 2010. 1. 18.>
② 보건복지부장관, 시·도지사 또는 시장·군수·구청장은 의료인이 정당한 사유 없이 진료를 중단하거나 의료기관 개설자가 집단으로 휴업하거나 폐업하여 환자 진료에 막대한 지장을 초래하거나 초래할 우려가 있다고 인정할 만한 상당한 이유가 있으면 그 의료인이나 의료기관 개설자에게 업무개시 명령을 할 수 있다. <개정 2008. 2. 29., 2010. 1. 18.>
③ 의료인과 의료기관 개설자는 정당한 사유 없이 제2항의 명령을 거부할 수 없다.

제60조(병상 수급계획의 수립 등) ① 보건복지부장관은 병상의 합리적인 공급과 배치에 관한 기본시책을 5년마다 수립하여야 한다. <개정 2008. 2. 29., 2010. 1. 18., 2019. 8. 27.>
② 시·도지사는 제1항에 따른 기본시책에 따라 지역 실정을 고려하여 특별시·광역시 또는 도 단위의 지역별·기능별·종별 의료기관 병상 수급 및 관리계획을 수립한 후 보건복지부장관에게 제출하여야 한다. <개정 2008. 2. 29., 2010. 1. 18., 2019. 8. 27.>
③ 보건복지부장관은 제2항에 따라 제출된 병상 수급 및 관리계획이 제1항에 따른 기본시책에 맞지 아니하는 등 보건복지부령으로 정하는 사유가 있으면 시·도지사와 협의하여 보건복지부령으로 정하는 바에 따라 이를 조정하여야 한다. <개정 2008. 2. 29., 2010. 1. 18., 2019. 8. 27.>

제60조의2(의료인 수급계획 등) ① 보건복지부장관은 우수한 의료인의 확보와 적절한 공급을 위한 기본시책을 수립하여야 한다.
② 제1항에 따른 기본시책은 「보건의료기본법」 제15조에 따른 보건의료발전계획과 연계하여 수립한다.
[본조신설 2015. 12. 29.]

제60조의3(간호인력 취업교육센터 설치 및 운영) ① 보건복지부장관은 간호·간병통합서비스 제공·확대 및 간호인력의 원활한 수급을 위하여 다음 각 호의 업무를 수행하는 간호인력 취업교육센터를 지역별로 설치·운영할 수 있다.
1. 지역별, 의료기관별 간호인력 확보에 관한 현황 조사
2. 제7조제1항제1호에 따른 간호학을 전공하는 대학이나 전문대학[구제(舊制) 전문학교와 간호학교를 포함한다] 졸업예정자와 신규 간호인력에 대한 취업교육 지원
3. 간호인력의 지속적인 근무를 위한 경력개발 지원
4. 유휴 및 이직 간호인력의 취업교육 지원
5. 그 밖에 간호인력의 취업교육 지원을 위하여 보건복지부령으로 정하는 사항
② 보건복지부장관은 간호인력 취업교육센터를 효율적으로 운영하기 위하여 그 운영에 관한 업무를 대통령령으로 정하는 절차·방식에 따라 관계 전문기관 또는 단체에 위탁할 수 있다.
③ 국가 및 지방자치단체는 제2항에 따라 간호인력 취업교육센터의 운영에 관한 업무를 위탁한 경우에는 그 운영에 드는 비용을 지원할 수 있다.

④ 그 밖에 간호인력 취업교육센터의 운영 등에 필요한 사항은 보건복지부령으로 정한다.
[본조신설 2015. 12. 29.]

제61조(보고와 업무 검사 등) ① 보건복지부장관, 시·도지사 또는 시장·군수·구청장은 의료기관 개설자 또는 의료인에게 필요한 사항을 보고하도록 명할 수 있고, 관계 공무원을 시켜 그 업무 상황, 시설 또는 진료기록부·조산기록부·간호기록부 등 관계 서류를 검사하게 하거나 관계인에게서 진술을 들어 사실을 확인받게 할 수 있다. 이 경우 의료기관 개설자 또는 의료인은 정당한 사유 없이 이를 거부하지 못한다. <개정 2008. 2. 29., 2010. 1. 18., 2011. 8. 4., 2016. 12. 20., 2018. 3. 27., 2019. 8. 27.>
② 제1항의 경우에 관계 공무원은 권한을 증명하는 증표 및 조사기간, 조사범위, 조사담당자, 관계 법령 등이 기재된 조사명령서를 지니고 이를 관계인에게 내보여야 한다. <개정 2011. 8. 4.>
③ 제1항의 보고 및 제2항의 조사명령서에 관한 사항은 보건복지부령으로 정한다. <개정 2008. 2. 29., 2010. 1. 18., 2011. 8. 4.>

제61조의2(자료제공의 요청) ① 보건복지부장관은 이 법의 위반 사실을 확인하기 위한 경우 등 소관 업무를 수행하기 위하여 필요한 경우에는 의료인, 의료기관의 장, 「국민건강보험법」에 따른 국민건강보험공단 및 건강보험심사평가원, 그 밖의 관계 행정기관 및 단체 등에 대하여 필요한 자료의 제출이나 의견의 진술 등을 요청할 수 있다.
② 제1항에 따른 자료의 제공 또는 협조를 요청받은 자는 특별한 사유가 없으면 이에 따라야 한다.
[본조신설 2019. 8. 27.]

제62조(의료기관 회계기준) ① 의료기관 개설자는 의료기관 회계를 투명하게 하도록 노력하여야 한다.
② 100병상 이상의 병원급 의료기관으로서 보건복지부령으로 정하는 일정 규모 이상의 병원급 의료기관 개설자는 회계를 투명하게 하기 위하여 의료기관 회계기준을 지켜야 한다. <개정 2008. 2. 29., 2010. 1. 18., 2020. 3. 4.>
③ 제2항에 따른 의료기관 회계기준은 보건복지부령으로 정한다. <개정 2008. 2. 29., 2010. 1. 18.>

제63조(시정 명령 등) ① 보건복지부장관 또는 시장·군수·구청장은 의료기관이 제15조제1항, 제16조제2항, 제21조제1항 후단 및 같은 조 제2항·제3항, 제23조제2항, 제34조제2항, 제35조제2항, 제36조, 제36조의2, 제37조제1항·제2항, 제38조제1항·제2항, 제41조부터 제43조까지, 제45조, 제46조, 제47조제1항, 제58조의4제2항 및 제3항, 제62조제2항을 위반한 때, 종합병원·상급종합병원·전문병원이 각각 제3조의3제1항·제3조의4제1항·제3조의5제2항에 따른 요건에 해당하지 아니하게 된 때, 의료기관의 장이 제4조제5항을 위반한 때 또는 자율심의기구가 제57조제11항을 위반한 때에는 일정한 기간을 정하여 그 시설·장비 등의 전부 또는 일부의 사용을 제한 또는 금지하거나 위반한 사항을 시정하도록 명할 수 있다. <개정 2008. 2. 29.,

2009. 1. 30., 2010. 1. 18., 2010. 7. 23., 2011. 4. 28., 2015. 12. 22., 2015. 12. 29., 2016. 5. 29., 2016. 12. 20., 2018. 3. 27., 2020. 3. 4.>
② 보건복지부장관 또는 시장·군수·구청장은 의료인등이 제56조제2항·제3항을 위반한 때에는 다음 각 호의 조치를 명할 수 있다. <신설 2018. 3. 27.>
1. 위반행위의 중지
2. 위반사실의 공표
3. 정정광고
③ 제2항제2호·제3호에 따른 조치에 필요한 사항은 대통령령으로 정한다. <신설 2018. 3. 27.>

제64조(개설 허가 취소 등) ① 보건복지부장관 또는 시장·군수·구청장은 의료기관이 다음 각 호의 어느 하나에 해당하면 그 의료업을 1년의 범위에서 정지시키거나 개설 허가의 취소 또는 의료기관 폐쇄를 명할 수 있다. 다만, 제8호에 해당하는 경우에는 의료기관 개설 허가의 취소 또는 의료기관 폐쇄를 명하여야 하며, 의료기관 폐쇄는 제33조제3항과 제35조제1항 본문에 따라 신고한 의료기관에만 명할 수 있다. <개정 2007. 7. 27., 2008. 2. 29., 2009. 1. 30., 2010. 1. 18., 2011. 8. 4., 2013. 8. 13., 2015. 12. 22., 2015. 12. 29., 2016. 5. 29., 2016. 12. 20., 2018. 8. 14., 2019. 4. 23., 2019. 8. 27., 2020. 12. 29.>
1. 개설 신고나 개설 허가를 한 날부터 3개월 이내에 정당한 사유 없이 업무를 시작하지 아니한 때
1의2. 제4조제2항을 위반하여 의료인이 다른 의료인 또는 의료법인 등의 명의로 의료기관을 개설하거나 운영한 때
2. 제27조제5항을 위반하여 무자격자에게 의료행위를 하게 하거나 의료인에게 면허 사항 외의 의료행위를 하게 한 때
3. 제61조에 따른 관계 공무원의 직무 수행을 기피 또는 방해하거나 제59조 또는 제63조에 따른 명령을 위반한 때
4. 제33조제2항제3호부터 제5호까지의 규정에 따른 의료법인·비영리법인, 준정부기관·지방의료원 또는 한국보훈복지의료공단의 설립허가가 취소되거나 해산된 때
4의2. 제33조제2항을 위반하여 의료기관을 개설한 때
4의3. 제33조제8항을 위반하여 둘 이상의 의료기관을 개설·운영한 때
5. 제33조제5항·제7항·제9항·제10항, 제40조 또는 제56조를 위반한 때. 다만, 의료기관 개설자 본인에게 책임이 없는 사유로 제33조제7항제4호를 위반한 때에는 그러하지 아니하다.
5의2. 정당한 사유 없이 제40조제1항에 따른 폐업·휴업 신고를 하지 아니하고 6개월 이상 의료업을 하지 아니한 때
6. 제63조에 따른 시정명령(제4조제5항 위반에 따른 시정명령을 제외한다)을 이행하지 아니한 때
7. 「약사법」 제24조제2항을 위반하여 담합행위를 한 때
8. 의료기관 개설자가 거짓으로 진료비를 청구하여 금고 이상의 형을 선고받고 그 형이 확정된 때
9. 제36조에 따른 준수사항을 위반하여 사람의 생명 또는 신체에 중대한 위해를 발생하게 한 때

② 제1항에 따라 개설 허가를 취소당하거나 폐쇄 명령을 받은 자는 그 취소된 날이나 폐쇄 명령을 받은 날부터 6개월 이내에, 의료업 정지처분을 받은 자는 그 업무 정지기간 중에 각각 의료기관을 개설·운영하지 못한다. 다만, 제1항제8호에 따라 의료기관 개설 허가를 취소당하거나 폐쇄 명령을 받은 자는 취소당한 날이나 폐쇄 명령을 받은 날부터 3년 안에는 의료기관을 개설·운영하지 못한다.

③ 보건복지부장관 또는 시장·군수·구청장은 의료기관이 제1항에 따라 그 의료업이 정지되거나 개설 허가의 취소 또는 폐쇄 명령을 받은 경우 해당 의료기관에 입원 중인 환자를 다른 의료기관으로 옮기도록 하는 등 환자의 권익을 보호하기 위하여 필요한 조치를 하여야 한다. <신설 2016. 12. 20.>
[시행일 : 2021. 6. 30.] 제64조

의료기관개설허가취소처분취소

[대법원 2021. 3. 11., 선고, 2019두57831, 판결]

【판시사항】

[1] 의료법 제64조 제1항 제8호에 해당하는 경우, 관할 행정청은 반드시 해당 의료기관에 대하여 개설 허가 취소처분(또는 폐쇄명령)을 해야 하는지 여부(적극)

[2] 법인이 개설한 의료기관에서 거짓으로 진료비를 청구하였다는 범죄사실로 법인의 대표자가 금고 이상의 형을 선고받고 형이 확정된 경우, 의료법 제64조 제1항 제8호에 따라 진료비 거짓 청구가 이루어진 해당 의료기관의 개설 허가 취소처분(또는 폐쇄명령)을 해야 하는지 여부(적극)

【판결요지】

[1] 의료법 제64조 제1항의 문언과 규정 체계, 입법 취지 등을 종합하면 다음과 같이 보아야 한다. 의료법 제64조 제1항에서 정하고 있는 의료기관 개설 허가의 취소와 의료기관 폐쇄명령은 의료법상 의무를 중대하게 위반한 의료기관에 대해서 의료업을 더 이상 영위할 수 없도록 하는 제재처분으로서, 실질적으로 동일한 법적 효과를 의도하고 있다. 다만 의료법 제33조 제4항에 따라 허가에 근거하여 개설된 의료기관에 대해서는 개설 허가 취소처분의 형식으로 하고, 제33조 제3항과 제35조 제1항 본문에 따라 신고에 근거하여 개설된 의료기관에 대해서는 폐쇄명령의 형식으로 해야 한다.

의료기관이 의료법 제64조 제1항 제1호에서 제7호, 제9호의 사유에 해당하면 관할 행정청이 1년 이내의 의료업 정지처분과 개설 허가 취소처분(또는 폐쇄명령) 중에서 제재처분의 종류와 정도를 선택할 수 있는 재량을 가지지만, 의료기관이 의료법 제64조 제1항 제8호에 해당하면 관할 행정청은 반드시 해당 의료기관에 대하여 더 이상 의료업을 영위할 수 없도록 개설 허가 취소처분(또는 폐쇄명령)을 하여야 할 뿐 선택재량을 가지지 못한다.

[2] 의료법 제33조 제2항에 따르면, 의료기관은 의사, 치과의사, 한의사 또는 조산사(제1호)와 같은 의료인(자연인)이 개설할 수도 있지만, 의료업을 목적으로 설립된 법인(제3호), 민법이나 특별법에 따라 설립된 비영리법인(제4호) 등과 같은 법인도 개설할 수 있다. 자연인이 의료기관을 개설한 경우에는 해당 의료기관에서 거짓으로 진료비를 청구하였다는 범죄사실로 개설자인 자연인이 금고 이상의 형을 선고받고 그 형이 확정된 때에, 법인이 의료기관을 개설한 경우에는 해당 의료기관에서 거짓으로 진료비를 청구하였다는 범죄사실로 법인의 대표자가 금고 이상의 형을 선고받고 그 형이 확정된 때에 의료법 제64조 제1항 제8호에 따라 진료비 거짓 청구가 이루어진 해당 의료기관의 개설 허가 취소처분(또는 폐쇄명령)을 해야 한다.

제65조(면허 취소와 재교부) ① 보건복지부장관은 의료인이 다음 각 호의 어느 하나에 해당할 경우에는 그 면허를 취소할 수 있다. 다만, 제1호의 경우에는 면허를 취소하여야 한다. <개정 2008. 2. 29., 2009. 1. 30., 2009. 12. 31., 2010. 1. 18., 2015. 12. 29., 2016. 5. 29., 2020. 3. 4., 2020. 12. 29.>
1. 제8조 각 호의 어느 하나에 해당하게 된 경우
2. 제66조에 따른 자격 정지 처분 기간 중에 의료행위를 하거나 3회 이상 자격 정지 처분을 받은 경우
3. 제11조제1항에 따른 면허 조건을 이행하지 아니한 경우
4. 제4조의3제1항을 위반하여 면허를 대여한 경우
5. 삭제 <2016. 12. 20.>
6. 제4조제6항을 위반하여 사람의 생명 또는 신체에 중대한 위해를 발생하게 한 경우
7. 제27조제5항을 위반하여 사람의 생명 또는 신체에 중대한 위해를 발생하게 할 우려가 있는 수술, 수혈, 전신마취를 의료인 아닌 자에게 하게 하거나 의료인에게 면허 사항 외로 하게 한 경우
② 보건복지부장관은 제1항에 따라 면허가 취소된 자라도 취소의 원인이 된 사유가 없어지거나 개전(改悛)의 정이 뚜렷하다고 인정되면 면허를 재교부할 수 있다. 다만, 제1항제3호에 따라 면허가 취소된 경우에는 취소된 날부터 1년 이내, 제1항제2호에 따라 면허가 취소된 경우에는 취소된 날부터 2년 이내, 제1항제4호·제6호·제7호 또는 제8조제4호에 따른 사유로 면허가 취소된 경우에는 취소된 날부터 3년 이내에는 재교부하지 못한다. <개정 2007. 7. 27., 2008. 2. 29., 2010. 1. 18., 2016. 5. 29., 2016. 12. 20., 2019. 8. 27., 2020. 12. 29.>
[시행일 : 2021. 6. 30.] 제65조

제66조(자격정지 등) ① 보건복지부장관은 의료인이 다음 각 호의 어느 하나에 해당하면 1년의 범위에서 면허자격을 정지시킬 수 있다. 이 경우 의료기술과 관련한 판단이 필요한 사항에 관하여는 관계 전문가의 의견을 들어 결정할 수 있다. <개정 2008. 2. 29., 2009. 12. 31., 2010. 1. 18., 2010. 5. 27., 2011. 4. 7., 2011. 8. 4., 2016. 5. 29., 2016. 12. 20., 2019. 4. 23., 2019. 8. 27.>
1. 의료인의 품위를 심하게 손상시키는 행위를 한 때
2. 의료기관 개설자가 될 수 없는 자에게 고용되어 의료행위를 한 때
2의2. 제4조제6항을 위반한 때
3. 제17조제1항 및 제2항에 따른 진단서·검안서 또는 증명서를 거짓으로 작성하여 내주거나 제22조제1항에 따른 진료기록부등을 거짓으로 작성하거나 고의로 사실과 다르게 추가기재·수정한 때
4. 제20조를 위반한 경우
5. 삭제 <2020. 12. 29.>
6. 의료기사가 아닌 자에게 의료기사의 업무를 하게 하거나 의료기사에게 그 업무 범위를 벗어나게 한 때
7. 관련 서류를 위조·변조하거나 속임수 등 부정한 방법으로 진료비를 거짓 청구한 때
8. 삭제 <2011. 8. 4.>
9. 제23조의5를 위반하여 경제적 이익등을 제공받은 때

10. 그 밖에 이 법 또는 이 법에 따른 명령을 위반한 때

② 제1항제1호에 따른 행위의 범위는 대통령령으로 정한다.

③ 의료기관은 그 의료기관 개설자가 제1항제7호에 따라 자격정지 처분을 받은 경우에는 그 자격정지 기간 중 의료업을 할 수 없다. <개정 2010. 7. 23.>

④ 보건복지부장관은 의료인이 제25조에 따른 신고를 하지 아니한 때에는 신고할 때까지 면허의 효력을 정지할 수 있다. <신설 2011. 4. 28.>

⑤ 제1항제2호를 위반한 의료인이 자진하여 그 사실을 신고한 경우에는 제1항에도 불구하고 보건복지부령으로 정하는 바에 따라 그 처분을 감경하거나 면제할 수 있다. <신설 2012. 2. 1.>

⑥ 제1항에 따른 자격정지처분은 그 사유가 발생한 날부터 5년(제1항제5호·제7호에 따른 자격정지처분의 경우에는 7년으로 한다)이 지나면 하지 못한다. 다만, 그 사유에 대하여 「형사소송법」 제246조에 따른 공소가 제기된 경우에는 공소가 제기된 날부터 해당 사건의 재판이 확정된 날까지의 기간은 시효 기간에 산입하지 아니 한다. <신설 2016. 5. 29.>

제66조의2(중앙회의 자격정지 처분 요구 등) 각 중앙회의 장은 의료인이 제66조제1항제1호에 해당하는 경우에는 각 중앙회의 윤리위원회의 심의·의결을 거쳐 보건복지부장관에게 자격정지 처분을 요구할 수 있다.
[본조신설 2011. 4. 28.]

제67조(과징금 처분) ① 보건복지부장관이나 시장·군수·구청장은 의료기관이 제64조제1항 각 호의 어느 하나에 해당할 때에는 대통령령으로 정하는 바에 따라 의료업 정지 처분을 갈음하여 10억원 이하의 과징금을 부과할 수 있으며, 이 경우 과징금은 3회까지만 부과할 수 있다. 다만, 동일한 위반행위에 대하여 「표시·광고의 공정화에 관한 법률」 제9조에 따른 과징금 부과처분이 이루어진 경우에는 과징금(의료업 정지 처분을 포함한다)을 감경하여 부과하거나 부과하지 아니할 수 있다. <개정 2008. 2. 29., 2010. 1. 18., 2016. 5. 29., 2019. 8. 27.>

② 제1항에 따른 과징금을 부과하는 위반 행위의 종류와 정도 등에 따른 과징금의 액수와 그 밖에 필요한 사항은 대통령령으로 정한다.

③ 보건복지부장관이나 시장·군수·구청장은 제1항에 따른 과징금을 기한 안에 내지 아니한 때에는 지방세 체납처분의 예에 따라 징수한다. <개정 2008. 2. 29., 2010. 1. 18.>

제68조(행정처분의 기준) 제63조, 제64조제1항, 제65조제1항, 제66조제1항에 따른 행정처분의 세부적인 기준은 보건복지부령으로 정한다. <개정 2008. 2. 29., 2010. 1. 18.>

제69조(의료지도원) ① 제61조에 따른 관계 공무원의 직무를 행하게 하기 위하여 보건복지부, 시·도 및 시·군·구에 의료지도원을 둔다. <개정 2008. 2. 29., 2010. 1. 18.>

② 의료지도원은 보건복지부장관, 시·도지사 또는 시장·군수·구청장이 그 소속 공무원 중에서 임명하되, 자격과 임명 등에 필요한 사항은 보건복지부령으로 정한다. <개정 2008. 2. 29., 2010. 1. 18.>

③ 의료지도원 및 그 밖의 공무원은 직무를 통하여 알게 된 의료기관, 의료인, 환자의 비밀을 누설하지 못한다.

제7장 삭제 <2011. 4. 7.>

제70조 삭제 <2011. 4. 7.>
제71조 삭제 <2011. 4. 7.>
제72조 삭제 <2011. 4. 7.>
제73조 삭제 <2011. 4. 7.>
제74조 삭제 <2011. 4. 7.>
제75조 삭제 <2011. 4. 7.>
제76조 삭제 <2011. 4. 7.>

제8장 보칙

제77조(전문의) ① 의사·치과의사 또는 한의사로서 전문의가 되려는 자는 대통령령으로 정하는 수련을 거쳐 보건복지부장관에게 자격 인정을 받아야 한다. <개정 2008. 2. 29., 2010. 1. 18.>
② 제1항에 따라 전문의 자격을 인정받은 자가 아니면 전문과목을 표시하지 못한다. 다만, 보건복지부장관은 의료체계를 효율적으로 운영하기 위하여 전문의 자격을 인정받은 치과의사와 한의사에 대하여 종합병원·치과병원·한방병원 중 보건복지부령으로 정하는 의료기관에 한하여 전문과목을 표시하도록 할 수 있다. <개정 2008. 2. 29., 2009. 1. 30., 2010. 1. 18.>
③ 삭제 <2016. 12. 20.>
④ 전문의 자격 인정과 전문과목에 관한 사항은 대통령령으로 정한다. <개정 2011. 4. 28.>
[법률 제9386호(2009. 1. 30.) 부칙 제2조의 규정에 의하여 이 조 제2항 단서의 개정규정 중 치과의사에 대한 부분은 2013년 12월 31일까지, 한의사에 대한 부분은 2009년 12월 31일까지 유효함]
[2016. 12. 20. 법률 제14438호에 의하여 2015. 5. 28. 헌법재판소에서 위헌 결정된 이 조 제3항을 삭제함.]

제78조(전문간호사) ① 보건복지부장관은 간호사에게 간호사 면허 외에 전문간호사 자격을 인정할 수 있다. <개정 2008. 2. 29., 2010. 1. 18.>
② 전문간호사가 되려는 사람은 다음 각 호의 어느 하나에 해당하는 사람으로서 보건복지부장관이 실시하는 전문간호사 자격시험에 합격한 후 보건복지부장관의 자격인정을 받아야 한다. <개정 2018. 3. 27.>
1. 보건복지부령으로 정하는 전문간호사 교육과정을 이수한 자
2. 보건복지부장관이 인정하는 외국의 해당 분야 전문간호사 자격이 있는 자
③ 전문간호사는 제2항에 따라 자격을 인정받은 해당 분야에서 간호 업무를 수행하여야 한다. <신설 2018. 3. 27.>

④ 전문간호사의 자격 구분, 자격 기준, 자격 시험, 자격증, 업무 범위, 그 밖에 필요한 사항은 보건복지부령으로 정한다. <신설 2018. 3. 27.>

제79조(한지 의료인) ① 이 법이 시행되기 전의 규정에 따라 면허를 받은 한지 의사(限地 醫師), 한지 치과의사 및 한지 한의사는 허가받은 지역에서 의료업무에 종사하는 경우 의료인으로 본다.
② 보건복지부장관은 제1항에 따른 의료인이 허가받은 지역 밖에서 의료행위를 하는 경우에는 그 면허를 취소할 수 있다. <개정 2008. 2. 29., 2010. 1. 18.>
③ 제1항에 따른 의료인의 허가지역 변경, 그 밖에 필요한 사항은 보건복지부령으로 정한다. <개정 2008. 2. 29., 2010. 1. 18.>
④ 한지 의사, 한지 치과의사, 한지 한의사로서 허가받은 지역에서 10년 이상 의료업무에 종사한 경력이 있는 자 또는 이 법 시행 당시 의료업무에 종사하고 있는 자 중 경력이 5년 이상인 자에게는 제5조에도 불구하고 보건복지부령으로 정하는 바에 따라 의사, 치과의사 또는 한의사의 면허를 줄 수 있다. <개정 2008. 2. 29., 2010. 1. 18.>

제80조(간호조무사 자격) ① 간호조무사가 되려는 사람은 다음 각 호의 어느 하나에 해당하는 사람으로서 보건복지부령으로 정하는 교육과정을 이수하고 간호조무사 국가시험에 합격한 후 보건복지부장관의 자격인정을 받아야 한다. 이 경우 자격시험의 제한에 관하여는 제10조를 준용한다. <개정 2019. 8. 27.>
1. 초·중등교육법령에 따른 특성화고등학교의 간호 관련 학과를 졸업한 사람(간호조무사 국가시험 응시일로부터 6개월 이내에 졸업이 예정된 사람을 포함한다)
2. 「초·중등교육법」 제2조에 따른 고등학교 졸업자(간호조무사 국가시험 응시일로부터 6개월 이내에 졸업이 예정된 사람을 포함한다) 또는 초·중등교육법령에 따라 같은 수준의 학력이 있다고 인정되는 사람(이하 이 조에서 "고등학교 졸업학력 인정자"라 한다)으로서 보건복지부령으로 정하는 국·공립 간호조무사양성소의 교육을 이수한 사람
3. 고등학교 졸업학력 인정자로서 평생교육법령에 따른 평생교육시설에서 고등학교 교과 과정에 상응하는 교육과정 중 간호 관련 학과를 졸업한 사람(간호조무사 국가시험 응시일로부터 6개월 이내에 졸업이 예정된 사람을 포함한다)
4. 고등학교 졸업학력 인정자로서 「학원의 설립·운영 및 과외교습에 관한 법률」 제2조의2제2항에 따른 학원의 간호조무사 교습과정을 이수한 사람
5. 고등학교 졸업학력 인정자로서 외국의 간호조무사 교육과정(보건복지부장관이 정하여 고시하는 인정기준에 해당하는 교육과정을 말한다)을 이수하고 해당 국가의 간호조무사 자격을 취득한 사람
6. 제7조제1항제1호 또는 제2호에 해당하는 사람
② 제1항제1호부터 제4호까지에 따른 간호조무사 교육훈련기관은 보건복지부장관의 지정·평가를 받아야 한다. 이 경우 보건복지부장관은 간호조무사 교육훈련기관의 지정을 위한 평가업무를 대통령령으로 정하는 절차·방식에 따라 관계 전문기관에 위탁할 수 있다.
③ 보건복지부장관은 제2항에 따른 간호조무사 교육훈련기관이 거짓이나 그

밖의 부정한 방법으로 지정받는 등 대통령령으로 정하는 사유에 해당하는 경우에는 그 지정을 취소할 수 있다.
④ 간호조무사는 최초로 자격을 받은 후부터 3년마다 그 실태와 취업상황 등을 보건복지부장관에게 신고하여야 한다.
⑤ 제1항에 따른 간호조무사의 국가시험·자격인정, 제2항에 따른 간호조무사 교육훈련기관의 지정·평가, 제4항에 따른 자격신고 및 간호조무사의 보수교육 등에 관하여 필요한 사항은 보건복지부령으로 정한다.
[전문개정 2015. 12. 29.]

제80조의2(간호조무사 업무) ① 간호조무사는 제27조에도 불구하고 간호사를 보조하여 제2조제2항제5호가목부터 다목까지의 업무를 수행할 수 있다.
② 제1항에도 불구하고 간호조무사는 제3조제2항에 따른 의원급 의료기관에 한하여 의사, 치과의사, 한의사의 지도하에 환자의 요양을 위한 간호 및 진료의 보조를 수행할 수 있다.
③ 제1항 및 제2항에 따른 구체적인 업무의 범위와 한계에 대하여 필요한 사항은 보건복지부령으로 정한다.
[본조신설 2015. 12. 29.]

제80조의3(준용규정) 간호조무사에 대하여는 제8조, 제9조, 제12조, 제16조, 제19조, 제20조, 제22조, 제23조, 제59조제1항, 제61조, 제65조, 제66조, 제68조, 제83조제1항, 제84조, 제85조, 제87조, 제87조의2, 제88조, 제88조의2 및 제91조를 준용하며, 이 경우 "면허"는 "자격"으로, "면허증"은 "자격증"으로 본다. <개정 2016. 12. 20., 2019. 8. 27.>
[본조신설 2015. 12. 29.]

제81조(의료유사업자) ① 이 법이 시행되기 전의 규정에 따라 자격을 받은 접골사(接骨士), 침사(鍼士), 구사(灸士)(이하 "의료유사업자"라 한다)는 제27조에도 불구하고 각 해당 시술소에서 시술(施術)을 업(業)으로 할 수 있다.
② 의료유사업자에 대하여는 이 법 중 의료인과 의료기관에 관한 규정을 준용한다. 이 경우 "의료인"은 "의료유사업자"로, "면허"는 "자격"으로, "면허증"은 "자격증"으로, "의료기관"은 "시술소"로 한다.
③ 의료유사업자의 시술행위, 시술업무의 한계 및 시술소의 기준 등에 관한 사항은 보건복지부령으로 정한다. <개정 2008. 2. 29., 2010. 1. 18.>

제82조(안마사) ① 안마사는 「장애인복지법」에 따른 시각장애인 중 다음 각 호의 어느 하나에 해당하는 자로서 시·도지사에게 자격인정을 받아야 한다. <개정 2008. 2. 29., 2010. 1. 18.>
1. 「초·중등교육법」 제2조제5호에 따른 특수학교 중 고등학교에 준한 교육을 하는 학교에서 제4항에 따른 안마사의 업무한계에 따라 물리적 시술에 관한 교육과정을 마친 자
2. 중학교 과정 이상의 교육을 받고 보건복지부장관이 지정하는 안마수련기관에서 2년 이상의 안마수련과정을 마친 자
②제1항의 안마사는 제27조에도 불구하고 안마업무를 할 수 있다.

③안마사에 대하여는 이 법 중 제8조, 제25조, 제28조부터 제32조까지, 제33조제2항제1호·제3항·제5항·제8항 본문, 제36조, 제40조, 제59조제1항, 제61조, 제63조(제36조를 위반한 경우만을 말한다), 제64조부터 제66조까지, 제68조, 제83조, 제84조를 준용한다. 이 경우 "의료인"은 "안마사"로, "면허"는 "자격"으로, "면허증"은 "자격증"으로, "의료기관"은 "안마시술소 또는 안마원"으로, "해당 의료관계단체의 장"은 "안마사회장"으로 한다. <개정 2009. 1. 30.>

④안마사의 업무한계, 안마시술소나 안마원의 시설 기준 등에 관한 사항은 보건복지부령으로 정한다. <개정 2008. 2. 29., 2010. 1. 18.>

제83조(경비 보조 등) ① 보건복지부장관 또는 시·도지사는 국민보건 향상을 위하여 필요하다고 인정될 때에는 의료인·의료기관·중앙회 또는 의료 관련 단체에 대하여 시설, 운영 경비, 조사·연구 비용의 전부 또는 일부를 보조할 수 있다. <개정 2008. 2. 29., 2010. 1. 18., 2010. 7. 23.>

② 보건복지부장관은 다음 각 호의 의료기관이 인증을 신청할 때 예산의 범위에서 인증에 소요되는 비용의 전부 또는 일부를 보조할 수 있다. <신설 2010. 7. 23., 2020. 3. 4.>

  1. 제58조의4제2항 및 제3항에 따라 인증을 신청하여야 하는 의료기관
  2. 300병상 미만인 의료기관(종합병원은 제외한다) 중 보건복지부장관이 정하는 기준에 해당하는 의료기관

제84조(청문) 보건복지부장관, 시·도지사 또는 시장·군수·구청장은 다음 각 호의 어느 하나에 해당하는 처분을 하려면 청문을 실시하여야 한다. <개정 2008. 2. 29., 2010. 1. 18., 2010. 7. 23., 2016. 12. 20., 2020. 3. 4.>

  1. 제23조의2제4항에 따른 인증의 취소
  2. 제51조에 따른 설립 허가의 취소
  3. 제58조의10에 따른 의료기관 인증 또는 조건부인증의 취소
  4. 제63조에 따른 시설·장비 등의 사용금지 명령
  5. 제64조제1항에 따른 개설허가 취소나 의료기관 폐쇄 명령
  6. 제65조제1항에 따른 면허의 취소

제85조(수수료) ① 이 법에 따른 의료인의 면허나 면허증을 재교부 받으려는 자, 국가시험등에 응시하려는 자, 진단용 방사선 발생 장치의 검사를 받으려는 자, 진단용 방사선 발생장치 안전관리책임자 교육을 받으려는 자는 보건복지부령으로 정하는 바에 따라 수수료를 내야 한다. <개정 2008. 2. 29., 2010. 1. 18., 2020. 12. 29.>

② 제9조제2항에 따른 한국보건의료인국가시험원은 제1항에 따라 납부받은 국가시험등의 응시수수료를 보건복지부장관의 승인을 받아 시험 관리에 필요한 경비에 직접 충당할 수 있다. <개정 2008. 2. 29., 2010. 1. 18., 2015. 6. 22.>

  [시행일 : 2021. 6. 30.] 제85조

제86조(권한의 위임 및 위탁) ① 이 법에 따른 보건복지부장관 또는 시·도지사의 권한은 그 일부를 대통령령으로 정하는 바에 따라 질병관리청장, 시

·도지사 또는 시장·군수·구청장이나 보건소장에게 위임할 수 있다. <개정 2008. 2. 29., 2010. 1. 18., 2020. 8. 11.>

② 보건복지부장관은 이 법에 따른 업무의 일부를 대통령령으로 정하는 바에 따라 관계 전문기관에 위탁할 수 있다. <개정 2008. 2. 29., 2010. 1. 18.>

제86조의2(벌칙 적용에서 공무원 의제) 제57조의2제4항에 따른 심의위원회 위원은 「형법」 제129조부터 제132조까지의 규정을 적용할 때에는 공무원으로 본다.
[본조신설 2018. 3. 27.]

제86조의3(기록의 보존·보관 의무에 대한 면책) 제22조제2항, 제23조제1항 또는 제40조의2제1항에 따라 보존·보관하여야 하는 기록이 천재지변이나 그 밖의 불가항력으로 멸실된 경우에는 해당 기록의 보존·보관의무자는 제64조, 제66조 또는 제90조에 따른 책임을 면한다. <개정 2020. 3. 4.>
[본조신설 2019. 4. 23.]
[시행일 : 2023. 3. 5.] 제86조의3

제9장 벌칙

제87조(벌칙) 제33조제2항을 위반하여 의료기관을 개설하거나 운영하는 자는 10년 이하의 징역이나 1억원 이하의 벌금에 처한다.
[본조신설 2019. 8. 27.]
[종전 제87조는 제87조의2로 이동 <2019. 8. 27.>]

제87조의2(벌칙) ① 제12조제3항을 위반한 죄를 범하여 사람을 상해에 이르게 한 경우에는 7년 이하의 징역 또는 1천만원 이상 7천만원 이하의 벌금에 처하고, 중상해에 이르게 한 경우에는 3년 이상 10년 이하의 징역에 처하며, 사망에 이르게 한 경우에는 무기 또는 5년 이상의 징역에 처한다. <신설 2019. 4. 23.>

② 다음 각 호의 어느 하나에 해당하는 자는 5년 이하의 징역이나 5천만원 이하의 벌금에 처한다. <개정 2009. 1. 30., 2015. 12. 29., 2016. 5. 29., 2016. 12. 20., 2019. 4. 23., 2019. 8. 27., 2020. 3. 4., 2020. 12. 29.>

1. 제4조의3제1항을 위반하여 면허를 대여한 사람
1의2. 제4조의3제2항을 위반하여 면허를 대여받거나 면허 대여를 알선한 사람
2. 제12조제2항 및 제3항, 제18조제3항, 제21조의2제5항·제8항, 제23조제3항, 제27조제1항, 제33조제2항(제82조제3항에서 준용하는 경우만을 말한다)·제8항(제82조제3항에서 준용하는 경우를 포함한다)·제10항을 위반한 자. 다만, 제12조제3항의 죄는 피해자의 명시한 의사에 반하여 공소를 제기할 수 없다.
3. 제27조제5항을 위반하여 의료인이 아닌 자에게 의료행위를 하게 하거나 의료인에게 면허 사항 외의 의료행위를 하게 한 자
4. 제40조의3제3항을 위반하여 직접 보관한 진료기록부등 외 진료기록보관시스템에 보관된 정보를 열람하는 등 그 내용을 확인한 사람

   5. 제40조의3제7항을 위반하여 정당한 접근 권한 없이 또는 허용된 접근 권한
      을 넘어 진료기록보관시스템에 보관된 정보를 훼손·멸실·변경·위조·유
      출하거나 검색·복제한 사람
[제87조에서 이동 <2019. 8. 27.>]
[시행일 : 2023. 3. 5.] 제87조의2제2항

제88조(벌칙) 다음 각 호의 어느 하나에 해당하는 자는 3년 이하의 징역이나
3천만원 이하의 벌금에 처한다. <개정 2019. 8. 27., 2020. 3. 4.>
   1. 제19조, 제21조제2항(제40조의2제4항에서 준용하는 경우를 포함한다),
      제22조제3항, 제27조제3항·제4항, 제33조제4항, 제35조제1항 단서, 제
      38조제3항, 제47조제11항, 제59조제3항, 제64조제2항(제82조제3항에서
      준용하는 경우를 포함한다), 제69조제3항을 위반한 자. 다만, 제19조, 제
      21조제2항(제40조의2제4항에서 준용하는 경우를 포함한다) 또는 제69
      조제3항을 위반한 자에 대한 공소는 고소가 있어야 한다.
   2. 제23조의5를 위반한 자. 이 경우 취득한 경제적 이익등은 몰수하고, 몰수
      할 수 없을 때에는 그 가액을 추징한다.
   3. 제82조제1항에 따른 안마사의 자격인정을 받지 아니하고 영리를 목적으
      로 안마를 한 자
[전문개정 2016. 12. 20.]
[시행일 : 2023. 3. 5.] 제88조

제88조의2(벌칙) 다음 각 호의 어느 하나에 해당하는 자는 2년 이하의 징역
이나 2천만원 이하의 벌금에 처한다. <개정 2016. 12. 20., 2020. 3. 4.>
   1. 제20조를 위반한 자
   2. 제47조제12항을 위반하여 자율보고를 한 사람에게 불리한 조치를 한 자
[본조신설 2009. 12. 31.]
[제88조의3에서 이동, 종전 제88조의2는 삭제 <2016. 12. 20.>]

제88조의3
[제88조의2로 이동 <2016. 12. 20.>]

제89조(벌칙) 다음 각 호의 어느 하나에 해당하는 자는 1년 이하의 징역이나
1천만원 이하의 벌금에 처한다. <개정 2018. 3. 27., 2019. 8. 27.>
   1. 제15조제1항, 제17조제1항·제2항(제1항 단서 후단과 제2항 단서는 제
      외한다), 제17조의2제1항·제2항(처방전을 교부하거나 발송한 경우만을
      말한다), 제23조의2제3항 후단, 제33조제9항, 제56조제1항부터 제3항까
      지 또는 제58조의6제2항을 위반한 자
   2. 정당한 사유 없이 제40조제4항에 따른 권익보호조치를 하지 아니한 자
   3. 제51조의2를 위반하여 의료법인의 임원 선임과 관련하여 금품 등을 주고
      받거나 주고받을 것을 약속한 자
   4. 제61조제1항에 따른 검사를 거부·방해 또는 기피한 자(제33조제2항·
      제10항 위반 여부에 관한 조사임을 명시한 경우에 한정한다)
[전문개정 2016. 12. 20.]

제90조(벌칙) 제16조제1항·제2항, 제17조제3항·제4항, 제17조의2제1항·제2항(처방전을 수령한 경우만을 말한다), 제18조제4항, 제21조제1항 후단(제40조의2제4항에서 준용하는 경우를 포함한다), 제21조의2제1항·제2항, 제22조제1항·제2항(제40조의2제4항에서 준용하는 경우를 포함한다), 제23조제4항, 제26조, 제27조제2항, 제33조제1항·제3항(제82조제3항에서 준용하는 경우를 포함한다)·제5항(허가의 경우만을 말한다), 제35조제1항 본문, 제41조, 제42조제1항, 제48조제3항·제4항, 제77조제2항을 위반한 자나 제63조에 따른 시정명령을 위반한 자와 의료기관 개설자가 될 수 없는 자에게 고용되어 의료행위를 한 자는 500만원 이하의 벌금에 처한다. <개정 2007. 7. 27., 2009. 1. 30., 2011. 4. 7., 2016. 12. 20., 2018. 3. 27., 2019. 8. 27., 2020. 3. 4.>
[시행일 : 2023. 3. 5.] 제90조

제90조의2(「형법」상 감경규정에 관한 특례) 음주로 인한 심신장애 상태에서 제12조제3항을 위반하는 죄를 범한 때에는 「형법」 제10조제1항을 적용하지 아니할 수 있다.
[본조신설 2019. 4. 23.]

제91조(양벌규정) 법인의 대표자나 법인 또는 개인의 대리인, 사용인, 그 밖의 종업원이 그 법인 또는 개인의 업무에 관하여 제87조, 제87조의2, 제88조, 제88조의2, 제89조 또는 제90조의 위반행위를 하면 그 행위자를 벌하는 외에 그 법인 또는 개인에게도 해당 조문의 벌금형을 과(科)한다. 다만, 법인 또는 개인이 그 위반행위를 방지하기 위하여 해당 업무에 관하여 상당한 주의와 감독을 게을리하지 아니한 경우에는 그러하지 아니하다. <개정 2010. 5. 27., 2016. 12. 20., 2019. 8. 27.>
[전문개정 2009. 12. 31.]

제92조(과태료) ① 다음 각 호의 어느 하나에 해당하는 자에게는 300만원 이하의 과태료를 부과한다. <개정 2015. 1. 28., 2016. 12. 20., 2019. 8. 27.>
1. 제16조제3항에 따른 교육을 실시하지 아니한 자
1의2. 제23조의3제1항을 위반하여 진료정보 침해사고를 통지하지 아니한 자
1의3. 제24조의2제1항을 위반하여 환자에게 설명을 하지 아니하거나 서면 동의를 받지 아니한 자
1의4. 제24조의2제4항을 위반하여 환자에게 변경 사유와 내용을 서면으로 알리지 아니한 자
2. 제37조제1항에 따른 신고를 하지 아니하고 진단용 방사선 발생장치를 설치·운영한 자
3. 제37조제2항에 따른 안전관리책임자를 선임하지 아니하거나 정기검사와 측정 또는 방사선 관계 종사자에 대한 피폭관리를 실시하지 아니한 자
4. 삭제 <2018. 3. 27.>
5. 제49조제3항을 위반하여 신고하지 아니한 자
② 다음 각 호의 어느 하나에 해당하는 자에게는 200만원 이하의 과태료를 부과한다. <개정 2016. 12. 20., 2019. 8. 27., 2020. 12. 29.>
1. 제21조의2제6항 후단을 위반하여 자료를 제출하지 아니하거나 거짓 자료

를 제출한 자
2. 제45조의2제1항을 위반하여 보고를 하지 아니하거나 거짓으로 보고한 자
3. 제45조의2제3항을 위반하여 자료를 제출하지 아니하거나 거짓으로 제출한 자
4. 제61조제1항에 따른 보고를 하지 아니하거나 검사를 거부·방해 또는 기피한 자(제89조제4호에 해당하는 경우는 제외한다)
③ 다음 각 호의 어느 하나에 해당하는 자에게는 100만원 이하의 과태료를 부과한다. <개정 2009. 1. 30., 2012. 2. 1., 2015. 1. 28., 2015. 12. 29., 2016. 5. 29., 2020. 12. 29.>
1. 제16조제3항에 따른 기록 및 유지를 하지 아니한 자
1의2. 제16조제4항에 따른 변경이나 휴업·폐업 또는 재개업을 신고하지 아니한 자
2. 제33조제5항(제82조제3항에서 준용하는 경우를 포함한다)에 따른 변경신고를 하지 아니한 자
2의2. 제37조제3항에 따른 안전관리책임자 교육을 받지 아니한 사람
3. 제40조제1항(제82조제3항에서 준용하는 경우를 포함한다)에 따른 휴업 또는 폐업 신고를 하지 아니하거나 제40조제2항을 위반하여 진료기록부 등을 이관(移管)하지 아니한 자
4. 제42조제3항을 위반하여 의료기관의 명칭 또는 이와 비슷한 명칭을 사용한 자
5. 제43조제5항에 따른 진료과목 표시를 위반한 자
6. 제4조제3항에 따라 환자의 권리 등을 게시하지 아니한 자
7. 제52조의2제6항을 위반하여 대한민국의학한림원 또는 이와 유사한 명칭을 사용한 자
8. 제4조제5항을 위반하여 그 위반행위에 대하여 내려진 제63조에 따른 시정명령을 따르지 아니한 사람
④ 제1항부터 제3항까지의 과태료는 대통령령으로 정하는 바에 따라 보건복지부장관 또는 시장·군수·구청장이 부과·징수한다. <신설 2009. 1. 30., 2010. 1. 18.>
[시행일 : 2021. 6. 30.] 제92조

제93조 삭제 <2009. 1. 30.>

부칙

<법률 제17069호, 2020. 3. 4.>

제1조(시행일) 이 법은 공포 후 6개월이 경과한 날부터 시행한다. 다만, 제21조제3항의 개정규정은 공포한 날부터 시행하고, 제4조제4항, 제4조의3, 제65조제1항제4호 및 제87조의2제2항제1호·제1호의2의 개정규정은 공포 후 3개월이 경과한 날부터 시행하며, 제3조제2항제3호, 제33조제2항 각 호 외의 부분 후단 및 같은 조 제4항 각 호 외의 부분 전단(시·도 의료기관개설위원회의 심의에 관한 사항은 제외한다), 제42조제1항제1호, 제43조제3항, 제46조제1항, 제57조의2제2항제1호 및 제62조제2항의 개정규정은 공포 후 1년이 경과한 날부터 시행하고, 제40조, 제40조의2, 제40조의3, 제64조제1항제5호, 제86조의3, 제87조의2제2항제3호·제4호, 제90조 및 제92조제3항의 개정규정과 제88조의 개정규정 중 "제21조제2항"에 관한 부분은 공포 후 3년이 경과한 날부터 시행한다.

제2조(진료기록부등의 이관에 관한 적용례) 제40조의2의 개정규정은 의료기관 개설자가 같은 개정규정 시행 후 최초로 보건복지부장관에게 폐업·휴업 신고에 따라 진료기록부등을 이관하는 경우부터 적용한다.

제3조(요양병원의 인증에 관한 적용례) 제58조의4제3항의 개정규정은 같은 개정규정 시행 전에 조건부인증 또는 불인증을 받은 요양병원에 대하여도 적용한다.

제4조(의료기관 회계기준에 관한 적용례) 제62조제2항의 개정규정은 같은 개정규정 시행 후 최초 회계연도 시작시점부터 적용한다.

제5조(정신병원 개설 허가에 관한 경과조치) 이 법 시행 당시 종전의 규정에 따라 병원 또는 요양병원으로 개설 허가를 받은 의료기관 중 「정신건강증진 및 정신질환자 복지서비스 지원에 관한 법률」 제19조제1항 후단에 따른 기준에 적합하게 설치된 의료기관은 제3조제2항제3호마목의 개정규정에 따른 정신병원으로 개설 허가를 받은 것으로 본다.

제6조(재단법인 의료기관평가인증원에 관한 경과조치) ① 이 법 공포일부터 시행일 전까지 「민법」 제32조에 따라 설립된 재단법인 의료기관평가인증원(이하 "구법인"이라 한다)은 이사회의 의결을 거쳐 모든 재산과 권리·의무를 이 법에 따른 의료기관평가인증원(이하 "신법인"이라 한다)이 승계하도록 보건복지부장관에게 승인을 신청하여야 한다.
② 제1항에 따라 보건복지부장관의 승인을 받은 구법인은 신법인의 설립과 동시에 「민법」 중 법인의 해산 및 청산에 관한 규정에도 불구하고 해산된 것으로 보며, 구법인에 속하였던 모든 재산과 권리·의무는 신법인이 포괄승계한다.
③ 제2항에 따라 신법인에 승계될 재산의 가액은 신법인 설립등기일 전일의 장부 가액으로 한다.

④ 신법인 설립 당시 등기부나 그 밖의 공부(**公簿**)에 표시된 구법인의 명의는 신법인의 명의로 본다.

⑤ 신법인 설립 당시 구법인의 임직원은 신법인의 임직원으로 보며, 임직원의 임기는 종전의 임명일부터 기산한다.

⑥ 신법인 설립 이전에 구법인이 행한 행위 또는 구법인에 대하여 행하여진 행위는 신법인이 행한 행위 또는 신법인에 대하여 행하여진 행위로 본다.

⑦ 신법인 설립 당시 다른 법령에서 인증전담기관을 인용하고 있는 경우에는 그에 갈음하여 신법인을 인용한 것으로 본다.

제7조(다른 법률의 개정) 「정신건강증진 및 정신질환자 복지서비스 지원에 관한 법률」 제3조제5호를 다음과 같이 개정한다.

제3조제5호를 다음과 같이 한다.

5. "정신의료기관"이란 다음 각 목의 어느 하나에 해당하는 기관을 말한다.

가. 「의료법」에 따른 정신병원

나. 「의료법」에 따른 의료기관 중 제19조제1항 후단에 따른 기준에 적합하게 설치된 의원

다. 「의료법」에 따른 병원급 의료기관에 설치된 정신건강의학과로서 제19조제1항 후단에 따른 기준에 적합한 기관

<법률 제17203호, 2020. 4. 7.> (시체 해부 및 보존 등에 관한 법률)

제1조(시행일) 이 법은 공포 후 1년이 경과한 날부터 시행한다.

제2조 생략

제3조 생략

제4조(다른 법률의 개정)

① 및

② 생략

③ 의료법 일부를 다음과 같이 개정한다.

제8조제4호 중 "「시체해부 및 보존에 관한 법률」"을 "「시체 해부 및 보존 등에 관한 법률」"로 한다.

④ 및

⑤ 생략

제5조 생략

<법률 제17472호, 2020. 8. 11.> (정부조직법)

제1조(시행일) 이 법은 공포 후 1개월이 경과한 날부터 시행한다. 다만, · · · <생략> · · · , 부칙 제4조에 따라 개정되는 법률 중 이 법 시행 전에 공포되었으나 시행일이 도래하지 아니한 법률을 개정한 부분은 각각 해당 법률의 시행일부터 시행한다.

제2조 생략

제3조 생략

제4조(다른 법률의 개정) ①부터 ㉒까지 생략
㉓ 의료법 일부를 다음과 같이 개정한다.
제21조제3항제16호 중 "보건복지부장관, 질병관리본부장"을 "질병관리청장"으로 한다.
제40조제3항 중 "질병관리본부장"을 "질병관리청장"으로, "보건복지부장관"을 "질병관리청장"으로 한다.
법률 제17069호 의료법 일부개정법률 제47조제4항 · 제6항 · 제7항, 같은 조 제8항 전단 · 후단 및 같은 조 제13항의 개정규정 중 "보건복지부장관"을 각각 "질병관리청장"으로 한다.
제86조제1항 중 "시 · 도지사, 질병관리본부장"을 "질병관리청장, 시 · 도지사"로 한다.
㉔부터 ㉝까지 생략

제5조 생략

<법률 제17787호, 2020. 12. 29.>

제1조(시행일) 이 법은 공포 후 6개월이 경과한 날부터 시행한다. 다만, 제27조제5항, 제65조제1항제7호, 제66조제1항제5호 및 제87조의2제2항제3호의 개정규정은 공포 후 3개월이 경과한 날부터 시행하고, 제47조제2항의 개정규정은 공포 후 1년이 경과한 날부터 시행하며, 법률 제17069호 의료법 일부개정법률 제87조의2제2항의 개정규정은 2023년 3월 5일부터 시행한다.

제2조(적용례) ① 제64조제1항제1호의2 · 제4호의3의 개정규정은 같은 개정규정 시행 이후 제4조제2항 또는 제33조제8항을 위반하여 의료기관을 개설하거나 운영 중인 경우부터 적용한다.
② 제65조제1항제7호, 제87조의2제2항제3호 및 법률 제17069호 의료법 일부개정법률 제87조의2제2항제3호의 개정규정은 같은 개정규정 시행 이후의 위반행위부터 적용한다.

◈ 편저 이 종 구 ◈
- 전(前) 동대문경찰서조사계장
- 전(前) 보험회사 의료사고 조사담당
- 의·약실무법률편찬연구소(소장)

- 저서 : 자동차사고의 법률직 해법과 지식
         개인회생 파산 이렇게 해결하기
         병의원·약국실무법전(공저)

◈ 법률자문 김만기 ◈
- 전(前) 서울지법 법원민사과장

의료사고, 의료분쟁 속시원하게 해결해 드립니다	定價 24,000

2021年 8月 10日 2판인쇄
2021年 8月 15日 2판발행
　편 저 : 이 종 구
　발행인 : 김 현 호
　발행처 : 법문 북스
　공급처 : 법률미디어

저자와 협의하에
인지 생략함.

Ⅱ　-0
서울 구로구 경인로 54길4(구로동 636-62)
TEL : 2636-2911~3, FAX : 2636-3012
등록 : 1979년 8월 27일 제5-22호
Home : www.lawb.co.kr

ISBN 978-89-7535-356-7 13510

이 도서의 국립중앙도서관 출판예정도서목록(CIP)은 서지정보유통지원시스템 홈페이지(http://seoji.nl.go.kr)와 국가자료공동목록시스템(http://www.nl.go.kr/kolisnet)에서 이용하실 수 있습니다.(CIP제어번호: CIP2016015849)

파본은 교환해 드립니다.

본서의 무단 전재·복제행위는 저작권법에 의거, 3년 이하의 징역 또는 3,000만원 이하의 벌금에 처해집니다.

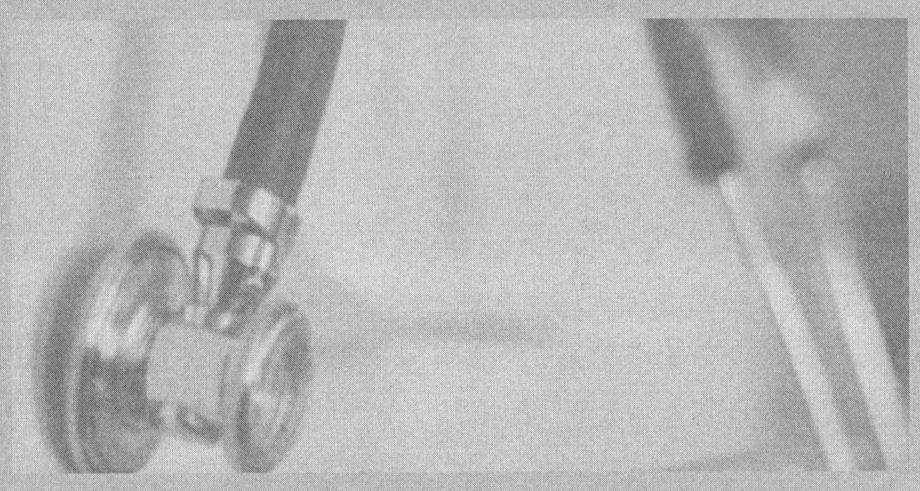

자주 발생한 의료사고와 의료분쟁 사례들을
상담사례 및 판례를 취합하여 문답식으로 엮어서
누구나 이해하기 쉽게 정리하였습니다

13510
9 788975 353567
ISBN 978-89-7535-356-7

24,000원